深中通道建筑及结构设计

陈伟乐　宋神友　周兴林　**编著**
邓小华　邵长宇　**主审**

人民交通出版社股份有限公司
北京

内容提要

本书系统介绍了深圳至中山跨江通道项目建筑设计、结构设计、施工方案、科研专题等，对关键技术节点进行了详细论证，体现了深中通道项目的建设经验及创新成果，理论与实践相结合，条理清晰，内容丰富，可读性强。

本书可作为桥、岛、隧工程建设者及科研工作者的参考书。

图书在版编目(CIP)数据

深中通道建筑及结构设计/陈伟乐，宋神友，周兴林编著. — 北京：人民交通出版社股份有限公司，2022.10

ISBN 978-7-114-17770-5

Ⅰ.①深… Ⅱ.①陈…②宋…③周… Ⅲ.①跨海峡桥—结构设计—广东 Ⅳ.①U448.19

中国版本图书馆CIP数据核字(2021)第263163号

Shen-Zhong Tongdao Jianzhu ji Jiegou Sheji

书　　名：	深中通道建筑及结构设计
著　作　者：	陈伟乐　宋神友　周兴林
责任编辑：	朱明周
责任校对：	孙国靖　卢　弦
责任印制：	刘高彤
出版发行：	人民交通出版社股份有限公司
地　　址：	(100011)北京市朝阳区安定门外外馆斜街3号
网　　址：	http://www.ccpcl.com.cn
销售电话：	(010)59757973
总　经　销：	人民交通出版社股份有限公司发行部
经　　销：	各地新华书店
印　　刷：	北京印匠彩色印刷有限公司
开　　本：	787×1092　1/16
印　　张：	19.25
字　　数：	432千
版　　次：	2022年10月　第1版
印　　次：	2022年10月　第1次印刷
书　　号：	ISBN 978-7-114-17770-5
定　　价：	99.00元

(有印刷、装订质量问题的图书，由本公司负责调换)

序

　　桥梁,是人类利用自然、改造自然的重要工程设施,体现了一个国家的科技水平和综合国力。中国是桥梁大国,有超过 100 万座公路和铁路桥梁。从 20 世纪 50 年代建造武汉长江大桥开始,中国桥梁实现了从"学习"到"追赶"再到当今"超越"的跨越式发展。近年来,港珠澳大桥牢牢"牵手"三地,推进粤港澳大湾区不断融合发展;沪苏通长江大桥上高铁飞驰,恰似新时代中国发展的强劲脉搏……中国建桥人不断刷新世界桥梁纪录,创造一个又一个新的"第一"。

　　在伶仃洋海域,一座座桥梁高塔直入云端,深中通道的建设者们砥砺奋进,世界级超级工程雏形已见,成为广东推动"交通强省"建设的生动注脚。深中通道是粤港澳大湾区发展蓝图中的重要一笔,是粤港澳大湾区重要的交通枢纽及门户工程。"一桥飞架,深中同城",随着深中通道建设加快推进,深圳、中山两地的联动正从想象走向现实。

　　深中通道地处大湾区几何中心,"海陆空"三位一体视点丰富,社会关注度及建设品质要求高。为打造出具有中国特色文化元素的珠江口百年门户工程,项目建设者将结构工程师和建筑师联合起来,各方通力合作,推行"建筑与结构深度融合"的设计理念,使得整个通道呈现出平衡与和谐。伶仃洋大桥、中山大桥及非通航孔引桥造型新颖独特,景观性极强,结构体系合理,方正的门形塔造型给人端庄、雄伟、正气、稳定的感觉;主桥、引桥和锚碇采用晶体切面手法,展现出具有鲜明特色的大桥总体景观。结构与艺术的完美结合,形成了一道独特的风景线。

　　本人作为技术专家组成员,一直关注着项目的建设情况,也有幸参与了方案设计国际竞赛以及各个设计阶段的评审工作,为工程建设的技术方案、关建技术难题以及新技术、新工艺、新材料的运用提供科技创新规划与实践全过程技术咨询,为项目的建设贡献了绵薄之力。

　　作为粤港澳大湾区又一在建的超级跨海工程,深中通道项目引领了桥梁建设领域的技术创新。伶仃洋大桥是深中通道关键控制性工程,主跨长 1666m,主塔高度 270m,不仅是世界上通航净空最高的跨海桥梁,也是目前世界上最大跨径的海中钢箱梁悬索桥。在南沙大桥首尝国产 1960MPa 钢丝在重大工程的大规模应用后,伶仃洋大桥主缆钢丝强度升级,达到 2060MPa,"中国芯"更加强劲。

  可以预见,作为粤港澳大湾区核心交通枢纽的深中通道,建成通车后将有力推进珠江口东西两岸产业的互联互通以及各类要素的高效配置,更好地满足经济社会高质量发展的需要,对畅通国内大循环、促进国内国际双循环,扩大内需,推动高质量发展,都具有重大意义。

中国工程院院士
全国工程勘察设计大师
2022 年 6 月

前　言

深圳至中山跨江通道(以下简称深中通道)全长24km,为集"桥、岛、隧、水下互通"于一体的世界级跨海集群工程,有世界首例双向八车道钢壳-混凝土沉管隧道、世界最大跨径全离岸海中悬索桥,是目前世界上技术难度最大、建造工艺最复杂的工程之一。深中通道全线建成通车后,将串联起珠江口东西两岸,以基础设施的互联互通,促进资源要素的共融共享,搭建起粤港澳大湾区各城市共唱深化改革合奏曲的核心支撑。

深中通道海陆空立体视点丰富,位于粤港澳大湾区几何中心,代表着粤港澳大湾区乃至国家的形象。怎样才能实现"世界一流的可持续跨海通道、珠江口百年门户工程"的建设目标?怎样才能传达出中国的自信、优雅和大度?

为了实现这一目标,深中通道建设团队以敏锐的国际视野,在国内大型交通基础设施项目上首次推行建筑与结构深度融合的设计理念,在国际范围内公开组织、开展了方案设计国际竞赛,集思广益、博采众长,充分借鉴国内外跨海通道先进的设计理念及建设经验,力求选择最优秀的设计方案;将竞赛优胜方案作为设计基础参考方案,同时,在施工图设计中充分应用建筑美学理念,致力于实现深中通道工程与自然、人文相和谐。湾区新百年地标呼之欲出。

深中通道工程建设条件复杂,设计及施工技术难度大。在强调设计引领的同时,注重设计方案的可实施性,增加施工图联合设计阶段,目的是在确保设计理念被完整执行的基础上进一步优化完善构造细节、施工工艺、施工流程等。

本书详细介绍了深中通道建筑及结构设计,包括建筑总体设计、桥梁设计、人工岛设计、隧道设计及专题研究情况,可为从事桥、岛、隧、人工岛的设计、施工及科研的工程技术人员及管理人员提供科学参考。

感谢丹麦 DISSING + WEITLING architecture 建筑事务所、丹麦 COWI 公司、中交公路规划设计院有限公司、中交水运规划设计院有限公司、上海市隧道工程轨道交通设计研究院、中铁大桥勘测设计院集团有限公司、华南理工大学建筑设计研究院等在本书成稿期间所做的贡献。参与撰写的人员还有:吴玲正、赖兆平、金文良、刘健、陈越、陈焕勇、黄晓初、莫钧、邹威、夏丰勇、刘迪、许晴爽、席俊杰、施江涛等。

限于编著者水平,本书难免有错误及不妥之处,恳请读者指正。

广东省公路建设有限公司　陈伟乐

2022 年 5 月 11 日

目 录

第 1 章 概述	1
1.1 项目简介	1
1.2 建筑设计	2
1.3 结构设计	2
1.4 科研专题	3
第 2 章 建筑总体设计	5
2.1 美学主题与总体几何设计	5
2.2 桥梁建筑设计	7
2.3 人工岛建筑设计	12
2.4 景观照明设计	19
第 3 章 桥梁	21
3.1 总体设计	21
3.2 伶仃洋大桥	21
3.3 中山大桥	64
3.4 泄洪区非通航孔桥	75
3.5 浅滩区非通航孔桥	82
3.6 岛桥结合段	89
3.7 陆域段引桥	90
第 4 章 东人工岛	92
4.1 总体设计	92
4.2 岛壁结构设计	98
4.3 陆域形成和地基处理	108
4.4 广深沿江高速公路桥墩保护措施设计	113
4.5 救援码头	114
4.6 施工方案	116

I

第 5 章 西人工岛 ... 123
5.1 总体设计 ... 123
5.2 岛壁结构设计 ... 126
5.3 陆域形成 ... 134
5.4 地基处理 ... 135
5.5 救援码头 ... 136
5.6 模型试验主要结论 ... 137
5.7 施工方案 ... 139

第 6 章 隧道 ... 149
6.1 总体设计 ... 149
6.2 沉管段 ... 155
6.3 东人工岛明挖段隧道 ... 195
6.4 西人工岛明挖段隧道 ... 207
6.5 隧道通风、排烟 ... 211

第 7 章 专题研究 ... 212
7.1 概况 ... 212
7.2 伶仃洋大桥抗风性能研究 ... 212
7.3 钢箱梁正交异性钢桥面研究 ... 231
7.4 东、西人工岛结构断面物理模型试验 ... 245
7.5 西人工岛整体物理模型试验 ... 252
7.6 沉管隧道基槽回淤观测试验 ... 260
7.7 钢壳沉管隧道结构受力机理及设计方法研究 ... 276

参考文献 ... 298

第1章 概 述

1.1 项目简介

深圳至中山跨江通道(简称"深中通道")项目北距虎门大桥约30km,南距港珠澳大桥约38km,起点位于广深沿江高速公路机场互通立交,通过广深沿江高速公路二期东接机荷高速公路,向西跨越珠江口,在中山市马鞍岛登陆,终点位于横门互通立交,通过连接线实现在深圳、中山及广州南沙登陆。项目全长约24km,设计速度100km/h,双向八车道,总概算约446.9亿元,计划于2024年建成通车。

深中通道的建设对于推进珠三角东西两岸产业互联互通以及各类要素的高效配置,加快粤东、粤西地区振兴以及广东自由贸易试验区发展,推动粤港澳大湾区城市群融合,助推广东经济转型、城市转型,实现高质量发展,具有重要战略意义。

深中通道处于珠江最大的喇叭形河口湾,建设条件复杂,施工技术难度大。海底隧道(全长6845m)是目前世界上最长、最宽的钢壳混凝土沉管隧道,具有"超宽、深埋、变宽、大回淤"特点,为国内首次应用,极具挑战性。双向八车道沉管隧道叠加水下枢纽互通组合,运营安全问题突出。世界最高桥面的海中超大跨径悬索桥——伶仃洋大桥(主跨1666m),抗风问题突出,国内外水中锚碇施工经验较少。深中通道位于大湾区几何中心,立体视点丰富,社会关注度高,建设品质要求高。

深中通道项目是集"桥、岛、隧、水下互通"于一体的世界级集群工程,是国家"十三五"重大工程。为将深中通道建设成世界一流的跨海通道,使其在技术与美学上均能卓然超群,并实现与周边自然环境总体和谐,同时引进全球先进的跨海通道设计理念,获得世界各国在大跨径桥梁、超长海底隧道等方面的建设经验,把握桥、岛、隧集群工程建设发展趋势,集思广益、博采众长,深中通道管理中心在全球范围内公开组织开展了方案设计国际竞赛,突破国内先选设计单位再选设计方案的惯例,通过竞赛来倡导设计创作,提升工程品位,将竞赛优胜方案作为设计基础参考方案。

方案设计国际竞赛吸引了大批国内外知名设计公司,提交的设计方案均是经过慎重思考的原创性方案,对后续的设计工作提供了有益的参考。

丹麦COWI公司在竞赛中胜出。该方案中伶仃洋大桥采用独柱式桥塔、分体钢箱梁、空间主缆设计,非通航孔引桥采用了Y形整体式桥墩,结构体系合理,造型简练。从通道美学整体性角度,推荐中山大桥采用悬索桥方案。

人工岛呈菱形，如同迎风放飞的风筝，简洁优美，具有很强的地标性，且有利于防洪及减轻岛体两端的冲刷。方案设计国际竞赛优胜方案见图1.1-1。

图1.1-1　方案设计国际竞赛优胜方案

设计单位对竞赛优胜方案进行了充分的吸收和采纳，西人工岛的岛形设计基本承袭竞赛优胜方案，伶仃洋大桥最终采用了传统的悬索桥方案（即整体钢箱梁、门式塔、平行缆悬索桥）。优胜方案推荐的方案虽未被采纳，但其所确立的建筑美学框架被延续下来。桥梁施工图设计所采用的两座大跨桥梁塔呼应、引桥整幅式桥墩、悬索桥锚碇主缆IP点❶下移及晶体切面构件外观均是对优胜方案的继承。

1.2　建筑设计

秉持"建筑+结构"的设计理念，深中通道管理中心在项目初步设计获批复后委托国际知名建筑师事务所DISSING+WEITLING architecture（简称"DW公司"）对批复桥型方案开展建筑专项设计，通过建筑师和结构设计单位的反复磋商来共同敲定最终的桥梁建筑外观，使得整个通道呈现出平衡与和谐。

西人工岛的岛上建筑由我国著名建筑师团队何镜堂院士工作室完成，何院士对设计方案优化倾注了大量的心血。尽管何院士对竞赛优胜方案的岛上建筑赞不绝口，但他并不满足于此，而是带领团队结合中国规范、项目房建工程的功能需求及所处的自然地理环境对岛上建筑进行了优化，将岭南建筑风格融入其中。如：将封闭的玻璃幕墙优化成棕榈叶形的镂空顶棚，使得建筑内部通风、采光更优，同时外观上呈现出亚热带建筑特色；将功能性不强的风力发电机略去，代之以隧道通风塔，放眼望去建筑景观效果近似，但功能性更强。通过不懈努力，完善后的岛上建筑更加适应所处环境、外观更加出彩，为项目的整体美学设计锦上添花。

隧道设计的重点主要在于结构选型、结构体系及基础类型选择、接头防水性能及防灾救援等。景观方面主要体现在照明、光过渡段设计及饰板造型等元素上。

1.3　结构设计

深中通道项目建设条件异常复杂，工程方案必须实现公路、水运、民航、水利防洪、环境保

---

❶ IP点：悬索桥索鞍中主缆中心线的交点位置。

2

护等各方面的协调,并使工程规模适度、风险可控。

伶仃洋大桥通航净高76.5m,为世界上航运中心港口外桥梁最高通航净高。珠江口台风频发,选用超大跨度、超高桥面,抗风断面气动选型及安全性能问题相对突出。桥梁两个巨大锚碇均位于伶仃航道周边海域,水深5~8m,需兼顾防洪纳潮,减小阻水效应。国内外的海中锚碇设计与施工经验较少,技术难度较大。

人工岛的基本功能是通过填海筑岛形成稳定陆域,实现海上桥梁与隧道的顺畅衔接,满足岛上建筑物的布置需要,并提供基本掩护功能,保障主体建筑物的顺利建设和正常运营,同时要保证与沉管段对接处的水深和距离要求,是控制施工工期的关键线路,也是最具视觉敏感性的地标建筑。快速成岛技术是设计关键。

超宽海底沉管隧道在隧道结构、断面形式、混凝土浇筑及裂缝控制、通风与防灾救援、施工工艺等方面提出较大技术挑战。隧址回淤强度较大,对基础垫层选择及沉放对接方案影响较大。

在健全的安全风险管理体系下,充分吸收国内外先进、成熟的跨海通道建设理念及技术,在技术可靠的前提下积极创新,选择最符合项目建设条件,同时确保结构安全、施工安全、运营安全的设计方案。

1.4 科研专题

深中通道项目极其复杂,坚持需求及目标引导科技创新理念,大力推广性能可靠、先进适用的新技术、新标准、新装备、新工艺、新材料,建立科研、施工、设计、装备四位一体机制,着力攻克设计、施工、运营和管理上存在的技术瓶颈问题,为建设畅通、安全、高效、绿色的桥、岛、隧、水下互通综合集群工程提供坚实的科技支撑,提升工程质量安全水平;在解决项目技术问题的同时,引领突破行业共性问题,取得一批跨海集群工程建设技术攻关成果。

设计阶段开展科研专题30余项,涉及建设条件、技术标准、总体设计及设计关键技术、施工方案等。施工阶段,在深中通道管理中心统筹下,各承包商根据需求开展了大量的科学研究工作,对工程顺利推进起到很大的支撑作用。

设计阶段开展的科研专题主要有:

(1)建设条件

——桥位气象观测及风参数研究。

——工程场地地震安全性评价。

——地震动参数研究。

——水文分析计算。

(2)技术标准

——超大断面特长海底沉管隧道通风技术标准与火灾设计规模研究。

——项目隧道内检修道设置调研及分析报告。
——工程耐久性保障技术研究。
——海底隧道船撞落锚荷载分析及防护措施研究。
——防船撞研究。
——特长隧道通风技术标准研究。

（3）总体设计
——实车驾驶模拟仿真分析研究。
——潮流泥沙数学模型试验研究。
——运营安全保障及防灾救援关键技术研究。

（4）桥梁
——伶仃洋大桥抗风性能研究。
——空间主缆悬索桥受力性能及关键技术研究。
——桥墩局部冲刷数模试验研究。
——岛桥结合部桥梁受力物理模型试验研究。
——正交异性钢桥面板合理构造、制造工艺及疲劳性能研究。
——桥梁抗震支座形式、参数及性能研究。
——桥面铺装方案研究。

（5）人工岛
——东、西人工岛结构断面物理模型试验。
——西人工岛整体物理模型试验。
——插入式钢圆筒结构稳定性与渗流分析。

（6）隧道
——东人工岛及机场互通隧道群专题研究。
——超大断面沉管隧道火灾排烟方案研究。
——机场互通地下枢纽通风、排烟与应急疏散研究。
——沉管隧道基槽回淤观测试验专题研究。
——钢筋混凝土沉管隧道特定密度混凝土配置及性能专题研究。
——钢壳沉管自密实混凝土配制、制造及施工关键技术研究。
——钢壳沉管隧道结构受力机理及计算方法研究。
——东人工岛和岛上隧道实施对沿江高速影响的安全性评价专题研究。
——沉管隧道通风、消防及防灾救援关键技术研究。

（7）总体施工组织
——预制场选址方案及总体布置专题研究。
——施工方案关键技术专题研究。

第 2 章 建筑总体设计

2.1 美学主题与总体几何设计

2.1.1 美学主题

深中通道由东西两座人工岛、伶仃洋大桥、中山大桥及超过 10km 的引桥组成。伶仃洋大桥是一座特大跨径的悬索桥,站在深圳宝安区就能欣赏到大桥的雄姿,是全线立面景观的研究重点。西人工岛处于起降航班西侧舷窗的最佳观赏视角与视距范围内,是全线平面景观的研究重点,因此其景观设计必须考虑在大尺度空间上的辨识度,这要求景观形象必须足够简洁、生动、有力,令人印象深刻。车辆高速行驶在这条通道中,需要营造一个统一的整体环境形象。因此,深中通道的景观设计应避免烦琐的细节,突出简洁鲜明的整体形式,力争做到造型简练、平衡和谐。

类似深中通道这样的大型连线工程由很多单元组成,各有不同功能,用不同方法建造。至关重要的是所有单元要看起来属于一条通道,而不是一系列的碎片堆在一起。因此整条连线从始至终保持一致性非常重要。

沿袭方案设计国际竞赛优胜方案的理念,总体方案设计灵感来自飘逸、优雅的风筝(图 2.1-1)。隧道就像放飞风筝时若有若无的线,面向东方太阳升起的地方,象征着追求超群、卓越,实现中国梦。东人工岛犹如风筝的线盘,桥梁宛如风筝飘扬的尾部,将珠江口两岸紧紧相系,形成"风筝牵线"(图 2.1-2)的总体美学主题。

图 2.1-1 设计灵感

图 2.1-2 风筝牵线

两座通航孔桥,两个人工岛,一条隧道,每一个元素都是独特的,但是组合起来就形成一条自然、流畅的线形。基于桥、岛、隧一体化设计理念，通道所有元素共享一个平衡、和谐的设计主题，并在功能、尺度和比例上相互呼应，形成一个整体。

简约的西人工岛与两座独特的通航孔桥一起，将成为一个美丽的地标，赋予整个通道独特的意义。

2.1.2 总体线形平衡与和谐

路线全长23.914km，最大平曲线半径6000m，最小平曲线半径2300m，平曲线占路线总长的45.32%，最长直线长6086.094m。平面线形布置见图2.1-3，图中R代表半径。

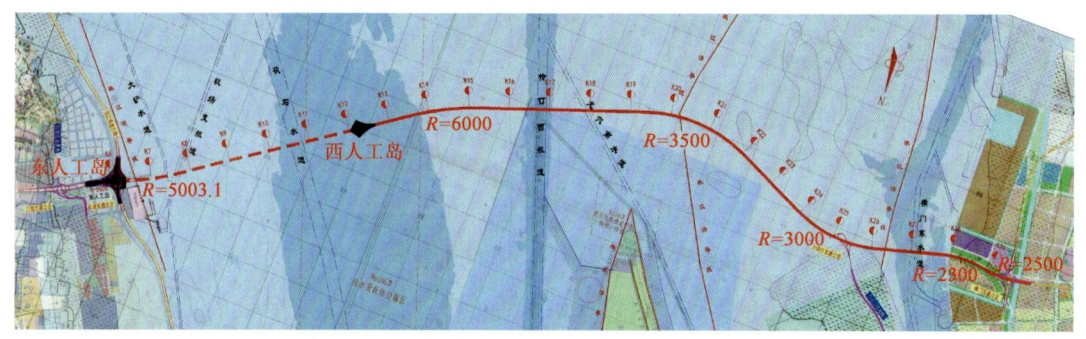

图2.1-3 深中通道平面线形布置示意图(尺寸单位:m)

隧道内路拱横坡为1.5%，桥梁段路拱横坡为2.5%，隧道口设置超高过渡段。后4个曲线设置2.5%的超高。

伶仃洋大桥及中山大桥均采用对称纵坡，凸显对称与平衡，纵断面总体结合超高设置和排水需要，将浅滩区桥梁纵坡由早期的W形优化为U形，改善排水及行车景观；终点跨越东部外环高速公路处纵断面适当提高，为后续工程预留下穿空间。桥梁段纵断面示意见图2.1-4。

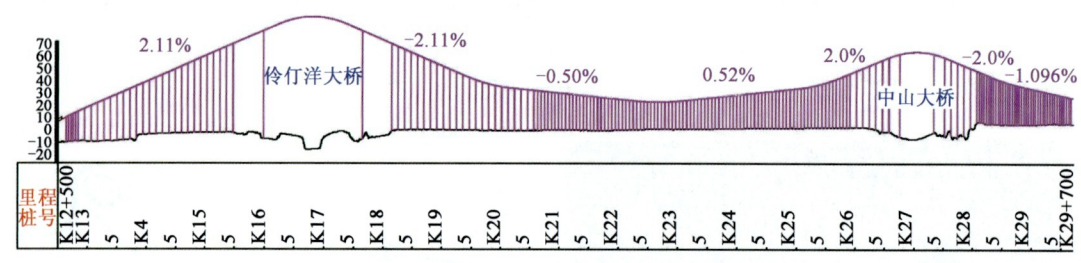

图2.1-4 桥梁段纵断面示意图(尺寸单位:m;高程单位:m)

现行规范要求隧道纵坡不大于3%，设计取2.98%。受机场支航道和矾石水道控制，纵断面整体呈W形，以尽可能减少在两航道间的开挖疏浚深度，保证行车的舒适性，在机场支航道与浅滩区之间采用0.556%的较小纵坡，满足纵向排水的需求；西人工岛洞口段以2.98%起坡，以便尽快出洞，最大限度缩短西人工岛长度，有效降低阻水率，并保证相接的非通航孔桥桥面高程合理。隧道段纵断面示意见图2.1-5。

6

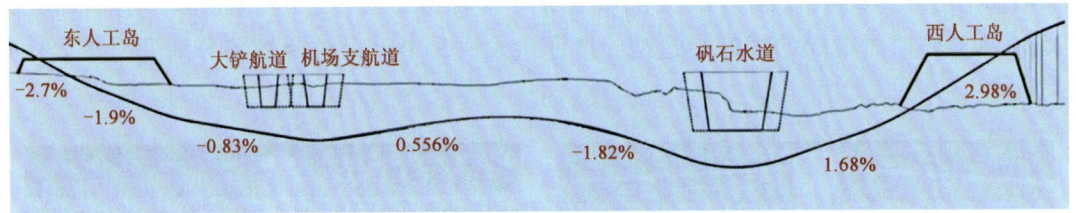

图 2.1-5　隧道段纵断面示意图

全线平、纵线形较顺适,指标较均衡,视觉良好。

2.1.3　连贯与呼应

初步设计批复伶仃洋大桥、中山大桥采用 H 形塔。在初步设计批复的基础上,为保证整个通道方案的和谐统一,采用与方案设计国际竞赛时不同的几何语言,使得所有元素相得益彰并互为补充。

H 形塔涉及的部件比独柱塔更多,为实现和谐统一的目标,采用了与独柱塔不同的策略。在新的方案构思中,贯彻了晶体切面风格,这使得伶仃洋大桥和中山大桥看起来简洁美观,降低了施工难度,并与西人工岛的"风筝"端部切面造型相呼应。总体方案效果见图 2.1-6。

图 2.1-6　总体方案效果图

2.2　桥梁建筑设计

2.2.1　连贯性设计

2.2.1.1　几何构造连贯性

设计构造尺寸及倾斜率时,考虑了结构可行性、美观性及连贯性。每座桥梁的各部分构件都采用相似的几何比例,通过一系列连贯的几何重复,从而实现了整个通道的和谐一致。

2.2.1.2　桥塔连贯性

伶仃洋大桥和中山大桥都遵守相同的晶体切面元素设计。两座桥塔都设计有蝴蝶形横梁,塔柱稍稍向中心倾斜。在每座桥塔顶部设计一个通道连接两个塔柱的顶部,两座桥的塔冠均设计为晶体切面组成的蝴蝶结造型。伶仃洋大桥及中山大桥俯视图分别见图2.2-1及图2.2-2。

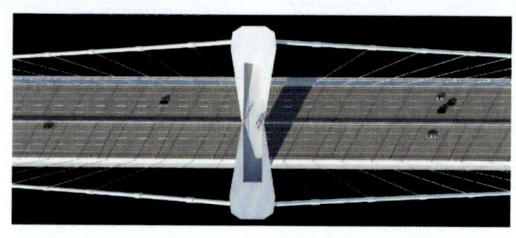 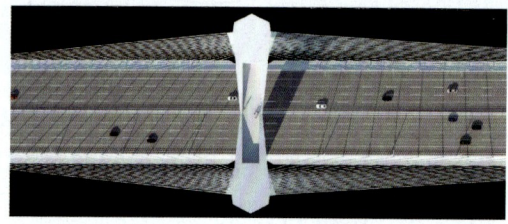

图2.2-1　伶仃洋大桥俯视图　　　　　　　　图2.2-2　中山大桥俯视图

桥塔的蝴蝶形横梁的倾斜率一致,均为1:6,正面视图上的倾斜率也相似。塔柱具有相同的切面数量,由于伶仃洋大桥的尺寸更大,因此其塔柱的边切面也更大。主塔立面的相似性见图2.2-3。

a)伶仃洋大桥　　　b)中山大桥

图2.2-3　主塔立面相似性

2.2.1.3　桥墩连贯性

所有桥墩的几何外形均采用了晶体切面的设计策略。岛桥结合部的分体式锤头墩和整体式桥墩的设计也具有连贯性(图2.2-4)。

为了保证设计的连贯性,每种桥墩均具有如下相似性:

①所有桥墩具有切面对称的几何外形。

②每个墩身包含6个切面,大致呈六边形。

③所有墩身在正视图上都具有相同的倾斜率。

2.2.2　伶仃洋大桥

作为深中通道最高的构筑物,伶仃洋大桥是整个通道的标志,驾车过海时此处的体验也最美妙。引桥美丽蜿蜒的曲线使得整座伶仃洋大桥都清晰可见。伶仃洋大桥全桥效果见图2.2-5。

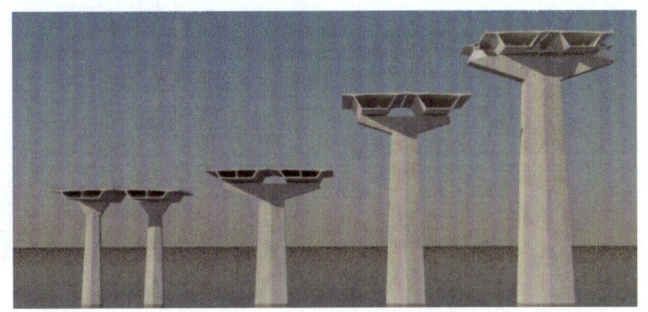

图2.2-4　引桥桥墩晶体切面元素设计

图2.2-5　伶仃洋大桥全桥效果图

索塔为门式塔,采用切面设计,总体呈八边形。索鞍置于塔顶结构内,索鞍之间由一个走道连通。伶仃洋大桥桥塔示意见图2.2-6。

a)桥塔效果图　　　　b)桥塔横断面

图2.2-6　伶仃洋大桥桥塔示意图

锚碇同样采用切面设计(图2.2-7),使其看起来更有动感,与桥梁其他元素的切面设计吻合。

塔顶设计有索鞍和视野一流的观景台,与上横梁形成一个切面的蝴蝶结(图2.2-8)。夜间塔顶将会照亮,宛如海上的灯塔。

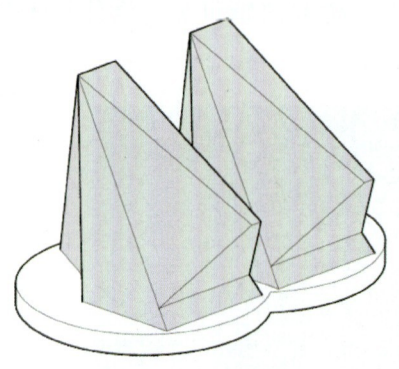 

图 2.2-7　锚碇切面元素设计　　　　　图 2.2-8　塔顶设计

2.2.3 中山大桥

中山大桥是从西侧进入通道后见到的第一个高大构筑物,其位置非常重要。驾驶者从这里获得对通道的第一印象,然后逐步了解通道桥梁的几何形状和建筑表达。中山大桥是伶仃洋大桥的姊妹桥(图 2.2-9)。

图 2.2-9　中山大桥效果图

由于主梁采用整体箱,桥面较宽,因此中山大桥采用 H 形塔会显得比例不协调。因而采用了倾斜的直线条桥塔,桥塔的高度也适当加高,突出了桥塔的高度并且让主梁在桥塔间轻盈流动。塔柱采用切面元素,使得桥塔在美学表达上更加轻盈简洁。

由于桥塔尺寸比伶仃洋大桥小,采用与伶仃洋大桥相近的切面斜率会使得外侧水平段尺寸很小,接近七边形(图 2.2-10)。桥塔截面保留了与伶仃洋大桥相同的建筑元素,外形更加尖锐而有力。

白天阳光会照耀在桥塔的切面上,呈现出不同的效果,让整座桥的视觉效果丰富多变。塔顶和伶仃洋大桥的塔顶类似,中间由走道连接,从而在视觉上呼应伶仃洋大桥和西人工岛建筑。

中山大桥的辅助墩采用和高墩区引桥桥墩相似的尺寸,造型和谐。

 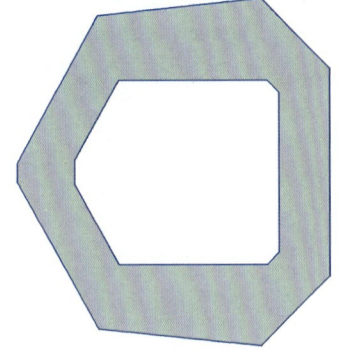

a)塔冠设计　　　　　　　　　　　b)横断面

图 2.2-10　中山大桥桥塔示意图

2.2.4　水中引桥

水中非通航孔桥有 3 种不同的跨径类型：泄洪区非通航孔桥跨径 110m；浅滩区非通航孔桥跨径 60m；岛桥结合段引桥跨径 40m。

泄洪区非通航孔桥和浅滩区非通航孔桥均采用相同的大挑臂整幅式桥墩，桥墩采用相同的斜率，从与盖梁相接的立柱顶向下逐渐变宽，立柱截面采用六边形。非通航孔桥效果图见图 2.2-11。

a)泄洪区　　　　　　　　　　　　b)浅滩区

图 2.2-11　非通航孔桥效果图

岛桥结合段引桥桥墩较矮，无法采用整幅式桥墩，故采用分体式桥墩（图 2.2-12），采用切面手法打造晶体状的感觉，桥墩同样采用六边形截面，立柱采用相同的斜率，从上往下向外变宽。

主、引桥的建筑表达方式相同，共同奏出了和谐一致的乐章。

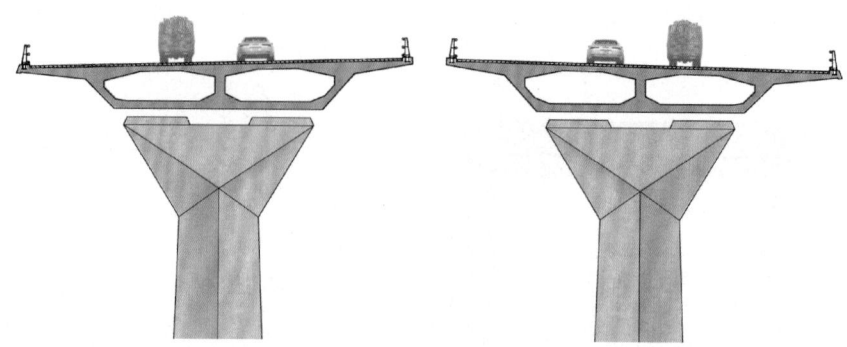

图 2.2-12　岛桥结合段引桥断面

2.3　人工岛建筑设计

2.3.1　东人工岛

东人工岛以交通转换与救援功能为主,兼顾部分设备管理功能,需设置码头、养护仓库及管理用房等设施。

机场立交的互通方案已经确定,推荐方案呈涡轮形。东人工岛的平面位置主要取决于主线桥隧转化和各匝道桥隧转化处相对位置关系。

结合深中通道主线和各匝道布置,为了尽量减小人工岛海域使用面积,将人工岛中心区域全部回填成岛,南匝道和北匝道单独成岛并与中心区域相连,形成"一体两翼"形态。

建筑设计只是岛上整体景观的一小部分。该部分建筑设计以低调生态为定位,力图融入景观绿化,成为生态绿岛的一部分。因为项目地处咸淡水交汇处,当地土壤的含盐量较高,在植物配置上选取抗风、耐旱、耐湿、较耐盐碱,能在海边生长的乡土树种。从色彩、姿态、风韵这三个观赏美特性出发,以乔、灌、草搭配复合植物群落,丰富层次。同时,加入棕榈科植物,塑造具有当地特色的绿化环境,打造生态、自然、美观的路桥植物景观。

东人工岛的景观视点众多,主要观赏角度是从高架桥上俯瞰,随着高度的增高,看到的植物景观逐渐减少,因此建立植物种植强度与道路高度的关系。对道路高度进行分级,从 0m 到最高高度 24m,分为四级。一级为重点打造区域,搭配乔、灌、草丰富群落;二级减少灌木层搭配;三级减少地被层搭配;四级只有乔木层。东人工岛整体效果见图 2.3-1。

2.3.2　西人工岛

延续了方案设计国际竞赛优胜方案的理念,西人工岛岛形平面为"风筝",以平衡、和谐为整体设计理念。以道路中心线作为对称设计的中轴,只在人工岛表面和部分建筑设计上有微小的偏差,力求外形的对称性。

图 2.3-1　东人工岛整体鸟瞰图

人工岛是桥隧转换的重要组成部分,也是通道建筑表现力的重要环节。西人工岛建筑和景观设计由华南理工大学建筑设计研究院的何镜堂院士工作室团队承担。该团队在国内标志性公共建筑设计领域具有较高知名度,既有的代表性作品包括上海世博会中国馆(图 2.3-2)、大厂民族宫(图 2.3-3)、钱学森纪念馆、琶醍国际会展中心、青岛上合会议中心、广州利通大厦等一系列标志建筑。

图 2.3-2　上海世博会中国馆　　　　　　图 2.3-3　大厂民族宫

从现有场地环境、地域气候特点以及功能使用需求着手,同时力求与方案设计国际竞赛优胜方案中既有的西人工岛岛形相融合,结合实际情况对前期竞赛方案中的岛形和景观进行优化,使得建筑设计既能体现优胜方案的简洁大气,又能在实施过程中真正能适应亚热带地域气候与深中通道的技术需求,将一座集交通转换、办公管理、运营养护、紧急救援于一体的、美轮美奂的大型海上建筑综合体展现在世人眼前。

2.3.2.1　疑难与挑战

在进行建筑方案设计的前期,针对竞赛优胜方案中的既有岛形和建筑概念设计进行了一系列分析评估,去粗取精,从而得到进一步设计的建设性结论。竞赛阶段优胜方案中的建筑概念设计,主要存在以下需要解决的问题:

(1)气候适应性

优胜方案中的西人工岛主体建筑是一个完整的封闭形体,这种形体对内保护性强,与外界交流较为克制,保温隔热好,在气候条件严苛或者寒冷地区(如北欧)较为合理。但是在接近热带的珠江口,它在夏季将成为一个封闭的大温室,空调制冷量巨大,在冬季也难以享受室外温和的气候环境。

(2)功能适应性

建设单位要求的室内功能使用总建筑面积约为16000m²,而竞赛方案为了满足建筑形体和岛体的吻合,建筑体量庞大,室内建筑面积达到约30000m²,对建设与运营造成不必要的浪费。

由于方案竞赛阶段关注点不同,对于隧道通风救援设施的考虑并不深入,导致风机房、风塔等有大量净空要求的功能空间未得到充分考虑。功能适应性问题将成为建筑实施方案与竞赛方案能否一致的主要矛盾。

(3)消防救援

主体建筑的形态与岛体的外边缘之间无缝连接,在造型上成为整体,简洁清晰,但是根据国内的相关规范,在岛体边缘需要设计环岛消防道路,意味着建筑需要后退进岛内。同时,人工岛需要具备一定高度的环岛挡浪墙,该部分挡浪墙将高出岛面约5m,意味着岛体将被一堵5m高的"墙"圈起来,站在岛面无法看到辽阔的海景。

根据竞赛优胜方案增加风塔的初步模拟来看(图2.3-4),当竞赛优胜方案满足现行规范与技术要求后,中部通透的设计特点将会丢失,并且与岛体外缘脱离,从而很难保持既定形态。为了协调技术与美学的矛盾,需要进行一系列艰辛而持续的探索与比选。

图2.3-4 竞赛优胜方案加上风塔的模拟效果

2.3.2.2 方案比选

1)方案一

结合岭南地区的气候特点,引入"绿岛"的设计理念,将绿化引入建筑,使得建筑与绿化成为一体,形成既有地域特色又极具新意的建筑表现形式。整个建筑将打造成为一个生态绿岛。方案一整体效果见图2.3-5。采用绿色屋面、雨水收集、风力发电、太阳能蓄电等生态措施,创建一个自给自足的绿色系统。

2)方案二

构思来自屹立在海岸线经过千百年巨浪拍打依然岿然不动的巨大磐石,它从大洋中破浪而出,象征人类开天辟地的豪迈精神,同时也铭刻了各方推动深中通道工程所需的坚毅和努力。造型取意自海边的礁石,提炼形成简洁的三角锥形体块。中部风塔是最高点,屹立在最前方。两侧顺势而下,分别形成两块巨大的磐石体块。背风面覆盖绿化,从地面一直延伸到石壁边,给人以浑然天成的感觉。建筑为三角锥形,契合地形。中间布置通风塔,下部的设备用房顶形成一个观海平台。北翼布置救援、监控指挥中心、办公住宿及部分机房。南翼布置会议、建设成果展示馆、餐厅厨房、豪华套房及部分机房等。建筑的背面被绿化覆盖,同地面的绿地连接到一起,绿化面积很大。屋顶绿化极大地降低了建筑能耗。雨水被有效收集、集中再利用。屋面通风塔可以改善室内空气温度及湿度。方案二整体效果见图 2.3-6。

a) b)

图 2.3-5　方案一效果图

a) b)

图 2.3-6　方案二效果图

3) 方案三

远古时代,南方百越部落多采用干栏式建筑来适应多雨潮湿的气候。主体建筑设计的理念是结合当地亚热带气候,注入当地干栏式建筑的特色因素,考虑与现有岛形的融合,形成完善的建筑形象和设计立意。建筑体现了热带亚热带海洋岛屿的神韵,与植物配景相得益彰,体现了中国文化中建筑与自然和谐相处、天人合一的哲学思想。建筑设计与景观相辅相成是西人工岛景观的主要特色,从珠江口看西人工岛,就是一个和谐共生的生态绿岛,建筑就是景观,景观就是建筑,建筑与景观通过设计形成了诗意的转化。设计理念来源见图 2.3-7。

绿化景观采用绿色生态设计的理念,对岛上大部分面积进行绿化,将植被与建筑屋面相结合,优化建筑空间,采取局部架空,适应岭南地区气候特征,为室内外带来良好的自然通风环境。

图 2.3-7　设计理念来源

绿色生态设计理念给人以一个绿色的、自然休闲的岛屿景观,在设计上采用了自然的设计手法,平面上将不同规格的植物或分散或组群布置,形成自然的植物群落,立面上利用错落的植物群落和植物的不同高度形成起伏的林冠线。

绿色、自然、休闲的岛屿景观风格,结合椰林海岛形象,实现现代化的建筑、生活、海湾和谐共存。从这样的角度出发,把整个岛屿拟化为"绿色生态的风筝",漂浮于水面上。

结合当地气候与人文、自然形态及既有岛形对建筑的造型进行了雕琢和优化,在粤港澳大湾区的地理中心上,屹立起一座具有当地特色的现代化交通综合体。

方案三具备三个方面的优势与特色。其一,完全符合竞赛优胜方案中的现代、简洁的特征与既有岛体形状。其二,顺应岭南地区的亚热带气候特点,统筹通风、遮阳、采光等被动式技术于一体,具有生态环保、节约能源的优势。其三,通过架空的半室外屋架从形体上实现了与岛体巨大外轮廓的吻合,但是屋架之内节制的室内建筑部分又符合业主较少的既定功能指标需求。

综上,将方案三作为建筑设计推荐方案。

2.3.2.3　方案施工深化阶段

获选的建筑设计方案在适应性和可实施性方面有所提升,但是因为项目的复杂性,该方案依然存在两个主要的不足之处。经过建筑设计团队与岛隧专家的协作与周密论证,最后得到了妥善的解决。

一是建筑的中心位置为一个通透的公共空间,其上设置的现场指挥中心,象征着西人工岛在整个深中通道中作为岛隧救援现场指挥中心的核心地位,但是该部分已被用作立式风机和风塔空间。从隧道通风的效率而言,这样设计是十分合理的,而且国内外现有隧道通风体系均为类似情况。但是,从建筑景观以及公共空间共享的角度而言,这是一个十分遗憾的做法。建筑设计师希望能将西人工岛主体建筑的中心位置让出来,成为未来的公共空间,这对每一个参观和使用这个建筑的人而言,都是一个惊喜和享受。经过反复沟通及论证,将风塔与主体建筑分离,通过风道在地下连接,实现了挺拔的竖向元素与舒展的水平向元素的组合构图。风塔移出中心位置效果见图2.3-8。

图2.3-8　风塔移出中心位置效果图

二是因为环岛的挡浪墙高出岛面5.1m,考虑到使用体验,为建筑增加了一个两层高的清水混凝土基座,对隧道的通风、消防等设备进行保护和隔离。基座上部为对外开放的餐饮、展览以及对内的办公管理用房,基座下部主要为设备用房、仓库与消防救援站。该基座将人们抬升至距离岛面7.4m的公共活动平台,从而可使人们在平台上直接观赏海景(图2.3-9),并俯瞰岛内的生态环境。厚重的基座隔离了设备用房的振动与噪声,为对外开放的区域营造了良好的环境。基座抬升后的效果见图2.3-10。

图2.3-9　基座上方视野图　　　　　　　　图2.3-10　基座抬升后效果图

2.3.2.4　建筑设计中的技术设计与创新

西人工岛的建筑设计与一般公共建筑有很大区别,其中最主要的特点就是需要满足桥梁、人工岛与隧道的多方面要求,复杂的边界条件给建筑设计带来了结构、给排水、通风、消防、电气等方面的限制。

因项目条件限制苛刻,形状复杂,与岛体、桥梁、隧道的沟通协调面广,因此,建筑设计团队采用BIM(建筑信息模型)进行模拟与推敲,在方案、初步设计、施工图设计阶段分别利用不同深度的BIM模型作为技术支持;同时积极运用模型与各个相关单位进行沟通协调,极大地提高了沟通效率和设计质量,避免了大量的后期潜在问题。中央花园效果图及其BIM模型见图2.3-11。

 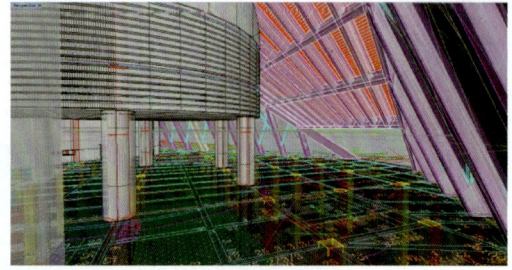

a)效果图　　　　　　　　　　　　　　b)BIM模型

图 2.3-11　中央花园效果图及模型

由于西人工岛处于珠江出海口,经常受到台风威胁,加上岛上的主体建筑大量采用了网架遮阳结构,使得建筑对抗风防风性能有较高要求。为此开展了风洞模拟试验(图 2.3-12),通过风洞模型数据进一步提高结构设计的合理性,加大结构与构件的安全冗余度,使之成为真正美观且耐久的建筑作品。

a)　　　　　　　　　　　　　　　　b)

图 2.3-12　建筑模型风洞试验

该建筑设计有别于常规的公共建筑设计,是一个以满足重大交通工程需求为前提,同时实现景观美学与使用体验相结合的作品。通过多方协同努力,将一座集交通转换、办公管理、运营养护、紧急救援于一体的、美轮美奂的大型海上建筑综合体展现在世人眼前(图 2.3-13)。

图 2.3-13　西人工岛整体鸟瞰图

2.4 景观照明设计

2.4.1 伶仃洋大桥

桥塔、桥墩和锚碇照明均采用射灯。为了凸显伶仃洋大桥的门户效果,桥面以上的射灯放置在桥塔的内表面。水位线上放置射灯,可在不同的结构构件间勾勒出流畅的光影效果。

主缆照明采用LED(发光二极管)光带,以凸显夜晚主缆美丽的曲线线形。

塔顶照明设置在塔顶内部,采用强LED灯,使得塔顶看起来熠熠生辉。

伶仃洋大桥夜间照明效果见图2.4-1。

图 2.4-1 伶仃洋大桥夜间照明效果图

2.4.2 中山大桥

桥塔和桥墩同伶仃洋大桥类似,采用射灯照明,桥面以上的射灯放置在桥塔的内表面,桥面以下的射灯放置在水线上。

斜拉索照明采用LED灯,使斜拉索呈现动态变化的视觉效果,可以实现底部的斜拉索非常亮,越往上光线越暗;或者灯光在同一高度慢慢减弱;或者斜拉索相间变亮等。

塔顶照明和伶仃洋大桥一样,塔顶内部采用强LED灯。

中山大桥夜间照明效果见图2.4-2。

a)

b)

图 2.4-2 中山大桥夜间照明效果图

2.4.3 隧道

使用隐藏在侧面板内的LED光带营造两侧的景观照明。这种光带能给驾驶者营造愉悦安全的氛围。使用最新的LED技术,可针对不同情景进行不同的照明设置。大部分时间都可以使用照明光带(图2.4-3),也可以仅在高峰期或特殊场合使用。部分照明可用作指示或电子里程碑,发生事故时可以用于警示(图2.4-4)。

图2.4-3　隧道一般照明效果图　　　　　　　图2.4-4　隧道LED灯作为警示灯效果图

2.4.4　西人工岛

昼夜交替会让西人工岛呈现奇妙的光影效果,展现截然不同的面貌。白天的时候,西人工岛犹如黑水潭中一颗白中带绿的浮雕,沉稳大气;夜晚则晶莹生动,引人注目。

景观照明的主要设计理念是勾勒西人工岛的主要结构,并强化岛壁结构、岛上道路、岛上建筑等。为凸显西人工岛的不同结构元素,使用了多种照明类型,并采用了暖色和冷色相结合的方案,以实现丰富生动而又交织融合的照明效果。开车驶向隧道、在上空飞行或者在珠江上航行时,西人工岛可见度均很高,显得璀璨夺目。

从天空俯瞰,西人工岛标志性的风筝造型、棱角分明的建筑轮廓以及岛上道路柔和的线形都将一览无遗,互不相同而又相得益彰。西人工岛照明效果见图2.4-5。

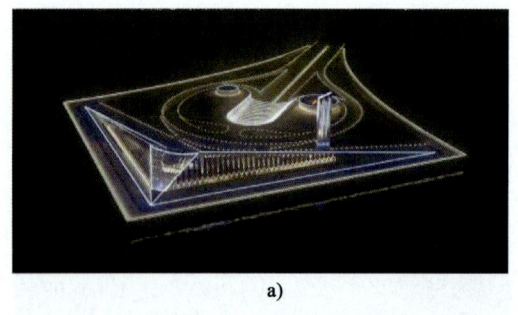 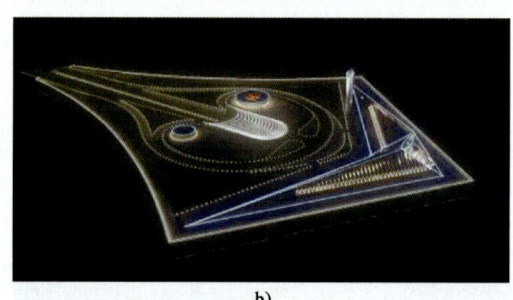

a)　　　　　　　　　　　　　　　　　b)

图2.4-5　西人工岛照明效果图

第 3 章 桥 梁

3.1 总体设计

深中通道桥梁段由通航孔桥、水上段非通航孔桥、陆域段引桥组成。通航孔桥有两座,分别是伶仃洋大桥、中山大桥;水上段非通航孔桥由岛桥结合段桥梁、泄洪区引桥、浅滩区引桥组成。桥梁全长 17030m,占线路总长的 63%。桥梁总体布置及各区段桥梁长度见图 3.1-1。

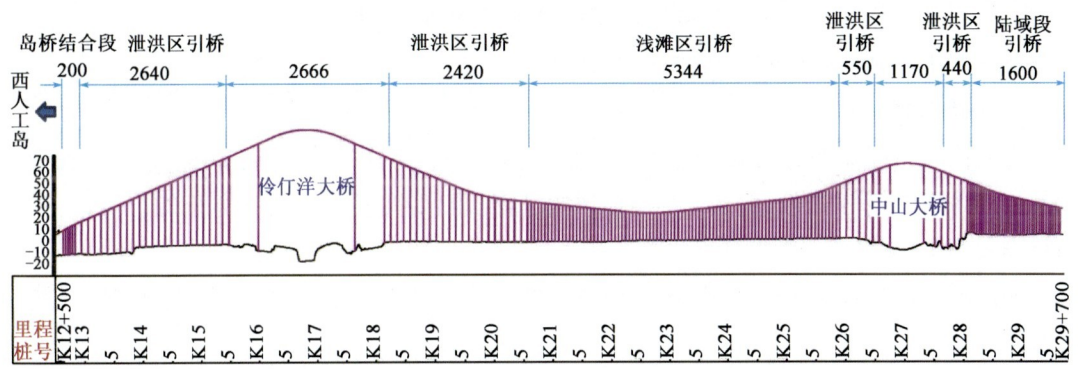

图 3.1-1 桥梁总体布置示意图(尺寸单位:m;高程单位:m)

3.2 伶仃洋大桥

3.2.1 总体布置

3.2.1.1 跨径选择

1) 主跨跨径

桥梁跨径的选择基于以下原则:

①满足通航净空宽度,伶仃航道不小于 1520m,龙穴南水道不小于 325m。

②综合考虑两个航道间的位置关系,西塔位于伶仃航道和龙穴南水道中间,尽量减小大吨位船舶撞击风险。

③考虑基础承台、防撞设施和航道标志设施的尺寸;考虑水流影响,给通航留有一定的航向调整富余,并使航道避开承台附近的紊流区。

21

伶仃洋大桥桥位与航道关系见图3.2-1。

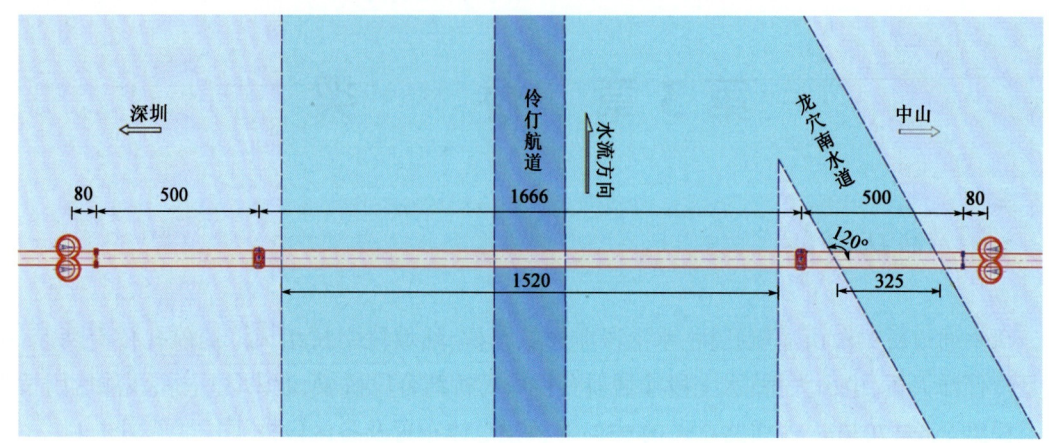

图3.2-1 伶仃洋大桥桥位与航道关系图(尺寸单位:m)

基于以上原则,最终确定主跨跨径为1666m。

2) 边跨跨径

龙穴南水道通航净宽325m,航道与桥轴线存在夹角,考虑适当富余后钢箱梁最小长度约500m。深圳侧边跨不通航,但从减小船撞风险、降低阻水率、桥梁景观等方面综合考虑,采用对称布置更为合适。

边跨跨径的选择主要受主塔、锚碇位置以及主缆切线角的协调性控制,边中跨比一般在0.25~0.45。

边跨跨径的确定主要综合考虑以下几方面因素:

①散索点高程的选择。锚碇结构必须考虑美学效果,故应选择较低的散索点高程,通过设置过渡墩,使锚碇结构与主梁结构分离。主梁边跨长度应不小于500m。过渡墩的位置要满足主梁合适的无吊索区长度,主塔距离锚碇处主缆IP点最小间距约580m。

②塔顶处边、中跨主缆切线角的差值。如边跨主缆切线角太大,则需增加背索,而增加背索将加大主索鞍结构设计与制造难度,且可增加的背索数量也有限。同时,边、中跨主缆切线角相差太大,对于主缆在索鞍内的抗滑性能不利。

③主缆边跨的跨度应便于布置锚碇,并便于施工。伶仃洋大桥两个锚碇均位于水中,东锚碇处水深在5.5m左右,西锚碇处水深在3.5m左右,其水深条件变化不大,适当移动锚碇位置对锚碇施工影响不大。

④考虑边跨主缆的约束作用。当边跨跨径小时,其对于主塔及主跨主缆的约束作用较强,可增大结构竖向刚度,对行车舒适性及驾乘人员的安全感有利。

参考已建的千米以上双跨及三跨悬索桥(表3.2-1):钢桁梁悬索桥的边中跨比最大的是明石海峡大桥,为0.482;主梁采用钢箱梁的多跨悬索桥的边中跨比最大的是南京长江四桥,为0.406;与本桥主跨跨径接近的西堠门大桥(主跨1650m)的边中跨比为0.35。《公路悬索桥设计规范》(JTG/T D65-05—2015)规定悬索桥边中跨比宜为0.25~0.45,与已建千米以上桥梁实际数据基本一致。

已建千米以上桥梁参数　　　　　　表3.2-1

编号	桥　名	主缆跨径(m)	加劲梁形式	边中跨比	垂跨比	结构体系
1	明石海峡大桥	960+1996+960	钢桁梁	0.482	1/10	三跨双铰
2	南沙大桥坭洲水道桥	658+1688+(522)	钢箱梁	0.39	1/9.5	双跨连续
3	西堠门大桥	578+1650+(485)	钢箱梁	0.35	1/10	双跨连续
4	大贝尔特桥	535+1624+535	钢箱梁	0.33	1/9	三跨连续
5	Izmit海湾大桥	650+1550+650	钢箱梁	0.42	1/8.86	三跨连续
6	南京长江四桥	576.2+1418+481.8	钢箱梁	0.406/0.29	1/9	三跨连续
7	恒比尔河桥	530+1410+280	钢箱梁	0.376/0.199	1/10.6	三跨双铰
8	青马大桥	355+1377+(300)	钢箱梁	0.258	1/11	双跨连续
9	维拉扎诺桥	370+1298+370	钢桁梁	0.285	1/11.1	三跨双铰
10	金门大桥	343+1280+343	钢桁梁	0.268	1/11.1	三跨双铰
11	高海岸桥	317.5+1210+287.5	钢箱梁	0.262/0.238	1/9.5	三跨连续
12	麦基诺海峡桥	549+1158+549	钢桁梁	0.474	1/10.8	三跨双铰
13	南备赞桥	274+1100+274	钢桁梁	0.249	1/11	三跨连续
14	乔治·华盛顿桥	186+1067+186	钢桁梁	0.174	1/10.8	三跨双铰
15	来岛二桥	250+1020+(245)	钢箱梁	0.245	1/10.5	双跨连续
16	4月25日大桥	483+1013+483	钢桁梁	0.477	1/9.5	三跨连续
17	福斯公路桥	409+1006+409	钢桁梁	0.407	1/10.5	三跨双铰

注:括号内数据表示边跨主梁由多个小跨径组成。

经过对580m、640m、720m边跨的计算比较,中跨和边跨的竖向刚度都随着边跨跨径的增大而降低,中跨挠跨比均满足规范要求的1/250。边跨挠跨比在各种规范中并没有明确规定。经调研,多跨连续悬索桥边跨双向挠度多为边跨跨径1/150左右。边跨为580m时,边跨挠跨比约为1/160左右,而增加边跨跨径,边跨挠跨比将超过1/150,不利于行车舒适性。

故边跨选择满足通航要求的较小跨径580m,主缆边中跨比为0.348。

3.2.1.2　垂跨比

垂跨比是指主缆跨中垂度与主跨跨径的比值,它是主缆系统和悬索桥总体设计中最重要的一项指标。

受航空限高275m限制,考虑防雷装置及安全距离,塔顶高程按270m控制。考虑主索鞍鞍室高度等因素,塔顶主索鞍处主缆IP点高程为267m。跨中桥面高程为90.773m。考虑跨中主缆距桥面竖向高度均为3.5m,最大可能垂跨比约为1:9.65。

选取1:9.65、1:10和1:10.5三种垂跨比进行比选,发现垂跨比的减小对结构将产生以下影响:

①主缆拉力变大,主缆横截面积相应增加,虽然主缆总长变短,但主缆的用钢量仍呈增加趋势。主缆直径变大,索夹用钢量相应增加,吊索用钢量略有减少,变化不大。因此,吊索系统

的用钢量略有增加。

②主缆拉力变大,导致锚碇锚体、基础和锚固系统的材料数量均有增加。

③索塔高度减小,因此塔柱材料数量减少,塔柱自重减轻,导致基础轴力也减小,所以索塔基础材料数量相应减少。

④主缆拉力增大,横截面积增加,刚度相应增加,活载挠跨比降低。主缆横截面积增加,则回转惯性矩变大,因此结构的一阶扭转频率减小,一阶竖弯频率增加,扭弯频率比降低,对抗风不利。

⑤建安费随着中跨主缆垂跨比的减小而增加。

综上所述,在竖向刚度满足活载挠跨比容许值要求的前提下,宜采用较大的垂跨比,以期降低工程建安费,提高结构整体抗风性能。故伶仃洋大桥主跨垂跨比采用1:9.65。

3.2.1.3 总体布置

1)总体布置

最终采用580m+1666m+580m的跨径组合,总体布置见图3.2-2。

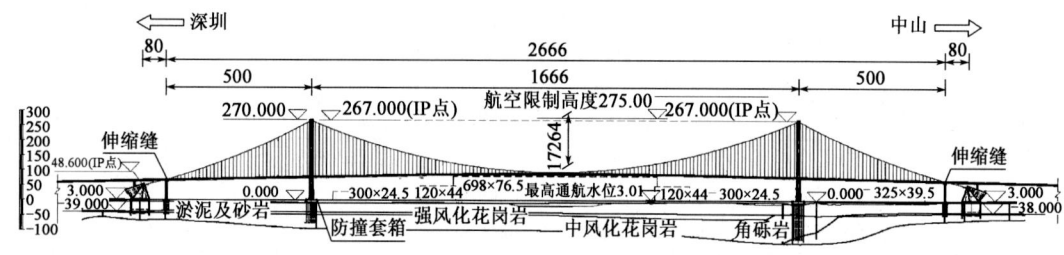

图3.2-2 伶仃洋大桥总体布置(尺寸单位:m;高程单位:m)

2)约束系统

对于三跨悬索桥来讲,有三跨两铰简支及三跨连续两种约束体系,两种形式在国内外均有广泛的应用。当前世界范围内建成通车的千米级多跨连续悬索桥均为连续体系。

两种体系在主缆受力、结构刚度、抗风稳定性、抗震安全性等方面差别不大。在塔旁局部的加劲梁和吊索受力方面,简支方案好于连续方案;在行车舒适性方面,连续方案好于简支方案。此外,简支方案增加了较多支座、伸缩缝、阻尼器等附属构件,增加了造价和养护工作量。经过综合比选,伶仃洋大桥采用连续体系方案。

加劲梁在两个桥塔处设置横向抗风支座,纵向设置限位阻尼装置;过渡墩处设置抗震竖向拉压支座和横向抗风支座。

3.2.2 缆索系统

3.2.2.1 主缆

1)主缆设计

悬索桥主缆的架设方法有AS法(空中编缆法)和PPWS法(预制平行索股法)。AS法是利用牵引机械往复拽拉钢丝,在现场制作平行钢丝索股。PPWS法是将高强度钢丝在工厂或施工现场做成平行索股,缠绕在索盘上,利用既有的牵引系统进行架设。AS 法历史悠久,但编缆设备的一次性投入大,架设工期较长;而 PPWS 法具有施工速度快,占用场地小,受天气影响小等优点,且 PPWS 法在国内外应用极为普遍,技术成熟,预制索股生产厂家较多。因此,本桥采用 PPWS 法。

大跨径悬索桥宜采用高强度的主缆钢丝。因为主缆钢丝强度提高,钢丝用量减少,主缆轴力减小,缆索系统及锚碇的工程量也相应减少,而钢丝单价增加有限,桥梁总体造价降低。常用的钢丝强度等级有 1670MPa、1770MPa、1860MPa,近年来陆续有 1960MPa 的钢丝被研制及使用。钢丝直径越大,比表面积越小,主缆抗腐蚀性能越好;主缆索股根数越少,主缆架设周期越短;锚碇锚固面积越小,也可在一定程度上减少锚碇工程量。本工程特别研发了直径 6.0mm、强度 2060MPa 的大直径高强锌铝多元合金镀层主缆钢丝,以期充分发挥高强钢丝的特点,并达到更好的耐久性。

锌铝多元合金镀层具有比纯锌镀层更强的耐腐蚀性能,其优点如下:

①热镀后钢丝表面生成一层致密的氧化铝保护膜,有效隔离有害物质,防止侵蚀钢基体。

②牺牲阳极的电化学保护,同样数量的锌铝镀层的消耗时间是热镀锌镀层的 5 倍,能提供更长的牺牲防护阳极时间,获得更好的耐久性。

③热镀后钢丝的强度损失小,镀层均匀致密、韧性好,结合力强。

相比于传统的镀锌钢丝,锌铝多元合金镀层钢丝单价仅增加 3%,但减少了后期的桥梁缆索养护、管理及更换的成本。

PPWS 法施工的索股钢丝根数有 91 丝、127 丝、169 丝等规格。本桥每根索股由 127 根直径为 6.0mm 的锌铝多元合金镀层高强度钢丝组成(图 3.2-3)。在工厂内将钢丝编成索股,卷在索盘上运至桥址,每盘索股质量约 86t。

每根主缆中,有索股 199 股(图 3.2-4)。主缆在架设时竖向排列成尖顶的近似正六边形,紧缆后主缆为圆形。其索夹内直径为 1053mm,索夹外直径为 1066mm。索股两端设索股锚头,锚头采用热铸锚,在锚杯内浇铸锌铜合金,使主缆钢丝与锚杯相连。

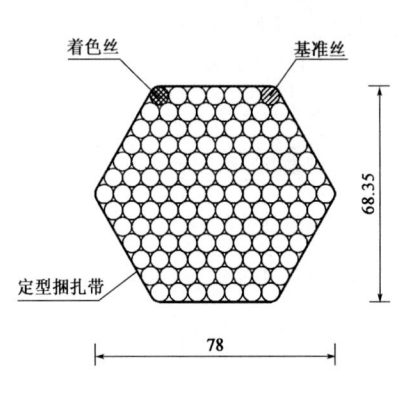

图 3.2-3 索股断面(尺寸单位:mm)

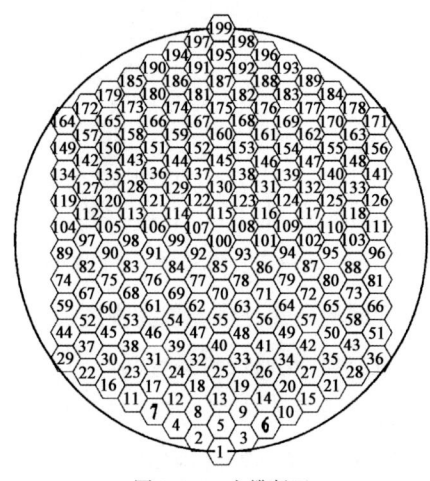

图 3.2-4 主缆断面

主缆空隙率,索夹内取18%,索夹外取20%。两根主缆中心距为42.1m。

2)主缆防腐

主缆采用"Z形钢丝+缠包带+干燥空气除湿"防护方案(图3.2-5)。主缆钢丝外面直接缠绕Z形钢丝,Z形钢丝内部送干燥空气,空气相对湿度不超过40%。为保证Z形钢丝缠绕的密封性以及Z形钢丝本身的防护要求,在Z形钢丝外面增加缠包带密封体系,提高主缆防护体系的密封性。

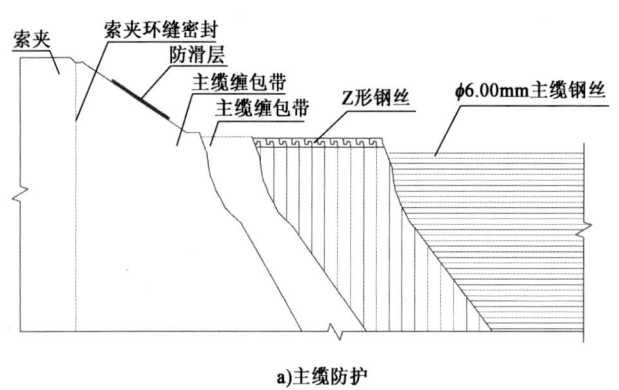

a) 主缆防护　　　　　　　　　　b) Z形钢丝示意图

图3.2-5　主缆防护构造

3.2.2.2　吊索

平行钢丝吊索(图3.2-6)和钢丝绳吊索(图3.2-7)是国内外最常见的两种吊索形式,且均有广泛应用。

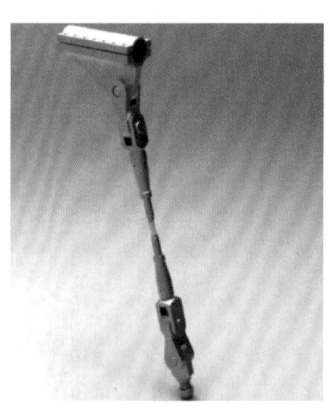 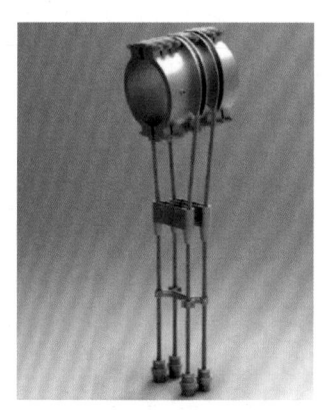

图3.2-6　平行钢丝吊索　　　　　图3.2-7　钢丝绳吊索

平行钢丝吊索是将多根高强度镀锌钢丝扭绞后缠绕高强度缠包带,然后热挤耐久型高密度聚乙烯护套,其弹性模量较高。

钢丝绳吊索是先将一定数量钢丝呈螺旋状捻制成股,再将钢丝股捻制成绳。其弹性模量较低,钢丝绳在受到反复载荷时,会产生较大的非弹性变形。

本桥吊索分为三类:第一类是边跨靠近锚碇处的拉索,其下端锚固于过渡墩上,上端与索夹相连接,定义为限位拉索;第二类是受力较大和变形有特殊要求的塔侧长吊索和邻近限位拉索处的吊索,定义为加强吊索;第三类是除限位吊索和加强吊索外的吊索,定义为普通吊索。

根据吊索受力特点,并综合考虑材料性能、制造加工、安装维护、后期更换等因素,结合钢丝绳以及平行钢丝两者优点,本桥占比较大的普通吊索、加强吊索采用钢丝绳吊索,仅设置在过渡墩的限位拉索采用平行钢丝拉索。

1) 限位拉索

每侧吊点设 3 根拉索(图 3.2-8),采用成品平行钢丝拉索,外包热挤双层 HDPE(高密度聚乙烯)护套(黑色内层,外层宜为彩色)进行防护。材料为直径 7.0mm 的锌铝合金镀层高强度钢丝,钢丝标准强度不低于 1670MPa,每根拉索含 499 根钢丝,HDPE 护层厚 12mm。限位拉索上端采用固定端锚具内装叉形耳板与索夹连接,下端采用张拉端锚具与过渡墩盖梁承压连接。安装时通过调整张拉端锚圈位置来调整限位吊索长度。

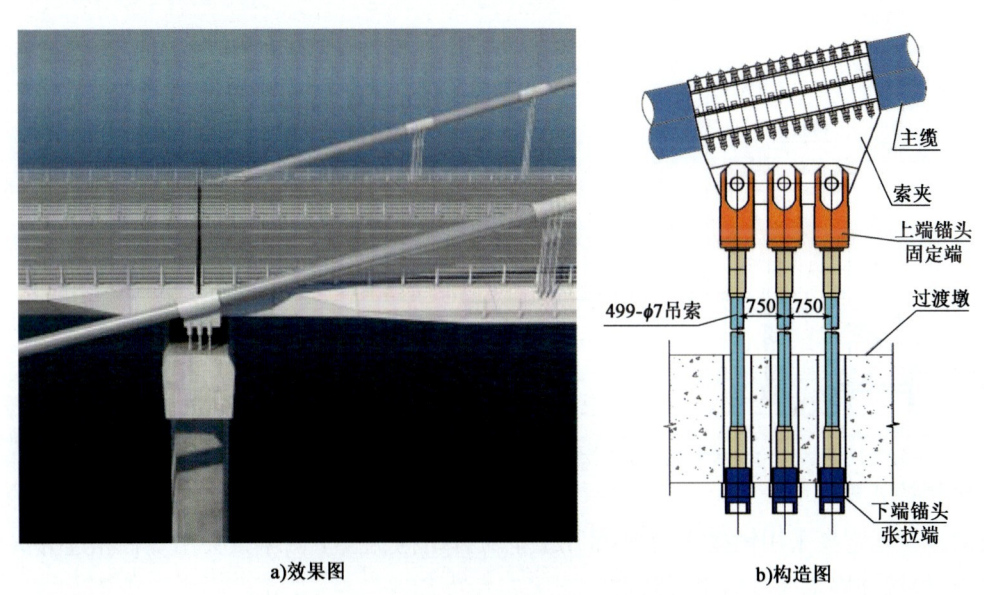

图 3.2-8　限位拉索布置(尺寸单位:mm)

2) 加强吊索与普通吊索

加强吊索每个吊点设 3 根吊索,普通吊索每个吊点设 2 根吊索。加强吊索和普通吊索均采用钢丝绳吊索,预张拉后,钢丝绳的宏观弹性模量不小于 1.10×10^5 MPa。过渡墩旁加强吊索以及塔旁吊索直径为 88mm,公称抗拉强度为 1870MPa。普通吊索直径为 68mm,公称抗拉强度为 1770MPa。普通吊索和加强吊索两端锚头采用叉形热铸锚,锚头由锚杯与叉形耳板构成,锚杯内浇铸锌铜合金,叉形耳板与锚杯通过螺纹连接(上、下两端螺纹旋向相反)。叉形耳板与锚杯之间的螺纹设有 ±20mm 的调节量,在吊索安装时用以调整吊索长度。

钢丝绳吊索锚杯口处设有氯丁橡胶浇制的缓冲器,以改善吊索的弯折疲劳性能。为将钢丝绳吊索平行束紧,在主缆中心下 2.2m 处设置吊索夹具,吊索的相应部位设有锥形铸块,以定位支撑吊索夹具并保护吊索钢丝绳。对于悬吊长度大于20m的吊索,在悬吊长度的中央设置减振架,使一个吊点的多根吊索互相联系,减轻吊索的风致振动。

为了适应主缆的横向位移,在中跨跨中范围内的25对短吊索锚头处设有适应横向转动的关节轴承。

吊索设计确保在使用及换索情况下的结构安全。在主要荷载作用下,钢丝绳吊索安全系数≥2.95,平行钢丝吊索安全系数≥2.2;更换吊索时,在限制车辆通行情况下,钢丝绳吊索同一吊点的另外一根吊索的安全系数≥1.85,平行钢丝吊索同一吊点的另外一根吊索的安全系数≥1.33。

3.2.2.3 索夹

索夹共有4种,分别为销接式索夹、骑跨式索夹、紧固索夹及封闭索夹。索夹类型分布见图3.2-9。

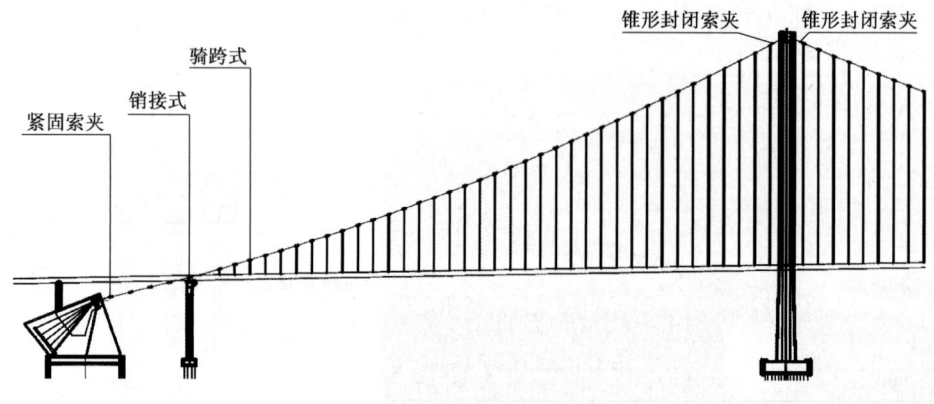

图3.2-9 索夹类型分布示意图

1)销接式索夹

限位拉索索夹采用销接式,索夹采用上下对合结构,上、下两半索夹用螺杆相连并夹紧于主缆上,接缝处嵌填橡胶防水条防水。

2)骑跨式索夹

钢丝绳吊索索夹采用骑跨式连接。骑跨式索夹均采用左、右对合的结构形式,左、右两半索夹用螺杆相连并夹紧于主缆上,接缝处嵌填橡胶防水条。

3)紧固索夹及封闭索夹

在边跨无索区主缆设置紧固索夹,在靠近索鞍段设置安装缆套的锥形封闭索夹。

由于各个索夹安装倾角不同,所需夹紧力、索夹长度及螺杆数量均不相同,为了制造方便,将全桥的索夹分为16种类型(其中,有吊索索夹13种、无吊索索夹3种)。各类索夹上均设有安装主缆检修道立柱的构造。

为了适应与主缆、加劲梁相连的吊索在活载、温度及风作用下的顺桥向角变位,有吊索索夹承索槽的设计张角均为±3.5°。

3.2.2.4 主索鞍

主索鞍为常规设计,鞍槽只有竖弯,没有平弯。鞍体采用铸焊结合结构,鞍头用铸钢铸造,鞍座为钢板焊接而成。为进一步减轻质量,主索鞍采用符合《焊接结构用铸钢件》(GB/T 7659—2010)的ZG340-550H高强度材料。为降低吊装运输质量,主索鞍结构分为两半,调至塔顶后用高强螺栓拴接,半鞍体吊装质量为中跨侧110.5t、边跨侧108.3t。鞍体下设不锈钢板+聚四氟乙烯板滑动副,以适应施工中的相对移动,主索鞍预偏量为1402mm。

主缆恒载切线角在边跨侧为28.1503°,在中跨侧为23.2223°。主索鞍构造见图3.2-10。

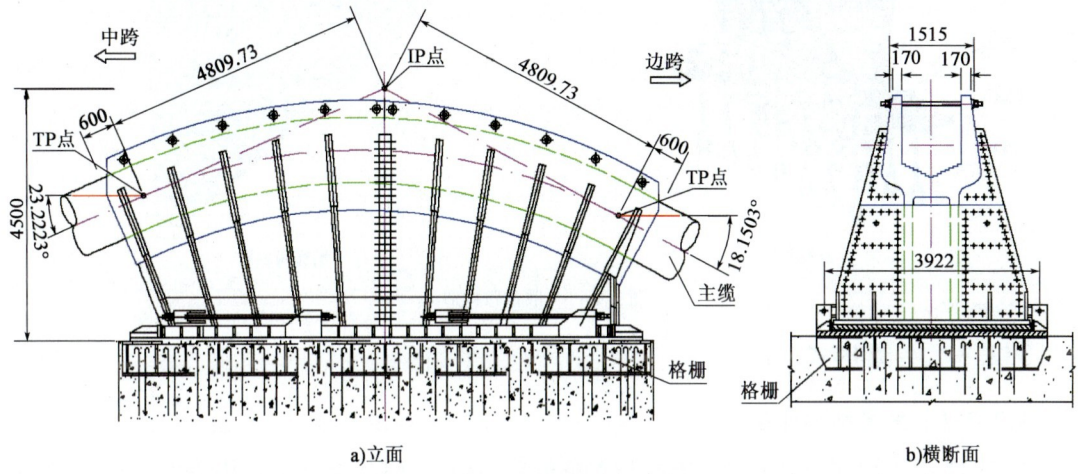

图3.2-10 主索鞍构造图(尺寸单位:mm)

注:TP点为主缆中心线与鞍槽中心线的切点。

索鞍鞍座为组焊件,采用符合《锅炉和压力容器用钢板》(GB/T 713—2018)的Q370R钢板。

塔顶设有格栅底座,格栅有以下作用:

①保证塔顶主索鞍的安装面平整,与主索鞍的下承压板接触良好。
②使主缆的垂直压力线通过格栅均匀地传递至塔顶混凝土中。
③与顶推千斤顶的反力架相连,作为其传力构件。
④提高格栅内混凝土的承压能力。

格栅悬出塔顶以外,以便安置控制鞍体移动的千斤顶,鞍体就位后将格栅的悬出部分割除。格栅、上下承板采用牌号为Q235B的钢板。

3.2.2.5 散索鞍

散索鞍采用摆轴式结构设计。鞍体采用铸焊结合结构,由钢板焊成,鞍槽用铸钢铸造。散索鞍铸造部分采用跟主索鞍一样的ZG340-550H材质。底板和底座采用牌号为ZG20Mn的铸钢。散索鞍的吊装质量约为161t。

散索鞍主缆恒载切线角在边跨侧为13.797°,在锚跨侧为36.099°。散索鞍构造示意见

图 3.2-11。

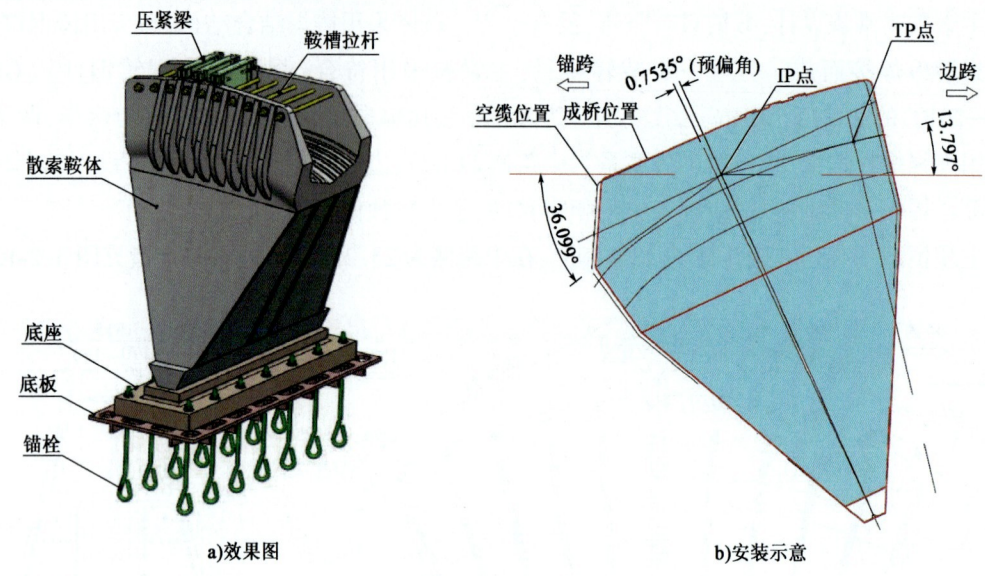

a)效果图   b)安装示意

图 3.2-11 散索鞍构造

3.2.3 主梁形式

3.2.3.1 主梁结构选型

自1944年采用钢板梁的美国塔科马大桥被风摧毁后,钢板梁已不再用于大跨径悬索桥。1966年以前建成的大跨悬索桥多采用钢桁梁。1966年第一座钢箱梁悬索桥——英国塞文桥建成以来,大跨悬索桥主梁多采用钢箱梁方案。

钢桁梁透风性能好,竖向刚度大。对于交通量大的双层桥面多车道公路悬索桥或者公铁两用悬索桥,钢桁梁为首选。

近年来的理论研究及风洞模型试验发现,通过增加加劲梁的刚度来提高悬索桥气动稳定性的功效比不高,而采用流线型箱梁作为加劲梁,抗风效果好,耗材量少,且轻柔美观。国内近年建设的钢箱梁悬索桥通过改善主梁气动外形、设置导流板及中央稳定板、主梁中央开槽等方式使主梁的颤振稳定性明显提升。

因此,悬索桥不论采用钢箱梁或者钢桁梁,均可以通过优化结构构造和主梁气动外形满足抗风稳定性要求。

经调查,近年来采用钢桁梁的千米以上悬索桥,要么是公铁两用桥,要么因为地处山区,地形条件复杂,场地狭窄,不能开辟出钢箱梁梁段的拼装、焊接场地,同时,桥下不具备通航条件。所以选择钢桁架方案具有一定的特殊性。

对本桥来讲,设计标准为八车道高速公路,没有公铁两用及采用双层桥面的需要,且桥梁位于开阔水域,可以通过船舶将主梁梁段运输到桥下起吊位置,采用缆载吊机进行吊装。即便采用钢桁梁,也会采用船舶运输然后整节段吊装的施工方案。

对本桥来讲,采用钢桁梁存在以下缺点:

①梁高大,将抬高项目全线纵断面高程,在西人工岛位置不变的情况下,必须加大桥梁纵坡,对行车安全不利。

②梁体重,吊索主缆负荷大,主缆、锚碇规模增大,增加了工程规模和造价。经估算,主桥造价将增加约22%。

③提高了桥面高程,引起塔和引桥桥墩高度增加,而塔顶高度受航空限高制约,主缆垂跨比将进一步减小,对结构受力不利。

④主桥梁高与引桥梁高差别大,过渡处外形不连贯,整体景观不和谐。

⑤主梁结构外露,涂装工程量大,受海洋气候影响且湿度较大,耐久性较差,主梁后期维护工作量大。

综上,推荐采用钢箱梁作为加劲梁。

3.2.3.2 主梁抗风设计

钢箱梁高度一般由最小构造要求和横向受力控制,一般情况下尽量选择较小梁高以利于抗风。为了提高抗风稳定性,流线型扁平钢箱梁一般采用较大的宽高比(一般在10左右),个别桥梁为取得较大的宽高比而采用了分体钢箱梁。

千米以上钢箱梁的宽高比见表3.2-2。

千米以上钢箱梁的宽高比　　　　表3.2-2

编号	桥名	主跨跨径(m)	梁宽(不含导流板)(m)	梁高(m)	总梁宽/梁高
1	南沙大桥坭洲水道桥	1688	44.7	4.00	11.20
2	西堠门大桥	1650	34.0	3.50	9.70
3	大贝尔特桥	1624	30.0	4.00	7.50
4	Izmit 大桥	1550	35.9	4.75	7.56
5	润扬大桥	1490	36.3	3.00	12.10
6	南京长江四桥	1418	38.8	3.50	11.09
7	恒比尔河桥	1410	22.0	4.50	4.90
8	江阴长江大桥	1385	32.5	3.00	10.83
9	阳逻长江大桥	1280	36.3	3.00	12.10
10	高海岸桥	1210	22.0	4.00	5.50
11	黄埔大桥	1108	38.6	3.50	11.03
12	博斯普鲁斯二桥	1090	33.8	3.00	11.30
13	泰州长江大桥	1080	39.1	3.50	11.17
14	博斯普鲁斯一桥	1074	28.0	3.00	9.30

从表中可以看出,采用钢箱梁的大跨悬索桥梁高一般在3~4.75m,欧洲桥梁宽度相对较窄、宽高比小,总体来看宽高比超过10的居多。本桥颤振检验风速高达83.7m/s,考虑结构安全性,委托多家科研机构分别采用4m、5m梁高进行了小比例尺节段模型颤振测振试验、大比

例尺节段模型涡振测振试验和全桥气弹模型风洞试验等专题研究。

专题研究详细内容参见第7章,主要结论如下:推荐4m梁高主梁气动外形方案,底板厚度取10mm,中央稳定板高度为1.2m,检修道栏杆透风率为95%,检修车轨道位于底板靠外侧1/10宽度处,双侧或单侧设置轨道导风板,颤振风速高于检验风速83.7m/s,没有明显的涡激振动,在检验风速范围内未出现静风失稳现象。

3.2.3.3 主梁构造

主梁采用整体箱(图3.2-12),全宽49.7m,梁高4m。吊索锚固在风嘴上,吊点横向间距为42.1m,顶板宽40.5m,风嘴宽2.1m,平底板宽31.3m,斜底板宽6.7m。风嘴外侧设置1.5m宽的检修道和1m宽的导流板,检修道及导流板主要作用是优化钢箱梁气动外形,不参与钢箱梁受力,仅承受自身重量及行人荷载。检修道和导流板在相邻梁段间顺桥向设20mm分隔缝以适应变形,该部分与钢箱梁同时加工、架设。平底板两边设置检查车轨道及轨道导风板。

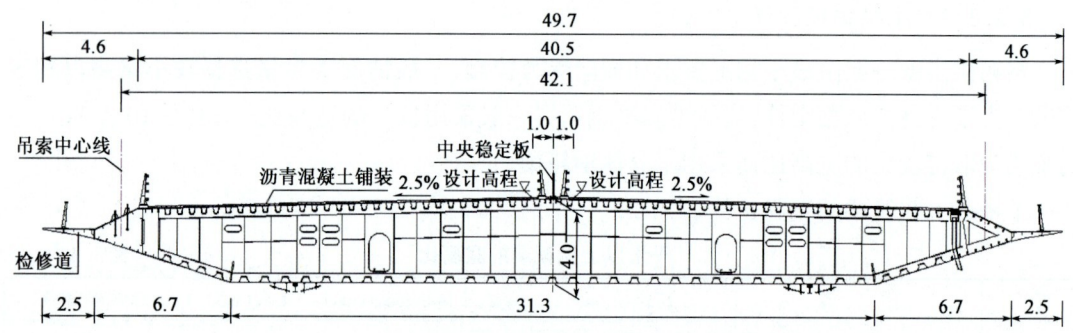

图3.2-12 伶仃洋大桥主梁横断面(尺寸单位:m)

吊索顺桥向标准间距为12.8m,相应标准梁段长12.8m。外侧重车道顶板厚度为18mm,内侧快车道顶板厚度为16mm。每个标准梁段设置4道实腹式横隔板,间距3.2m。横隔板设置2个高1.8m的人洞及12处管线孔道,其中一侧人洞处设置检查车轨道。伶仃洋大桥主梁透视图见图3.2-13。

图3.2-13 伶仃洋大桥主梁透视图

钢箱梁构件均采用桥梁用结构钢Q345qD。

3.2.3.4 主梁耐久性

正交异性钢桥面板具有自重轻、承载力大、适用范围广等突出优点,在桥梁工程中的应用日益广泛。但正交异性钢桥面板疲劳问题突出,主要表现为桥面板多个疲劳易损部位发生疲劳开裂等,实际使用年限远低于设计寿命。

深中通道管理中心委托西南交通大学开展了正交异性钢桥面板合理构造、制造工艺及疲劳性能专题研究,以期提升桥面板的疲劳性能,建立完备的制造、检测技术支撑体系,为深中通道正交异性钢桥面板的疲劳性能评估、寿命预测、焊接质量检测及钢箱梁精细化设计提供科学依据和支撑。专题研究详细内容参见第7章,下面介绍主要结论。

对于正交异性钢桥面板 U 肋单侧角焊缝,国际上通常的设计熔深要求为 U 肋板厚的 75% 或 80%;这未熔透的 20% ~ 25% 就是原始缺陷,成了疲劳源。为了消除这个问题,采用 U 肋内焊技术(图 3.2-14),并要求双面全熔透焊。

a)U 肋内焊

b)焊缝切面

图 3.2-14 U 肋与顶板双面焊技术

通过传统单面坡口焊、双面气体保护焊及双面埋弧焊工艺对比试验,发现传统单面坡口焊易在焊根位置产生烧穿、夹渣和微裂纹等初始制造缺陷,微裂纹长 95 ~ 326μm;双面气体保护焊内侧焊趾和外侧焊趾的微裂纹长 20 ~ 200μm,明显小于单面焊焊根缺陷尺寸;双面气体保护焊的 10 组试样中有 3 组焊根未熔合;双面埋弧焊内侧焊趾和外侧焊趾没有明显微裂纹(最大长度约 3μm),但焊趾处存在缺口尖端和凹槽,顶板焊根未发现未熔合现象。

共计开展了 9 个足尺节段模型试验,试验结果表明:

①单面焊试件疲劳裂纹在顶板焊根萌生并沿顶板厚度方向扩展,双面焊试件疲劳裂纹在顶板内侧焊趾处萌生并沿顶板厚度方向扩展。

②采用《公路钢结构桥梁设计规范》(JTG D64—2015)对各疲劳开裂模式的疲劳强度进行评估,单面焊焊根开裂模式的疲劳强度基本位于 90 类细节至 100 类细节之间(等效 200 万次的疲劳强度为 90.4 ~ 98.7MPa)。

③双面气体保护焊内侧焊趾的疲劳强度基本位于 110 类细节至 125 类细节之间(等效 200 万次的疲劳强度为 112.1 ~ 124.8MPa)。

④全熔透(埋弧焊)内侧焊趾的疲劳强度基本大于125类细节(等效200万次的疲劳强度为123.2~152.4MPa)。

⑤双面焊顶板内侧焊趾开裂模式的疲劳强度明显高于单面焊焊根开裂模式的疲劳强度;全熔透(埋弧焊)顶板内侧焊趾开裂模式的疲劳强度高于双面焊(气体保护焊)内侧焊趾开裂模式的疲劳强度。

双面焊全熔透可以消除焊根开裂的风险,建议本项目正交异性钢桥面板纵肋与顶板焊接细节采用双面埋弧全熔透焊接工艺,并严格控制该构造细节焊趾的焊接质量。

3.2.3.5 桥面铺装

桥面铺装设计总厚度为65mm,考虑钢桥面板的局部凹凸及成桥线形情况,铺装下层需要保证密实性、平整性,厚度需要满足沥青混合料的压实最小厚度要求。综合考虑铺装结构性能要求和施工技术要求,铺装结构组成设计为:防水黏结层+下层环氧沥青混凝土(厚35mm)+黏结层+上层环氧沥青混凝土(厚度30mm)。

3.2.4 索塔与基础

3.2.4.1 索塔

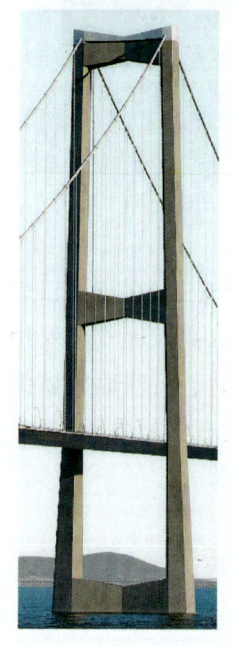

图 3.2-15 索塔效果图

索塔采用门式造型,设置上、中、下三道横梁。索塔整体效果见图3.2-15。

索塔主要构件包括下塔柱、中塔柱、上塔柱、下横梁、中横梁、上横梁、塔冠等。中横梁和上横梁设计为预应力混凝土构件,索塔下横梁按钢筋混凝土构件设计,设置预应力作为储备,塔柱均为普通钢筋混凝土结构。索塔均采用C55混凝土。

下、上塔柱均采用八角形截面。如图3.2-16所示,下塔柱高程范围为+0m~+79m,截面尺寸由13m×16m(横桥向×顺桥向,下同)过渡到8.4m×12m,壁厚从5.0m变化到2.2m。上、中塔柱高程范围为+79m~+262.5m,截面尺寸由8.4m×12m过渡到7.5m×12m,壁厚从2.0m变化到1.6m。

索塔共设上、中、下三道横梁,横梁采用领结造型,上横梁端部高10.4m,宽12.0m,跨中高7.5m,宽8.1m,中间由底面向两端直线过渡;中横梁端部高13.6m,宽12.0m,跨中高8.5m,宽7.5m,中间由顶底两面向两端直线过渡;下横梁端部高16.0m,顶宽14.7m,底宽15.5m,跨中高13.0m,顶宽10.3m,底宽10.9m,中间由顶面向两端直线过渡。

从景观和谐性考虑,塔冠与上横梁结合形成一个完整的领结。塔冠设有鞍罩,作用是保护主索鞍免受风雨等外部因素的影响,使主缆在主鞍座部位保持密封性。鞍罩内设置抽湿系统、照明等设施。塔冠为主索鞍鞍室和塔顶横向联系平台,采用不锈钢结构。

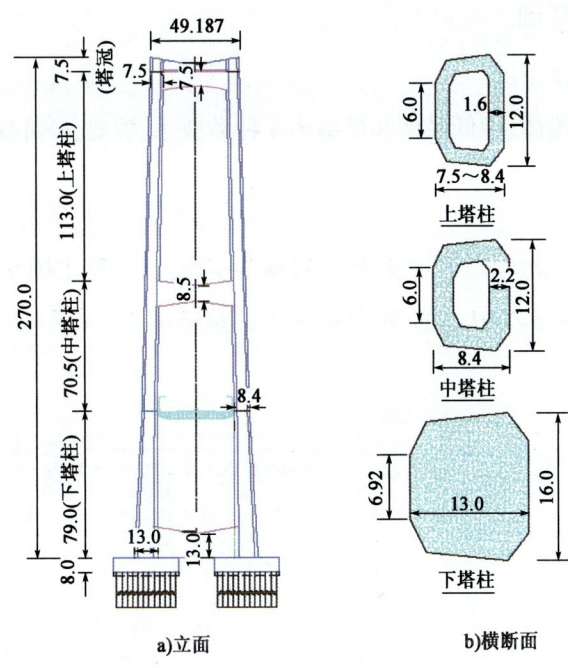

图 3.2-16 索塔构造(尺寸单位:m)

3.2.4.2 索塔基础

采用分离式承台(图 3.2-17),承台截面呈圆形,直径 36m,由下横梁将两个承台连为整体,承台厚 8m。每个承台下设置 28 根直径 3.0m 的大直径钻孔灌注桩,按照嵌岩桩设计。承台采用 C45 混凝土,桩身采用 C35 混凝土。

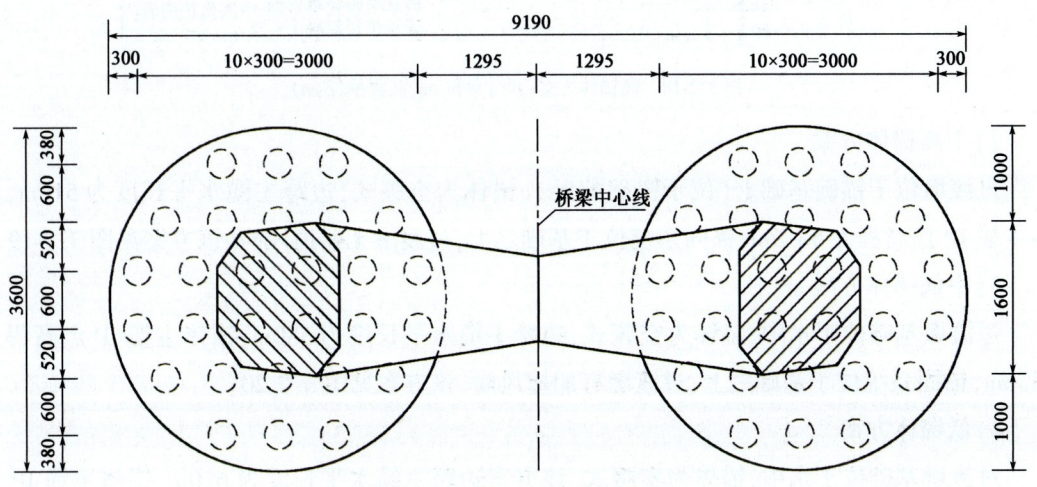

图 3.2-17 索塔基础平面(尺寸单位:cm)

3.2.5 锚碇与基础

3.2.5.1 锚体高度比选

针对高锚体、中高锚体、中低锚体和低锚体4种类型,从景观、经济性、耐久性、船撞风险等方面进行了综合比选。

1) 高锚体方案

过渡墩位于锚碇上(散索鞍 IP 点位置),锚体为实腹式,边跨主缆水平长度与钢箱梁同为500m,锚体主缆 IP 点高程为 61.6m,锚固系统位于基础之上,过渡墩无船撞风险,该方案见图3.2-18。

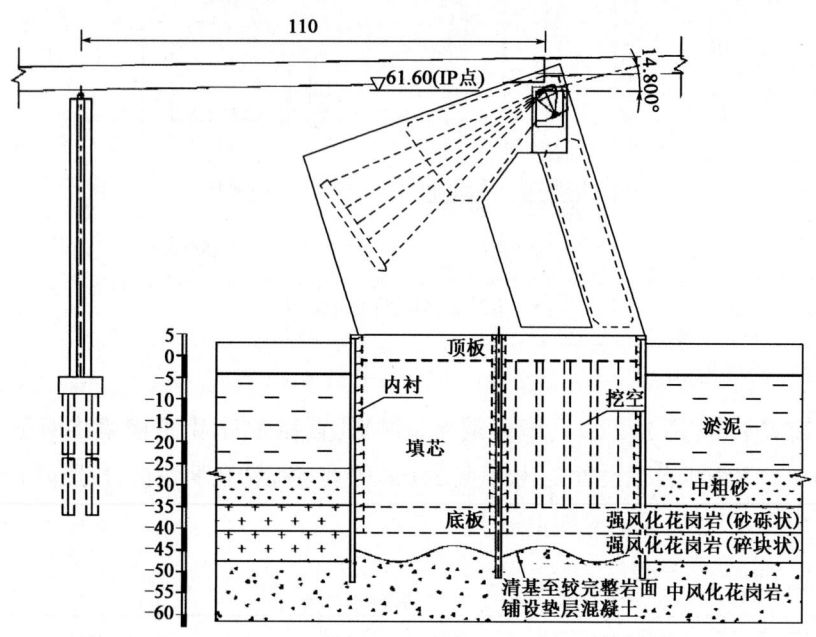

图 3.2-18 高锚体方案(尺寸单位:m;高程单位:m)

2) 中高锚体方案

过渡墩位于锚碇基础上(位于锚碇前趾),锚体为空腹式,边跨主缆水平长度为515m,锚体主缆 IP 点高程为 56.6m,锚固系统位于基础之上,过渡墩无船撞风险,该方案见图3.2-19。

3) 中低锚体方案

过渡墩基础位于水中,锚体为空腹式,边跨主缆水平长度为580m,锚体主缆 IP 点高程为48.6m,锚固系统位于基础之上,过渡墩有船撞风险,该方案见图3.2-20。

4) 低锚体方案

过渡墩基础位于水中,锚体为实腹式,该方案边跨主缆水平长度为610m,锚体主缆 IP 点高程为32.6m,锚固系统位于水面以下,锚固系统部分底面、侧面设置10mm厚止水钢板,总质量860t,过渡墩存在船撞风险,该方案见图3.2-21。

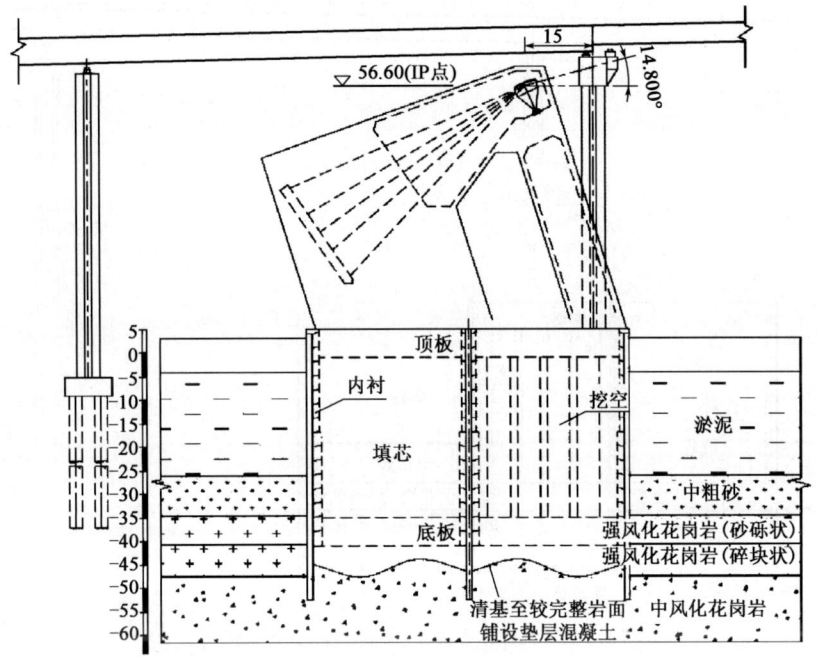

图 3.2-19 中高锚体方案(尺寸单位:m;高程单位:m)

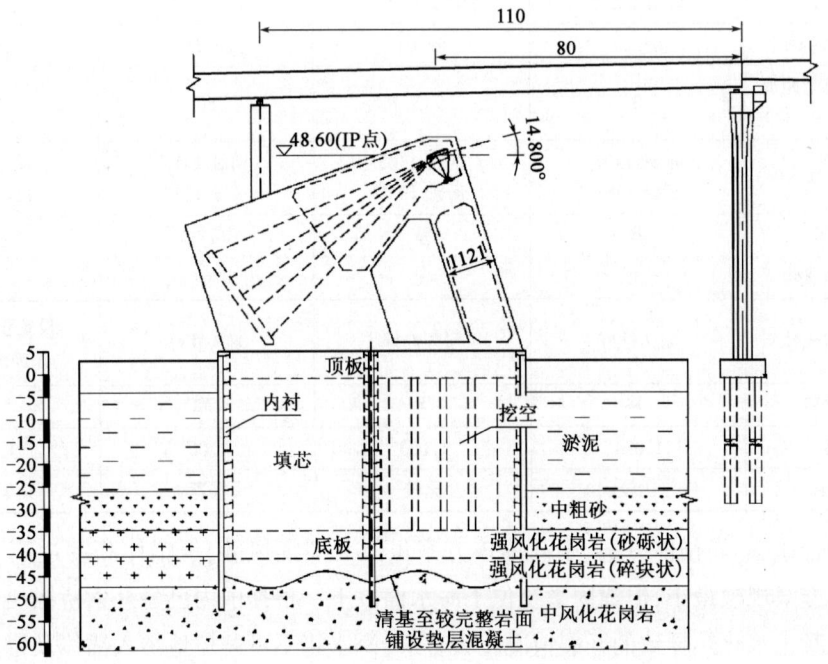

图 3.2-20 中低锚体方案(尺寸单位:m;高程单位:m)

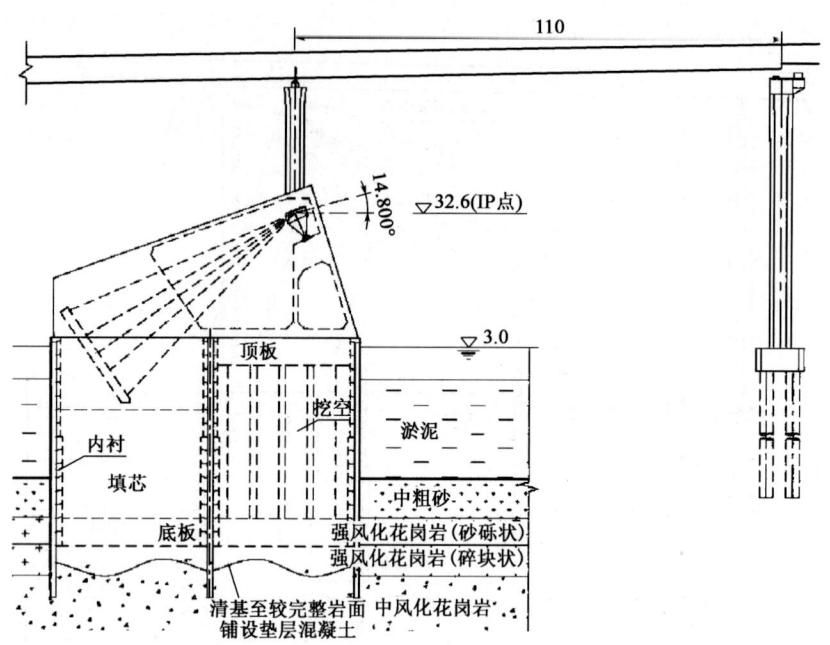

图 3.2-21 低锚体方案(尺寸单位:m;高程单位:m)

4 种类型锚体综合比选见表3.2-3。

锚体方案比选表　　　　　　　　　　　表 3.2-3

项　　目	高锚体方案	中高锚体方案	中低锚体方案	低锚体方案
锚体总高度(m)	64.65	59.65	51.50	35.5
散索点距过渡墩距离(m)	0	15	80	110
基础前后趾应力(kPa)	前趾 1407 后趾 1381	前趾 1363 后趾 1335	前趾 1413 后趾 1355	前趾 1229 后趾 1170
景观效果	差	差	较好	较好
过渡墩船撞风险	无	无	有	有
锚固系统耐久性	耐久性好	耐久性好	耐久性好	设置止水钢板,保护锚固系统
有无转索鞍	无	无	无	有
造价比	1.034	1.023	1.00	1.009
比选结论	比较	比较	推荐	比较

经过综合比选,高锚体方案、中高锚体方案虽然无船撞风险,但锚体高度过高,景观效果差。低锚体方案规模最小,但锚固系统位于海水面以下。根据国内已建悬索桥锚块使用情况,由大体积混凝土水化热导致的开裂情况比较普遍,海水将不可避免地渗入锚体及锚室内,为了保证锚固系统的耐久性,需在锚固系统周围及底部设置止水钢板,且低锚体方案增加了主缆长度,总造价比中低锚体方案高。

因此，推荐采用中低锚体方案。

3.2.5.2 锚碇基础方案

1）地质条件

（1）东锚碇

海床高程为 $-5.2 \sim -4.7$ m，表层淤泥层厚 $8.3 \sim 12.3$ m，土层自上而下依次为淤泥、粉质黏土、中粗砂、砾砂、强风化花岗岩（砂土状）、强风化花岗岩（碎块状）、中风化花岗岩等。中风化花岗岩的岩面最高点在 -39.0 m，强风化花岗岩（碎块状）层顶起伏较大，高程为 $-59.46 \sim -38.84$ m。基岩起伏大，地基均匀性较差。锚碇区域软弱夹层现象较为普遍。东锚碇地质纵断面见图3.2-22。

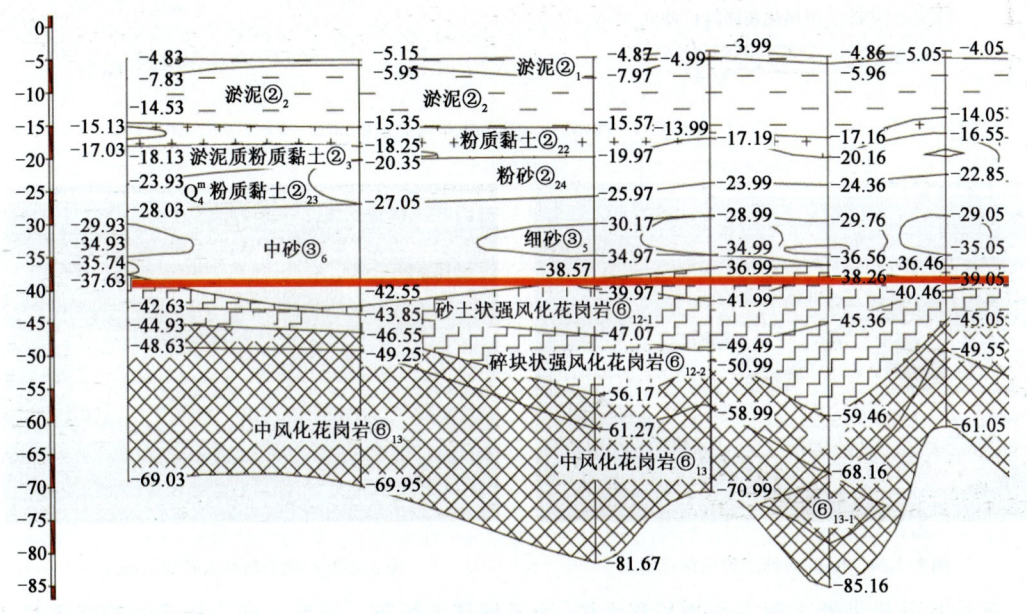

图3.2-22 东锚碇地质纵断面（高程单位：m）

（2）西锚碇

海床高程为 $-3.1 \sim -2.8$ m，表层淤泥层厚 $14.1 \sim 15.5$ m，土层自上而下依次为淤泥、粉质黏土、中粗砂、强风化花岗岩（砂土状）、强风化花岗岩（碎块状）、中风化花岗岩、微风化花岗岩。强风化花岗岩（砂土状）层厚 2.6 m，中风化花岗岩层顶部起伏较大，高程为 $-44.43 \sim -38$ m；岩性主要有花岗岩和石英岩，地层较均匀，分布较连续。锚碇区域软弱夹层现象较为普遍。西锚碇地质纵断面见图3.2-23。

2）锚碇基础比选

常用的锚碇基础方案有筑岛施工地下连续墙、沉井基础、沉箱基础。三种基础形式在国内外悬索桥锚碇基础中均有工程实践。

地下连续墙方案在国内的代表性工程有润扬长江大桥、阳逻长江大桥、南京长江四桥等，国外有 Izmit 海湾大桥（图3.2-24）和明石海峡大桥（图3.2-25）等。地下连续墙基础先由围堰形成陆域,基坑内干施工,经验丰富,施工风险小,对环境影响较小,止水效果好,造价低,工期相对较长,但本工程工期由沉管隧道控制。

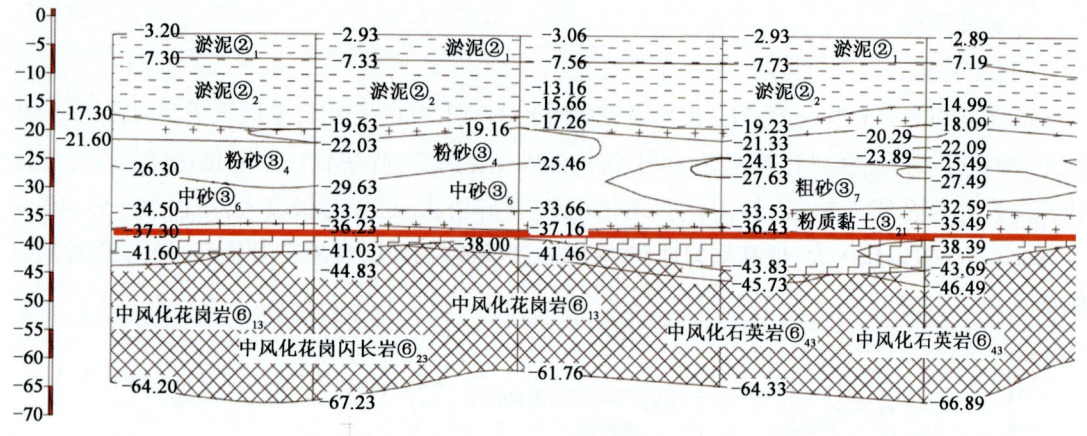

图3.2-23 西锚碇地质纵断面(高程单位:m)

图3.2-24 Izmit海湾大桥东锚碇施工

图3.2-25 明石海峡大桥锚碇施工

沉井基础代表性工程有泰州长江大桥、沪通长江大桥等。沉井一般采用预制钢壳沉井,吸泥下沉,现场接高,弃土由船运至指定位置,对环境影响小。由于桥址地质不均匀,有下沉风险。造价最高,工期居中。

沉箱基础代表性工程有星海湾大桥、大贝尔特桥等。沉箱一般采用钢筋混凝土结构,预制场地址选择困难,预制重量重,浮运难度大,临时航道疏浚和锚碇开挖量大,对环境有影响。工期最短,造价居中。

经综合比选,本工程采用地下连续墙方案。

3)锚碇基础设计

根据水利部门要求,锚碇阻水宽度不大于70m,锚碇基础采用"8"字形地下连续墙基础,直径为2×65m,地下连续墙厚1.5m,地下连续墙嵌入中风化花岗岩5m,内衬厚1.5~3m,基础顶高程为+3.0m,基础底高程为-39.0m(东锚碇)和-38.0m(西锚碇),散索鞍间距为42.1m,主缆IP点高程为48.6m。锚碇构造尺寸见图3.2-26。

第3章 桥 梁

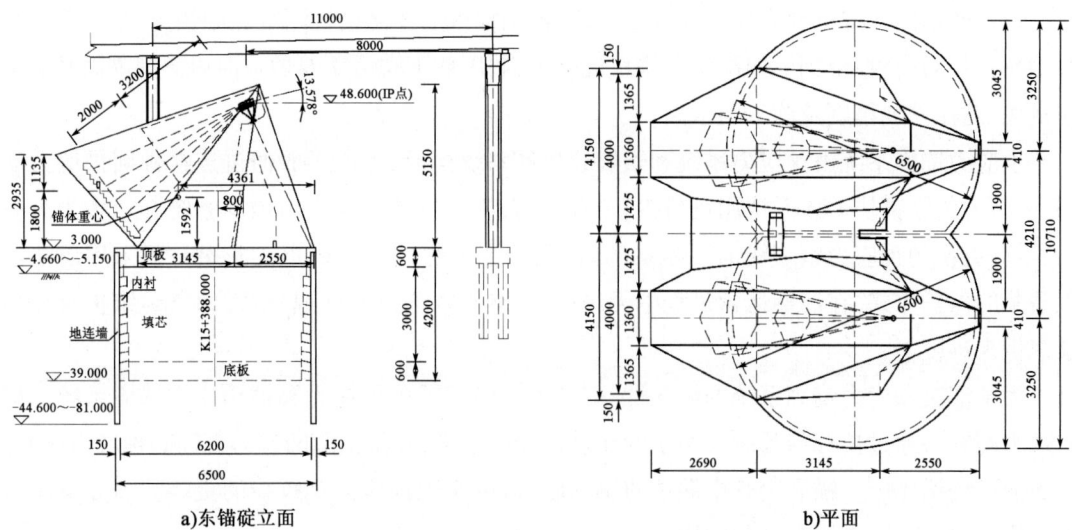

a) 东锚碇立面　　　　b) 平面

图 3.2-26　锚碇构造尺寸（尺寸单位：cm；高程单位：m）

4) 锚体设计

从功能、受力、施工等角度进行划分，锚体可分为锚块、散索鞍支墩、前锚室、后锚室等部分。锚块主要承受预应力锚固系统传递的主缆索股拉力。散索鞍支墩主要承受由散索鞍传递的主缆压力。前锚室由锚块、散索鞍支墩、侧墙、顶板及前墙构成封闭空间，对主缆索股起保护作用。前锚室、散索鞍支墩与锚块形成一个完整的空间受力结构。

锚体均为大体积混凝土结构。为减小大体积混凝土的温度应力，防止温度裂缝的发生，除要求采用低水化热水泥和对集料进行预冷外，还需对大体积混凝土进行分块、分层浇筑，每层混凝土中设置冷却水管，通水冷却。

5) 锚固系统

目前悬索桥锚固系统主要有钢框架锚固系统（图 3.2-27）和预应力锚固系统（图 3.2-28）两种形式。

图 3.2-27　钢框架锚固系统

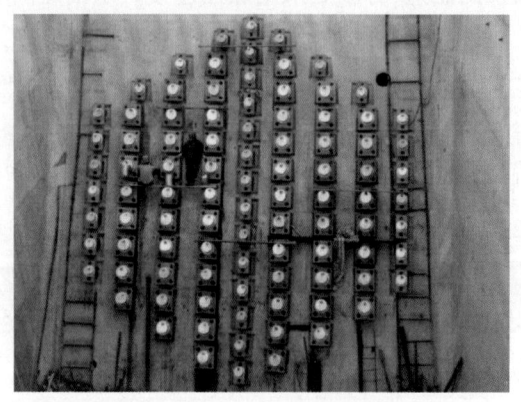

图 3.2-28　预应力锚固系统

钢框架锚固系统全部由型钢构成,一般在前锚面或后锚面设置刚度大的锚梁,主缆索股与型钢拉杆相对应,整个钢框架浇筑在锚块混凝土内,因此不需后期养护。但该类型锚固系统用钢量大,制作安装精度及施工要求高。

预应力锚固系统由预应力系统和索股连接件系统构成,主缆索股通过连接件同预应力筋相连,将力传至锚块。该系统用钢量少,布置灵活,施工方便。预应力锚固系统起初多为有黏结、不可更换的预应力钢绞线锚固体系(如江阴长江大桥),钢绞线永久防腐一般采用压注水泥砂浆的保护方式,在后期运营过程中无法检查,也不能进行调整或更换,给营运维护及加固维修带来难度。

为了解决预应力锚固系统的耐久性问题,国内研发了可更换无黏结预应力锚固系统。该系统主缆锚头通过拉杆与预应力系统的连接器连接起来,并将主缆的拉力传递到预应力体系,从而分散到锚体中。锚固钢管中灌注防腐油脂,可以实现预应力钢绞线的更换。该方案缺点为防腐油脂存在易渗漏和老化问题。

南沙大桥(虎门二桥)锚固系统第一次采用了多股成品索锚固系统。多股成品索由环氧钢绞线和多层PE(聚乙烯)防护组成,锚头为挤压式,具有性能可靠、可更换、全寿命成本低的优点。

本桥锚固系统推荐采用多股成品索锚固系统,该锚固系统可以实现运营状态下逐根更换锚索。

6) 筑岛围堰

(1) 东锚碇

根据施工图联合设计,东锚碇采用锁扣钢管桩与工字形板桩组合方案,围堰为直径150m的圆形。锁扣钢管桩直径为2.0m,壁厚为18mm,数量为158根,桩长38m,钢管桩中心距为2.94m。钢管桩之间通过锁扣与工字形板桩连接。东锚碇围堰平面布置见图3.2-29。钢管桩顶高程+6.5m,桩底高程为-31.5m,桩顶部设置环向围箍。围箍采用2m×1m钢箱梁,设置高度为+2.5~+4.5m。钢箱围箍中心线圆弧直径为151m,总长约为474.4m。钢箱围箍为分段加工制造,分段处采用螺栓连接。东锚碇围堰平面布置见图3.2-29。

围堰区域软弱土层较厚,需进行地基处理。拟采用排水固结方案,在直径200m范围的施工区域插打塑料排水板,采用C形排水板,按照间距为80cm的正方形布置,插设深度为25m,排水板底部进入粗砂层。为保证后续施工质量,地下连续墙两侧各2.75m、围堰锁扣钢管桩两侧各3.15m范围不设置塑料排水板。塑料排水板施工之前,先水下清淤约2m,然后在直径220m的范围内吹填2m厚砂垫层,砂垫层上抛填1m厚碎石防止冲刷。

锁扣钢管桩完成后,在围堰内回填中粗砂,然后做混凝土硬化路面,最终路面顶高程为+3.5m。地下连续墙两侧采用两排三轴水泥搅拌桩加固。搅拌桩直径为85cm,平均桩长为20m。

围堰外侧抛填袋装砂护坡并在其表面铺设土工布滤层,上部设置30cm厚袋装碎石及

60cm 厚块石垫层,最后设置 1.2m 厚块石护面,分级防护顶高程分别为 -0.6m 和 +2.4m,见图 3.2-30。

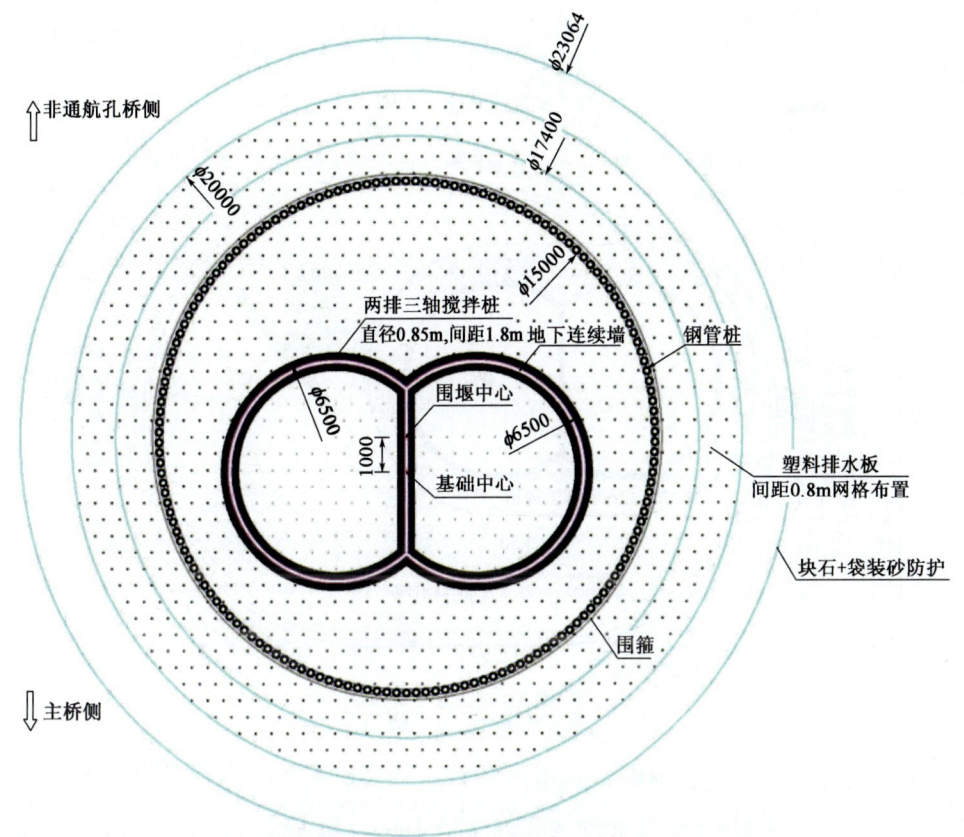

图 3.2-29 东锚碇围堰平面布置(尺寸单位:cm)

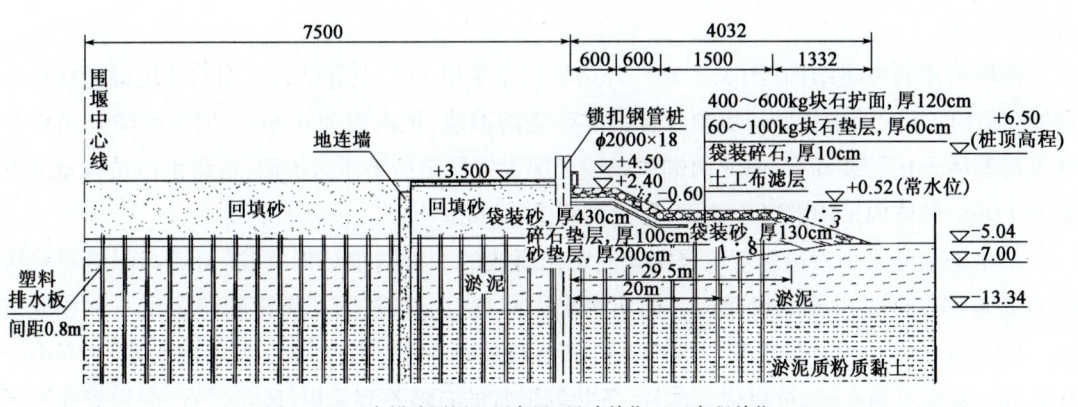

图 3.2-30 东锚碇围堰立面布置(尺寸单位:cm;高程单位:m)

(2)西锚碇

根据施工图联合设计,为方便施工期间机械设备的灵活布置,降低海上施工风险,考虑将锚碇搅拌站设置在人工岛上,可避免大方量混凝土的上下坡运输,同时兼顾施工期间地下连续墙钢筋笼的制作、生活区的布置及上部结构施工期间主缆索盘的存放等。

综合考虑防洪、阻水及航道关系等要求,将西锚碇人工岛设计为不规则椭圆形,其中,岛体顺水流方向长210m,垂直水流方向宽150m,岛体围堤结构周长为587m,宽17.55m。西锚碇围堰平面布置见图3.2-31。

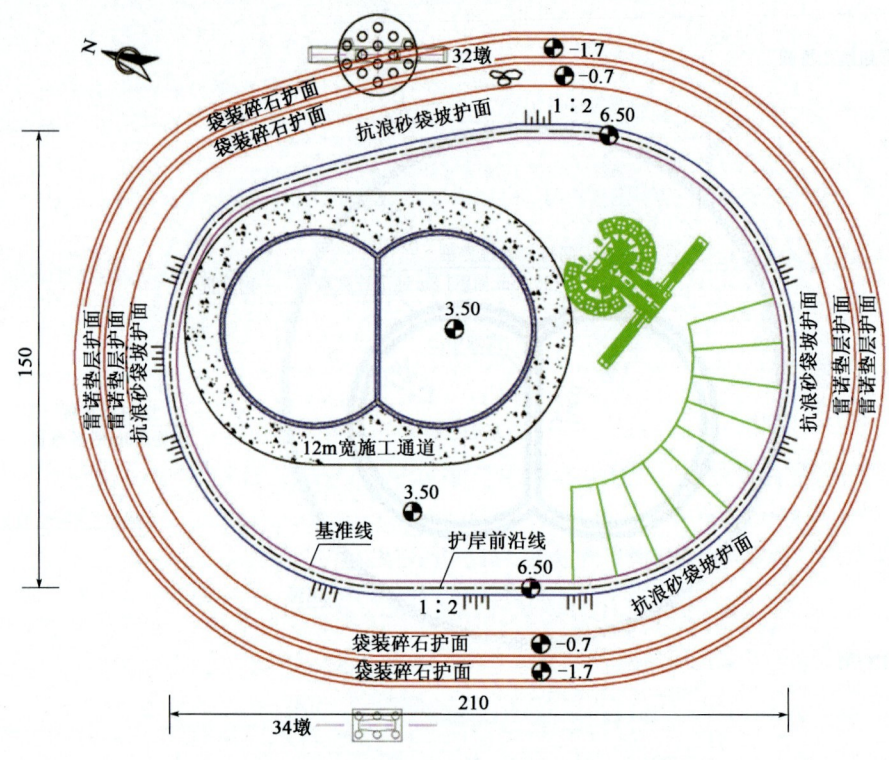

图3.2-31 西锚碇围堰平面布置(尺寸单位:m;高程单位:m)

西锚碇人工岛整体采用吹填抗浪砂袋形成围堰,基础采用水下DCM(深层水泥搅拌桩)进行软基处理。

围堰采用斜坡堤结构(图3.2-32),外边坡斜率采用1:2,上部结构采用吹填抗浪砂袋形成堰体,堰体内部吹填中粗砂。堤顶设置抗浪砂袋防浪墙,顶高程为6.5m。堤前的防护结构护底工程整体采用袋装碎石,南北两端弧线段上部设置雷诺护垫作为护面,雷诺护垫结构宽度不小于17m。岛体内采用混凝土路面,路面高程为3.5m。

雷诺护垫是采用六边形双绞合钢丝网制作而成的一种网垫结构,网面由镀高耐磨有机涂层的低碳钢丝通过机器编织而成。填充物采用卵石、片石或块石,雷诺护垫要求石料粒径以70~150mm为宜,空隙率不超过30%,要求石料质地坚硬,强度等级为MU30,密度不小于$2.5t/m^3$,遇水不易水解,抗风化。薄片、条状等形状的石料不宜采用;风化岩石、泥岩等亦不得用作充填石料。网箱断面宽度为5m,需用网箱材料将其每1m分为一个仓格。雷诺护垫工程实施案例见图3.2-33。

7)锚碇基础设计

锚碇基础采用地下连续墙作为基坑开挖的支护结构。根据地质情况及锚体设计需要,地下连续墙采用外径65m、壁厚1.5m的"8"字形结构。

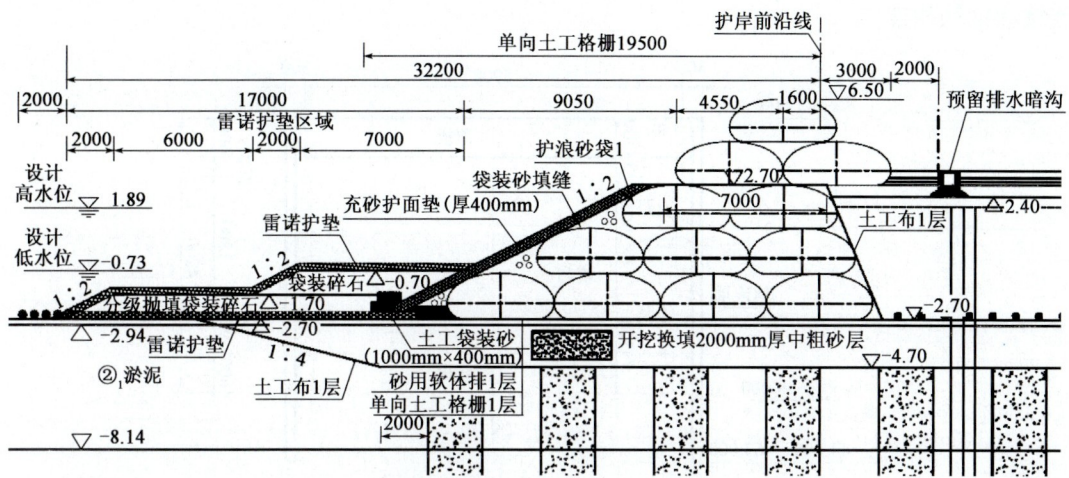

图3.2-32 西锚碇围堰立面布置(尺寸单位:mm;高程单位:m)

a)施工中

b)已完工

图3.2-33 雷诺护垫防护案例

地下连续墙施工完成后,采用逆作法分层开挖土体,分层施工内衬。各层施工工期由土体开挖控制,内衬及土体分层高度控制在3m以内。可采用岛式开挖法进行土体开挖,每层沿圆周分多个区域进行对称开挖并浇筑内衬混凝土。在0～9m深度内,内衬厚度为1.5m;9～27m深度内,内衬厚度为2.5m;超过27m深度,内衬厚度为3m。顶、底板厚6m。为提高基础抗滑稳定性,基础内部均填充混凝土。东锚碇地下连续墙立面示意见图3.2-34。

为避免地下连续墙底脚发生渗流以及踢脚破坏,保证基坑的稳定性,地下连续墙嵌入中风化花岗岩深度不小于5m。

为了满足地下连续墙开挖阶段的受力要求,在地下连续墙内侧设置钢筋混凝土内衬,内衬作为地下连续墙的弹性支撑设置在内侧。综合考虑地下连续墙结构受力、缩短施工周期和开挖段土体蠕变的影响,内衬施工层高不超过3m。各层内衬底面设置成1:5的斜坡,混凝土浇筑面应高出内衬顶面30cm,保证混凝土密实,下层内衬与上层内衬结合面采用自密实混凝土,避免各层内衬间混凝土浇筑出现空隙。为保证内衬与地下连续墙间的连接质量及共同受力,克服内衬自身重量,在地下连续墙施工时预埋直螺纹钢筋连接器,内衬钢筋通过连接器与地下连续墙钢筋相连。

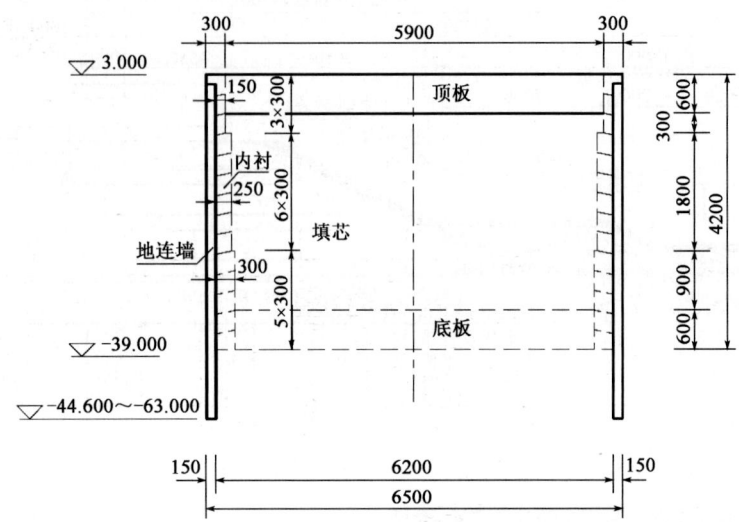

图 3.2-34　东锚碇地下连续墙立面(尺寸单位:cm;高程单位:m)

3.2.6　防撞设施

伶仃洋大桥主塔船舶撞击力设计值为100MN,锚碇及过渡墩船舶撞击力设计值为48MN,锚碇有强大的自身防撞能力,不需设置额外防撞设施。

3.2.6.1　索塔防撞

索塔承台采用"钢围堰套箱"防撞方案,综合考虑重力、浮力、船舶碰撞力等荷载。索塔套箱的高度可以保证在任何水位下设计船型不与桩基、塔柱发生碰撞。

防撞套箱是套在承台周围的固定式钢质套箱结构。防撞套箱作为现浇承台的围堰,在承台施工时起止水围护作用,满足承台干施工的技术要求,同时能够起到防撞保护作用。

套箱的平面形状与承台同为圆形,总高度为20.7m,宽度为2.5m,内层和外层都由钢结构组成。防撞套箱由若干个独立的分段连接而成,降低安装难度,也使得船舶撞击后可单独维修更换。钢套箱外面设置消能护舷,护舷也可更换。防撞套箱立面构造见图3.2-35。

承台顶设置下系梁,该部分围堰在承台顶以上部分待承台施工完成后割除。防撞套箱平面布置见图3.2-36。

钢套箱采用重防腐涂装,涂装寿命要求不低于20年。消能措施要求所选用的材料具有良好的耐候性能,防腐寿命不低于30年。

3.2.6.2　过渡墩防撞

过渡墩的防撞设置与索塔相似,采用"钢围堰套箱"防撞方案,作为现浇承台的围堰。套箱的平面形状与承台同为圆形(图3.2-37)。钢套箱高14.2m,宽1.8m。

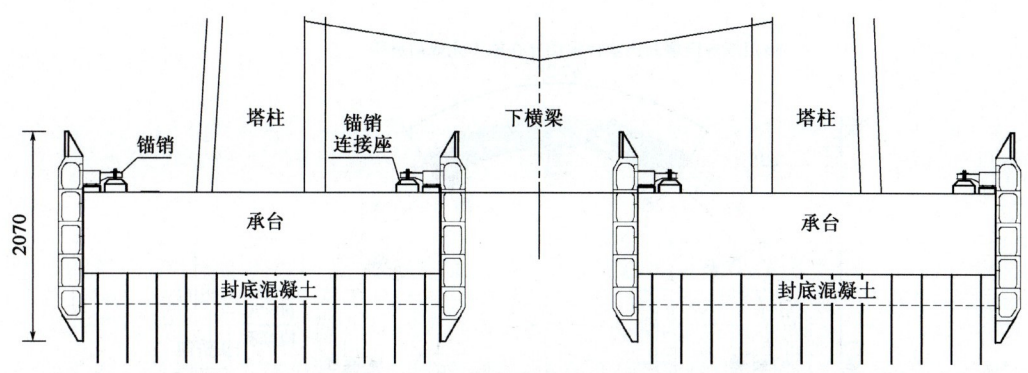

图 3.2-35 索塔防撞套箱立面构造(尺寸单位:cm)

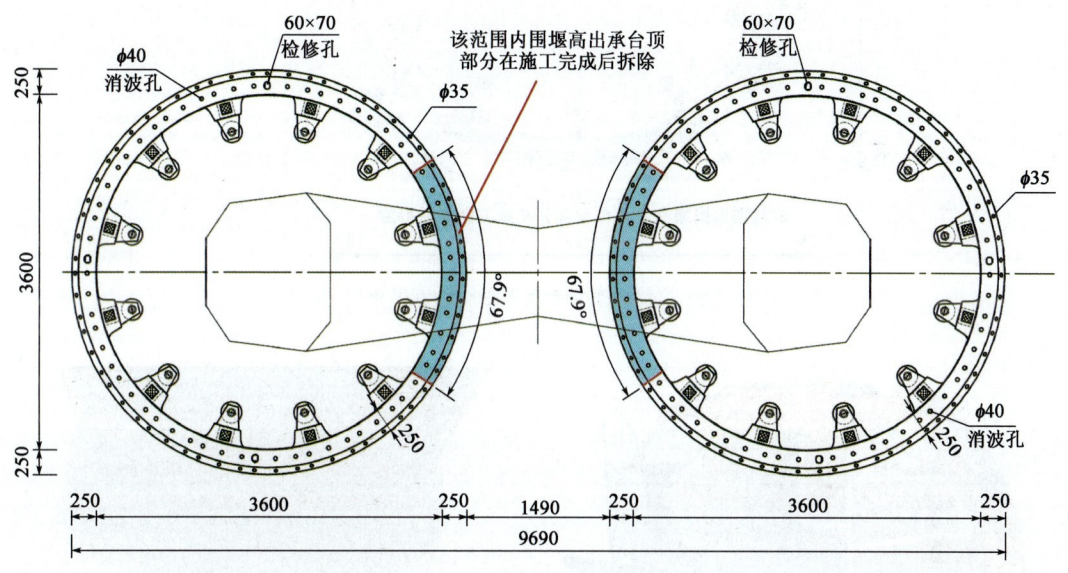

图 3.2-36 索塔防撞套箱平面布置(尺寸单位:cm)

3.2.7 可持续性设计

可持续性设计除要考虑耐久性设计外,还要考虑可到达、可检查、可维修、可更换,尽量做到易检、易修。对于可更换、需定期养护的部件,提供足够的操作空间、操作平台等。

3.2.7.1 钢箱梁可持续性设计

耐久性方案:钢箱梁外壁采用金属热喷涂体系,热喷铝(锌)150μm、环氧封闭漆 1 道 50μm、环氧云铁中间漆 2 道各 75μm、氟碳树脂面漆 2 道各 40μm;总干膜厚度为 430μm。内壁采用内部除湿+富锌底漆涂层配套,环氧富锌底漆 1 道 80μm、环氧树脂漆 1 道 120μm,总干膜厚度为 200μm。钢箱梁内除湿系统保持湿度低于 45%。

检修通道:梁上表面可驱车到达;防撞护栏以外可通过检修道到达。梁内设有人孔和电动检查车(图 3.3-38);梁底设有梁底检查车(图 3.2-39)。

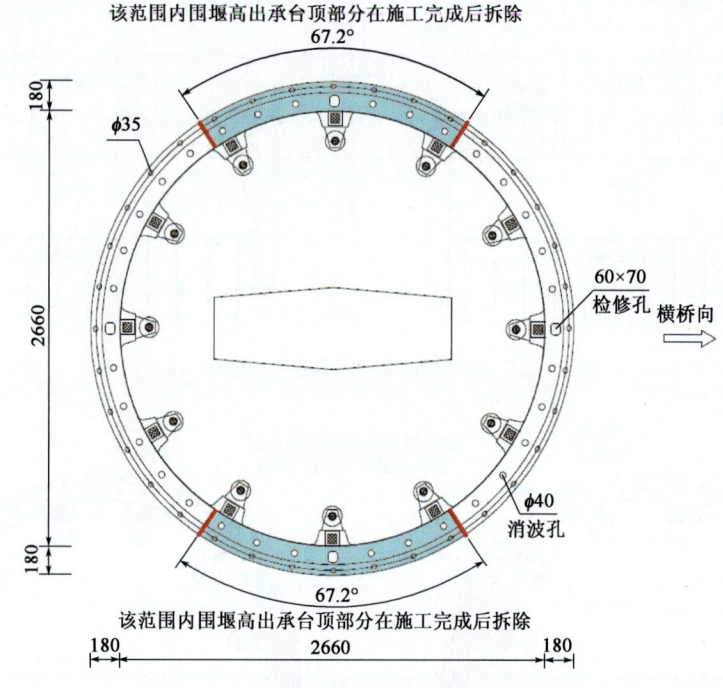

图 3.2-37 过渡墩防撞套箱平面布置(尺寸单位:cm)

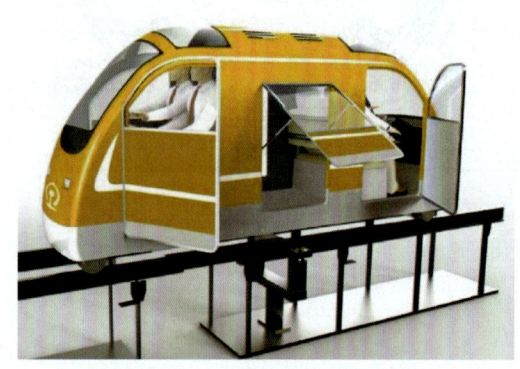

图 3.2-38 梁内电动检查车示意图

图 3.2-39 梁底检查车示意图

3.2.7.2 缆索系统可持续性设计

1) 主缆

耐久性方案:Z形钢丝 + 缠包带 + 干空气。干空气与全桥除湿系统连通。主缆除湿系统示意见图 3.2-40。主缆散索段采用防护涂装,在主缆索股表面刷涂磷化底漆 1 道 $10\mu m$、环氧厚浆漆 1 道 $100\mu m$、柔性聚氨酯面漆 1 道 $40\mu m$、柔性氟碳面漆 1 道 $40\mu m$,总干膜厚度为 $190\mu m$。

检修通道:除了常规的主缆上方检修通道外,可采用主缆检查车检修(图 3.2-41)。

图 3.2-40　主缆除湿系统示意图　　　　　图 3.2-41　缆索系统检查车示意图

2）吊索

耐久性方案：钢丝绳吊索采用防腐涂装；限位吊索采用成品斜拉索。

检修通道：吊索上部通过主缆检修通道到达，下部通过钢箱梁到达。

吊索均可以单根更换。

3）散索鞍

耐久性方案：除湿系统＋重防腐涂装。外露不加工表面涂环氧富锌底漆 1 道 80μm、环氧厚浆漆 1 道 120μm，总干膜厚度为 200μm。鞍槽内加工表面及各隔板经喷锌处理，锌层厚度不小于 200μm。

检修通道：可通过锚碇内的专用通道到达。

4）主索鞍

耐久性方案：除湿系统＋重防腐涂装。外露不加工表面涂环氧富锌底漆 1 道 80μm、环氧云铁中间漆 2 道各 75μm、氟碳树脂面漆 2 道各 40μm，总干膜厚度为 310μm。鞍槽内加工表面及各隔板喷锌处理，锌层厚度不小于 200μm。

检修通道：通过索塔内设置的专用通道可到达。

5）索夹

耐久性方案：重防腐涂装。

检修通道：通过主缆检修通道可到达。

3.2.7.3　索塔可持续性设计

1）内部检修

每个塔柱设置升降梯 1 台。塔内全高范围设置楼梯，楼梯按 2.2m 间距设置平台。升降梯在中上塔柱一般按 11m 间距设置停站。升降梯在平台一侧开门供人上下。

在索塔下横梁、中横梁、上横梁与塔柱交叉位置设置了可供人水平通行的人孔，在高度变化处设置了踏步，方便检修人员通行。

在钢箱梁桥面检修道处设供人员进出塔柱的通道，并设置气密门。在索塔上横梁顶设置人孔和楼梯,可以利用塔内通道到达塔顶,观光或者检修主索鞍。人孔设置了盖板,平时封闭。

2)外部检修

在索塔顶设置预埋件,用于安装吊机。可利用塔顶吊机下放、起吊钢丝绳,在桥面用吊车整体起吊检修平台,在塔柱上实现抱箍,利用钢丝绳上下牵引检修平台实现塔柱外部检修维护。

3.2.7.4 锚碇可持续性设计

①在桥上通过爬梯到达或通过海上乘船到达。

②通过爬梯,可以到达锚碇基础顶面、锚体顶面、前后锚室人洞等处。

③从后锚室可通过爬梯及台阶对后锚面进行检修。

④从前锚室可通过爬梯对前锚面、散索鞍进行检修。

3.2.8 施工方案

国内外的海中锚碇设计及施工案例较少。东、西锚碇由两家承包商分别承担,根据施工图联合设计,施工方案有所不同,锚碇临时围堰施工方案差异较大。

3.2.8.1 栈桥及施工平台

栈桥是材料运输的生命线,在施工中具有重要意义。

东索塔到东锚碇、东锚碇到东泄洪区非通航孔桥采用钢栈桥贯通,栈桥高程为+7.0m,宽9m。

西索塔与锚碇基础范围由于存在龙穴南航道,不能设置栈桥。西锚碇到西泄洪区非通航孔桥采用钢栈桥贯通,栈桥高程为+6.5m,宽9m。

栈桥及施工平台采用钢管桩+贝雷梁的结构形式,使用打桩船施打钢管桩,利用浮式起重机及履带式起重机安装栈桥平联及上部结构。栈桥布置见图3.2-42。

图3.2-42 栈桥布置

3.2.8.2 锚碇临时围堰施工

1)东锚碇

(1)清淤及砂石垫层施工

为保证后续施工的塑料排水板形成稳定的排水通道,确保围堰回填施工质量,先对筑岛围堰周围220m区域内的海床进行清淤。

由于表层淤泥含水率高、呈流塑状态,清淤后泥面高程为-7.0m,为保证基坑坡比稳定,基坑开挖坡比设计为1:8(图3.2-43)。

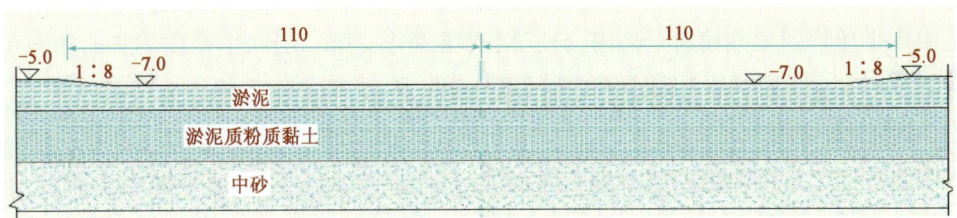

图 3.2-43 表层淤泥清淤示意图（尺寸单位：m；高程单位：m）

清淤施工采用抓斗船。为保证清淤质量，分别在清淤施工前、砂垫层施工前对围堰附近海床进行多波束地形扫测，分析对比清淤前后海床地形，保证清淤效果。

清淤完成后抛填 2.0m 厚中粗砂，最后再抛填一层碎石层至高程 -3.5m。抛填顺序为从上游侧向下游侧逐步抛填。

(2) 塑料排水板施工

采用 2 艘插板船同时进行塑料排水板施工，施工范围直径为 200m，塑料排水板间距为 80cm，设计插设深度为 25m。为保证后续施工质量，在围堰锁扣钢管桩轴线两侧各 3.15m、地下连续墙轴线两侧各 2.75m 区域不进行塑料排水板施工。

(3) 锁扣钢管桩围堰施工

锁扣钢管桩按顺序施沉易产生较大累计误差，总体上采取分区分段分次施沉，共设置 4 个区，每个区分 2 段，区段间设 8 处合龙钢管桩（图 3.2-44）。

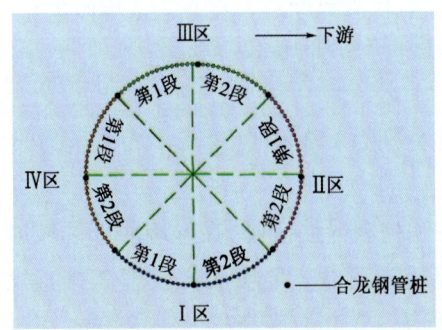

a) 围堰分区(段)示意图　　　　　　　　　　b) 围堰施工照片

图 3.2-44 锁扣钢管桩围堰施工

由于钢管桩围堰规模较大，为最大限度减小围堰施工对海域水动力的影响，避免海床发生严重冲刷或淤积情况，开展了东锚碇围堰施工期冲刷与防护试验研究。

根据模型试验结果，筑岛围堰推荐施工方案如下：首先施工砂垫层和粒径 15~25mm 碎石层，然后开始施工上下游的钢管桩，最后施工两侧钢管桩。筑岛围堰施工完成后，在钢管桩外侧采用抛填袋装砂防护措施。筑岛围堰施工期不在碎石层上采取常规性防护措施，袋装砂防护仅用于筑岛围堰完成后钢管桩外围防护，并作为施工过程中防台的储备措施之一。

（4）围堰内回填施工

采用皮带船将回填砂输送至岛内,分三层吹填,第一、第二层吹填高度为3m,第三层回填高度为2.5m。在围堰内吹填时同步施工围堰外侧防护,并监测钢管桩围堰变形。

（5）围堰外防护施工

外围防护施工与围堰内回填砂施工同步进行。围堰内第三层回填砂抛填完成后,潜水人员沿围堰外侧由内向外布置水下砂袋,然后利用吹砂泵向砂袋内吹填砂,完成围堰外第一层防护（袋装砂）施工,袋装砂分段分厚度铺设。围堰外防护示意见图3.2-45。

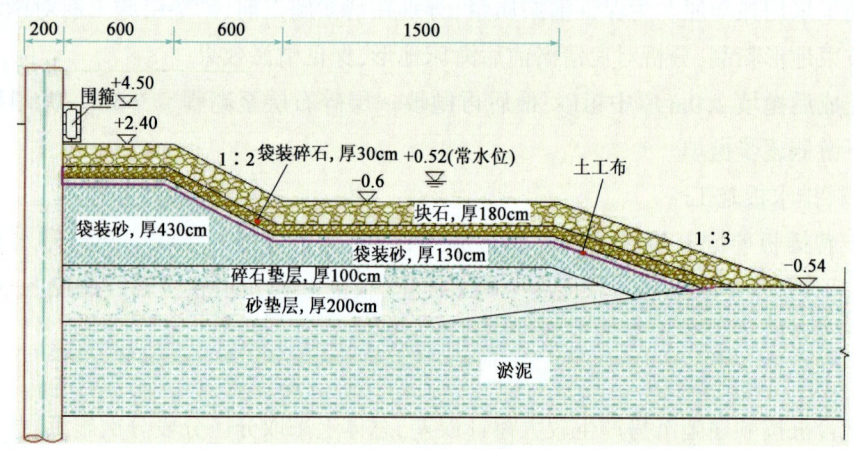

图3.2-45 围堰外防护示意图（尺寸单位：cm；高程单位：m）

为了防止在高潮位时往复流作用造成岛内砂石的流失,在袋装砂之上设置了3层防护：

——第一层：砂袋砂铺设完成后,利用专用施工船舶进行土工布施工。

——第二层：袋装碎石层,厚度为0.3m。

——第三层：厚度1.8m的块石,分级铺设,各级坡比分别为1:2和1:3。

（6）三轴搅拌桩施工

为保证地下连续墙成槽过程中回填砂层槽壁稳定性和控制导墙沉降,在导墙底部区域通过三轴搅拌桩进行土体置换,用于承受后续地下连续墙施工荷载。导墙底部设置2排直径85cm、间距1.8m的三轴搅拌桩,搅拌桩总长20m,顶高程为+3.0m,底高程为-17.0m（穿过淤泥层、进入粉砂层）。

2）西锚碇

西锚碇筑岛总体思路为水下DCM桩+土工管袋围堰成型+吹填砂筑岛+陆上地基处理（塑料排水板）+面层施工。

（1）砂垫层施工

为保证DCM桩的成桩质量,需对DCM处理区域基槽进行开挖清淤并换填2.0m厚中粗砂作为DCM桩的施工垫层,采用常规的抓斗式挖泥船（图3.2-46）对处理区域基槽直接进行清淤开挖,淤泥通过泥驳船运至指定弃泥点。清淤完成后、换填中粗砂前,为防止大量砂渗入,铺设一层土工布。

(2)地基处理方案

吹填抗浪砂袋堰体前,需首先采用水下深层水泥搅拌桩进行地基处理,处理范围为临时围堰护岸前沿线前后共21.5m范围及拌和楼料仓区,水泥搅拌桩直径为2.3m,按照边长为4.8m的三角形布置,平均桩长为17.5m,桩体进入粗砂层顶面且穿透淤泥软弱土层底面以下不少于2m,设计桩顶高程为 -4.70m。海底地基改良的效果同成桩质量有很大关系,而成桩质量不仅同水泥配比、水泥注入量的调节有关,还同搅拌翼的搅拌次数以及成桩的垂直度有很大关系。DCM桩施工可采用专门施工船(图3.2-47)。

图3.2-46 抓斗式挖泥船施工

图3.2-47 DCM桩专业施工船

岛体内部不同位置采用不同的地基处理方式。料仓区范围采用直径为2.3m的水下深层水泥搅拌桩在形成围堰前处理;形成一级围堰后(第一层堰体到2.7m,岛内分级吹填砂到2.0m),对岛体内部剩余区域及拌和楼料仓区范围采用塑料排水板进行地基处理,按间距为1.0m的三角形布置,平均桩长为25.6m,桩体进入粗砂层不少于0.5m。

待堰体排水固结完成后,在岛壁内侧设置3排水泥搅拌桩,直径为0.6m,间距为1.0m,进一步加固岛壁结构及土体。

(3)土工管袋吹砂围堰

土工管袋吹砂围堰充分利用砂土混合物易排水固结而有纺土工膜袋编丝间的空隙又具有良好的渗水性能的特性,利用泥浆泵将粉细砂土和水混合物充填进土工管袋,边冲进边滤水,砂土混合浆液经排水固结形成一定宽度的扁圆形长条状袋装砂土带,经自下而上分层分段吹砂填筑,形成一层层带状砂土墙。土工管袋水下填充示意见图3.2-48。

堰体分层堆填施工,分两级吹填。第一级吹填完成后,岛外分级抛填袋装碎石形成反压护道,并安放雷诺护垫等防冲刷结构。第二级堰体到6.5m,岛内维持高程2.0m,静载30d,待实测沉降曲线推算的固结度不小于60%后,向岛体内部吹填中粗砂到高程2.9m。现场施工照片见图3.2-49。

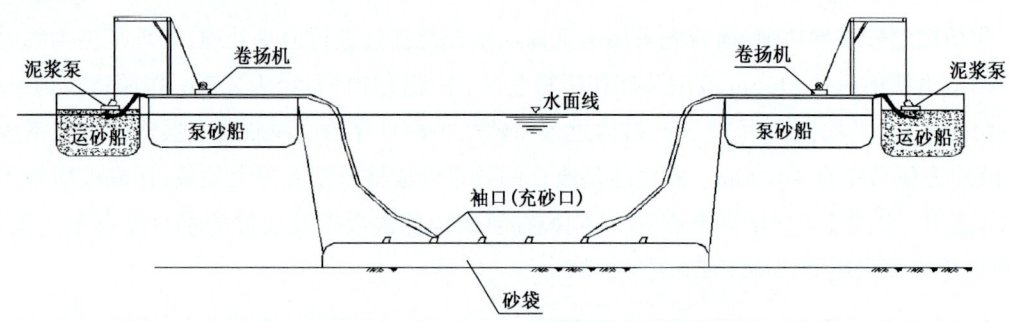

图 3.2-48　土工管袋水下填充示意图

图 3.2-49　土工管袋吹砂围堰

3.2.8.3　锚碇施工

1）地下连续墙施工

锚碇基础地下连续墙为外径 65m、壁厚 1.5m 的"8"字形结构,墙体顶高程为 +1.5m,深度为 46.1~64.5m。

地下连续墙施工槽段分Ⅰ期 40 个槽段、Ⅱ期 41 个槽段,共 81 个槽段,其中:外墙标准Ⅰ期槽段 32 个,特殊Ⅰ期槽段 2 个,隔墙Ⅰ期槽段 6 个;外墙Ⅱ期槽段 34 个,隔墙Ⅱ期槽段 7 个。连续墙槽段划分见图 3.2-50。

外墙Ⅰ期槽段(包括特殊槽段)采用三铣成槽,隔墙Ⅰ期槽段采用二铣成槽,Ⅱ期槽段全部采用一铣成槽。

在相邻两个Ⅰ期槽段混凝土强度达到 80% 后,开始进行其之间的Ⅱ期槽段施工,即Ⅰ、Ⅱ期槽段交替同步向前推进,直至地下连续墙封闭。

覆盖层采用"纯抓法"和"纯铣法"进行施工;基岩优先采用"纯铣法",效率低下时采用"凿铣法"。为提高接头处的抗渗及抗剪性能,在连续墙接头处对先施工墙体接缝进行刷壁清洗;刷壁上下反复刷动至少 8 次,直到刷壁器上无泥后,继续采用刷壁器对接头刷壁 2~3 次,彻底刷除接头沉渣。刷壁工具为特制刷壁器。刷壁必须在清孔之前进行。

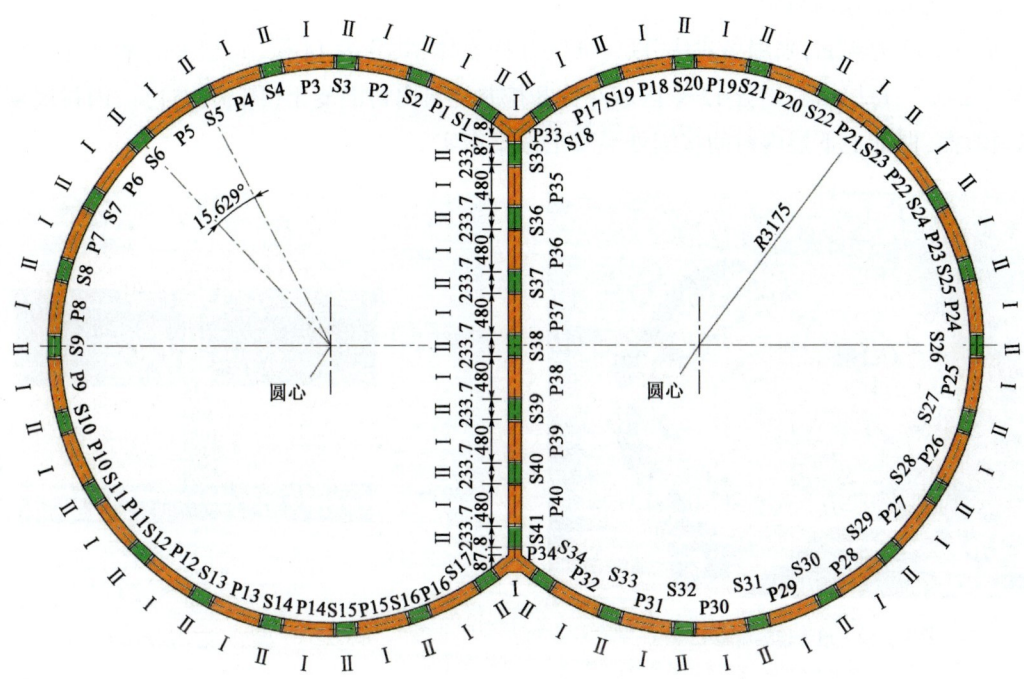

图 3.2-50 连续墙槽段划分(尺寸单位:cm)

地下连续墙主要施工工艺见图 3.2-51。

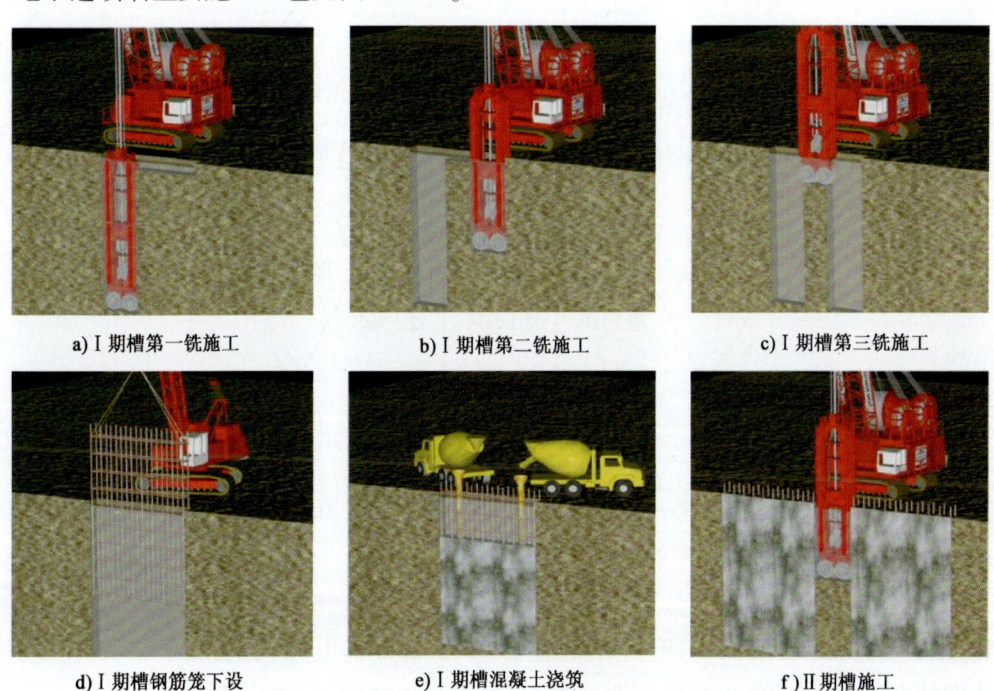

a) Ⅰ期槽第一铣施工　　b) Ⅰ期槽第二铣施工　　c) Ⅰ期槽第三铣施工

d) Ⅰ期槽钢筋笼下设　　e) Ⅰ期槽混凝土浇筑　　f) Ⅱ期槽施工

图 3.2-51 地下连续墙Ⅰ、Ⅱ期槽段施工示意图

地下连续墙施工现场见图 3.2-52。

2) 基坑开挖及内衬施工

基坑深度为42m,采用岛式法分层、分区开挖土体,共分为14层,每层3m,基坑开挖分层见图3.2-53。每层沿圆周分12个区域对称开挖并浇筑内衬混凝土(图3.2-54)。内衬底部设1:5倾斜面,保证上下层内衬间接缝处混凝土振捣密实。

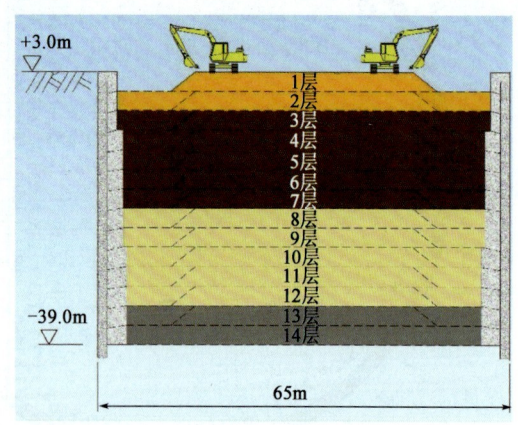

图3.2-52 地下连续墙施工现场　　　　　　　图3.2-53 基坑开挖分层示意图

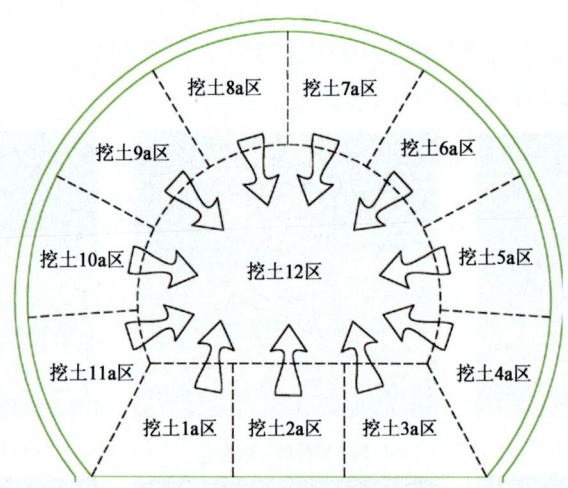

图3.2-54 基坑开挖分区示意图

3) 内衬施工

内衬采用逆作法施工,开挖一层土体施工一层内衬。混凝土采用"布料滑槽+防离析导管"方式施工。内衬施工见图3.2-55。

4) 底板、填芯及顶板施工

锚碇基础被隔墙分成两块,单侧平面形状为半径28m的D形构造,底板和顶板厚度均为6m,中间填芯厚30m。顶、底板各分两层施工,每层分4块浇筑,中间设置后浇段。中间填芯混凝土分15层浇筑,每层厚2m。

第3章 桥　梁

a)

b)

图 3.2-55　锚碇内衬施工

5）锚体施工

锚块、散索鞍支墩实心段均为大体积混凝土结构。为减小大体积混凝土的温度应力，防止锚体混凝土浇筑施工后出现收缩与温度裂缝，锚块、鞍部、散索鞍支墩实心段进行分层浇筑，每层混凝土中设置冷却水管，通水冷却。锚块与锚块之间设置后浇段，后浇段采用补偿收缩混凝土。

3.2.8.4　索塔施工

1）钻孔平台及桩基施工

利用直径 3.3m 的钢护筒及临时钢管桩形成钻孔平台，施工桩基。桩基施工完成后拆除承台范围内施工平台，为钢围堰套箱的施工留出空间。

2）承台施工

采用钢围堰套箱进行承台现浇施工。承台现浇施工完成后，不拆除钢围堰套箱双壁部分，用作索塔承台的永久防撞结构。钢围堰套箱在岸上拼装，浮运至施工现场，浮式起重机整体下放。钢围堰施工见图 3.2-56。

a)钢围堰加固

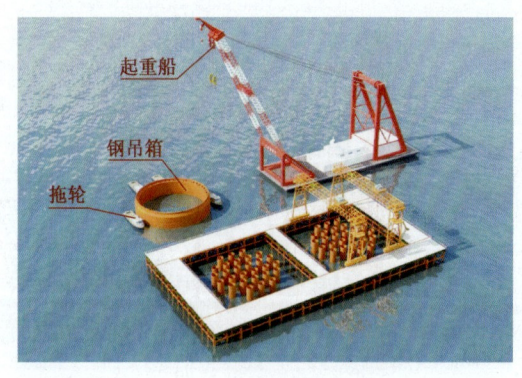
b)钢围堰浮运架设示意

图 3.2-56　钢围堰施工

3）索塔施工

索塔共划分为44个节段，标准节段高度为6m。索塔起始段采用翻模工艺；后续索塔采用液压爬模施工。索塔钢筋采用工厂化生产，装配化作业，提高品质及施工安全。索塔施工见图3.2-57。

a)

b)

图3.2-57 索塔施工

图3.2-58 主索鞍施工示意图

3.2.8.5 索鞍安装

索鞍安装包括塔顶主索鞍、锚碇散索鞍及其附属构件安装施工。

主索鞍最大吊装质量约为111t，采用塔顶门架的方式进行安装。施工中考虑航空限高的影响，控制门架高度，现场采用动臂式塔式起重机分片安装（图3.2-58）。

散索鞍最大吊装质量约为161t。散索鞍底板采用锚碇塔式起重机安装，底座和鞍体用400t履带式起重机配合锚碇门架在前锚室吊装，采用滑移支架实现横向移动（图3.2-59）。

a)锚碇门架

b)横向滑移

图3.2-59 散索鞍施工示意图

3.2.8.6 猫道施工

1）先导索架设

为减小施工对主航道通航的影响，采用无人机牵引架设先导索。先导索按逐级由细到粗的原则架设，严格控制无人机飞行高度；也可采用封航拖轮架设先导索。

2）猫道牵引系统架设

利用先导索架设直径36mm的牵引绳，形成单线往复式单线牵引系统。通过此牵引绳架设托架承重索，最后架设托架定位索，同时布置托架，从而形成猫道牵引系统。

3）主缆牵引系统架设

主缆牵引系统为双线往复式（图3.2-60）。通过单线往复式牵引系统安装门架、门架导轮组和第三根牵引索，形成双线往复式牵引系统。

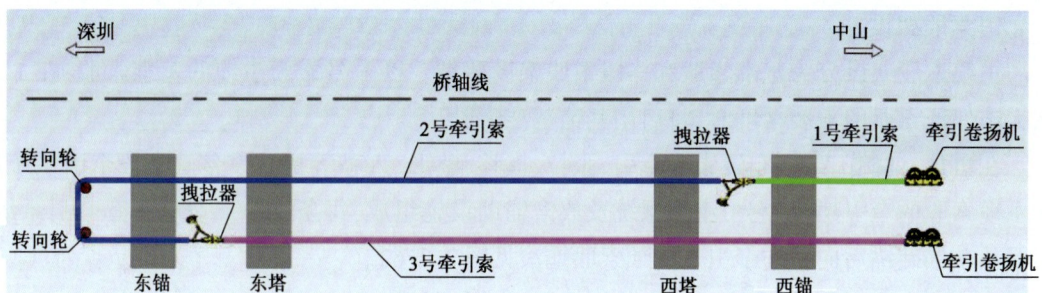

图3.2-60 主缆牵引系统示意

4）猫道架设

猫道承重索布置在主缆中心下方1.8m处，宽度为4.5m。承重索采用12根直径54mm、强度1960MPa的钢丝索。

猫道由承重索、扶手索、面网、横梁、防滑条、猫道门架、门架承重索、横向通道及抑振装置等组成（图3.2-61）。

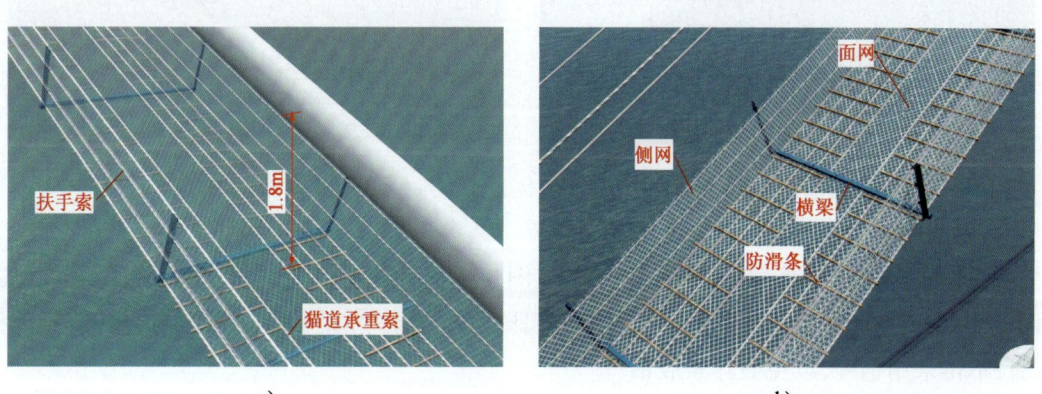

图 3.2-61

59

 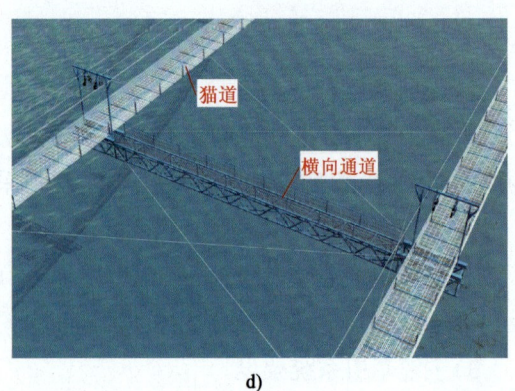

c)   d)

图 3.2-61 猫道组成示意图

3.2.8.7 主缆施工

1)索股架设

主缆索股架设分为基准索股和一般索股架设两类。以 1 号索为主缆的基准索股，在 1 号索无法保证索股的安装精度时，将启用其他基准索股。

在塔顶、锚碇门架上布置索股牵引、张拉、横移、整形、入鞍等机具设备。索股牵引系统用于主缆索股的牵引架设，它由牵引系统及放索辅助设施组成，每条主缆下对应一套牵引系统。索股从东锚碇锚后向西锚牵引。塔顶索股拖滚见图 3.2-62。

当索股牵引到位后，在索股上安装握索器，由塔顶门架、锚碇门架的卷扬机和滑车组将整条索股提离猫道面托架滚轮，并横向移位至主、散索鞍顶（图 3.2-63）。

图 3.2-62 塔顶索股拖滚   图 3.2-63 索股横移

2)索股整形

索股经上提、移位后，进行整形入鞍施工（图 3.2-64）。先用钢片梳整理索股断面，确保断面由六边形变成四边形，再用专用的四边形夹具夹紧。整形过程中，人工用木槌或橡胶锤敲打索股，不得采用钢锤，以免破坏索股钢丝。

索股入鞍时，先主索鞍，后散索鞍。具体顺序为先入西塔主索鞍，再入东塔主索鞍，最后东、西散索鞍处可同时入鞍。

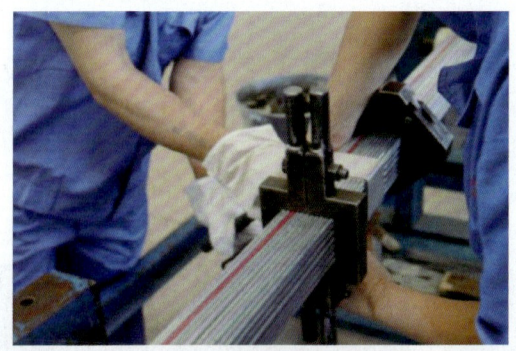 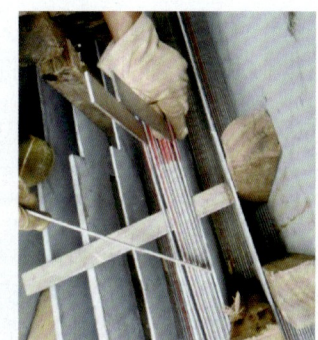

a)索股整形　　　　　　　　　　b)索股入鞍

图 3.2-64　索股整形入鞍

3）索鞍锚固

主缆索股架设完成后,在主、散索鞍处填压锌填块(图 3.2-65),安装压紧梁,装上紧固拉杆,用液压拉伸器分次、交替张拉拉杆,每次张拉力增加 50kN,直至各拉杆张力均达到设计要求。

图 3.2-65　主索鞍锌填块安装

4）紧缆

(1) 预紧缆

在主缆表面包裹防护,利用预紧缆工装收紧主缆,人工用大木槌均匀敲打主缆四周,校正索股和钢丝的排列顺序,避免出现绞丝、串丝和鼓丝现象。然后用软钢带捆扎紧,使主缆截面接近圆形(图 3.2-66)。

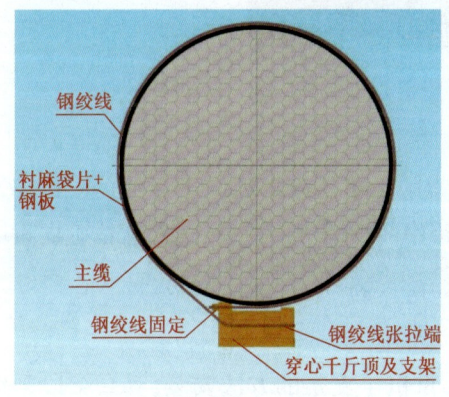 

a)预紧缆作业示意　　　　　　　　　　b)预紧缆

图 3.2-66　预紧缆作业

（2）正式紧缆

预紧缆作业完成后，使用紧缆机将主缆截面紧固为圆形（图3.2-67），并达到设定的空隙率和椭圆度。

a）紧缆机　　　　　　　　　　　　　　　b）正式紧缆后的主缆

图3.2-67　正式紧缆作业

5）缠丝防护

采用与主缆直径匹配的缠丝机（图3.2-68），缠丝机应适用于缠绕"Z"形钢丝及圆形钢丝，具有上坡或下坡连续缠丝作业功能。缠丝机在索塔附近用塔式起重机安装，边跨、主跨缠丝同时进行，总体施工方向为由高处向低处，而在两个索夹之间则由低处向高处进行。缠绕钢丝的连接接头采用铝热焊剂焊接的方式处理。

图3.2-68　缠丝作业

3.2.8.8　索夹及吊索安装

为减小索夹及吊索安装对航道的影响，采用缆索吊小车从索塔处向下运输（图3.2-69）。索夹及吊索安装顺序与主梁吊装顺序相同，中跨从跨中向索塔方向进行，边跨从锚碇向索塔方向进行。

3.2.8.9　主梁施工

索塔区梁段以及过渡墩无索区梁段采用浮式起重机＋支架的方法安装；其余梁段采用液压提升式缆载吊机安装，全桥共投入4台缆载吊机。主梁安装示意见图3.2-70。

a)缆索吊天车

b)索夹安装

图 3.2-69 索夹安装

a)索塔区支架安装

b)缆载吊机安装

图 3.2-70 主梁安装

塔区设有中跨和边跨合龙段各 1 段,先吊装中跨侧合龙段,再吊装边跨侧合龙段。中跨侧合龙段吊装时,塔区梁段向边跨牵引预偏,边跨侧合龙段吊装时,边跨梁段向锚碇方向牵引预偏,便于合龙段提升。合龙段安装见图 3.2-71。

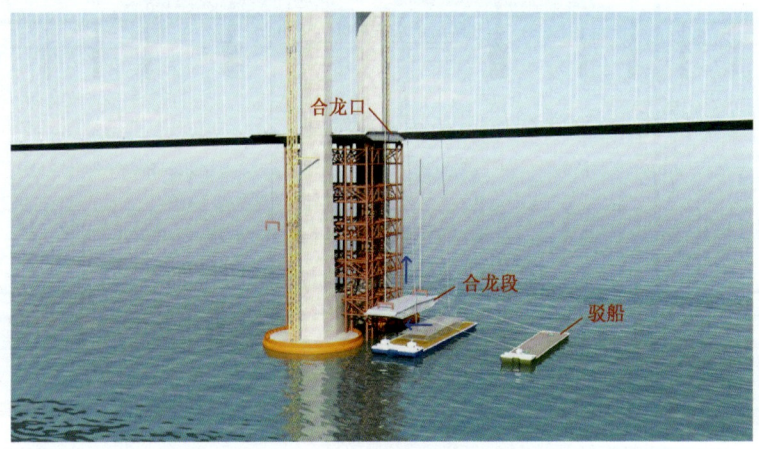

图 3.2-71 合龙段安装

3.3 中山大桥

3.3.1 方案选择

桥梁跨越横门东水道,通航净空宽度为390m,净空高度不小于53.5m。横门东水道东侧为珠江治导线,西侧为中山侧大堤。考虑到治导线后期实施围堤的可能,桥墩基础与治导线的距离尽量拉大,避免桥墩坐落在围堤的堤身上。在中山侧,跨堤引桥的基础距大堤的距离按照大于20m控制,避免基础施工对堤防安全造成影响。

水利部门要求珠江治导线与大堤之间总体阻水率不大于5%,且主跨的跨度不应小于580m,治导线范围内的非通航孔桥跨度不得小于110m。

深中通道共有两个通航桥梁,即伶仃洋大桥和中山大桥,其中,伶仃洋大桥为主跨径1666m的悬索桥,是全线标志性桥梁工程。中山大桥应与伶仃洋大桥在美学方面相呼应,建筑造型应统一、和谐。

根据深中通道方案设计国际竞赛成果,两座通航孔桥竞赛方案第一名均为悬索桥。但在后续的研究中发现,中山大桥若采用悬索桥方案需要加大主跨跨径到632m,以将东锚碇移至治导线之外,锚碇和主塔基础需要下埋至河床面以下,以保证桥墩阻水率满足防洪要求。同时,悬索桥方案较斜拉桥方案造价高约17%。

悬索桥与斜拉桥桥型的比较见图3.3-1,综合经济、景观等因素,推荐斜拉桥方案。

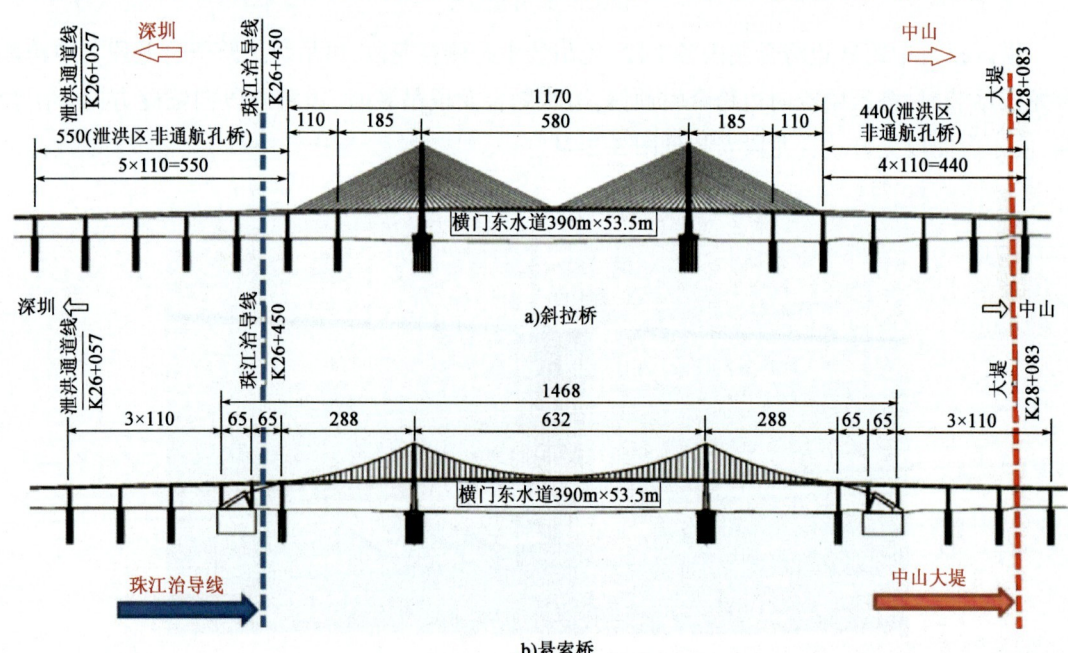

图3.3-1 悬索桥与斜拉桥比较(尺寸单位:m)

3.3.2 总体布置

3.3.2.1 跨径布置

为满足通航和水利要求,主跨最小跨径为580m。为使桥墩尽量远离珠江治导线,边跨选择295m。边中跨比较大,为0.51,在边跨加设辅助墩,以减小塔顶水平位移、主梁跨中挠度、塔根弯矩和边跨主梁弯矩。110m边跨与治导线范围内的非通航孔桥跨径相同,可实现跨径平顺过渡。

最终布置为跨径(110+185+580+185+110)m的斜拉桥方案(图3.3-2),珠江治导线距主桥过渡墩距离约为44.6m。

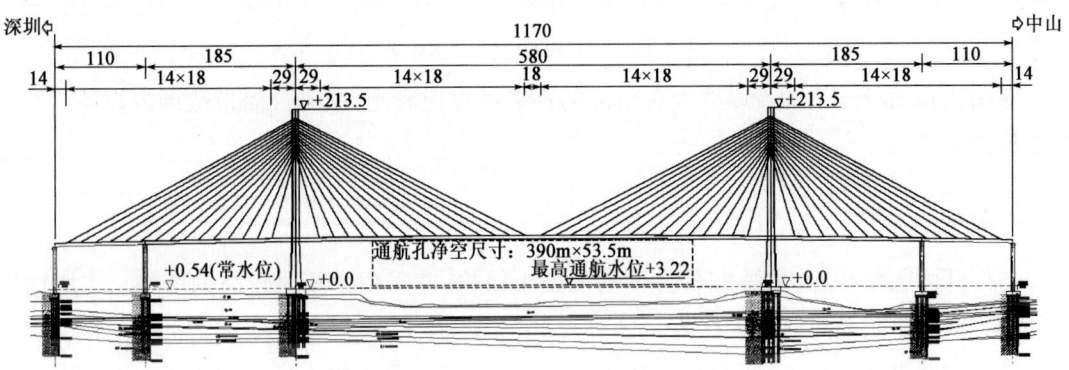

图3.3-2 桥型布置(尺寸单位:m;高程单位:m)

3.3.2.2 结构体系

采用半漂浮结构体系。在主塔下横梁顶面处,竖向设有活动支座,纵向设有液压阻尼装置,用于抗振消能与约束日常行车条件下主梁纵向变位。在塔侧设置横向抗风支座,用于抵抗风荷载及地震荷载作用下的主梁横向变位。边墩、辅助墩各墩顶竖向均设有支座。

3.3.3 主梁

钢箱梁采用正交异性桥面板流线型扁平钢箱梁结构,双边腹板构造,中间不设纵腹板。梁高4m,桥梁全宽45.94m(含风嘴),桥面宽43.5m。

拉索横向间距为41.5m,拉索之间为行车道范围,拉索外侧为检修道范围,桥面横向设2.5%双向横坡。斜拉索纵向标准索距为18m。拉索横隔板与普通隔板均为空腹桁架式结构,标准间距为3m。主梁横断面见图3.3-3。

顶板纵向不同区段采用了16mm、20mm、24mm三种不同的厚度。标准梁段顶板厚度为16mm,索塔处及辅助墩墩顶梁段逐渐加厚到24mm,斜拉索锚拉板锚固区1550mm范围顶板厚度为24mm。

梁段标准长度为18m,中跨合龙段长10m。辅助墩及主塔无索区梁段质量约为800t,标准梁段最大吊重约为499t。梁段间工地接缝顶板U肋采用高强度螺栓连接,其余均采用焊接。

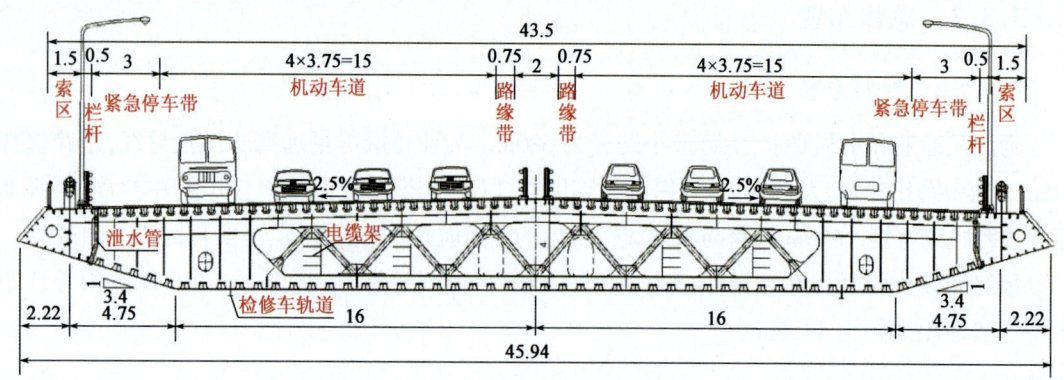

图 3.3-3　主梁横断面(尺寸单位：m)

钢箱梁顶面行车道铺设厚度为 6.5cm 的环氧沥青混凝土，中央分隔带范围内设置 7.0cm 厚浇筑式沥青。

3.3.4　主塔

与伶仃洋大桥呼应，主塔为 H 形钢筋混凝土结构，并采用了相对较高的塔柱。主塔由塔柱、横梁、塔底系梁及塔冠组成。

主塔构造见图 3.3-4。承台顶面高程为 0.0m，自承台顶面以上塔高 213.5m，桥面以上塔高 153.0m。塔柱截面为单箱单室，主塔尺寸变化根据塔高按照一定斜率确定，断面采用切面元素。

上塔柱外轮廓尺寸为：纵桥向宽 7.5～9.0m（不含塔冠尺寸），横桥向宽 7.0～8.2m，壁厚 1.2～1.6m。下塔柱纵桥向宽 9.0～14.0m，横桥向宽 8.2～12.3m，壁厚 1.8m。

塔柱之间设置上横梁、下横梁，将两塔柱连成整体。上横梁位于塔柱顶端，与塔冠形成一个完整的蝴蝶结形状。下横梁位于主梁底下，顶面设置支座垫石及阻尼器垫块。上、下横梁为变高变宽梁，单箱单室断面。

塔底设置系梁，将塔柱与基础连接成整体式基础，以加强抗船撞能力。

塔顶装饰区与塔柱上横梁间预留 1m 间隙，作为景观装饰用。装饰区从高程 206m 至塔顶，外侧贴不锈钢板，不锈钢板与塔壁平齐，通过不锈钢锚筋固定。

3.3.5　主塔基础

采用分离式承台、群桩基础形式，两个分离式承台通过系梁连接形成整体。单个主塔基础布置了 14 根直径 3.0m 钻孔灌注桩，桩基础呈梅花形布置，纵、横向均布置 4 排，桩基中距为 6.2m。桩基础采用水下 C35 混凝土，按照嵌岩桩设计，桩底持力层为中风化混合片麻岩。

结合桩基布置形式，承台设计为带倒角的多边形，尺寸为 24.0m×24.0m，厚 6.5m。主塔基础平面布置见图 3.3-5。

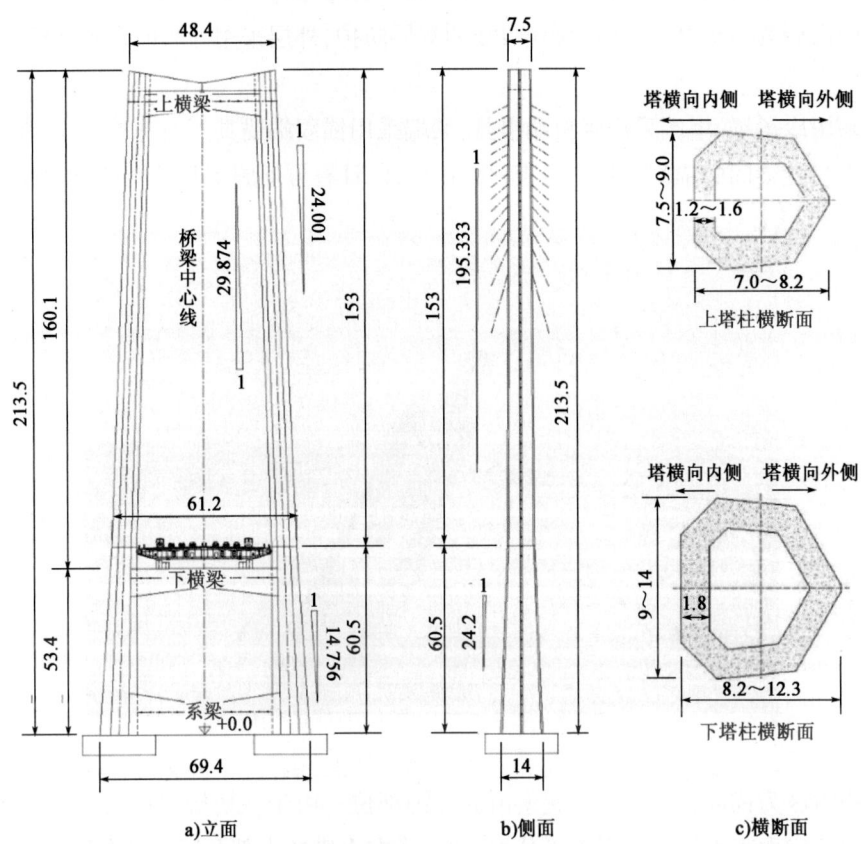

图 3.3-4　主塔构造（尺寸单位：m；高程单位：m）

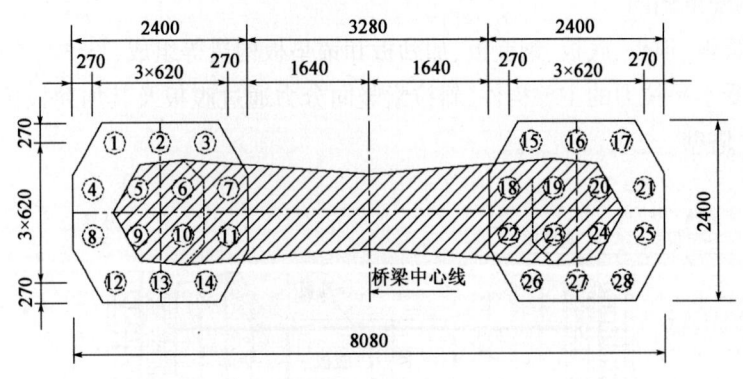

图 3.3-5　主塔基础平面布置（尺寸单位：cm）

3.3.6　斜拉索

采用双索面扇形布置，主梁纵向标准索距为 18m，塔上标准间距为 3.0m。立面上单塔两侧共 30 对索，全桥共计 120 根斜拉索。最外侧斜拉索水平倾角约为 25.6°。

斜拉索采用平行钢丝斜拉索,钢丝直径为7mm,标准强度不低于1960MPa,共有7种规格。斜拉索采用内层为黑色PE、外层为彩色PE的双层防护,外层采用外表面带螺旋线的护套以抑制雨振。

锚固采用冷铸锚,塔端采用张拉端锚具,梁端采用锚固端锚具。

斜拉索与主梁间的锚固采用锚拉板(图3.3-6),具有方便施工和后期检修的优点。

图3.3-6 锚拉板构造

主塔锚索区为锚固斜拉索及传递索力的关键部位。由于主塔端斜拉索索距较小,若锚索区采用环向预应力来平衡斜拉索水平分力,预应力在上塔柱大部分区段的布置会十分密集,施工难度大且不易保证施工质量。钢锚梁和钢锚箱相比,吊装重量轻,用钢量省,后期养护较为便利,故采用钢锚梁锚固。

钢锚梁由腹板、顶板、底板、钢壁板、加劲板和锚垫板构造等组成(图3.3-7)。腹板、顶、底板是钢锚梁承受水平拉力的主要构件,斜拉索竖向分力通过腹板及其加劲板传递至竖直向钢牛腿,再传递至塔壁。

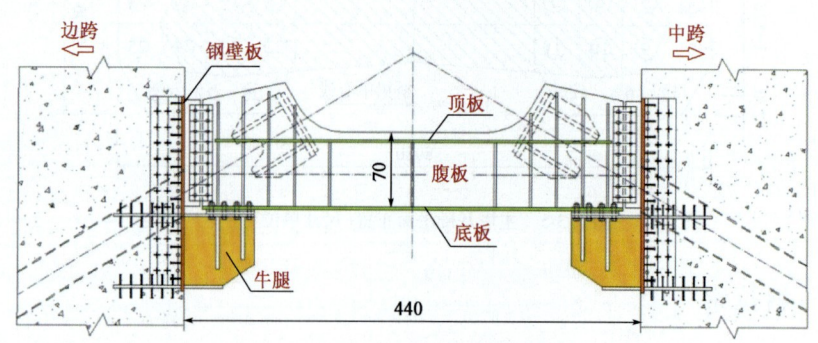

图3.3-7 索-塔锚固构造(尺寸单位:cm)

斜拉索张拉施工时,应确保同一钢锚梁上的两根斜拉索张拉同步,严格控制左右不平衡索力,索力差不得大于5%。

为了满足钢锚梁的传力模式,构造上采取下列措施:

①在中跨侧锚梁与钢牛腿的接触面之间采用不锈钢和四氟板构成的滑动摩擦副,以消除钢锚梁与钢牛腿接触面之间摩阻力对塔壁影响,确保恒载平衡水平分力全部由钢锚梁承受。工地整体组装前四氟板面涂硅脂,减小摩擦系数,边跨侧不设置摩擦副。

②锚梁高强螺栓孔在边跨侧为圆孔,在中跨侧为长圆孔(适应锚梁弹性伸长)。钢锚梁及钢牛腿运至工地二次预拼组装后,拧紧边跨侧、中跨侧高强螺栓,安装定位冲钉后吊装就位,斜拉索张拉时松开中跨侧高强螺栓及冲钉,钢锚梁沿纵向可以通过四氟板摩擦面纵向滑动;待二期恒载施工完成并调索后,拧紧中跨侧高强螺栓,钢锚梁与塔壁形成整体受力,确保钢锚梁在运营阶段沿纵向不产生位移。

③安装斜拉索时,钢锚梁的边跨侧高强螺栓全部拧紧,以避免施工中发生两侧挂索不同步,造成钢锚梁位置失控而冲击塔壁。

3.3.7 桥墩防撞

中山大桥防撞代表船型为3万t级集装箱船。主塔防撞荷载为52.6MN,防撞设计主要考虑利用结构自身抗撞能力,主塔主要防撞部位为承台,采用固定式钢套箱,以变形耗能的方式防撞。

辅助墩、过渡墩的防撞荷载分别为36.0MN、25.0MN,防撞部位为墩身,防撞设施为浮式钢浮箱。

3.3.7.1 主塔防撞设计

主塔基础防撞设施布置在承台外,平面轮廓与承台协调一致(图3.3-8)。总体长宽尺寸为28.4m×28.4m,高10.8m,顶高程为+1.8m,底面与承台封底混凝土底面齐平。

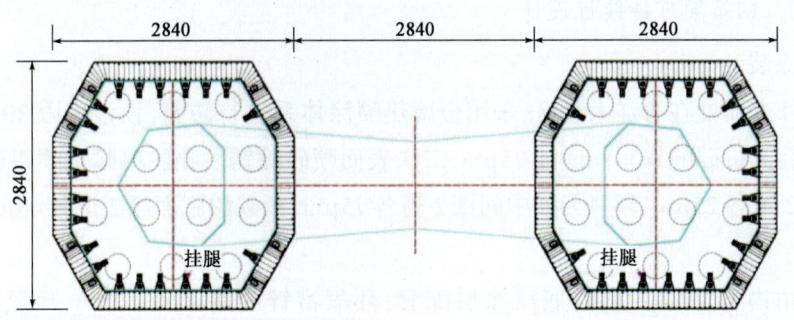

图 3.3-8 主塔防撞设施平面(尺寸单位:cm)

钢套箱兼作施工承台用的围堰侧板,与其他施工临时结构(如底龙骨、底板、悬吊系统、内支撑等)配合用于承台施工。钢套箱采用双壁结构,由内外壁板、顶底板、水平隔板、竖向隔板组成,双壁间距为2.1m。钢套箱分段设计,各分段之间采用不锈钢螺栓连接,连接部位设防水隔舱。套箱内壁与承台混凝土之间设10cm隔离带，隔离带内设橡胶支撑并填充无黏结的隔离材料。套箱上设挂腿悬挂于承台。挂腿与承台之间水平向设销轴联结铰，竖向设橡胶垫块。套箱顶板设若干检修孔，防水隔舱内检修孔下设不锈钢爬梯，方便后期维修检查。套箱外壁开设消波孔。在承台施工完毕后，围堰结构及其他临时构件均可实现与套箱的拆离，不影响套箱的维修更换。

3.3.7.2 边墩、辅助墩防撞设计

采用浮式钢浮箱（图3.3-9），浮箱呈椭圆形，长×宽尺寸为19.2m×8.8m。浮箱标准截面为矩形，高3m，宽1.5m，主要钢板厚10mm。箱内填充泡沫混凝土。浮箱与墩身之间设摩擦板。

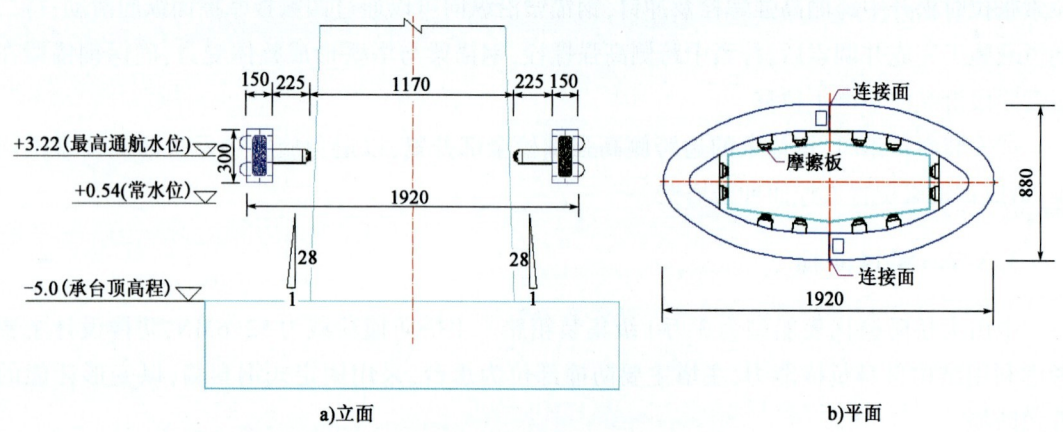

图3.3-9　边墩、辅助墩防撞设施（尺寸单位：cm；高程单位：m）

3.3.7.3 防腐设计

防撞设施钢板内、外表面均进行防腐涂装，设计防腐涂装寿命不短于20年。

3.3.8 可持续性设计

3.3.8.1 钢箱梁可持续性设计

1）防腐涂装

钢箱梁外表面处在海洋大气区，采用金属热喷涂体系进行防腐，设计年限30年。在工厂预处理后涂装无机硅酸锌车间底漆$25\mu m$，二次表面喷砂除锈后喷涂电弧热喷铝（锌）$150\mu m$、环氧封闭漆2道各$25\mu m$、环氧云铁中间漆2道各$75\mu m$、氟碳树脂面漆2道各$40\mu m$，总干膜厚度为$430\mu m$。

内壁采用内部除湿+富锌底漆涂层配套，环氧富锌底漆1道$80\mu m$、环氧树脂漆1道$120\mu m$，总干膜厚度为$200\mu m$。

2）检修通道

全桥共设有6台箱外检查车，布置在主跨、辅助跨及边跨，可对钢箱梁外侧进行全方位、立体化的检测和维护。

全桥设有 2 台箱内检查车,主要解决维修人员在钢箱梁内徒步行走困难及检修器具运输问题。

3)密封门

梁端设有密封门,密封门与箱梁端隔板焊接。

4)除湿系统

钢箱梁箱内相对湿度控制在 50%以下。全桥共设有 8 套除湿系统,利用底板 U 肋作为通风管道,每套除湿系统干风由 3 条底肋送至各出风点。

3.3.8.2 斜拉索

锚头布置除湿设备;梁端钢导管内填充氨基甲酸乙酯类、阻蚀性好、密封性能好、耐久性好、适应变形能力强、灌注性良好的材料。在锚头保护罩与锚垫板结合处以及防水罩与不锈钢外套之间环涂聚硫防腐密封胶 2cm,以达到防水效果。

斜拉索架设完毕后,在梁端预埋钢管出口部位和索体结合处加装高强度铝合金防水密封气囊。

斜拉索可以采用专用检修车进行检修(图 3.3-10)。

图 3.3-10　斜拉索专用检修车

3.3.8.3 主塔

1)塔内检查梯

两个塔柱内均设置检查梯,由塔底至塔顶贯穿整个塔柱。塔内检查梯由平台、人梯、预埋件组成。由于塔柱高 213.5m,为避免检查人员高空作业过度劳累,将若干人梯单元及其相关的平台串联构成检查梯,平台可供检修人员临时休息。

2) 塔侧进人孔

在桥面高度处两侧塔壁各设置1个塔侧进人孔,供进出主塔使用。进人孔配有安全门。在塔顶两侧塔壁各设置1个塔侧进人孔,供进出主塔上横梁使用。进人孔配有安全门。

3) 横梁进人孔

在上、下横梁顶进人孔处设置进人孔盖板,盖板由钢板焊接而成。进人孔四周设混凝土阻水墙。

4) 塔内电梯

上塔柱内布置电梯,人员可乘电梯从桥面处抵达塔柱顶,为保证电梯运行安全,在电梯四周布置围挡。围挡由角钢与钢板组焊而成,固定在平台的横梁上。根据电梯停靠层,围挡预留停靠层门,由槽钢组焊形成。

5) 塔壁检修预埋件

塔柱外侧面考虑采用设有牵引控制系统的吊篮进行检修,在塔顶预留检查维护所需的预埋件,预埋件布置在塔顶装饰区内部。

3.3.9 施工方案

3.3.9.1 钢栈桥施工

主跨需考虑航道通行,主塔向两侧设置栈桥,栈桥标准宽度为9m,每跨跨径为15m,桥面高程为6.0m。采用两根直径1020mm的钢管桩作为基础,主梁采用贝雷梁,横向设置12片,桥面采用工字钢与花纹钢板组成的装配式结构。

采用打桩船插打钢管桩。水中段栈桥采用浮式起重机搭设60m长的段落作为工作面,然后运输履带式起重机至桥面上,驳船配合,采用钓鱼法架设,两头推进(图3.3-11)。

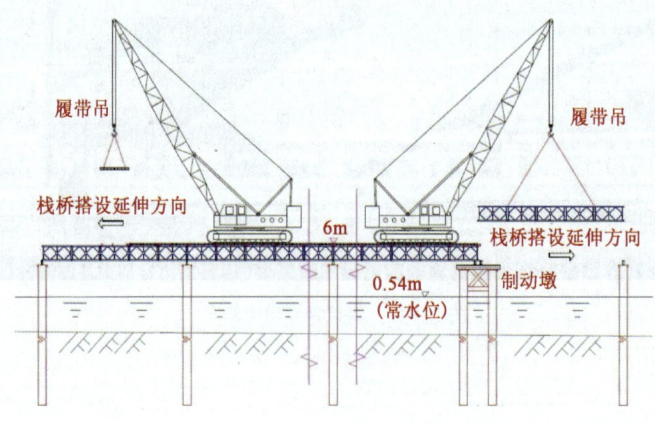

图 3.3-11 栈桥施工示意

3.3.9.2 主塔基础施工

桩基施工前,结合钢护筒搭设钻孔平台,进行钻孔桩施工。钢护筒直径3.3m,壁厚22mm,采用打桩船施工。

泥浆制备采用封闭式泥浆循环系统,该系统由泥浆泵、钢护筒、泥浆净化系统组成。泥浆直接在孔内制成,加工泥浆池用于泥浆处理。

采用气举反循环抽出泥浆,经过土渣分离筛及泥浆净化器过滤,合格的泥浆排放到泥浆循环池重复使用。钻渣装入沉渣箱内,及时运至指定地点并处理。

承台施工采用钢套箱,利用永久防撞设施进行适当改造,增加部分施工临时结构即可。钢套箱采用驳船整体浮运,用浮式起重机安放。施工中的主塔基础见图 3.3-12。

a)西侧主塔　　　　　　　　　　　　b)东侧主塔

图 3.3-12　主塔基础施工

封底混凝土厚 2.5m,采用 C25 水下混凝土。承台混凝土厚 6.5m,分两层浇筑。

3.3.9.3　塔柱施工

承台完工后,安装爬模进行塔柱起步段施工,再安装爬模架体,开始塔柱标准段自动液压爬模施工,塔柱每 6m 划分为一节,共分为 37 个施工节段。

塔底连接系梁采用吊架现浇施工,下横梁采用支架现浇施工,上横梁采用悬空支架现浇法分两次施工。主塔施工现场见图 3.3-13。

a)爬模施工　　　　　　　　　　　　b)下横梁支架施工

图 3.3-13　主塔施工

3.3.9.4　主梁施工

塔柱处 5 个梁段及辅助墩墩顶梁段采用浮式起重机架设,钢箱梁最大梁段起吊质量为 782t,吊高 53m,选用 1300t 以上的浮式起重机进行吊装作业。

悬臂梁段采用桥面起重机安装（图 3.3-14），悬臂段主梁最大设计长度为 18m，最大起吊质量为 499t。

图 3.3-14　主梁桥面起重机安装示意图

合龙段长 10m，起吊质量为 299t，同样采用桥面吊机吊装。合龙段的施工必须选择合适时机，提前 3h 将合龙段梁段提升至距离端口 5m 左右处，等待合龙时机到达时提升梁段，在合龙段与已安装梁段交叉处减慢提升速度，用手拉葫芦等配合施工，防止梁段端口碰擦。主梁合龙段安装示意见图 3.3-15。

图 3.3-15　主梁合龙段安装示意图

3.3.9.5　斜拉索施工

1) 斜拉索挂设

采用驳船将斜拉索运输至桥位，利用塔式起重机吊起斜拉索，摆放在预先放置于桥面的放索盘上。配置卷扬机配合索盘放索。

挂索施工顺序为先塔端、再梁端。通过设置在塔顶的卷扬机将斜拉索吊起，牵引锚头至相应的索管内，旋紧锚杯螺母，锚固后解除吊索。塔端斜拉索安装示意见图 3.3-16。

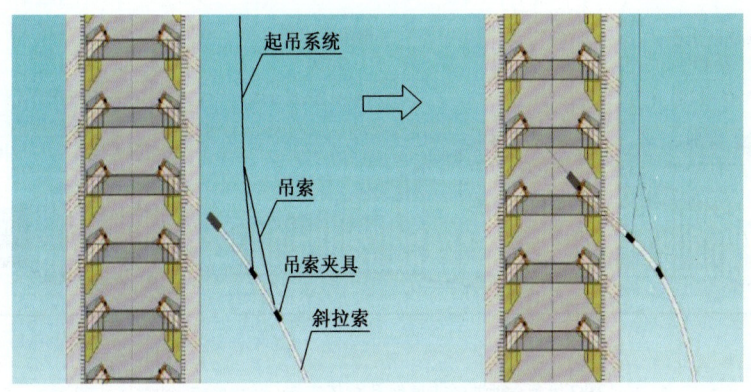

图 3.3-16　塔端斜拉索安装示意图

2）斜拉索张拉

斜拉索张拉及索力调整均在塔端进行。斜拉索张拉分两次：架桥机吊装主梁节段上桥，焊接完成后进行第一次张拉，吊机前移后进行第二次张拉。斜拉索张拉采用对称同步施工，即索塔顺桥向两侧的拉索和横桥向对称的拉索对称同步分级张拉。

3）斜拉索临时减振

主梁及斜拉索施工期间，因风雨等的影响，斜拉索风雨振非常明显，直接影响主梁悬拼的平面位置及线形控制，因此，需要对斜拉索采取临时减振措施。每根斜拉索施工完成后，用临时索将斜拉索同主梁临时连接（图3.3-17）。

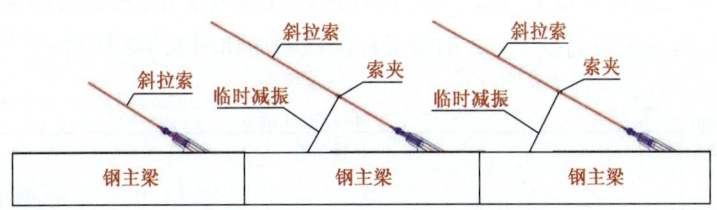

图 3.3-17　斜拉索临时减振布置示意图

3.4　泄洪区非通航孔桥

3.4.1　总体布置

泄洪区非通航孔桥分别位于伶仃洋大桥及中山大桥两侧。伶仃洋大桥东侧长2640m，跨径布置为$4\times(6\times110)$m，道路设计线处于直线及圆曲线上。受隧道双洞设计影响，东泄洪区大都处于分离式路基断面和整体式路基断面过渡区域。伶仃洋大桥西侧全长2420m，跨径布置为$4\times(6\times110)$m$+2\times(5\times110)$m，道路设计线处于直线、圆曲线及缓和曲线上，且全部处于整体式路基断面区域。

中山大桥东侧共5孔，跨径布置为5×110m$=550$m；西侧共4孔，跨径布置为4×110m$=440$m。总体布置见图3.4-1。

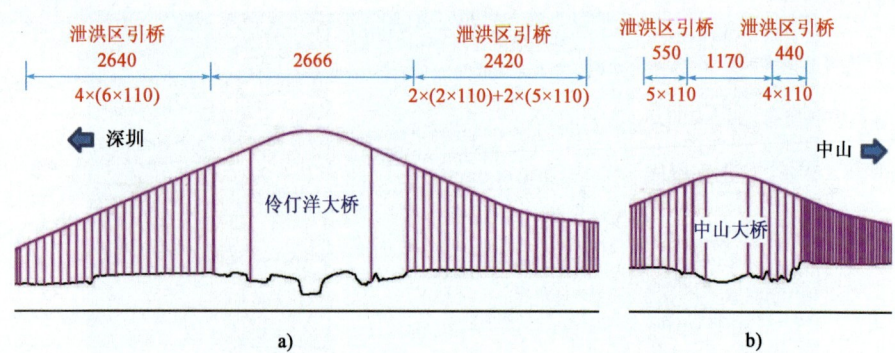

图 3.4-1 泄洪区非通航孔总体布置(尺寸单位:m)

主梁分两幅设计,单幅桥梁宽 20m。泄洪区非通航孔桥采用连续钢箱梁结构,采用摩擦摆减隔震支座。

3.4.2 上部结构

主梁采用分幅等截面船形钢箱连续梁,顶板为正交异性板结构。单幅梁宽 20m。钢箱梁梁高 4 m,梁高与跨径比值为 1/27.5。桥面标准横坡为 2.5%,底板水平。

在曲线段范围内,各梁段采用以直代曲的方法拟合平面曲线;横隔板、横肋板保持中心位置不变,垂直于梁段中心线设置。

超高渐变段以道路设计线处为旋转轴,顶板随路线横坡变化,底板保持水平,并保持结构中心处梁高不变,调整腹板高度。1/2 钢箱梁标准横断面如图 3.4-2 所示。

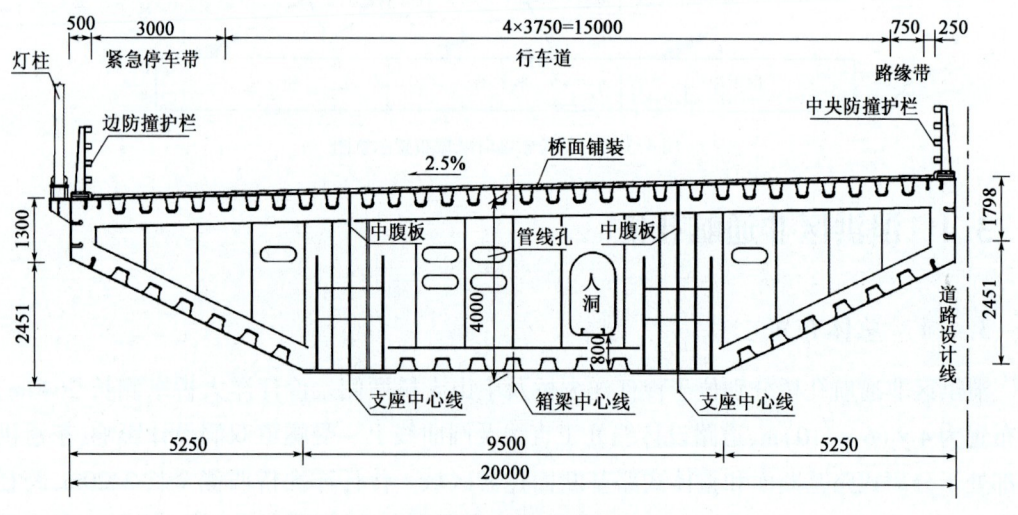

图 3.4-2 1/2 钢箱梁标准横断面 (尺寸单位:cm)

3.4.2.1 顶板

顶板在顺桥向不同区段分别采用了 18mm、20mm、22mm、24mm 四种不同的厚度。厚度变化不大。为了便于制造横隔板、纵隔板和加劲肋,改善拼装精度,各梁段不同厚度的桥面顶板对接采取下缘(内缘)对齐的形式。

桥面顶板加劲肋主要采用刚度较大的U肋形式,局部位置根据构造要求采用板肋加劲形式。

U肋加劲高度为300mm,上口宽300mm,下口宽180mm;U形加劲肋标准横向间距为600mm,厚度为8mm。

顶板及加劲肋钢材材质采用Q345qD。

3.4.2.2 底板

在底板顺桥向不同区段分别采用了14mm、16mm、20mm、24mm、28mm五种不同的板厚。在边跨跨中33m及次边墩、中墩墩顶7m范围内,底板及加劲肋钢材材质采用Q420qD,其余采用Q345qD。

同样,底板上缘(内缘)保持平齐。

3.4.2.3 斜底板与边腹板

平底板折弯过来1m处与斜底板相接,斜底板和边腹板厚度均为12mm。斜底板主要采用U肋加劲,边腹板采用板肋,钢材材质均采用Q345qD。

3.4.2.4 中腹板

在顺桥向不同区段采用了14mm、16mm、18mm三种不同的板厚,各梁段不同厚度的中腹板对接采用板件中心对齐的形式。中腹板采用板肋加劲,加劲肋板厚度与中腹板板厚对应。中腹板及加劲肋钢材材质采用Q345qD。

在中腹板每个横隔板间设置一个人洞。人洞高1100mm、宽800mm。

3.4.2.5 横隔板及横肋板

横隔板标准间距为10m,两道横隔板之间设置4道横肋板。横隔板分为普通横隔板、中墩支座处横隔板、过渡墩支座处横隔板和端横隔板。普通横隔板厚10mm,与顶板和U肋相接区段厚度为14mm;中墩支座处设置2道支座横隔板,中心距为1m,板厚为20mm;过渡墩支座处设置1道支座横隔板,板厚为20mm;端横隔板板厚为16mm,材质均为Q345qD。

在两道横隔板间均布4道横肋板,即间距2.0m。横肋板板厚均为10mm,翼缘宽度均为200mm。

3.4.2.6 工厂和现场连接

钢箱梁小节段工厂连接和大节段现场连接均采用以焊接为主的栓焊组合方式,除顶板U肋、板肋采用拴接连接外,其余顶板、底板及其加劲肋、腹板及其加劲肋等均采用焊接连接。对于工厂连接和现场连接的顶板U肋,在其端头设置钢封板。现场连接均在施工棚内完成,现场连接补涂装均在现场涂装工棚内完成。

高强度螺栓性能等级为10.9s。

钢箱梁大、小节段分段制作示意见图3.4-3。

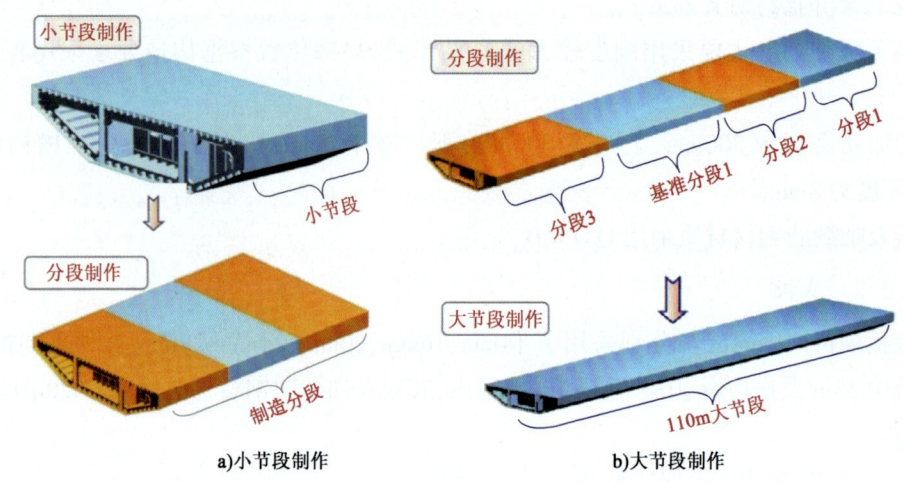

图3.4-3 钢箱梁分段制作示意图

3.4.3 下部结构

东泄洪区大都处于分离式路基断面和整体式路基断面过渡区域。左右幅净距较大的4个桥墩采用分幅式桥墩，其余均采用整幅式桥墩。典型桥墩横断面见图3.4-4。

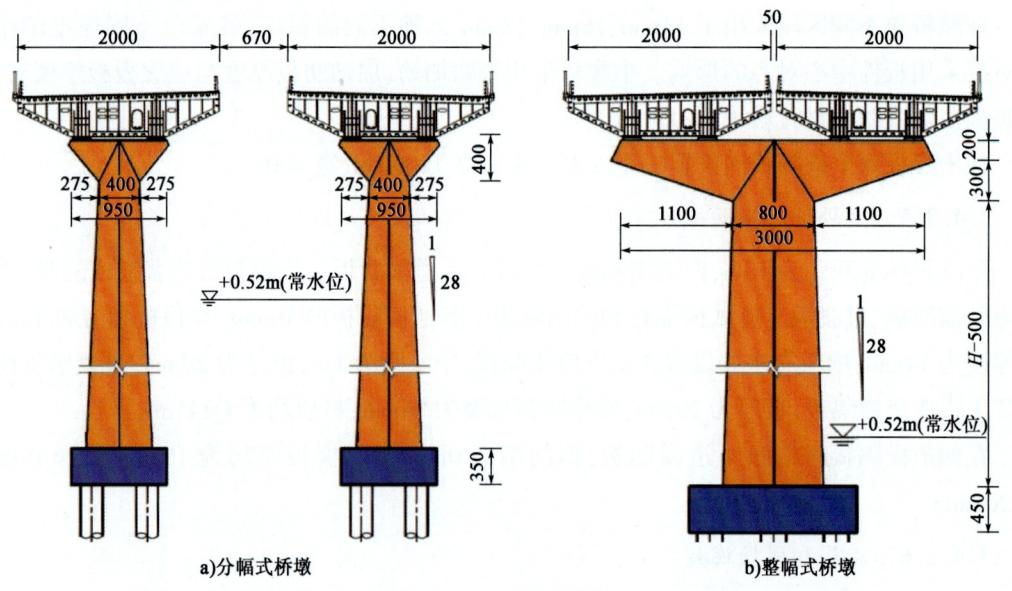

图3.4-4 泄洪区非通航孔桥典型横断面(尺寸单位：cm)

H-桥墩高度

3.4.3.1 分幅式桥墩

墩身采用变截面的六边形断面。分幅墩墩顶横桥向宽4m，墩顶盖梁宽9.5m，盖梁以下桥墩横桥向按1/28斜率渐变打开，底宽根据墩高变化。顺桥向侧面为竖直，厚4.0m。

盖梁为钢筋混凝土结构。基础单幅采用4根直径2.2m钻孔灌注桩,按照嵌岩桩设计。

3.4.3.2 整幅式桥墩

墩顶横桥向宽8m,盖梁以下桥墩横桥向按1/28斜率渐变打开,底宽根据墩高变化。顺桥向侧面为竖直,厚4.0m。

盖梁采用实心倒梯形断面,顶宽4m,底宽3.33m,盖梁根部高5m。墩身为普通钢筋混凝土结构。

盖梁为全预应力混凝土结构。基础整幅采用6根直径2.5m钻孔灌注桩,按照嵌岩桩设计。承台均埋设在现状泥面以下。

3.4.4 可持续性设计

3.4.4.1 钢箱梁防腐涂装

选择耐腐蚀、长寿命的方案,以降低维护费用。

钢箱梁外表面采用热喷铝(锌)防腐体系,从下到上依次为热喷铝(锌)200μm、环氧封闭漆1道50μm、环氧云铁中间漆2道各75μm、氟碳树脂面漆2道各40μm,涂装总干膜厚度为480μm。

钢箱梁内表面采用内部除湿+防腐涂层配套体系。涂装采用环氧富锌底漆1道80μm、环氧厚浆漆1道120μm,总干膜厚度为200μm。

3.4.4.2 密封门

梁端设有密封门,密封门与箱梁端隔板焊接。

3.4.4.3 除湿系统

钢箱梁内除湿系统保持湿度低于45%。单幅每一联设置2套除湿机组,位于边跨端部。除湿的干燥空气通过底板送风U肋送至中跨中部,自然回流至边跨端部。

3.4.4.4 检修通道

每联设1台箱内检查车,主要解决维修人员在钢箱梁内徒步行走困难及检修器具运输问题。人员通过伸缩缝处设置的检修平台,利用伸缩缝之间的80cm梁端间隙进入钢箱梁检修。

图 3.4-5 梁外桥检车

梁外检修考虑采用桥检车(图3.4-5)。

3.4.5 施工方案

3.4.5.1 基础施工

采用拉森Ⅳ型钢板桩围堰进行承台施工。钢板桩桩长24m,桩顶高程为+4.0m,桩底高程为-20.0m。在围堰四周设置钢板挡浪结构,按1.5m高度设防,挡浪结构采用6mm厚波形钢板,通过卡扣安装在钢板桩上。围堰构造及施工见图3.4-6。

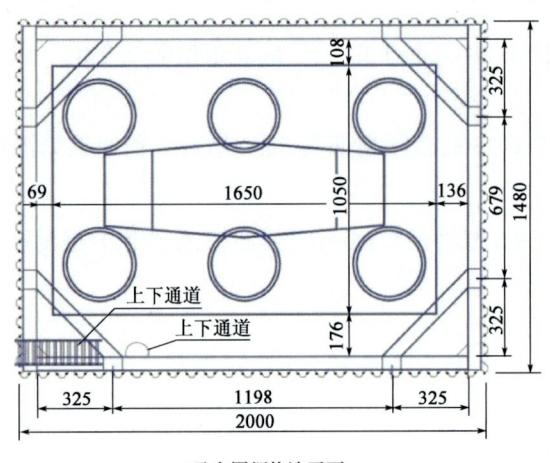

a)承台围堰构造平面

b)承台围堰现场

图3.4-6 泄洪区非通航孔桥承台围堰构造与施工(尺寸单位:cm)

承台施工所采用的内撑系统为梁杆组合式,分为围檩和斜撑两部分。梁杆组合成整体稳定框架结构,共同抵抗钢板桩外水土压力,同时保证承台施工处于无水状态。围堰设两道内撑。

墩身高度较高处需采用塔式起重机进行施工,塔式起重机基础所需空间超出了承台范围,承台施工时需局部放大。

封底混凝土采用湿封的形式,厚度为1.5m,强度等级为C25。

3.4.5.2 墩柱施工

墩柱按标准节为6m原则分节,设置底节和调节段。浪溅区以下环氧钢筋和调节段钢筋采用现场绑扎的施工方法,浪溅区以上标准节采用钢筋分节预制吊装的施工方法。主筋钢筋接头采用锥套锁紧钢筋接头连接工艺。环氧钢筋采用专用的环氧树脂涂层钢筋连接器接长。

墩柱钢筋均在钢筋配送中心集中加工成半成品。标准节普通钢筋分节预制,运至现场按照整体分节吊装。墩柱施工见图3.4-7。

a)调节段施工

b)钢筋整体分节吊装

图3.4-7 泄洪区非通航孔桥墩柱施工

3.4.5.3 盖梁施工

盖梁承重支架采用装配式三角形托架,根据质量将托架分为左右两块,模板及支撑装配成数块进行整体吊安。盖梁施工见图3.4-8。

a)托架施工

b)钢筋施工

图 3.4-8　泄洪区非通航孔桥盖梁施工

3.4.5.4 钢箱梁架设方案

1)标准段

最大梁段长度为133.5m,吊装质量约为1800t,最大吊装高度约为68m。为减少现场焊接工作量,加快施工进度,钢箱梁架设采用大节段吊装方案,架设方式见图3.4-9。

图 3.4-9　标准段110m钢箱连续梁架设示意图

2)跨中山大堤

跨中山侧大堤采用4×110m钢箱梁结构,船舶无法进入,需搭设支架采用节段滑移施工或采用搭设临时墩整孔顶推施工方案。

根据现场调查,大堤附近抛设有大量的片石护坡,采用节段滑移施工时,靠近大堤的钢管桩插打存在较大的困难。因此对于靠近大堤的两孔梁,采用整孔顶推施工。先在深水区用架运一体船架设2孔钢结构,由水中向岸上顶推。

3.5 浅滩区非通航孔桥

3.5.1 总体布置

浅滩区非通航孔桥全长5344m,桥梁位于直线及半径$R=3500$m、$R=3000$m的曲线上。

浅滩区位于珠江治导线以外,水深0.8~3.0m。潮退露滩,属于深中通道水域"三滩两槽"中的西滩,也是水深最浅的一滩。工程地质主要由淤泥、淤泥质粉质黏土、粉砂层、砂层、圆砾及基岩层组成,淤泥层厚度达到17~37m。

根据水利防洪要求,桥梁跨径应大于50m,承台置于泥面以下。选择60m为标准跨径,浅滩区非通航孔总体布置见图3.5-1。

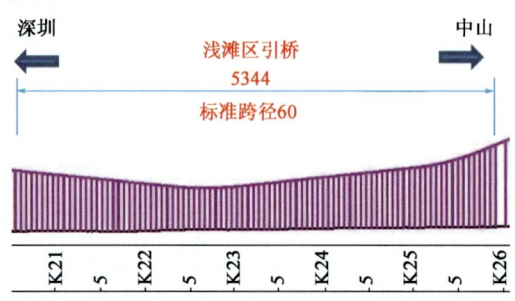

图3.5-1 浅滩区非通航孔总体布置(尺寸单位:m)

3.5.2 标准等宽段结构选型

推荐60m跨整孔吊装预应力混凝土梁作为标准段的桥梁方案。标准段每片主梁质量约为2722t。考虑主梁和吊具自身质量(约400t)后,需配置起吊能力不低于3300t的大型浮式起重机。

对国内起重船的起吊质量、吃水深度、适用跨度范围进行了梳理。从表3.5-1中可看出,可供选择的3300t以上大型起重船较多,架设不存在困难。

大吨位起重船参数　　　　　　　　　　表3.5-1

序号	船　名	额定起吊质量 (t)	尺寸(长×宽×高) (m×m×m)	设计吃水 (m)	浮式起重机类型
1	一航津泰	4000	120×48×8	4.8	固定扒杆
2	长大海升	3200	110×48×8.4	4.8	双臂变幅
3	振浮7号	4000	120×48×8	5.0	固定扒杆
4	宇航起重3000	3500	150×44×12	8.5	全旋转
5	华天龙	4000	167.5×48×16.5	11.5	全旋转
6	海洋石油201	4000	204.7×39.2×14	11.0	全旋转
7	蓝疆号	3800	157.7×48×12.5	8.0	全旋转

续上表

序号	船名	额定起吊质量（t）	尺寸（长×宽×高）（m×m×m）	设计吃水（m）	浮式起重机类型
8	天一号	3600	93.4×40×7	3.5	运架一体船
9	小天鹅	3200	86.8×46×5.9	3.5	运架一体船
10	大桥海鸥号	3600	114.4×48×8.8	4.8	双臂变幅

3.5.3 变宽段结构选型

在万顷沙互通范围,主线桥存在诸多变宽段,桥面最宽处超过36m。在辅助车道和加、减速车道范围内,桥面宽度为24m,比标准区段桥面宽度增加了4m,如果采用混凝土主梁,主梁质量约为3100t。24m宽度以内的60m主跨混凝土梁具有造价低、耐久性好的特点,虽然吊装重量较重,但仍有一定数量的吊装船舶可供选择,故将其作为推荐方案。

桥面宽度变化最大处,混凝土主梁方案的梁体质量最大达4300t,吊装困难。故24m桥宽以上的变宽区段主梁选用轻型化钢箱梁结构。

除了运架一体船吃水较浅外,其余大型浮式起重机的吃水一般在4.8m以上,全旋转的浮式起重机吃水深度更大。采用架运一体船架设可以减少疏浚工程量。

3.5.4 上部结构设计

3.5.4.1 混凝土主梁

为提高行车舒适性,桥梁以6~7跨一联为标准联长。在万顷沙互通附近,为适应匝道分合流段长度,联长相对较短,以3~4跨一联为主。

1）标准段桥梁构造

桥梁左右幅之间梁缝宽0.5m,单幅主梁采用单箱双室等高度箱梁结构,距线路中心线10.25m处梁高3.5m,通过调整腹板高度形成桥面横坡,中腹板采用直腹板,边腹板采用斜腹板,斜率为1.6:1;底板水平(图3.5-2)。

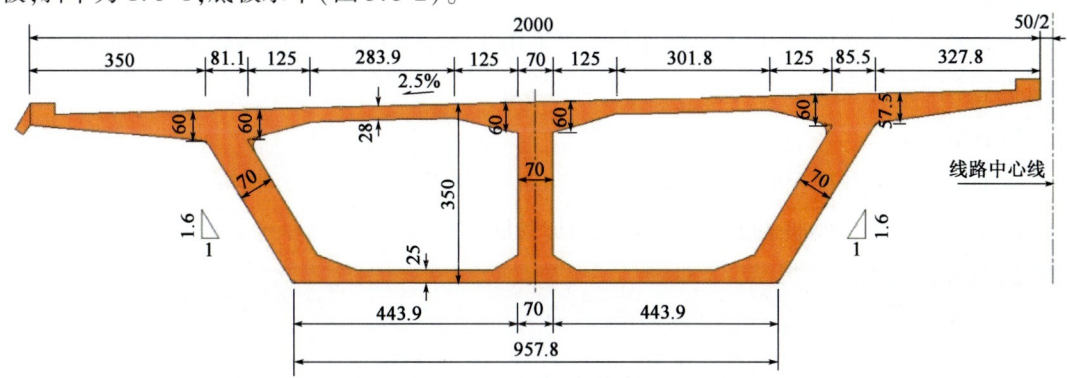

图3.5-2 标准段支点1/2横断面构造（尺寸单位:cm）

左幅箱梁横坡均为2.5%(横坡左低右高为正)。右幅箱梁存在超高,最大箱梁超高横坡为-2.5%(横坡左低右高为正),右幅箱梁超高及超高渐变段顶板绕中腹板中心线旋转预制成相应坡度,底板水平,两侧梁高变化,中腹板与底板正交预制。

标准宽度箱梁顶板宽20m,底板宽9.578m。跨中顶板厚28cm,支点处加厚为70cm;跨中底板厚25cm,在支点处加厚为65cm;跨中腹板厚40cm,支点处加厚为70cm。边支点横梁厚1.1m,中支点横梁厚3m。

桥梁结构为简支变连续结构体系,中墩墩顶后浇带最小宽度为80cm。

2)变宽段桥梁构造

变宽度箱梁桥面宽20~24m。桥梁变宽方式为维持距线路中心线10.25m处主梁高度3.5m不变,整个箱室沿远离线路中心线一侧加宽,以底板中点位置作为中腹板中心线。

3.5.4.2 钢结构主梁

桥面变宽通过调整中箱宽度来实现,保持挑臂及边箱尺寸不变(受变宽段弧线影响,剖面左右侧尺寸略有不同);钢箱梁顶面梁宽24.0~36.14m。

桥面横坡为2.5%,通过调整腹板高度形成;距线路中心线10.25m处主梁高3.5m,中腹板采用直腹板,边腹板采用斜腹板,斜率与混凝土梁同为1.6:1;底板水平,外形与相邻混凝土梁基本一致(图3.5-3)。同匝道相接区域桥面横坡逐步过渡到与匝道一致。

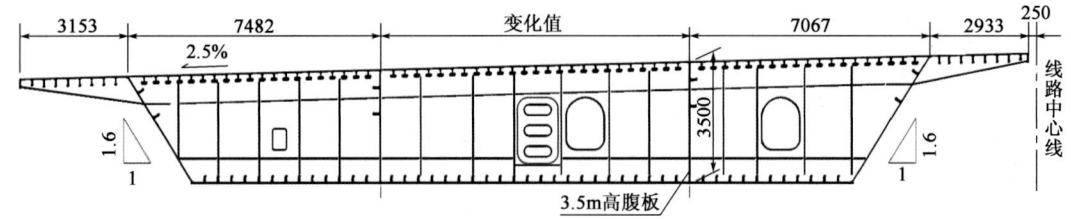

图3.5-3 浅滩区非通航孔桥主梁支点横断面构造(尺寸单位:mm)

平曲线上钢箱梁采用以直代曲的方法来拟合曲线,保持横隔板中心位置不变,沿径向设置。钢箱梁材质为Q345qD,最大吊装质量约为900t。

1)顶板

顶板采用正交异性板,顶板纵向加劲主要采用T形加劲,挑臂范围内采用板肋加劲形式,加劲肋基本间距为350mm。

2)底板

底板纵向加劲采用板肋,基本间距为400mm。底板加劲肋在支点横隔板处断开,其余均连续通过。为便于底板加劲肋加工及梁段间加劲肋的连接,不同板厚梁段底板对接采用上缘(内缘)对齐方式。

3)腹板

边腹板为斜腹板,中腹板为直腹板,板厚均为14mm,设置2道板式纵向加劲肋,并保持其与顶板距离不变。

4）横隔板

横隔板分为中支点横隔板、边支点横隔板、实腹式横隔板与空腹式横隔板共4类，均沿线路中心线径向设置，基本间距为2.0m，实腹式横隔板与空腹式横隔板间隔布置。

5）桥面铺装

桥面铺装采用8cm C40钢纤维混凝土 + 10cm沥青方案。钢纤维混凝土中设置 Φ19mm × 60mm剪力钉，间距为30m，剪力钉之间设置直径14mm、间距150mm × 150mm的钢筋网片。

3.5.5 下部结构设计

3.5.5.1 标准桥墩

盖梁为对称双悬臂预应力混凝土结构，根部梁高为6.0m，端部梁高为3.0m，横断面呈倒梯形。盖梁悬臂长12m，根部顶宽4m，底宽3.25m。盖梁为预应力混凝土结构，采用C50混凝土。

桥墩为整体式，墩身横断面为多边形。

墩柱顶部墩身截面顺桥向中心宽度为4.0m，顺桥向端部宽度为3.25m，立柱宽度按1∶12斜率变化。立柱顶横桥向宽度为9.0m，沿高度方向以1∶28斜率放坡到墩底，采用C40混凝土。标准桥墩构造见图3.5-4。

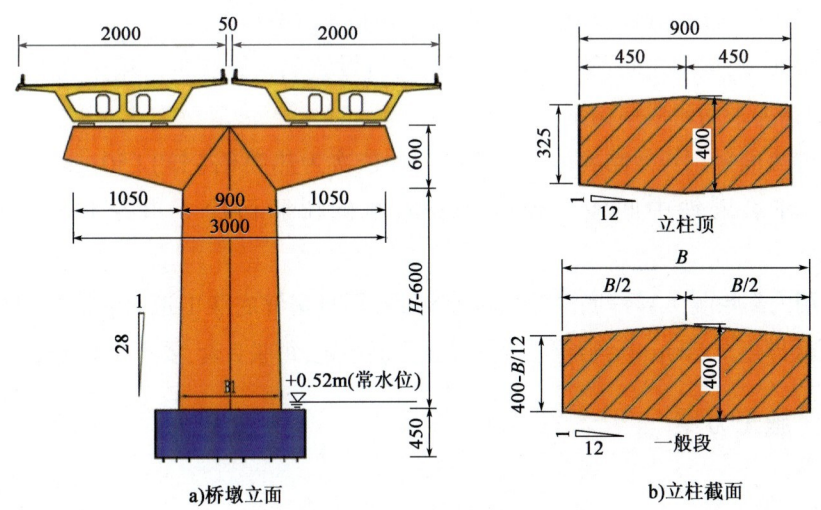

图3.5-4 浅滩区非通航孔桥标准桥墩构造（尺寸单位：cm）

H-桥墩高度；B-墩底横向宽度

桥墩均位于水中，基础采用整体式承台、群桩基础形式，布置6根直径2.5m钻孔灌注桩，桩基按照嵌岩桩设计。承台设计为矩形，厚4.5m，采用C40混凝土。

3.5.5.2 非标准桥墩

非标准桥墩区段上部结构多为变宽结构。上部结构类型有标准混凝土梁、变宽混凝土梁和变宽钢箱梁。在变宽较小时，桥墩为非对称双悬臂预应力混凝土结构。为适应上部结构桥面宽度变化并考虑结构受力需要，变宽特别大处横向增加1个立柱（图3.5-5）。

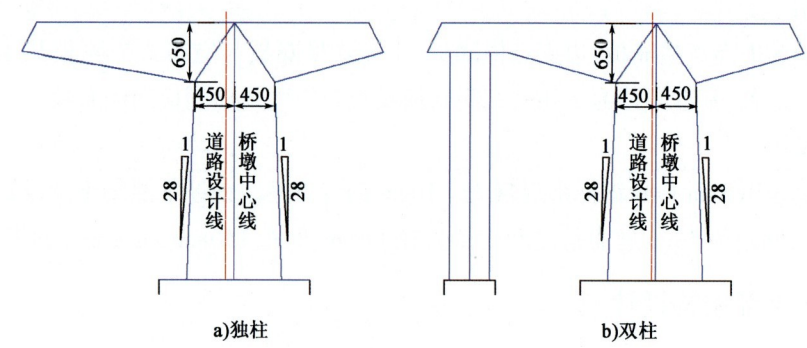

图 3.5-5　浅滩区非通航孔桥非标准桥墩构造(尺寸单位:cm)

根据结构受力需要,桥墩盖梁根部高度为6.5m,立柱顶面宽度为9m,按照1:28斜率变化。

3.5.6　耐久性设计

混凝土结构均采用高性能混凝土,并对不同部位混凝土氯离子扩散系数提出明确要求。

下部结构,浪溅区和水位变动区采用外层环氧涂层钢筋+硅烷浸渍的附加防腐措施,大气区采用硅烷浸渍进行防腐,水下区不进行防腐处理。

混凝土箱梁外表面涂刷硅烷浸渍处理,采用桥检车进行检查。

在过渡墩墩顶,梁端之间预留80cm间隙,通过设置的检查梯进入箱梁内部进行检查,检查梯钢板、型钢等采用耐候结构钢。

钢箱梁外表面采用长效防腐体系。从内到外依次为热喷铝(锌)150μm、环氧封闭漆2道各25μm、环氧云铁中间漆2道各75μm、氟碳树脂面漆2道各40μm,总干膜厚度为430μm。

内壁采用内部除湿+富锌底漆涂层配套体系,环氧富锌底漆1道80μm、环氧树脂漆1道120μm,总干膜厚度为200μm。钢箱梁内部设置除湿系统,每联2套,要求相对湿度不超过50%。

3.5.7　施工方案

3.5.7.1　承台施工

承台施工采用锁扣钢板桩围堰,钢板桩长24m,围堰顶高程为5.0m,围堰距承台边1.0m。围堰平面尺寸为19.0m×12.75m。承台施工见图3.5-6。

3.5.7.2　墩柱施工

与110m泄洪区非通航孔相同,立柱施工采用翻模法,每节浇筑高度为6m,钢筋笼由钢筋配送中心分节加工后运至现场,接头采用锥套挤压接头,混凝土为现浇。

3.5.7.3　盖梁施工

与110m泄洪区非通航孔相同,盖梁施工采用托架法。

a)插打钢板桩　　　　　　　　　　　　　　b)承台施工

图 3.5-6　浅滩区非通航孔桥承台施工

3.5.7.4　混凝土主梁预制

1）钢筋施工

箱梁钢筋分为梁体底板钢筋、腹板钢筋和桥面板钢筋,分别在绑扎胎模上绑扎。钢筋绑扎胎模效果见图 3.5-7。

绑扎完成后,用门式起重机吊装钢筋并缓慢下放落入预先安装完成的模板内（图 3.5-8）。

图 3.5-7　钢筋绑扎胎模效果图　　　　　　图 3.5-8　底板、腹板钢筋吊装

2）模板工程

外模及底模采用不锈钢复合钢板或不锈钢面板,防止模板表面生锈。内模采用普通钢板。

底模主要由面板、横梁、纵梁等组成。底模下部预留千斤顶位置,便于调节底模平整度及底模高程。

侧模系统由侧模板、侧模桁架、螺旋支撑杆、电动台车及智能液压拆模系统等组成。两边外侧模夹底模,整个侧模螺旋撑杆支撑于地面,模板顶部设有提浆机轨道。底模、侧模示意见图 3.5-9。

内模分节制造,运至现场后组拼成整体。内模系统由模板结构、主梁、支撑杆、中部托架、智能液压控制系统及走行系统组成。内模采用带有红外传感器的液压油缸调整内模收缩、张开,实现安拆。内模示意见图 3.5-10。

图 3.5-9　底、侧模示意图　　　　　　　　图 3.5-10　内模示意图

3) 混凝土工程

梁体混凝土浇筑顺序为:先浇筑箱梁底板至腹板根部,再腹板、翼板,最后浇筑顶板,翼板浇筑方向为从外侧向箱梁中心线。

箱梁混凝土的浇筑采用水平分层、纵向分段、两侧腹板对称方式,一次性连续浇筑完成,正常情况下可在10h内完成箱梁混凝土的浇筑(最大方量约1200m^3)。

采用插入式振动器振捣底板混凝土,采用插入式振动器和附着式振动器振捣梁体腹板混凝土,顶板混凝土采用箱梁整平机振动,箱梁整平机具兼做抹平机使用。

箱梁养护采用自动喷淋方式(图3.5-11);通过"覆盖土工布+通长喷淋管路"实现顶板喷淋养护,养护时间按照不小于15d控制。

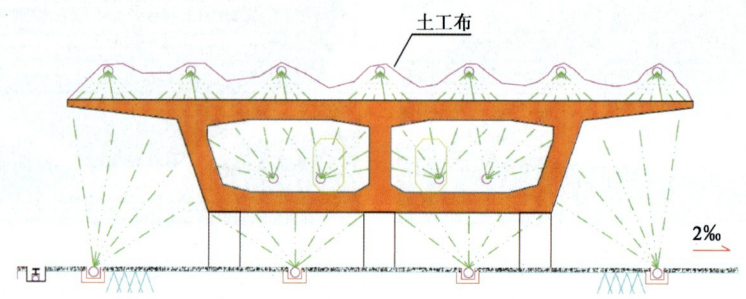

图 3.5-11　自动喷淋系统示意图

混凝土箱梁张拉完成后,通过横移滑道滑移至存放区存放或移至码头出海。纵、横移动通过顶推千斤顶结合纵、横移台车实现。

3.5.7.5　混凝土主梁运输架设

箱梁整孔吊装施工拟采用运架一体船。运架一体船具备自航能力,额定起吊质量为3600t,设计吃水为4.0m,起吊高度为70m。运架一体船取梁示意见图3.5-12。

主梁为先简支后结构连续体系,待一联各孔预制梁就位后,摆放墩顶正式支座,在一天气温最低时完成劲性钢骨架临时锁定(图3.5-13),浇筑湿接头,待混凝土强度及龄期达到设计要求后,进行预应力张拉和体系转换。

图 3.5-12　运架一体船取梁示意图　　　图 3.5-13　60m 混凝土梁临时锁定

3.6　岛桥结合段

3.6.1　总体布置

岛桥结合段为西人工岛与桥梁段之间的衔接过渡段,桥梁全长 200m,跨径布置为 5×40m,道路设计线处于直线段。由于上、下岛加减速车道及匝道接线需要,主梁为变宽,主梁结构中心线为折线。为景观协调,箱梁与泄洪区 110m 引桥相接处梁高保持一致,箱梁采用变高设计。主梁分两幅设计,左、右幅不对称,均为预应力混凝土连续梁。D0 号桥台背墙和挡浪墙相连兼作挡浪结构,桥台基础位于大圆筒内,D1 号墩位于岛壁斜坡的平台上。岛桥结合段总体布置见图 3.6-1。

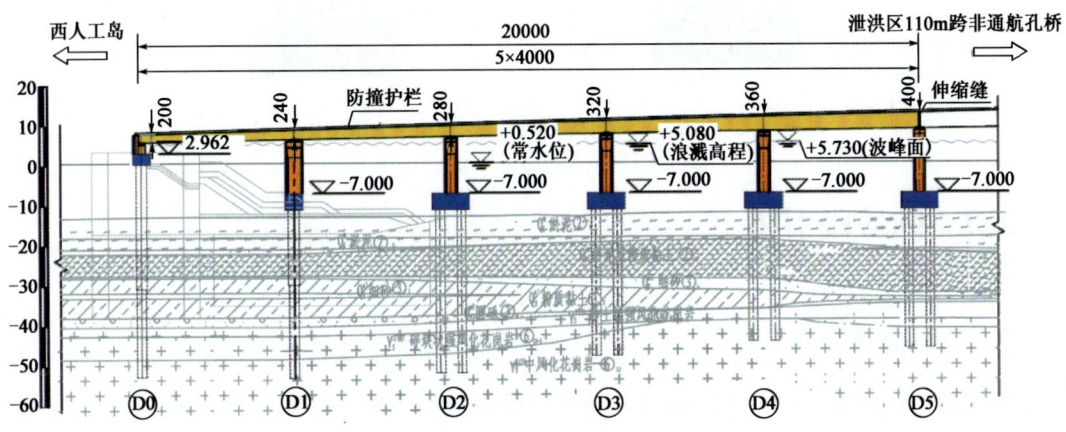

图 3.6-1　岛桥结合段总体布置(尺寸单位:cm;高程单位:m)

岛桥结合段桥梁受西人工岛岛形的影响,波浪传播变形比较复杂。为了解不同入射波浪对岛桥结合段桥梁可能存在的不利影响,开展了岛桥结合部波浪整体物理模型试验,测定桥梁面板和桥墩所受到的波浪力,为桥梁设计提供科学依据。由于梁底高程较高,浪托力相对较小,梁体自重已足以抵抗浪托力,不需要墩梁固结,故采用连续梁结构。

3.6.2 上部结构设计

主梁为单箱三室断面,左幅桥宽 24.73~20m,右幅桥宽 24~20m,悬臂长 3.5m。箱梁纵向按全预应力结构设计,横向按预应力 A 类构件设计,使用高性能混凝土,通过氯离子扩散系数控制混凝土致密性。桥面标准横坡为 2.5%,桥面横坡均采用顶板倾斜方式形成,箱梁底板保持水平。

主梁施工采用逐跨现浇方案。

3.6.3 下部结构设计

基础均采用直径 2.2m 的钻孔桩。

墩身为等截面八面体实心墩;盖梁为钢筋混凝土结构(图 3.6-2)。

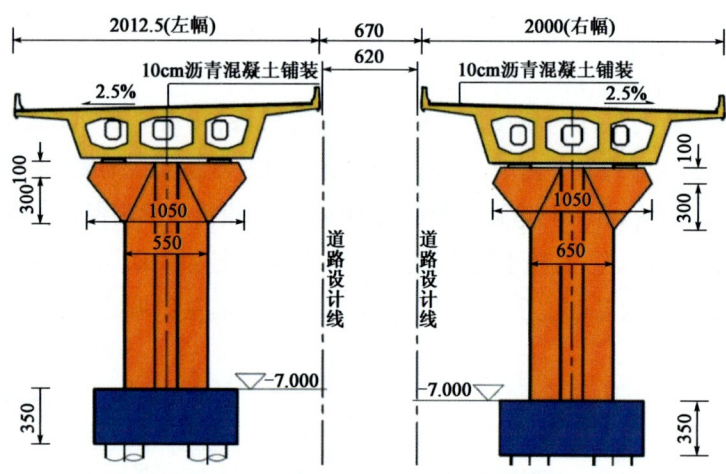

图 3.6-2 岛桥结合段典型横断面(尺寸单位:cm;高程单位:m)

3.7 陆域段引桥

3.7.1 总体布置

陆域段引桥(图 3.7-1)全长 1600m,该区段墩高为 15~40m,墩高普遍较高,考虑跨度和墩高的比例协调性,推荐采用 40~50m 的跨度布置。40m 跨度可选择 T 梁、小箱梁、大箱梁结构,50m 跨度可选择节段拼装混凝土梁或组合梁。

由于匝道桥的存在,主线存在较长的变宽段,节段拼装混凝土梁对变宽梁的适应性较差。预应力小箱梁是大箱梁轻型化的产物,使用广泛。它弥补了预应力混凝土 T 形梁横向刚度较弱、整体性较差的缺陷,具有较强的抗扭刚度和竖向承载能力,景观效果比 T 形梁好,同时又具有预应力混凝土T形梁绝大部分优点,即分片小型化预制、材料节省、吊装质量轻、施工机具简单、架设方便、使用性能相对较好。陆域段引桥主线桥推荐采用40m跨小箱梁方案。桥梁全长1600m,小箱梁共40跨。

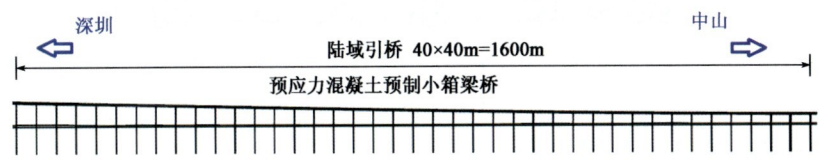

图3.7-1　陆域段引桥总体布置

3.7.2　上部结构

40m小箱梁梁高2.2m,采用简支变连续结构,3~4跨一联。顶板厚18cm,腹板厚20~32cm,底板厚18~36cm。桥面横坡采用顶板倾斜形成,箱梁底板保持水平。

均采用矩形板式橡胶支座,每片小箱梁简支端横向设置2个支座,连续端横向设置1个支座。

3.7.3　下部结构

墩身采用与水中引桥相似的钢筋混凝土板式墩,墩身为六边形断面,横桥向宽度均以1:28斜率放坡到墩底;采用大挑臂预应力混凝土盖梁。典型横断面见图3.7-2。

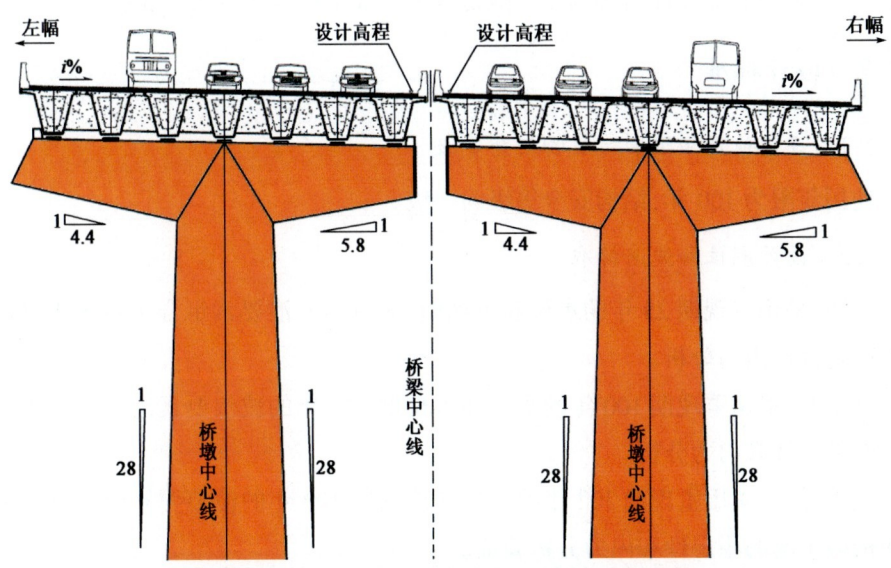

图3.7-2　陆域段引桥典型横断面

第4章 东人工岛

4.1 总体设计

4.1.1 功能需求

人工岛的基本功能是通过填海筑岛形成稳定陆域,实现海上桥梁与隧道的顺畅衔接,满足岛上建筑物的布置需要,并提供基本掩护功能,保障主体建筑物的正常运营。

机场立交的互通方案已经确定,推荐方案呈涡轮形。人工岛除满足岛上建筑物布置需要、满足隧道及匝道消防、防灾救援等运营安全需求,还承担水上救援功能,设置有码头、养护仓库及管理用房等设施。

为实现这一目标,要求人工岛在施工期间能为岛上隧道、道路、桥梁、风塔等岛内构筑物的施工创造相对良好的施工条件,在运营期要能够保证自身的稳定和耐久性,同时控制人工岛地基的沉降和变形,为隧道、风塔等岛上建构筑物提供必要的保护,具备防浪、防冲、防船撞功能,避免海上波浪、潮流和船舶撞击等因素对隧道和其他岛上构筑物直接造成破坏。

4.1.2 设计标准

4.1.2.1 设计使用年限和建筑物安全等级

设计使用年限为100年,结构安全等级为一级。

4.1.2.2 设计潮位和波浪标准

①施工期:采用重现期25年的水位和重现期25年的波浪要素组合进行人工岛岛壁和施工围堰的稳定性和内力分析。

②设计工况:采用重现期100年的水位和重现期100年的波浪要素组合进行人工岛岛壁在使用期的稳定性和内力分析。

③极端工况Ⅰ:采用重现期300年的水位和重现期300年的波浪要素组合进行人工岛岛壁使用期极端工况的稳定性和内力分析验证。

④极端工况Ⅱ:采用重现期1000年的水位和重现期1000年的波浪组合进行人工岛使用期极端工况的岛壁结构安全复核,以人工岛岛壁结构主体保持稳定、允许局部破坏但不丧失总体防护功能为原则。

4.1.2.3 设计流速标准

综合考虑本工程的潮流和径流特点,考虑波流共同作用。

①施工期:采用重现期25年的流速进行防冲刷设计。

②设计工况:采用重现期100年的流速进行人工岛防冲刷设计。

③极端工况:采用重现期300年的流速进行人工岛防冲刷校核,以人工岛岛壁结构主体保持稳定、允许局部破坏但不丧失总体防护功能为原则。

4.1.2.4 允许越浪量标准

综合考虑人工岛胸墙后环岛路车辆和行人的安全、隧道防淹以及岛内排水能力等要求,人工岛允许越浪标准如下:

①正常通行工况:在重现期10年的高水位和重现期10年的波浪要素的组合条件下,越浪量$\leq 3 \times 10^{-5} m^3/(m \cdot s)$。

②设计工况:在重现期100年的高水位和重现期100年的波浪要素的组合条件下,越浪量$\leq 5 \times 10^{-3} m^3/(m \cdot s)$。

③极端工况:在重现期300年的高水位和重现期300年的波浪要素的组合条件下,越浪量$\leq 0.015 m^3/(m \cdot s)$。

4.1.2.5 允许工后沉降标准

根据人工岛上的构筑物使用功能、基础类型及对工后沉降的适应性,结合本工程地质条件及软基处理的难度、费用、工期等综合因素,按照采取工程措施处理软基、控制工后沉降与运营期正常维护相结合的原则,确定人工岛允许工后沉降控制标准:

①保障基地场地。使用期须堆放航标进行维修养护,按照不大于50cm的标准控制工后沉降。

②其他场地。主要为绿化区域,岛上房建采用桩基结构,岛上道路主要行驶检修及巡视车辆,使用频率较低,因此不考虑附加荷载,无沉降控制要求。

4.1.2.6 抗震标准

按照100年超越概率10%的地震加速度进行设计,地表动峰值加速度为$0.13g$(g为重力加速度)。

4.1.3 相关限制因素

4.1.3.1 与广深沿江高速工程的关系

深中通道项目在东人工岛上通过机场互通立交与广深沿江高速公路衔接,广深沿江高速公路目前已通车运行,在岛内长度约为1.2km,共涉及42个桥墩承台。东人工岛岛壁结构、陆域形成、地基处理应尽量避免在桥墩附近的不均匀开挖和回填,以免对既有桩基结构产生较大的水平力。东人工岛与规划、相邻工程关系如图4.1-1所示。

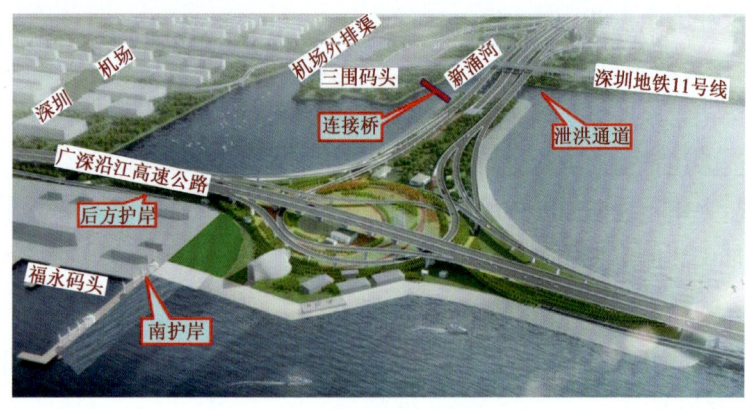

图 4.1-1　东人工岛与规划、相邻工程关系图

4.1.3.2　与深圳机场的关系

随着城市的快速发展,深圳机场周边净空环境不断恶化,东侧空域受现状建筑物影响,起落航线及目视盘旋已不能使用,只能将西侧空域作为起落航线及目视机动盘旋保护区,必须对西侧净空进行保护。根据相关主管部门意见,东人工岛附近航空限高为 35m。项目与深圳机场位置关系如图 4.1-2 所示。

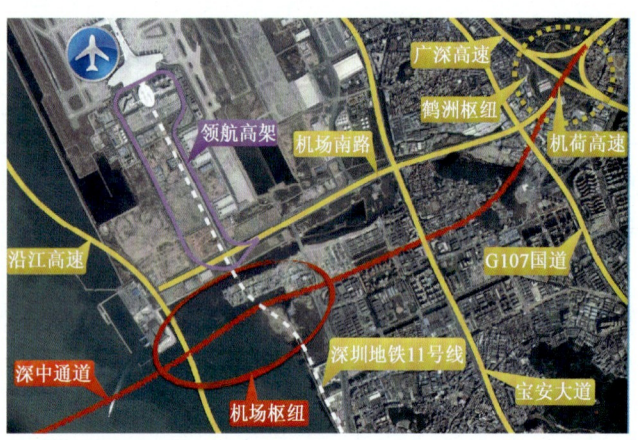

图 4.1-2　深中通道与深圳机场位置关系

4.1.3.3　与福永码头的关系

东人工岛北侧和西侧分别紧邻福永码头后方护岸和南护岸,在东人工岛实施过程中可依托两个边界进行回填。然而,东人工岛 E 匝道的北段与现有护岸之间存在输油管线(图 4.1-3),因此东人工岛北端与现有护岸之间需预留一定的安全距离。

4.1.3.4　项目与机场外排渠、新涌河、地铁 11 号线的关系

人工岛东侧存在两条深圳市排洪通道——机场外排渠(图 4.1-4)和新涌河(图 4.1-5)。机场外排渠位于机场和三围码头之间,新涌河位于三围码头南侧。东人工岛东端与地铁 11 号线间需要预留泄洪通道。

图 4.1-3 后方护岸及输油管线

图 4.1-4 机场外排渠现状　　　　　　　　图 4.1-5 新涌河水闸现状

4.1.4　设计原则

东人工岛的设计原则如下：

①满足深中通道主线和匝道的桥、隧转化基本功能，并保证隧道对接段的水深和距离要求。

②尽量减少人工岛海域使用面积，缩小人工岛的范围，减少工程投资。

③充分考虑现有广深沿江高速公路、深圳机场和福永码头的限制条件，尽量减轻对现有工程的影响。

④沉管隧道上方尽量采用轻型结构，减轻对沉管隧道的影响。

4.1.5　岛形设计

机场立交的互通方案已经确定，推荐方案呈涡轮形。东人工岛的平面位置主要取决于主线桥隧转化和各匝道桥隧转化处相对位置关系。

结合深中通道主线和各匝道布置，为了尽量减少人工岛海域使用面积，将人工岛中心区域全部回填成岛，南、北两侧匝道单独成岛，并与中心区域相连，形成"一体两翼"形态（图 4.1-6）。

西端以不突破珠江治导线为原则，东端与深圳地铁 11 号线之间预留泄洪通道，人工岛沿深中通道轴线长度为930m(以胸墙内边线计),横向沿广深沿江高速公路轴向长度约1136m,形成陆域面积34.85万 m²,用海面积47.63万 m²,新建岛壁结构总长约为3178.5m(含救援码头岸线165m),陆域高程为4.9m。

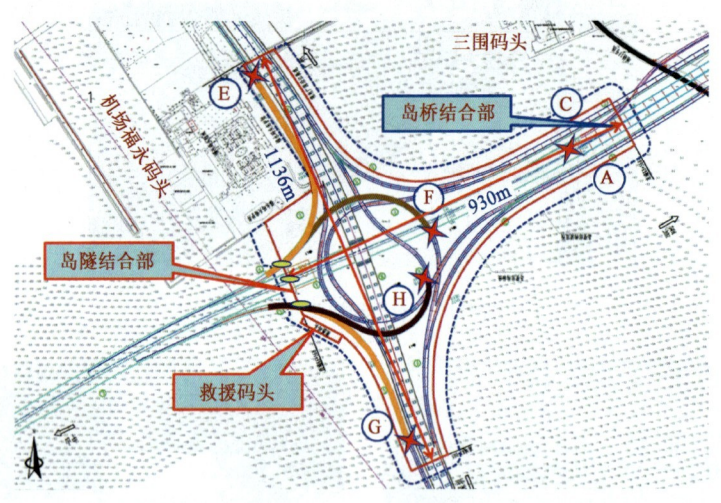

图4.1-6　岛形平面图

4.1.6　岛上功能布局

4.1.6.1　总体布局

东人工岛除了实现深中通道项目主线和各匝道桥隧转换外,还建设通风、配电、消防、给排水、航道维护管理和安全应急保障等设施。

东人工岛西南侧设救援码头一座,码头长度为165m,码头宽度为25m,水工结构按照1000吨级泊位设计,可满足救援艇和航标船同时停靠。

岛体大部分为主线隧道和各匝道隧道占地。岛上建筑主要包括主线隧道通风机房、E匝道隧道通风机房、消防泵房、越浪泵房、雨水泵房、开关站、供水泵房、航道安全应急及维护管理保障基地的业务用房、仓库保养场地、基地维修保养车间等。岛上设环岛路,主要满足消防救援以及运营期巡视要求。

东人工岛岛上功能布局见图4.1-7。

4.1.6.2　进、出岛道路

考虑到应急救援、管控等功能均在三围码头处,因此东人工岛与三围码头之间设连接桥,为双向两车道。

4.1.6.3　岛上道路

主线隧道北侧至通风机房、救援码头以及航标保障基地均设双向两车道,道路宽度为8.0m。另外,考虑人工岛上消防功能和巡视抢险的需要,岛壁内侧设环岛路,环岛路为单行车道,宽度为5.0m。同时,为了满足岛上各建筑单体之间交通需求,设连接道路,道路宽度为5.0m。考虑到环岛路受外海越浪海水影响较大,采用混凝土路面。

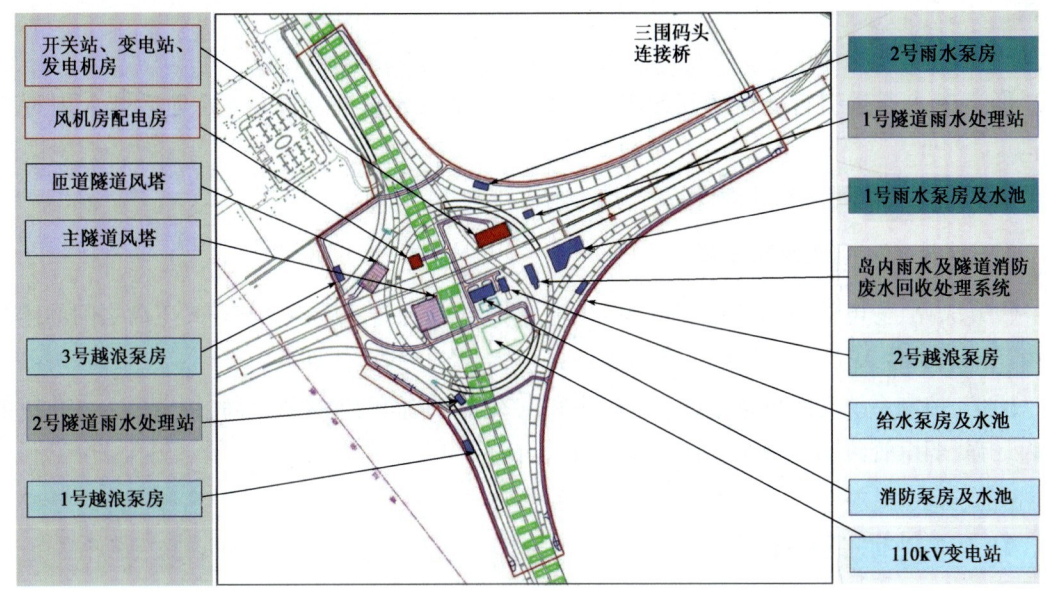

图 4.1-7 东人工岛岛上功能布局

4.1.6.4 给水设计

设2条DN200mm给水管线,通过三围码头和东人工岛之间的连接桥上岛。东人工岛上设给水泵房,岛上各房建单体用水均由给水泵房接入。

4.1.6.5 排水设计

排水包含以下4部分:越浪海水、岛面雨水、隧道雨水、隧道及岛面污水。越浪排水设计考虑收集岛内雨水和机场互通立交桥面雨水。

1) 越浪量

根据重现期300年的高潮位和重现期300年的波浪要素的组合条件下越浪量平均值为 $0.015m^3/(s·m)$ 的标准进行海水排放设计,岛内越浪量为 $15m^3/s$。考虑在全岛设置3座越浪泵房和2座雨水泵房。

2) 岛面降雨

岛面设计降雨强度采用深圳暴雨强度公式(重现期100年),降雨历时15min。人工岛岛面汇水面积为35万 m^2(含桥面),人工岛径流雨水总流量(不含隧道)约为 $5.0m^3/s$。

岛面雨水通过岛面散坡汇入邻近排水沟。广深沿江高速公路桥面雨水通过桥墩排水管汇入雨水管,再通过雨水管引入附近雨水沟。屋面雨水经雨水斗和雨水管有组织排放至建筑物外围排水明沟,其余区域地面雨水沿地形散排至各分区排水明沟。

东人工岛核心区雨水通过雨水沟排至雨水回用系统,经过处理后回用作室外绿化用水。其他区域雨水通过雨水沟排至环岛排水沟。雨水收集池溢流通过雨水管流入环岛排水沟。

3）隧道降雨

主线隧道和各匝道降雨排水系统设置单独的雨水泵房，由雨水泵房外排至附近的排水沟。

4）隧道及岛面污水

隧道废水通过引自隧道底部的废水管接入隧道污水处理泵房，经处理后排入附近排水沟。

岛面生活污水经污水处理设备后，排入附近排水沟。

4.1.6.6 强、弱电路由布置

设开关站、变电站、发电机房各1座，供电、照明电缆通过三围码头与东人工岛之间的连接桥由三围码头接入至开关站，然后由开关站接至岛上各房建单体处。

通信、控制系统管线也是通过三围码头和东人工岛之间的连接桥上岛，接至岛上各建筑单体内。强、弱电管线均集中布置在电缆沟内。

4.2 岛壁结构设计

4.2.1 工程地质

场区覆盖层主要为淤泥、黏性土、砂土等，覆盖层厚度一般为12.8~24.7m。基岩主要为燕山期花岗岩，局部为花岗闪长岩。基岩面埋深变化及中风化岩面起伏较大（图4.2-1）。

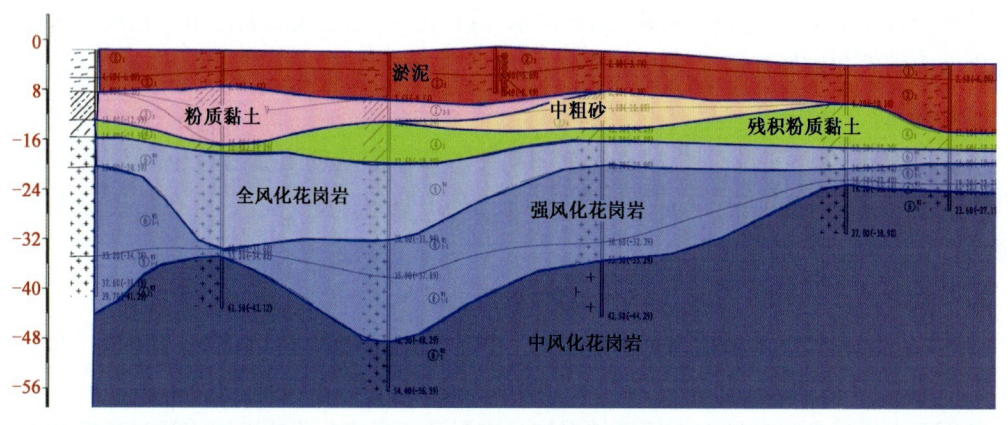

图 4.2-1　东人工岛地质剖面图

覆盖层上部淤泥、淤泥质土及松散透镜体的砂土承载力低，压缩性强，不宜直接作为隧道及人工岛的基础持力层；下部的冲积砂土、黏性土、残积土及底部的全~中风化基岩物理力学性质较好，可作为隧道及人工岛的基底持力层。

4.2.2 围护结构方案比选

人工岛的主要功能是实现桥、隧转化。布置于人工岛内的隧道、匝道分为暗埋段和敞开段,需采用干法施工。通过采取辅助降水措施,将基坑内水位降低至基坑底面以下,才能创造干施工的作业环境,满足岛上隧道现浇施工作业的要求。

岛壁结构与基坑支护组合有两种方案:

1)岛壁结构与基坑支护结构分离

先进行岛壁结构施工,岛壁合龙后,在岛内侧进行回填及地基处理,按照陆上施工的常规方法进行基坑支护结构和止水结构施工,然后开挖、降水、支撑,形成干施工条件。岛壁结构与基坑支护和止水结构分离,岛壁结构不需要具备防渗止水功能,仅起到一般的使用期防浪、防冲刷等保护功能。

优点:岛壁和基坑支护结构可选择常规方案,可靠性较强。

缺点:施工工序只能按一定的顺序依次进行,不能并行施工,工期相对较长。

2)岛壁结构兼作基坑支护结构

先期施工人工岛岛壁,岛壁合龙后在岛内侧进行回填及地基处理,然后开挖基坑,形成干施工条件。岛壁结构必须同时具备止水功能、基坑支护功能以及波浪潮流的防护功能。

优点:岛壁结构集岛壁防护、基坑支护和基坑止水功能于一体,施工环节少,速度快,有利于暗埋段快速形成对接条件。

缺点:隧道施工期间,岛壁结构需要承担外海波浪、潮流的直接作用和基坑内外水头差引起的水压力作用,岛壁结构必须有足够的刚度和自身稳定性。

3)方案比选

不同的基坑支护结构形式将会对人工岛的地基处理、填筑方式、工序安排、进度计划、工程造价等产生影响。东人工岛面积较大,如果岛壁结构均考虑增加止水措施,则投资较大,止水效果较难控制。因此,东人工岛采用岛壁结构与基坑支护结构分离形式,根据岛上隧道、匝道平面布置方案及高程设计等在相应区域采用相应基坑止水措施的方案。

4.2.3 岛壁结构方案

岛壁结构可分为斜坡式和直立式两种。

4.2.3.1 斜坡式结构

斜坡式结构断面为梯形,用开采的天然块石或人工块体(包括混凝土块体和袋装砂等)抛筑而成,波浪作用时,大部分波能在坡面上被吸收或消散。优点是结构简单、施工方便、有较强的整体稳定性,适用于不同的地基,可以就地取材,破坏后易于修复。缺点是材料用量大(基本与水深的平方成正比)。

斜坡式护岸一般适用于水深较浅（小于10m）、地基较差和堤心材料来源丰富的情况。当采用人工块体护面时，也可用于水深和波浪较大的情况。

斜坡式结构一般由堤心、护面、顶部胸墙组成。

1）堤心材料

可抛填石料和袋装砂。堤心材料用量巨大，合理选取主材对于降低工程造价和工程难度都有很重要的意义。

2）护面材料比选

护面块体为斜坡式结构的主要组成构件，直接承受波浪、潮汐等自然力的反复作用，对护岸结构的稳定起到至关重要的作用。目前国内外常用于防护构筑物的护面材料主要有以下几种：

①人工散块体。人工散块体已经在国内外相关工程中得到了广泛的应用，其特点是彼此间有一定的嵌固作用而使护面层具有良好的整体性，消浪效果好，稳定性强，施工方便。常用的人工散块体有四角锥体、四脚空心方块、扭工字块、扭王字块等（图4.2-2）。相比之下，扭工字块体消浪能力最强，目前多采用两层随机安放的形式，具有空隙率大、波浪爬高小的特点，但其构件较单薄。四脚空心方块大多铺砌一层，混凝土用量较省，但它对垫层块石理坡精度要求较高，适用于水深不大和波高小于4m的地区。四角锥体和扭王字块体的外形均比较粗壮。扭王字块体可安放一层，混凝土用量较少。

a) 四角锥体

b) 四脚空心方块

c) 扭工字块

d) 扭王字块

图4.2-2　常用人工散块体

②栅栏板。栅栏板护面结构(图4.2-3)在我国海港工程中应用较为广泛,它是利用栅格结构减小波浪的浮托力,增强护面稳定性,防止堤心材料流失,消减波浪,整齐美观。栅栏板结构一般比较单薄,适用于水深较浅、波浪不大的地区。

③模袋混凝土。利用混凝土结构形成护面结构(图4.2-4),用高压泵把混凝土或水泥砂浆灌入模袋中,通过袋内吊筋带、吊筋绳(聚合物,如尼龙等)的长度来控制混凝土或水泥砂浆的厚度,固结后形成具有一定强度的板状结构或其他状结构,适用于波高不大、地基较好的工程。

图4.2-3 栅栏板护面

图4.2-4 模袋混凝土护面

④浆砌块石、网箱块石。用天然块石进行砌筑(图4.2-5)或装网形成护面结构(图4.2-6)。在斜坡式建筑物上的应用也较为广泛,尤其是在施工场地石料资源丰富的情况下,其优势更为明显,可以充分发挥就地取材、缩短运距、施工简便、速度快、适应沉降、易于修复、造价低的优点。由于块石重量限制,适用于波高不大、地基较好、缺乏大型块石、防护标准较低的临时性工程,缺少用于沿海永久结构的工程实例。

图4.2-5 浆砌块石护面

图4.2-6 网箱块石护面

东人工岛南侧及西侧面向外海,波浪相对较强。根据对常用护面结构类型的分类总结可知,可采用栅栏板及人工散块体。栅栏板、四脚空心方块、扭王字块和扭工字块护面的糙渗系数分别为0.49、0.55、0.47、0.38。栅栏板、四脚空心方块对块石垫层整平精度要求相对较高,施工效率较低。扭工字块体消浪能力最强,空隙率大,波浪爬高最小,但其构件较单薄。扭王字块体外形比较粗壮,可安放一层,混凝土用量大大节省,安装数量也相应减少,施工效率较高,可尽快形成掩护。

经过以上比选,东人工岛南侧及西侧护面采用扭王字块体;无波浪作用处采用浆砌块石护面。

3)基础处理比选

工程区域普遍存在一层5.3~14.0m厚的淤泥和淤泥质土层,物理力学指标较差。而岛壁结构为一级建筑物,稳定系数要求较高。为保证岛壁结构的安全稳定、减少使用期沉降,必须对软弱基础进行处理。

(1)排水固结法

排水固结处理软基是先经过排水固结处理,然后有控制性地形成设计断面,经过一定的沉降稳定时间之后,再施工上部结构。

(2)置换法

置换法包括开挖换填、抛石挤淤、爆破挤淤、水下挤密砂桩、水泥搅拌桩、高压旋喷桩等方法。

开挖换填法是将一定范围内的软土清除,用稳定性好的土、石分层填筑、分层压实,从而改变地基的承载力特性,提高抗变形能力和稳定能力。

抛石挤淤是利用石料本身的重量挤入淤泥层,辅以强夯等施工措施,使块石落底至良好持力层。该方法施工简便,造价低,施工速度快。缺点是需要风化程度较低的块石,且处理深度大多在7m以内。

爆破挤淤法施工原理与抛石挤淤法基本相同,不同之处在于附加爆炸能量,通过炸开堆石体前缘的淤泥促使块石置换深部淤泥,属于卸荷挤淤类。爆破挤淤处理方法的特点是施工速度较快,挤淤处理深度较大,可以达到15m以上。缺点是要求药包定位准确,在爆炸过程中泥石抛起,场面较乱,对相邻作业区域施工有干扰,对周边的环境、生态保护不利。

水下挤密砂桩法是利用专用船舶通过振动、加压和回打等特殊工艺将砂料压入水下地基形成密实散体桩。砂桩主要起置换作用,可以提高地基承载力,减少沉降,同时还起排水通道作用,能够加速地基固结。水下挤密砂桩可用于黏性土、粉土、砂土的地基处理,对高灵敏度或高含水量的黏性土地基,应通过现场试验确定其适用性。

水泥搅拌桩加固软土地基是利用水泥、石灰等材料作为固化剂的主剂,通过特制的深层搅拌机械,在地基深处就地将软土和浆液或粉状的固化剂进行强制搅拌,经拌和后的混合物发生一系列物理化学反应,使软土硬结成具有整体性、水稳定性和一定强度的加固体。水泥搅拌桩法适用于处理正常固结的淤泥、淤泥质土、粉土、饱和黄土、素填土、黏性土以及无流动地下水的饱和松散砂土等地基。

高压旋喷桩是以高压旋转的喷嘴将水泥浆喷入土层,与土体混合,形成连续搭接的水泥加固体。优点是施工占地少、振动弱、噪声低,缺点是成本相对较高。适用于处理淤泥、淤泥质土、流塑、软塑或可塑黏性土、粉土、砂土、黄土、素填土和碎石土等地基。

(3)方案比选

地勘报告显示,淤泥层固结快剪指标(内聚力6.2kPa,内摩擦角9.7°)比直剪快剪指标(内聚力4.6kPa,内摩擦角2.2°)虽有所增加,土体排水固结后也可减少使用期残余沉降,但土体强度增加不明显。本工程淤泥层相对较厚,采用抛石挤淤难以处理到底,对整体稳定及沉降影响较大,虽可以采用强夯措施增加块石入土深度,但施工效率相对较低,施工过程对广深沿江高速公路的安全存在不利影响;爆破挤淤法同样受周边环境限制,不具备施工条件;水下挤密砂桩等复合地基处理方法虽可改善淤泥指标,提高土体强度,但均需专业船舶施工,东人工岛附近原泥面高程约-1.5m,珠江口潮差相对较大,施工船舶需乘潮作业,施工受航空限高限制,施工效率较低,工程费用高。

综合以上分析,东人工岛壁结构区域采用开挖换填法处理软弱土层;对局部受已有建筑物制约、不宜进行开挖换填施工的区域,采用水泥搅拌桩法进行处理;对广深沿江高速公路桥下净空受限区段,采用高压旋喷桩进行处理。

4.2.3.2 直立式结构

常用的直立式结构包括沉箱结构、重力式方块结构、混凝土圆筒结构、扶壁结构、板桩结构、格形钢板桩结构、插入式钢圆筒结构等。

东人工岛拟建岛壁结构区域平均泥面高程约为-1.5m,东端近深圳侧区域沿岛壁轴线700m范围内原泥面高程在0.0m左右,接近平均海平面,表层淤泥较厚,物理力学指标较差。根据工程经验判断,直立式结构工程费用多于斜坡式结构;沉箱、方块、混凝土圆筒等结构须大型船舶乘潮进行运输吊装,施工效率低;方块结构、混凝土圆筒重量较小时可考虑陆上运输吊装,但施工初期陆上施工通道较难实现;板桩结构、格形钢板桩结构、插入式钢圆筒结构等如作为永久岛壁使用,也需专用船舶乘潮施工,工效难以保证,虽可兼顾止水功能,但若要满足本工程使用寿命100年的要求,防腐成本高,耐久性难以保证,外侧仍需设置斜坡式结构。因此,上述直立式结构不适宜作为东人工岛主要岛壁结构。

东人工岛西端岛隧结合部,应与隧道主线及匝道结构进行统一考虑;东端岛桥结合部,考虑预留泄洪通道,减小阻水面积,均需采用直立式结构,可采用扶壁结构。西端位于隧道围堰段的临时围堰内,可现浇施工。东端底高程略低于平均海平面,且直立段岛壁轴线长度较短,扶壁结构施工可采用预制及现浇结合工艺。

4.2.3.3 岛壁结构实施方案

东人工岛泥面高程为0.0~-5.0m,考虑到东人工岛上主线和各匝道的敞开段相对分散,东人工岛面积较大,如果岛壁结构均考虑增加止水措施,则投资较大,止水效果较难控制。因此,东人工岛采用岛壁结构与基坑支护结构分离形式,根据岛上隧道、匝道平面布置方案及高程设计等,在不同区域采用相应的基坑止水措施。

东人工岛大部分岛壁结构采用抛石斜坡结构方案;岛隧结合部、岛桥结合部受多种因素限制,岛壁结构采用扶壁结构方案。救援码头采用沉箱重力式结构。东人工岛岛壁形式具体分布详细见图 4.2-7。

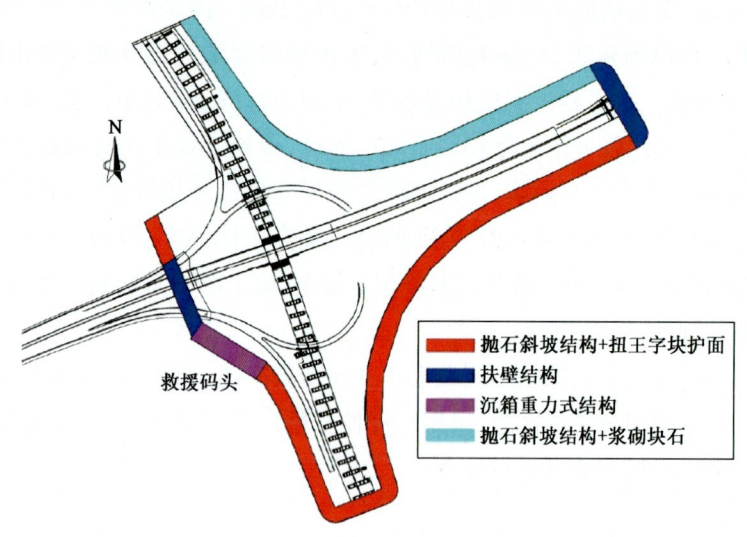

图 4.2-7　东人工岛岛壁形式分布图

1)抛石斜坡结构

(1)堤心回填

基础处理后抛填 10～100kg 块石堤心,顶高程为+2.4m,外坡坡度为 1∶1.5,内坡坡度为 1∶1。

(2)护面和护底结构

根据不同位置岛壁结构的波浪条件,采用不同的护面和护底结构。

不受外海波浪作用的岛壁结构如图 4.2-8 所示,块石堤心外侧设置 0.2m 厚二片石垫层、0.4m 厚浆砌块石护面。

受外海波浪作用的岛壁结构如图 4.2-9 所示,堤心外侧分区段设置 1.0m 厚、100～200kg 或 300～400kg 的块石垫层,块石垫层外安放 3t 或 5t 扭王字块体,坡度均为 1∶1.5。

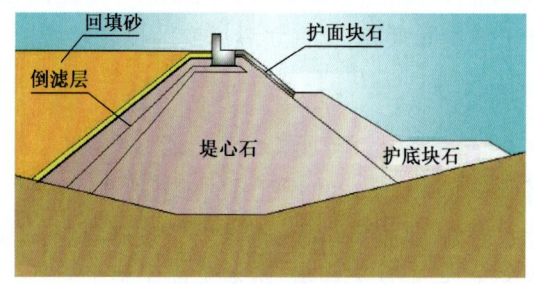

图 4.2-8　无波浪作用抛石斜坡结构断面

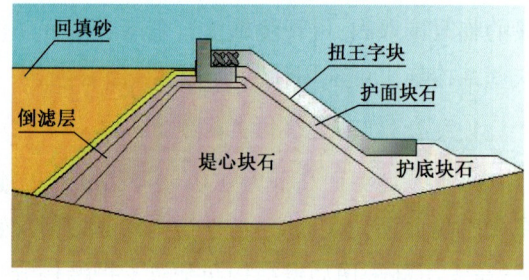

图 4.2-9　有波浪作用抛石斜坡结构断面

(3)倒滤结构

块石堤心内侧依次抛填二片石垫层、混合倒滤层、土工布滤层、袋装砂。二片石垫层坡度为1:1.25,最小厚度为0.5m。混合倒滤层坡度为1:1.5,最小厚度为0.8m。袋装砂坡度为1:1.5,厚度为0.5m。

(4)胸墙

采用C40高性能混凝土,顶高程分别为+7.8m、+7.0m、+6.0m、+5.1m,胸墙下设置0.1m厚C10素混凝土垫层和0.3m二片石垫层。胸墙分段处设结构缝,结构缝以油浸木丝板填充。

考虑到人工岛施工期和交工后会产生一定的沉降变形,胸墙采用分段分期现浇施工,预留一定富余高度,以满足竣工后胸墙顶面高程不低于设计高程。

2)东侧(岛桥结合部)现浇扶壁结构设计

岛桥结合部现浇扶壁结构横断面如图4.2-10所示。

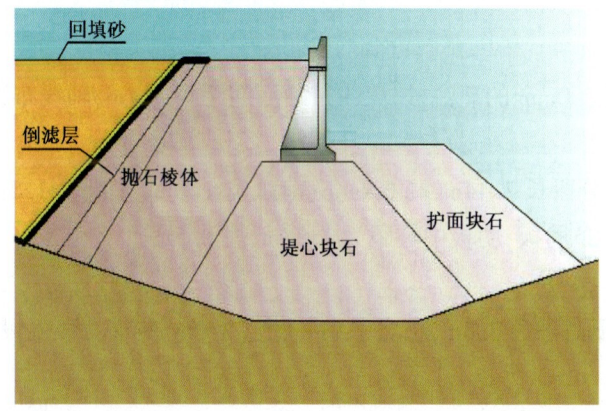

图4.2-10 东侧现浇扶壁结构横断面示意图

(1)基床

抛填10～100kg块石扶壁基床,基床厚7.3m,顶高程为-2.0m,底高程为-9.3m,采用表层锤夯方法压实。

(2)现浇扶壁

扶壁底宽6.0m,标准分段长4.0m、高6.0m;前趾宽1.0m,底板厚0.8m,立板高5.2m,厚0.8m。每个扶壁设2条肋板,肋板中心距为2.3m,厚0.5m。

(3)胸墙

海侧现浇胸墙顶高程为6.0m,顶宽0.7m,底宽2.0m,胸墙分段处设结构缝,结构缝以油浸木丝板填充。

(4)墙后回填

墙后回填10～100kg块石至+4.3m高程。

(5)倒滤结构

10~100kg抛石棱体内侧依次抛填二片石垫层、混合倒滤层、土工布滤层、袋装砂。二片石垫层坡度为1:1.25,最小厚度为0.5m。混合倒滤层坡度为1:1.5,最小厚度为0.8m。袋装砂坡度为1:1.5,厚度为0.5m。

3)西侧(岛隧结合部)现浇扶壁结构设计

西侧在堰筑段内,现浇扶壁结构典型横断面如图4.2-11所示。

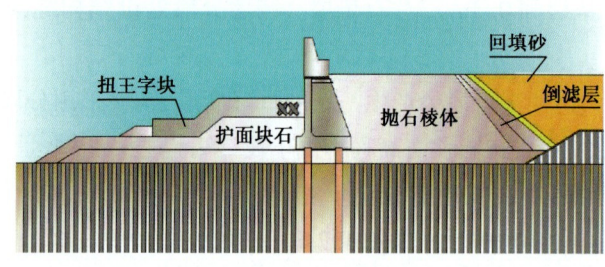

图4.2-11 西侧现浇扶壁结构典型横断面

(1)灌注桩

扶壁下设置直径800mm的灌注桩,灌注桩断面间距为3.7m,轴线布置于肋板下方。

(2)现浇扶壁

底宽6.5m,标准分段长7.44m、高6.69m;前趾宽1.0m,底板厚1.2m,立板高5.49m,厚0.8m。每个扶壁设3条肋板,肋板中心距为2.88m,厚0.5m。

(3)胸墙

海侧现浇胸墙,顶高程为7.8m,顶宽1.0m,底宽3.0m,胸墙分段处设结构缝,结构缝以油浸木丝板填充。

(4)墙后回填

墙后回填10~100kg块石至+4.3m高程。

(5)倒滤结构

10~100kg抛石棱体内侧依次抛填二片石垫层、混合倒滤层、土工布滤层、袋装砂。二片石垫层坡度为1:1.25,最小厚度为0.5m。混合倒滤层坡度为1:1.5,最小厚度为0.8m。袋装砂坡度为1:1.5,厚度为0.5m。

西侧扶壁结构外侧设置300~400kg块石垫层和5t扭王字块体,防撞设计与斜坡式岛壁结构相同。

4.2.4 岛壁基础处理方案

根据位置不同,岛壁基础处理分别采用清除淤泥、水下深层水泥搅拌桩、高压旋喷桩。

距离广深沿江高速公路及机场福永码头护岸较近、不适宜进行基槽开挖的区域,基槽采用直径550mm水泥搅拌桩加固处理,间距为1.0m×1.0m,正方形布置,置换率为24%;位于广深沿江高速公路沿线、不适宜进行基槽开挖且受桥下净空高度限制的区域,采用直径800mm高压旋喷桩加固,间距为0.75m×0.75m,正方形布置,置换率为89%,搭接宽度为0.5m;其他段采用放坡开挖清淤。处理方案布置如图4.2-12所示。

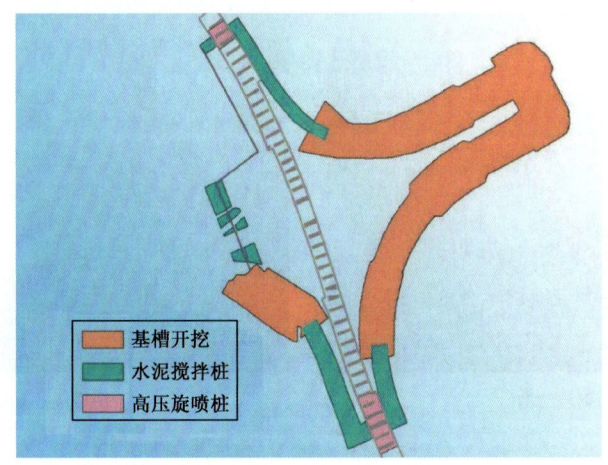

图4.2-12 岛壁基槽处理方式分布图

4.2.5 防撞设计

东人工岛按5000t级满载船舶撞击设防,目标为岛壁结构主体不产生整体垮塌和倾覆等难以恢复的损坏。

斜坡式岛壁结构通过外侧斜坡的坡度和坡前水深减小,迫使船舶在撞击过程中搁浅,降低撞击能,同时减轻船舶自身的损坏程度;岛壁护面材料选择散块体结构,可在撞击中吸收能量。斜坡式岛壁结构防船撞原理如图4.2-13所示。

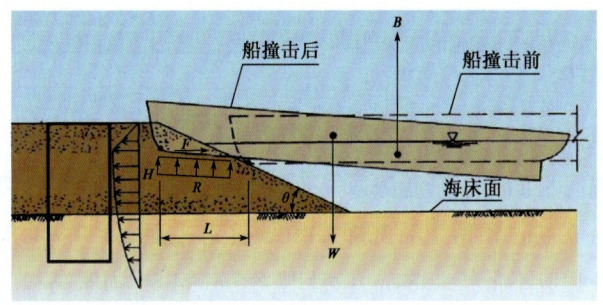

图4.2-13 斜坡式岛壁结构防船撞原理示意图
W-船只位移;F-摩擦力;B-船只浮力;H-船只水平冲击力;R-船只端部反作用力;L-船只插入深度

斜坡外侧的人工护面块体在局部破坏后可替换,修复简单。

4.2.6 重要试验

开展了结构断面物理模型试验,对东人工岛岛壁拟采用的抛石斜坡结构、扶壁结构的越浪量及稳定性情况进行了验证。

4.2.6.1 越浪量试验成果

进行了 10 年一遇、100 年一遇、300 年一遇极端高水位下的物理模型试验,根据试验结论确定胸墙的顶高程。越浪量试验模型如图 4.2-14 所示。

a)抛石斜坡结构

b)现浇扶壁结构

图 4.2-14 越浪量试验模型

4.2.6.2 稳定性试验成果

结合计算、断面物理模型试验结果,广深沿江高速公路西侧受波浪作用区域选用 5t 扭王字块护面块体,广深沿江高速公路东侧受波浪作用区域选用 3t 扭王字块护面块体。

在重现期 300、1000 年水位波浪作用下,混凝土胸墙、扭王字块、抛石棱体均保持稳定。试验情况详细阐述见第 7 章。

4.3 陆域形成和地基处理

4.3.1 高程设计

东人工岛极端高水位的重现期为 300 年,考虑到该工程的重要性,采用重现期 1000 年的潮位进行复核,并考虑海平面的上升趋势以及工后沉降因素。岛面设计高程为 3.84m(重现期 1000 年极端高水位)+0.5m(预留工后沉降)+0.5m(海平面上升)=4.84m。

因此,人工岛的高程应不低于 4.84m,设计取 4.9m(自 85 国家高程起算)。

4.3.2 地基处理方案比选

4.3.2.1 使用荷载

保障基地场地:使用期须堆放航标、进行维修养护,使用均载按 20kPa 考虑。
建筑物、岛内道路区域及附近场地:使用期主要受车辆及人群荷载,使用均载按 15kPa 考虑。
其他场地:无建筑物或绿化区域没有使用期荷载。

4.3.2.2 工程案例

近年来,我国在人工岛建设方面积累了较为丰富的经验,人工岛的陆域形成和地基处理方案根据各地区的建设条件、填料条件等有较大不同。对国内人工岛的陆域形成和地基处理方案进行了调研,调研结果见表4.3-1。

人工岛陆域形成和地基处理方案调研　　　　表4.3-1

人工岛名称	陆域形成填料	地基处理方案
港珠澳大桥人工岛	中粗砂	降水联合堆载预压+振冲
厦门新机场人工岛	中粗砂	堆载预压+强夯
大连新机场人工岛	开山石	换填+强夯,局部强夯置换
洋浦海花岛	砂料	堆载预压+振冲
南海明珠人工岛	砂料	堆载预压+振冲
澳门机场人工岛	中粗砂	排水固结和换填结合
曹妃甸港区人工岛	粉细砂	强夯、振冲,局部淤泥较厚处堆载预压
冀东油田人工岛	粉细砂	强夯
洋口港区人工岛	砂料	振冲
洋山港区人工岛	粉细砂	振冲,局部淤泥较厚处堆载预压
海阳连理岛	开山石	强夯
蓬莱黄金海岸人工岛	开山石	强夯
漳州双鱼岛	砂料	堆载预压

4.3.2.3 填料选择

对珠江口区域开展了砂源调查工作。砂源区域集中在内伶仃岛北侧海域,砂源分布范围较广,采砂量比较大的砂场较多,能够满足工程用砂需要。采砂方式一般为用自吸式皮带船或射流式砂机船进行开采,通过皮带船运输至工地。

经综合比选,推荐使用中粗砂作为陆域形成的填料。

4.3.2.4 回填中粗砂地基处理方法

目前,沿海地区常用的回填中粗砂地基处理方法有强夯法、振冲法和挤密砂桩法等。

1)强夯法

利用重锤夯击压密土层,特别适用于填土、松散砂层等地基土的处理,具有造价低、施工进度快等优点。施工示意见图4.3-1。

2)振冲法

又称振动水冲法,是以起重机吊起振冲器,启动潜水电机带动偏心块,使振动器产生高频振动,同时起动水泵,通过喷嘴喷射高压水流,在振动和冲击的共同作用下使砂土密实,是一种快速、经济有效的加固方法。施工示意见图4.3-2。

图 4.3-1 强夯法

图 4.3-2 振冲法

3)挤密砂桩法

振动沉管到土中的预定深度,经清孔后,向孔内逐段填入中粗砂,达到要求的密实度后提升振动沉管,如此反复直至地面,在地基中形成一个大直径的密实砂桩,将松散的砂层挤密。挤密砂桩法是一种快速、有效的加固方法,可以同时处理软土层和可液化的砂土层,曾成功应用于珠海机场场道地基处理中。挤密砂桩法的缺点是造价较高。

4)地基处理方案比选

根据类似工程经验,大面积填海工程中地基处理的对象主要为深厚的海积淤泥或淤泥质土,排水固结法经济、有效、便于施工,被众多工程采用。结合陆域形成回填中粗砂的方案,对东人工岛原地基下的淤泥层采用堆载预压方案进行处理,对回填中粗砂进行振冲与强夯方案的比选。

(1)方案一:堆载预压+振冲

岛壁结构施工完毕后,回填中粗砂至2.5m高程,之后陆上打设塑料排水板,排水板采用B形整体式排水板,间距为1.0m,长度约为14m,穿透松散砂层4m,根据使用期荷载不同,保障基地堆载至9.0m高程,其他处堆载至6.0m高程,合理安排各区域回填顺序,卸载料全部用于场地内沉降补填。卸载后进行振冲处理,振冲孔布置为等边三角形,间距为3.0m,采用两点共振法。

(2)方案二:堆载预压+强夯

对淤泥层的处理方法与方案一相同,卸载后对中粗砂采用强夯法进行处理,夯点采用正方形布置,点夯2遍,单点夯击能取2000kN·m,每遍夯点间距为5m×5m,第2遍夯点布置在第1遍夯点之间,单点夯击能取1000kN·m。

(3)方案比选

本工程回填砂层厚约6~7m,强夯法与振冲法施工均可提高地基承载力和回填砂的抗液化性,满足处理要求,但强夯法对已建广深沿江高速公路以及本工程岛壁结构的稳定性影响较大,因此,推荐采用振冲处理回填松散砂,即对原地基淤泥层采用堆载预压法进行处理,卸载后对松散中粗砂进行振冲。

4.3.3 陆域形成实施方案

4.3.3.1 回填料

回填中粗砂与软基处理堆载相结合，能达到工后沉降要求。考虑原状土预压处理固结沉降以及回填砂自身的振冲密实，东人工岛需回填中粗砂约 270 万 m^3（包含岛内回填量及沉降量）。

4.3.3.2 陆域形成高程

场区经过陆域形成和地基处理后，交工高程为+4.3m（预留60cm面层及耕植土厚度）。陆域形成高程应结合交工高程、排水预压沉降量和回填砂密实沉降量综合考虑。

4.3.3.3 陆域形成围堰

陆域形成时需要在外侧设置围堰结构，防止回填砂流失。本工程利用岛壁结构作为陆域形成的围堰结构。

4.3.3.4 龙口

龙口应设置在适当的位置，并采用合适的宽度。合拢口宜设置在浪、流作用较小的区域。结合堰筑段施工情况，暂定位于东岛救援码头处，宽165m，龙口位置及宽度可根据现场施工条件进行调整。

4.3.3.5 陆域形成分区

根据总体施工安排，综合考虑广深沿江高速公路桥墩、堰筑段围堰稳定等因素，将场地划分为 3 个区，分时分段进行回填。陆域形成分区平面见图 4.3-3。

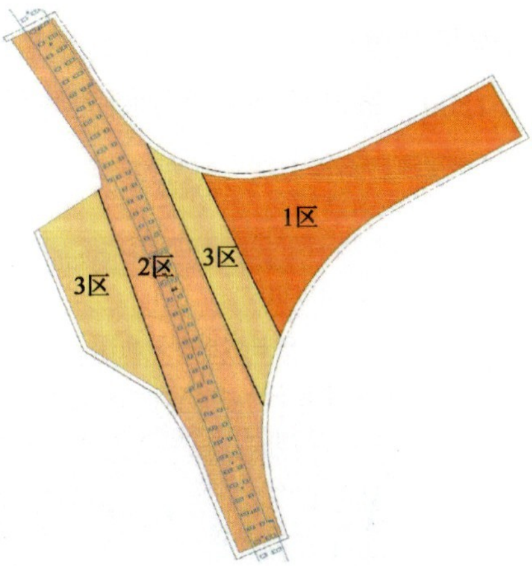

图 4.3-3　陆域形成分区平面图

4.3.3.6 分层回填要求

首先进行 1 区分层回填施工，回填完成后高程为+2.5m。然后进行广深沿江高速公路桥墩保护桩施工及桩身内侧回填，广深沿江高速公路西侧岛壁及堰筑段围堰施工具备一定的掩护条件后，2 区分层回填至 2.5m 高程；待堰筑段内岛壁结构施工完成、人工岛具备合拢条件时，3 区分层回填至顶高程（2.5m）；最后，其他区段一并分层回填至设计高程。

4.3.4 地基处理实施方案

4.3.4.1 地基处理方案

天然泥面以下的淤泥和淤泥质黏土等高压缩性土层采用堆载预压法进行处理，回填砂采用振冲+表层碾压法进行处理。不对广深沿江高速公路桥墩周边保护桩范围内以及桥墩周边 5m 以内回填砂进行振冲处理。

堆载预压结束后，隧道、匝道岛上段区域先振冲密实，随后进行隧道、匝道基坑支护及开挖，并进行二次地基处理，待隧道、匝道结构施工完成后对隧道、匝道结构两侧的回填砂进行振冲密实处理。

总地基处理面积约32万 m^2。

4.3.4.2 打设塑料排水板

为了在施工期更好地消除土层沉降，减少工后残余沉降，尽快提高土体强度，增强回填过程中边坡的稳定性，需打设塑料排水板。排水板应穿透淤泥、淤泥质黏土层1m。

在1区回填边坡范围以及2区抛填1m厚中粗砂后，水上打设塑料排水板，3区及1区其他区域回填至+2.5m高程时进行陆上插板施工。塑料排水板采用原生料B形板，正方形布置，间距为1.0m。

4.3.4.3 分级堆载

塑料排水板施工完成后，进行分级加载。每级堆载厚度为1.0m，2区顶高程+2.5m以上分级堆载厚度为0.5m，及时整平后继续回填堆载。保障基地满载预压200d，其他区域满载预压150d。地基处理典型横断面如图4.3-4所示。

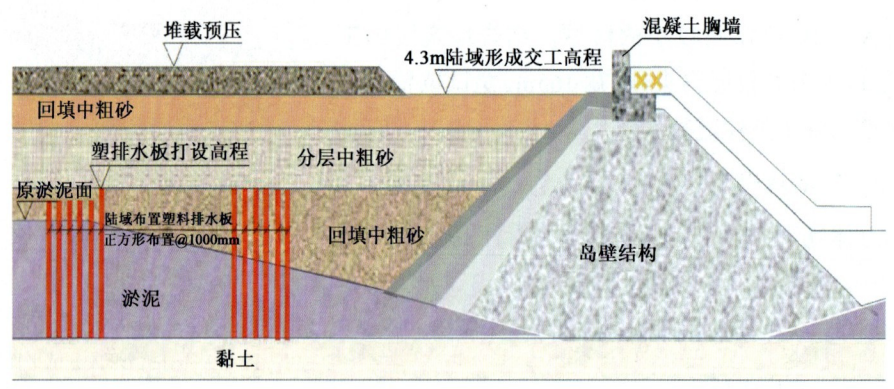

图4.3-4 地基处理典型横断面

4.3.4.4 卸载标准

卸载标准为：根据实测沉降曲线和孔隙水压力计实测结果反算固结度不低于85%，连续2个星期实测沉降速率小于5mm/d。工后沉降要求不大于500mm。

4.3.4.5 振冲

振冲功率不小于100kW，振冲间距初定为3.0m，振冲点呈正三角形布置。施工前进行现场工艺性试验，确定振密的可行性、孔距、振密电流值、振冲水压力、留振时间、提升速度、振冲后砂层的物理力学指标等。振冲孔施工宜沿直线逐点逐行进行。

4.3.4.6 碾压

振冲结束后，对表层松散部分采用振动碾压密实。振动碾压前应先选择试验区进行碾压试验,以确定碾压机械型号、振动力、碾压遍数。碾压密实处理后,表层压实度要求不小于95%,交工高程为+4.3m。

4.4 广深沿江高速公路桥墩保护措施设计

4.4.1 相互关系

广深沿江高速公路已建成通车并正常使用,东人工岛建成后,广深沿江高速公路机场互通主线桥位于岛内或接近岛壁结构,共42个墩台将受到东人工岛施工影响。深中通道主线穿过广深沿江高速公路53号~54号桥墩。深中通道主线隧道与广深沿江高速公路相互关系如图4.4-1所示。

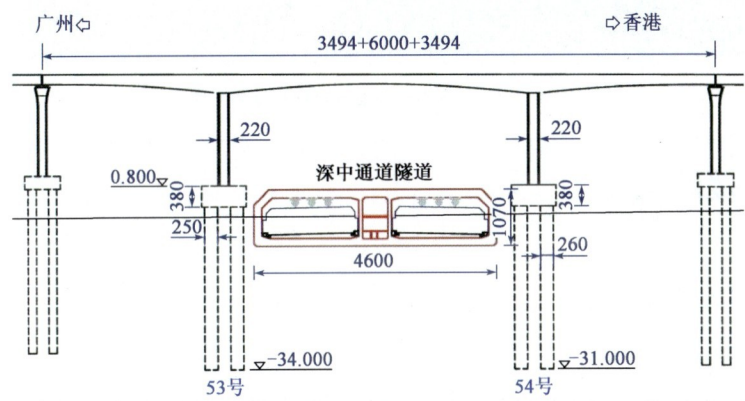

图4.4-1 主线隧道与广深沿江高速公路相互关系(尺寸单位:cm;高程单位:m)

由勘察报告可知,广深沿江高速公路沿线存在一定厚度的淤泥层,平均厚度约为8m,最大厚度达到15m,物理力学指标较差。如直接在桥墩下部及两侧进行回填,淤泥层强度和抵抗变形能力过低,在回填加载过程中,地基土体中将产生较大范围的塑形变形区,使地基发生过大的沉降和侧向位移。土体侧向位移是引起墩台桩基产生附加弯矩和变形的重要原因,当附加弯矩和变形大于桩基允许值时,将使桩基承载能力降低,严重时使桩基发生断裂破坏。因此,需对各桥墩处的淤泥层采取限制变形的措施,避免由于筑岛回填施工造成安全隐患而影响桥梁正常使用。

4.4.2 保护方案

在填筑东人工岛前,对影响范围内的广深沿江高速公路桥墩台采取钢板桩(钢管桩)+导梁+内支撑+内外部中粗砂分层回填措施进行保护。对受东人工岛填筑后F匝道、主线隧道、H匝道基坑开挖影响及岛壁施工影响的36号、37号、49号、50号、53号、54号、60号、61号、70号~76号共15组桥墩采用钢管桩进行保护,对其余桥墩采用钢板桩进行保护,具体保护方案平面布置见图4.4-2。

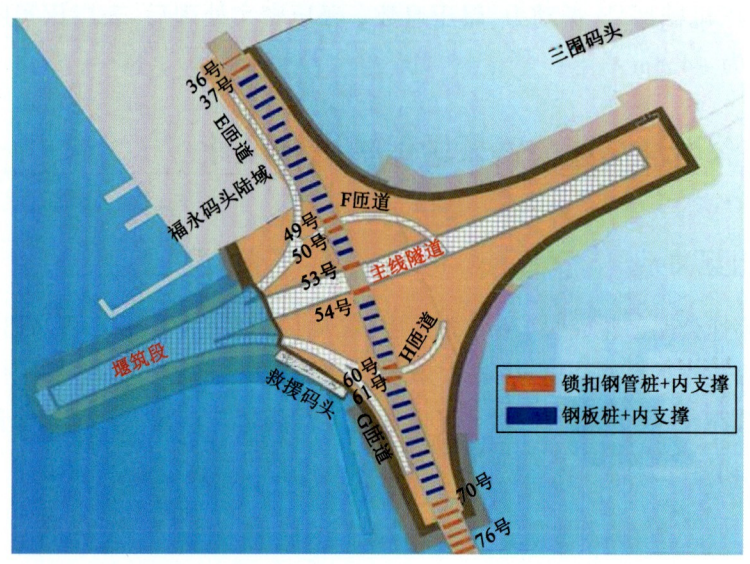

图 4.4-2　广深沿江高速公路保护方案平面

4.5　救援码头

4.5.1　码头功能要求

救援码头的功能要求为：

①为深中通道桥、岛、隧提供交通事故应急救援或人员紧急转移等基本救援保障功能。

②为确保大铲、矾石航道在深中通道施工期间的通航安全及建成后运行安全,在东人工岛上建设保障基地,用于存放航标设施、保养和备用器材等,满足航道日常维护及应急处置需要。救援码头还应满足航标工作船、航道巡查快艇停靠作业需要。

③在建设期间用作临时施工码头,为施工船舶提供临时靠泊点,为材料供应船舶提供卸船作业场地。

4.5.2　建设规模

码头按200t级救援船舶、起吊10t沿海航标工作船、起吊7t沿海航标工作船同时靠泊进行设计,可满足200t级救援船及1000t级船舶同时靠泊作业,水工结构按1000t级船舶设计。

4.5.3　码头布置

4.5.3.1　码头主尺度

救援码头岸线位于东人工岛西南侧岸线,岸线长度为165m,码头面高程为+3.5m,码头前沿底高程为-6.14m,码头前沿停泊水域宽度为20m。码头后方布置约25m宽的平台,与挡浪墙连接,平行于码头前沿线方向地面坡度为0°,垂直于码头前沿线方向地面坡度控制在5‰;在胸墙上布置踏步和斜坡道同陆域连接。

4.5.3.2 航道

救援码头航道东起救援码头回旋水域,西与大铲航道相接,救援码头航道与大铲航道夹角约30°,航道长度约1.6km。航道通航宽度43m,航道底高程-3.7m。

4.5.4 结构方案

4.5.4.1 基床

利用抛石斜坡结构的堤心石作为沉箱结构基床,基床厚度为5.0m,顶高程为-7.0m,底高程为-12.0m,采用表层锤夯和预压的方法进行密实处理。码头前沿底部设置2t四脚空心方块护面。

码头横断面构造见图4.5-1。

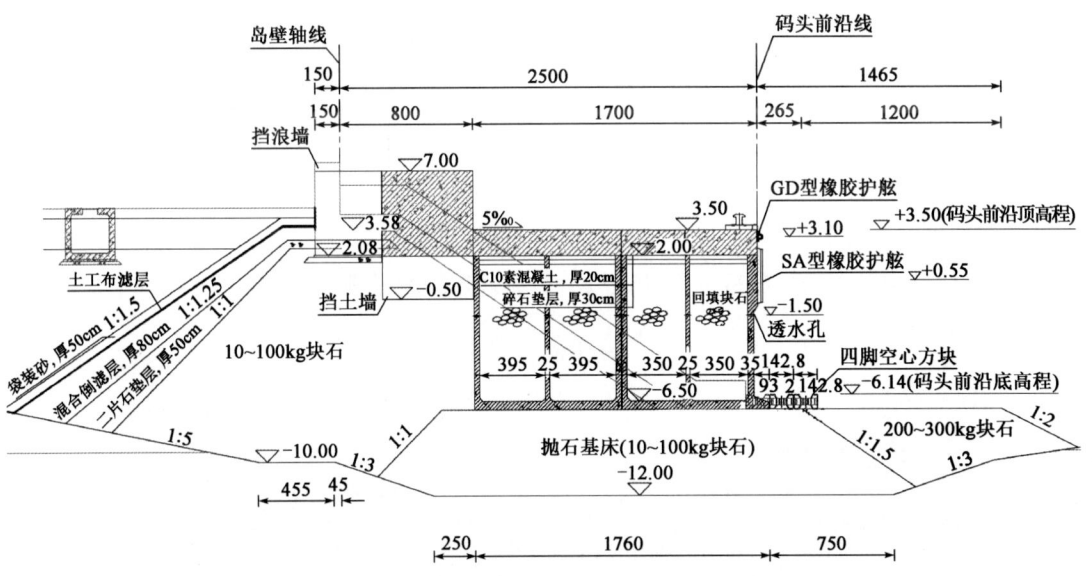

图4.5-1 东人工岛救援码头横断面(尺寸单位:cm;高程单位:m)

4.5.4.2 沉箱

沉箱底宽8.8m,长12.95m,高9.0m。沉箱内回填10~100kg块石,顶部设置0.3m厚碎石和0.2m厚素混凝土封顶。

4.5.4.3 胸墙

沉箱靠海一侧现浇胸墙,胸墙顶高程与码头面高程同为+3.5m,宽4.35m,前沿设护轮坎。胸墙每12.98m为一个结构段,结构缝以油浸木丝板填充。

4.5.4.4 墙后回填

沉箱后回填 10~100kg 块石至 +2.7m 高程。

4.5.4.5 挡浪墙

与人工岛的衔接码头与人工岛交界处为挡浪墙,顶高程为 7.0m。码头面与人工岛挡浪墙顶部通过踏步与斜坡道连接。

4.5.4.6 附属设施

码头前沿顶面安装 13 个 350kN 系船柱。在码头前沿横向及竖向配置橡胶护舷。

4.6 施工方案

4.6.1 岛壁地基处理施工

4.6.1.1 基槽清淤

基槽清淤施工采用抓斗船 + 泥驳船,广深沿江高速公路以东采用 300t 以下小泥驳穿越通航孔,将淤泥转至大泥驳运输船,然后转至指定抛泥区。

根据水深图,按确定的方法进行分段、分条、分层开挖。分段长度约为 150m,分条宽度为 17m,分层厚度为 3m。分条之间采用搭接开挖,搭接重复宽度不小于 2m。

开挖边坡时,根据设计坡比计算出放坡宽度,按矩形断面开挖。泥层较厚时,分层按阶梯断面开挖,使挖槽自然坍塌后接近设计边坡。边坡开挖控制横断面如图 4.6-1 所示。

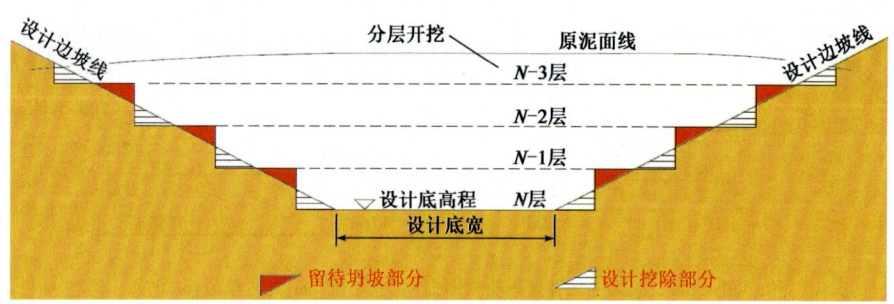

图 4.6-1 边坡开挖控制横断面示意图

4.6.1.2 水泥搅拌桩施工

岛壁结构距离广深沿江高速公路及福永码头较近段不适宜进行基槽开挖。用水泥搅拌桩加固该区域,桩直径为 0.55m,按照 1.0m×1.0m 的正方形布置。基槽水泥搅拌桩加固施工采用平板方驳 + 搅拌桩机分条进行,船舶上设置搅拌桩机可移动平台。置换率为 24%,水泥掺入量为 20%。分条加固施工示意见图 4.6-2。

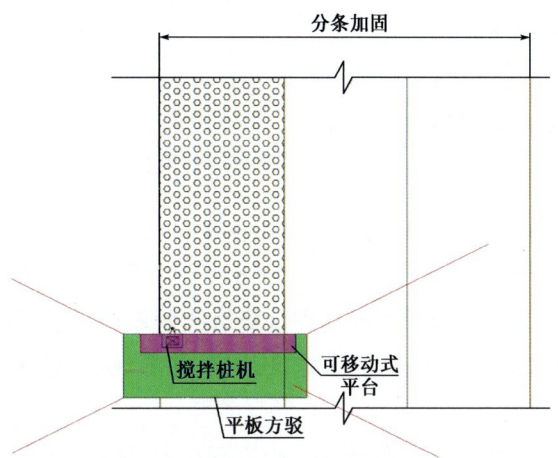

图 4.6-2 基槽水泥搅拌桩分条加固示意图

水泥搅拌桩施打完成且无侧限抗压强度不小于 1.0MPa 后,使用方驳上挖掘机进行上部 50cm 碎石垫层抛填。及时用挖泥船清除水泥搅拌桩施工中出现的拱淤。

4.6.1.3 水下旋喷桩施工

广深沿江高速公路桥下不适宜进行基槽开挖,且搅拌桩处理深度受桥下净空高度限制,对该区域进行水下旋喷桩加固施工。旋喷桩直径为 0.8m,桩中心距为 0.75m,正方形布置,置换率为 89%,搭接宽度取 0.5m。搭设平台进行旋喷桩加固施工水上作业,水上平台的承重可借助已完成的广深沿江高速公路桥保护钢管桩。在两个桥墩之间安装多向移动平台并放置旋喷桩机,根据孔位间距进行移动加固施工。旋喷桩加固水上作业平台平面见图 4.6-3。

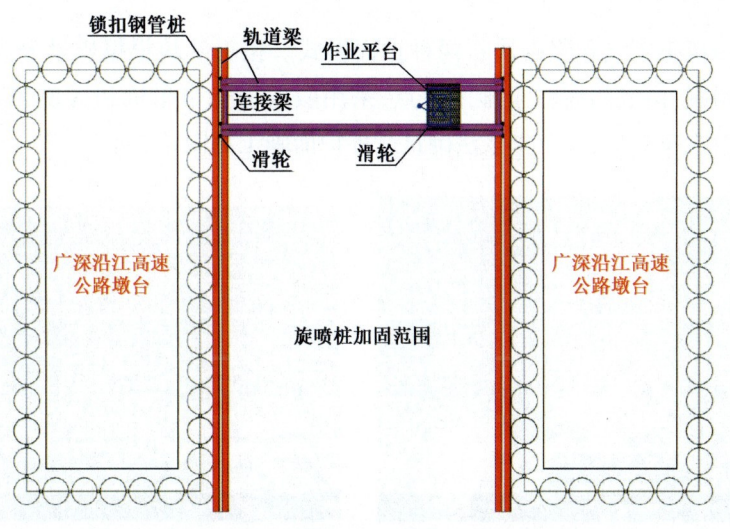

图 4.6-3 基槽水下旋喷桩加固水上作业平台平面示意图

成桩后,使用轻型触探器检查桩体的均匀性、桩身强度和抗渗指标,检查桩数不少于已完成桩数的 3%,对不合格者进行补喷。

4.6.2 岛壁结构施工

4.6.2.1 抛石斜坡式岛壁结构

1) 碎石垫层

基底水泥搅拌桩及旋喷桩处理段桩顶设 50cm 厚碎石垫层,采用运输碎石驳船配合反铲长臂钩机进行水下抛填和整平。

为防止回填碎石流失,必要时可考虑在碎石垫层两侧先抛填袋装碎石垵。碎石袋采用编织袋,由人工在碎石存放场地进行装袋并缝口,运至抛填地点,抛至设计断面,并达到设计高程。

石料的碎石粒径在 5~80mm,级配良好。碎石颗粒中,细长及扁平颗粒含量小于 20%。

2) 堤心石、护底块石、垫层块石抛理

采用水上抛填结合陆上抛填两种方法进行分层抛填。抛石施工作业分粗抛、补抛和成型三步,按照堤心石、护底块石、垫层块石抛理顺序施工。

①水上抛填采用开体驳水下抛石和平板驳配挖掘机抛填。搅拌桩及旋喷桩加固范围水深较浅,采用平板驳配挖掘机进行抛填。

②陆上抛填是在指定岛壁位置先抛填至水面以上,通过船舶与抛石结构搭建临时栈桥,自卸车运块石沿岛壁面纵向推进,长臂挖掘机配合理坡。

③随着堤心石施工完成,护底块石、垫层块石抛理采用平板驳运石配挖掘机抛填,长臂挖掘机沿岛壁行走进行理坡。

3) 外护面施工

外护面采用扭王字块和浆砌块石两种护面形式。扭王字块根据质量分为 5t 和 3t 两种。扭王字块集中预制,由驳船运输至施工地点,采用驳船上自带吊机和堤顶 25t 履带吊配合安装。浆砌块石由汽车陆运,人工坐浆法砌筑。外护面施工见图 4.6-4。

a) 吊装扭王字块

b) 砌筑浆砌块石

图 4.6-4 外护面施工

4)内侧倒滤层施工

总体施工顺序为:抛理堤心石→抛理二片石→抛理混合倒滤层→水上铺设土工布→抛理袋装砂压坡。

水面以上的二片石和碎石倒滤层通过方驳上安装的皮带输送机抛填,由汽车运至堤顶下料,挖掘机配合抛填理坡;抛填理坡完成后,迅速铺设土工布并抛理袋装砂保护堤身安全。在潜水员配合下,自上而下铺设土工布。在土工布滤层铺设后,及时抛填袋装砂。

5)胸墙施工

施工顺序:外侧护面与内侧倒滤施工→(静置至沉降基本结束)→回填二片石垫层、现浇素混凝土垫层→现浇胸墙。

胸墙施工采用人工现场绑扎钢筋、定型钢模板立模、混凝土集中生产、搅拌车运输、泵送混凝土入模现浇工艺。

4.6.2.2 扶壁式岛壁结构施工

1)西端扶壁结构

西端扶壁结构位于西侧堰筑段内,堰筑段施工完毕后,该部分岛壁结构可干施工。施工顺序如下:先施工直径550mm的水泥搅拌桩地基,待水泥搅拌桩地基满足设计要求后,施工直径800mm的灌注桩基础,接着抛填碎石垫层,整平后铺10cm厚C10混凝土垫层,最后现浇扶壁结构。

2)东端扶壁结构

东端扶壁结构外围采用钢板桩围堰,抽干围堰内的水,形成干施工条件后,汽车通过栈桥运输块石,长臂挖掘机配合抛填,履带式起重机配夯锤分层夯实基床,再进行扶壁结构施工,采用人工现场绑扎钢筋、定型钢模板立模、泵送混凝土入模现浇工艺。扶壁后的块石回填、倒滤层及胸墙等的施工顺序与抛石斜坡式一致。

4.6.3 救援码头施工

4.6.3.1 基槽开挖与抛石基床施工

开挖基槽时,采用抓斗挖泥船配泥驳组织"挖、运、抛"施工。采用驳船配挖掘机进行抛填块石基床等施工。

4.6.3.2 沉箱出运、安装

在预制厂临江侧设临时码头。沉箱被充气胶囊充气顶起后,由卷扬机拉至码头前沿。利用大型起重船起吊沉箱至平板方驳,由拖轮拖往安装现场,运至泊位码头安装区域后,起重船先抛锚就位,待低潮时再进行安装。沉放过程中,海水通过沉箱底部的进水孔灌入沉箱,沉箱均匀压水就位。沉箱出运及安装分别见图4.6-5、图4.6-6。

沉箱就位后,抛填块石填充。

图 4.6-5　沉箱出运　　　　　　　　　图 4.6-6　沉箱安装

4.6.4　陆域形成

4.6.4.1　岛内回填施工

1）水下填砂

广深沿江高速公路以东,采用皮带船供应砂料供泵砂船吹填,抛填至 +2.5m 高程。广深沿江高速公路以西直接采用皮带船进行分层抛填。

2）陆上回填砂施工

排水板施工完成后,使用皮带机输送至场内(图4.6-7),使用推土机、自卸土方车进行岛内转运(图4.6-8),分层填至堆载预压高程。

图 4.6-7　皮带机输送至场内　　　　　　图 4.6-8　自卸土方车岛内转运

4.6.4.2　排水板施工

岛内回填后,打设塑料排水板。广深沿江高速公路桥下及两侧,在水上打设排水板。塑料排水板施工示意如图 4.6-9 所示。

4.6.4.3　堆载及卸载

塑料排水板施工完成后,进行分级加载。每级堆载厚度为 1.0m,2 区顶高程 +2.5m 以上分级堆载厚度为 0.5m,及时整平后继续回填堆载。保障基地满载预压 200d,其他区域满载预压 150d,满足卸载要求后,将其回填区域卸载至 +4.3m 高程。

a) 陆上

b) 水上

图 4.6-9 排水板施工示意图

4.6.4.4 振冲碾压

卸载完成后，在东人工岛岛壁以内至距广深沿江高速公路桥墩承台 5m 以外的陆域，采用履带式起重机配振冲设备进行两点共振法振冲处理，振冲孔间距为 3m，布置为等边三角形，见图 4.6-10。

图 4.6-10 回填振冲施工

振冲结束后，将表层松散部分振动碾压密实。振动碾压前先选择试验区进行碾压试验。碾压密实后，要求表层压实度不小于 95%，交工高程为 +4.3m。

4.6.5 沿江高速公路桥保护施工方案

4.6.5.1 施工工艺流程

对于东人工岛岛壁及岛内隧道下穿高架桥段两侧桥墩，采用锁口钢管桩围堰进行保护；对于其他桥墩，均采用钢板桩围堰进行保护。堰内回填砂。

4.6.5.2 围堰桩施工

围堰钢板桩施工采用静压植桩机（图 4.6-11），钢管桩施工采用浮式起重机+免共振振动锤（图 4.6-12）。免共振施工噪声小、无振动，对桥桩影响小。

图 4.6-11　静压植桩机施工　　　　　　　　　图 4.6-12　钢管柱施工

4.6.5.3　围堰内外部回填

在相应桥桩围堰保护完成后进行桥下及两侧岛壁地基加固,桥桩两侧岛壁对称抛填。填砂时,横桥向分层对称回填,利用浮箱安装带式输送机按桥跨逐跨分层回填,每跨由桥中心轴线向两侧分层回填。桥桩四周 2.5m 高程以下,回填高差控制在 1m 内;2.5m 高程以上,回填高差控制在 0.5m 以内。

第5章 西人工岛

5.1 总体设计

西人工岛的功能需求与设计标准与东人工岛相同。

5.1.1 岛形设计

人工岛是桥隧转换的重要组成部分,也是通道建筑表现力的重要环节。西人工岛设计以平衡、和谐为整体设计理念,对称和平衡是人工岛岛形设计的驱动因素。以道路中心线作为对称设计的中轴,只在人工岛表面和部分建筑设计上才有微小的偏差,力求岛外形的对称性。

人工岛轴线长625m(以挡浪墙内边线计),横向最宽约456m。岛壁结构可分为5段,BC、DC均为直线,长303.49m,AB、ED为弧线,长472.55m,AE为直线,长70m。西人工岛岛形布置见图5.1-1。

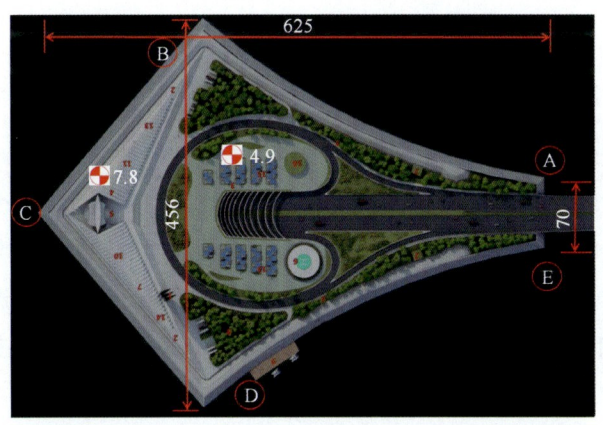

图5.1-1 西人工岛岛形布置(尺寸单位:m;高程单位:m)

西人工岛位于矾石水道西侧,东侧与隧道衔接,西侧与伶仃洋大桥引桥衔接。形成陆域面积13.70万m^2,用海面积25.58万m^2。岛壁结构总长1622.1m。陆域高程为4.9m。

人工岛内隧道分为暗埋段和敞开段,其中,暗埋段长175m,敞开段长300m。

5.1.2 功能布局

5.1.2.1 总体功能布局

西人工岛设置有隧道管理站、救援站、通信站等必要的运营管理设施以及路政、交警、消防执勤点等。岛上配套建设办公楼、宿舍等管理用房以及各类配套功能用房,包括风塔、风机房、雨水泵房、供水泵房、越浪泵房、消防泵房、变电站、发电机房、污水处理站、停车场等。设置直升机停机坪、救援码头供应急救援使用。岛上设置环岛路,满足消防及运营期巡视要求。

西人工岛总体功能布局示意见图5.1-2。

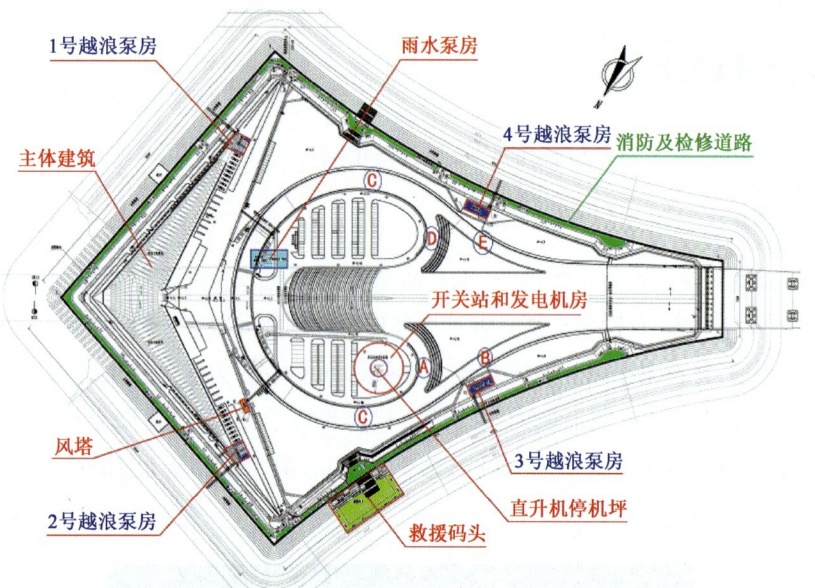

图 5.1-2　西人工岛总体功能布局示意

5.1.2.2　进、出岛道路

根据海上桥隧连接转换的使用功能需求,西人工岛设置主线进出岛道路,主要服务于管养、救援车辆通行,考虑有限的对外服务功能。西人工岛承担的转换交通量较小。

西人工岛的长度受防洪因素控制。在此基础上,以加(减)速车道不进入沉管隧道段为原则布置进出岛道路,布设空间十分有限。西人工岛进出岛道路平面设计主要受岛规模及岛面规划控制。

西人工岛匝道出入口仅供管养救援车辆使用,不对社会车辆开放。匝道设计速度为30～40km/h。匝道最小平曲线半径为35m。西人工岛范围主线位于分离式隧道直线段上,主线为直线,主线加、减速车道长度均按100km/h设计速度设置,A、B、D、E匝道采用单车道出入口,减速车道长度不小于215m(含渐变段长度90m),加速车道长度不小于280m(含渐变段长度80m)。

按照上述各控制因素,并结合建筑景观需要,布置了对称苜蓿叶方案(图5.1-2),充分利用岛上空间。

西人工岛范围内,主线纵坡为2.98%,匝道最大纵坡为3.149%(B匝道)。

5.1.2.3 岛上道路

根据挡浪墙内侧道路高程并结合岛内消防和巡视要求,挡浪墙内侧设 5.0m 宽环岛路,环岛路高程为 7.8m。环岛路设 5% 纵坡与岛上道路衔接。考虑到环岛路受外海越浪海水影响较大,采用混凝土路面。

5.1.2.4 给水设计

西人工岛设给水管线,通过隧道方向敷设的 2 根 DN200mm 供水管向西人工岛供水。

5.1.2.5 排水设计

西人工岛排水包含 4 部分:越浪海水、岛面雨水、隧道雨水、隧道及岛面污水。

1)越浪海水

在全岛设置 4 座越浪泵房(图 5.1-2),分别位于东、西、南、北四侧,越浪泵房设置在挡浪墙内侧。沿人工岛设置环岛排水明沟,用于截流排放越浪海水及雨水,并作为 4 座越浪排水泵房的过水通道。

越浪排水泵分为两种:

①固定排水泵:设计工况满足重现期 100 年高水位和重现期 100 年波浪要素组合条件下的排水要求。此设计工况下,越浪量平均值为 $0.005\text{m}^3/(\text{s}\cdot\text{m})$,岛内越浪量为 $2.5\text{m}^3/\text{s}$。

②移动排水泵:极端工况满足重现期 300 年高潮位和重现期 300 年波浪要素组合条件下的排水要求。此极端条件下,越浪量平均值为 $0.015\text{m}^3/(\text{s}\cdot\text{m})$,岛内越浪量为 $7.5\text{m}^3/\text{s}$。该工况属于极端情况,配备若干台自带柴油机的可移动式自吸泵作为临时排水设施机动备用。在台风来临之前,可根据灾害预报,提前将临时水泵运至越浪排水渠位置待命。该设备平时放置在岛内设备房内,定期检修。

2)岛面雨水

岛面设计降雨强度采用深圳暴雨强度公式(重现期 100 年),降雨历时 15min。人工岛岛面汇水面积为 9.35 万 m^2(含桥面),人工岛径流雨水总流量(不含隧道)约为 $2.7\text{m}^3/\text{s}$。

岛面雨水通过岛面散坡汇入邻近排水沟。屋面雨水经雨水斗和雨水管有组织排放至建筑物外围排水明沟。其余区域地面雨水沿地形散排至各分区排水明沟。

西人工岛岛内部分雨水通过雨水沟排至雨水回用系统,经过处理后回用作室外绿化用水。雨水收集池溢流通过雨水管流入环岛排水沟。

3)隧道雨水

主线隧道和各匝道降雨排水系统设单独的雨水泵房。主线隧道雨水通过雨水泵房接入雨水回用系统,经过处理后回用作室外绿化用水。匝道雨水通过雨水泵房接入附近环岛排水沟。

4)隧道及岛面污水

隧道废水通过引自隧道底部的废水管接入隧道污水处理泵房,经处理后排入附近排水沟。岛面生活污水经污水处理设备处理后排入附近排水沟。

5.2 岛壁结构设计

5.2.1 工程地质

西人工岛所处海域海底表层为河流堆积形成的较厚淤泥层,人工岛范围内地势总体平坦,泥面高程一般为 -12.0～-17.0m。覆盖层上部主要为海积的淤泥、淤泥质土夹砂,下部为冲洪积的砂土、局部为圆砾,覆盖层厚度分布不均,一般为18.4～25.3m,厚度变化较大。其中,淤泥质黏土等软土层厚度一般为7.0～20.5 m,其分布范围为从海底泥面至高程 -31.09～-37.93m。该软土层为海相沉积成因,具有高含水率、大孔隙比、小重度、低抗剪强度、高压缩性、欠固结和渗透性差的特点,地基容许承载力值为35～60kPa。

基岩主要为燕山期花岗岩,其中西小岛西北侧揭示基岩为花岗闪长岩。全、强风化层受风化和构造影响严重,结构基本破坏,风化差异显著,厚度为0.4～14.2m,形成小的风化槽。中风化面起伏较大。地质剖面示意见图5.2-1。

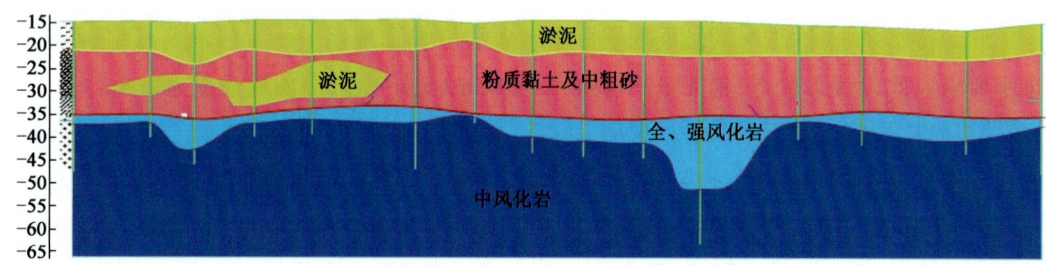

图 5.2-1　西人工岛地质剖面示意(高程单位:m)

5.2.2 岛壁结构比选

深中通道项目中,隧道施工是整个工程的关键线路。根据总体计划安排,沉管隧道的施工需从西人工岛一侧开始,沿轴线采用逐段依次沉放预制沉管的方式推进。为能按计划顺利完成隧道施工,要求西人工岛侧必须先施工一段隧道。根据隧道对接工艺的要求,该段隧道考虑设置在人工岛内暗埋段,采用干法施工,即首先形成干基坑,在干基坑内现浇隧道,完成管节底部、侧面的二次止水结构,拆除人工岛端头结构,露出隧道的对接端头,从而完成岛隧结合部对接首节预制沉管管段的施工准备工作。故要求人工岛工程必须配合隧道施工进度要求,西人工岛岛上暗埋段隧道尽快具备与沉管隧道对接的条件,在选择岛壁结构和基坑支护形式时应充分考虑干基坑施工和深中通道总体工期的需求。

5.2.2.1 首节沉管安放时机

1)成岛前安放首节沉管

如果在成岛之前先进行首节沉管安放,利用首节沉管作为止推段进行后续沉管安放,可以摆脱人工岛建设对沉管安放工期的影响,从而加快沉管安放速度,压缩工程的整体工期。但存在以下问题：

①首节沉管安放后，由于其内部为空心结构且处于水下，重力提供的基床压力非常小，所能够提供的水平摩擦力也很小，将其作为止推段所能提供的摩擦力不足以实现止推功能。

②首节沉管安放后，将围绕沉管进行人工岛建设，人工岛建设过程中的沉降将对首节沉管带来连带沉降，甚至会带来水平位移和差异沉降，这很难控制，且对沉管的使用是致命的。

③首节沉管安放后形成人工岛，由于内部现浇暗埋段施工需要干施工条件，那么围绕沉管的止水施工将成为非常大的难题。尽管可以在沉管周边预留止水橡胶，但水下施工难度大，止水效果难以保证。

2）成岛后干施工止推段

成岛后干施工止推段，之后拆除岛头，进行首节沉管对接。由于在成岛过程中进行了地基处理和预压，工程后期连带沉降很小，差异沉降也可得到控制；止推段处于干地，可以提供足够的水平摩擦力实现止推功能；止水施工完全在陆上进行，施工质量可以得到保证。本方案可以解决成岛前安放首节沉管所产生的问题。

由于首节沉管安放需要在人工岛形成、地基处理、止推段干施工完成后进行，因此其工期受制于人工岛建设进度。如何加快人工岛建设速度，尤其是如何加快止推段建设速度，是本方案的关键。

3）方案比选

经过以上论证分析，成岛前安放首节沉管方案存在的问题较多，难以形成可靠有效的解决方案，且没有建设先例；成岛后干施工止推段方案虽然工期较长，但建设方案比较可靠，建设案例较多。因此推荐采用先成岛再进行首节沉管安放的方案。

5.2.2.2 小岛建设的必要性

1）首节沉管出运安装工期

根据工期推算，首节沉管具备对接条件的时间应在预制场和运输安装一体船开工后的24个月，这就要求西人工岛岛上暗埋段隧道要在该节点具备与沉管隧道对接的条件。

2）西人工岛建设工期

根据西人工岛规模和尺度，若采用填筑完成整个人工岛岛体再施工隧道的方式，经推算，仅填筑人工岛最快需要30个月左右，再加上岛上暗埋段隧道施工周期，最快在开工后39.5个月具备对接条件，无法满足首节预制沉管隧道对接的时间要求。

3）港珠澳大桥建设经验

港珠澳大桥东人工岛未设置小岛，而西人工岛设置了小岛，剔除东人工岛开工时间滞后影响，实际上由于西人工岛设置小岛，比东人工岛止推段基础施工时间提前了337d。

根据港珠澳大桥西人工岛施工经验，如果深中通道西人工岛设置西小岛，小岛成岛时间远早于大岛成岛时间，在小岛堆载预压期间，大岛正好处于塑料排水板打设等软基处理阶段；小岛具备开挖卸载条件远早于大岛具备开挖卸载条件，在大岛堆载预压过程中，小岛内可以进行基坑开挖、隧道基础及止推段的施工,待止推段施工完成后,大岛基本具备开挖卸载条件,隧道主体结构可以依次往前推进,既节省了工期,又能保证施工的连续性,节省施工成本。

4）小岛建设必要性

根据隧道对接工艺要求,需先期施工的第一段隧道长度为60.0m,而人工岛总长为625m。因此,可考虑根据第一段暗埋隧道区域大小先行围筑一个小人工岛,以便施工对接暗埋段隧道,有利于快速形成对接条件;剩余部分的人工岛可在先期隧道施工的同时继续填筑,最终按期完成西人工岛填筑工程,再继续施工岛上段剩余部分的隧道和其他构筑物。

综上所述,根据隧道施工的总体进度要求,为避免对隧道施工造成延误,建议西人工岛填筑分成小岛和大岛两个部分,西人工岛开工时间适当提前。

5.2.2.3 岛壁结构比选

共对三个方案进行综合比选。

1）方案一：插入式钢圆筒结构+抛石斜坡结构方案

插入式钢圆筒结构由格形钢板桩结构演变而来。日本关西国际机场护岸工程在全球首次采用钢圆筒,我国番禺南沙蒲州海堤护岸工程（直径13.5m）以及港珠澳大桥人工岛工程（直径22.0m）也应用了钢圆筒（图5.2-2）。

插入式钢圆筒结构的整体受力机理上类似于格形钢板桩结构,但其整体性要优于格形钢板桩。插入式钢圆筒筒内填料受筒体的约束,钢圆筒和内部填料形成一个整体,靠填料内部摩擦力产生抗剪切力矩来抵抗水平力产生的倾覆力矩。

和格形钢板桩相比,插入式钢圆筒结构除了具备格形钢板桩的全部优点外,在整体性、稳定性、止水性以及施工速度等方面均存在明显的优势;缺点在于对于钢圆筒打设设备要求较高,需要大型起重船以及共振锤组进行打设。但这在港珠澳大桥人工岛工程中已经得到了解决。

首先将人工岛岛壁结构下方淤泥开挖至−17.0m,然后打设钢圆筒结构,钢圆筒直径为28m;振沉后立即在基槽内回填中粗砂至−13.0m。钢圆筒之间采用钢弧板进行连接,筒内回填中粗砂并振冲密实;之后岛内进行回填及降水预压地基处理施工,岛外进行抛石斜坡结构施工。方案一横断面见图5.2-3。

图5.2-2 插入式钢圆筒结构示例（港珠澳大桥工程）

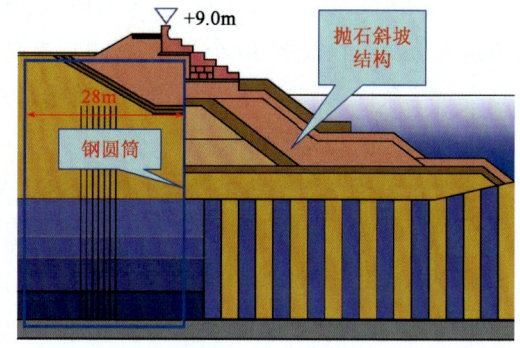

图5.2-3 方案一横断面

2)方案二:重力式沉箱结构+地下连续墙方案

沉箱结构根据沉箱形状可细分为方沉箱、圆沉箱以及椭圆沉箱。其中,圆沉箱受力性能及外形效果好,常用于景观护岸。该结构主要由抛石基床、墙身结构和防浪胸墙组成,结构通过抛石基床将上部荷载传给地基,对地基要求较高,一般用于岩质和承载力较高的土基。沉箱结构的施工包括沉箱预制、浮运和安装等。沉箱在预制厂预制完成后,由气囊平移至半潜驳上,然后由半潜驳浮运至工程建设地,借助起重船进行吊装(图5.2-4),通过往箱内注水使其沉放在抛石基床上,最后进行沉箱内的回填施工。沉箱结构在珠江口地区港口工程中应用较多,大铲湾等港区已建码头大多采用沉箱结构,施工经验丰富。

a)浮运　　　　　　　　　　　　　　b)吊装

图5.2-4　沉箱浮运、吊装

沉箱结构不具备止水性能,可用于岛壁结构与基坑支护结构分离方案中的岛壁结构部分。

方案采用圆沉箱,外径为16m,高度为18.6m;沉箱内设置"回"字形隔墙,沉箱底高程为-15.0m,顶高程为3.6m,质量小于3200t。沉箱仓内"口"字形外部隔舱回填素混凝土,防止船舶撞击造成沉箱损坏,"口"字形内部回填块石,块石顶部设置碎石和素混凝土封顶。沉箱顶部设置现浇钢筋混凝土"L"形胸墙,前沿顶高程为9.5m,海侧设置挑浪圆弧。沉箱后回填10~100kg抛石棱体,棱体后依次设置0.5m二片石、0.8m混合倒滤层和土工布倒滤结构;倒滤结构后方回填陆域填料。沉箱间设置对接腔,腔内设置倒滤结构。岛壁结构方案二横断面如图5.2-5所示。

为满足岛内现浇沉管干施工条件,岛内支护结构采用现浇钢筋混凝土地下连续墙方案,地下连续墙起挡土、挡水作用,围护结构与岛壁结构分离。

地连墙顶面高程为+5.1m,底部进入中风化岩,壁厚为1.2m。

3)方案三:抛石斜坡结构+地下连续墙方案

首先在岛壁结构下打设直径1.6m的挤密砂桩,间距为2.4m,正方形布置,砂桩置换率为35%,砂桩平均桩长为18.5m。之后将岛壁结构下方淤泥清除至砂桩顶部,铺设1.5m厚碎石垫层。堤身抛填10~100kg块石。抛石堤身外侧+1.0m高程以下坡度为1:1.5,+1.0m高程以上坡度为 1∶2，外侧设置 1.4m 厚 800~1000kg 块石垫层、8t(14t)扭王字块石护面。抛石堤身内侧坡度为 1∶1，由内向外依次设置土工布 2 层、0.6mm 厚二片石、0.8mm 厚混合倒滤层。堤心石顶部设现浇混凝土阶梯状胸墙，胸墙顶高程为 +9.0m。岛壁结构方案三横断面如图 5.2-6 所示。

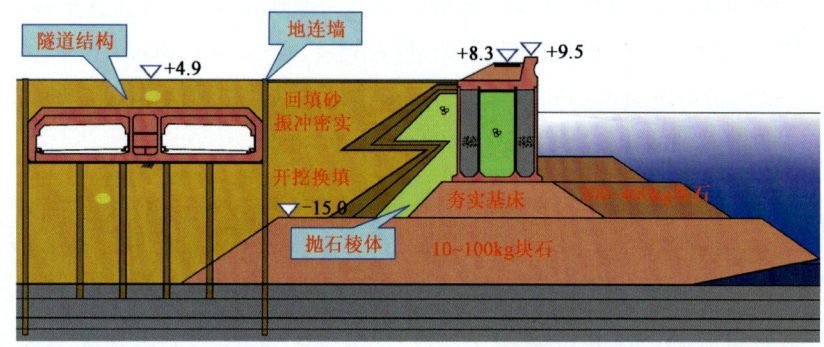

图 5.2-5　方案二横断面(高程单位:m)

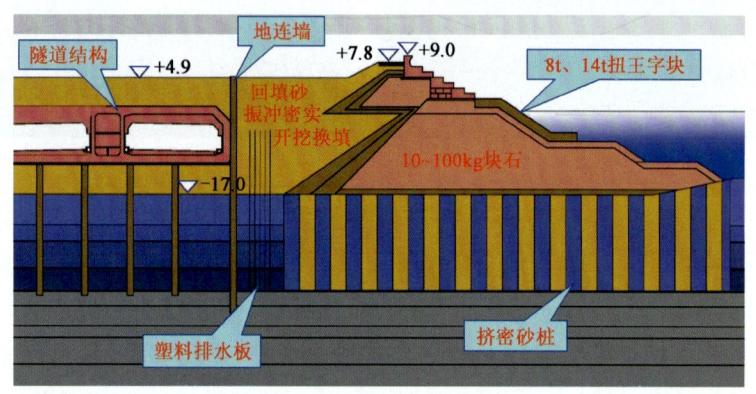

图 5.2-6　方案三横断面(高程单位:m)

支护方案同方案二。

4)方案比选

对于以上 3 个方案的主体结构、施工、基坑作业面、沉管对接条件、耐久性、施工风险、防撞性能以及造价等多方面进行比选。方案一具有以下优点：

(1)主体结构方面

采用大型起重船将预制的大直径钢圆筒沿人工岛外圈振沉至持力层，并在圆筒之间打设钢弧板构成副格，构筑安全、可靠的隧道基坑施工期止水围护结构，实现快速成岛止水的同时，避免了传统基坑围护结构的内部支撑结构，扩大了岛上隧道施工的作业面；岛壁结构在施工期和使用期的安全富余度高，变形小；岛壁地基处理方案简单快速，可快速形成隧道施工的海上稳固基地，同时也为岛内软基处理创造了有利条件。

(2)施工方面

将永久的抛石斜坡堤和临时的隧道围护结构相结合,充分发挥深插式钢圆筒截断深层滑动面的构造作用,使人工岛内外两侧可以同步施工,现场交叉作业少;需要的大型施工船机数量及施工工序少,工期短,基坑形成速度快,形成沉管对接条件时间短;整体结构的施工期稳定性强,止水可靠性强。

(3)耐久性和防撞性能方面

岛壁结构外侧永久结构是抛石斜坡堤,无须采取防腐措施和进行额外运营维护;斜坡式结构与船体接触,消能效果好,对船体损害小,结构受损后易于修复。

通过以上比较,推荐方案一,即插入式钢圆筒结构+抛石斜坡结构方案。

5.2.2.4 岛壁结构设计

1)插入式钢圆筒

西小岛共布置钢圆筒14个,西大岛共布置钢圆筒43个,总数为57个,钢圆筒直径为28.0m。先期施工的第一段暗埋隧道完成后,共切割8个钢圆筒,其中海侧5个为水下切割,陆侧3个为陆上切割。钢圆筒布置平面见图5.2-7。

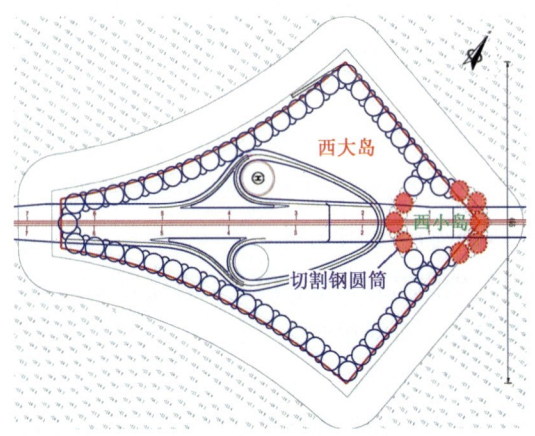

图5.2-7 钢圆筒布置平面

钢圆筒壁厚19mm,筒顶高程为+3.5m,筒底高程根据持力层高程确定为-31.5~-38.0m,筒质量为583~683t。钢圆筒是空间薄壁结构,为满足圆筒下沉时的压屈稳定、防止下沉过程中产生整体变形,采取了加固措施。主要加强措施包括筒顶、筒底刃角处、横向、纵向和环向内加强肋等:

①钢圆筒顶部需承受振沉设备较大的激振荷载,钢圆筒顶部1.0m范围内,采用壁厚25mm的钢板。

②为有效地将激振力均匀地自筒顶传递至筒底,沿环向间隔7.5°焊接整体刚度较大的T型钢作为纵向加强肋,肋高250mm,共48条。

③为增大钢圆筒的环向刚度,减少结构变形,在钢圆筒-13.0m高程以上部分焊接横向加

强钢板,高度为234mm,壁厚为25mm,间距为3.33m。

④为增大钢圆筒吊装和振沉初期的环向刚度,减小结构变形,在钢圆筒下沉面以下设置了3道内加强圈,高度为100mm,内加强圈焊接于相邻T肋上。

⑤为防止钢圆筒底部卷边,在钢圆筒底部0.5m高范围内,采用25mm厚钢板加强。

⑥在指定位置设置宽榫槽,宽榫槽由不等边角钢组成,两侧采用钢板加强,标准钢圆筒上焊接4个宽榫槽。

建议采用12台大型液压振动锤联动振沉,使钢圆筒插入。

2)副格仓结构

钢圆筒之间标准净距为2.0m,通过副格仓连接,副格仓两端焊接钢板形成T形锁口,与钢圆筒上宽榫槽连接。副格仓设计弧长半径为7.0m,壁厚为14mm,副格仓顶高程为+3.5m,长度为30m,副格仓质量为51t。

①为有效地将激振力均匀地自筒顶传递至钢弧板底,沿环向间隔7°~8°焊接整体刚度较大的T型钢作为纵向加强肋,肋高250mm,共11条。

②为了增强钢弧板对于钢圆筒振沉平面偏差和垂直度偏差的适应性,钢弧板仅顶部设置1条横肋,不设置内加强圈,打设前应利用桁架对钢弧板平面进行加固。

采用大型液压振动锤振沉,使钢圆筒插入。

3)钢圆筒及副格仓回填

钢圆筒和副格仓回填料采用中粗砂。回填与筒内地基处理堆载相结合,降水联合堆载预压处理后能达到工后沉降要求。考虑原状土预压处理固结沉降以及回填砂自身的振冲密实,钢圆筒和副格仓需回填中粗砂约87.2万m^3。

经过回填和地基处理后,钢圆筒和副格仓内交工高程为+3.5m。回填高程应结合交工高程、排水预压沉降量和回填砂密实沉降量综合考虑。

4)钢圆筒与副格仓的止水连接设计

钢圆筒和副格仓打入粉质黏土夹砂、粉质黏土、黏土层等不透水层,钢圆筒上宽榫槽与副格仓两端焊接钢板形成T形锁口连接(图5.2-8),在宽榫槽外侧安装防渗角形胶皮,宽榫槽内填充止水材料。

5)钢圆筒底部止水设计

钢圆筒底部的粗砂、砾砂、砂砾状强风化花岗岩、碎块状强风化花岗岩与海水连通,富含孔隙承压水,具有较强的渗透性,需在底部采取措施以满足基坑内的渗流稳定和突涌稳定要求。

(1)西小岛止水设计

在钢圆筒基坑侧,圆筒(或副格仓)底高程以上5m到中风化岩层顶面设置高压旋喷止水帷幕(图5.2-9)。止水帷幕采用3排连续的高压旋喷桩,桩径0.8m,搭接宽度取0.2m。高压旋喷帷幕渗透系数不大于$1×10^{-5}$cm/s。高压旋喷帷幕墙取芯28d无侧限抗压强度不小于1.0~1.5MPa。

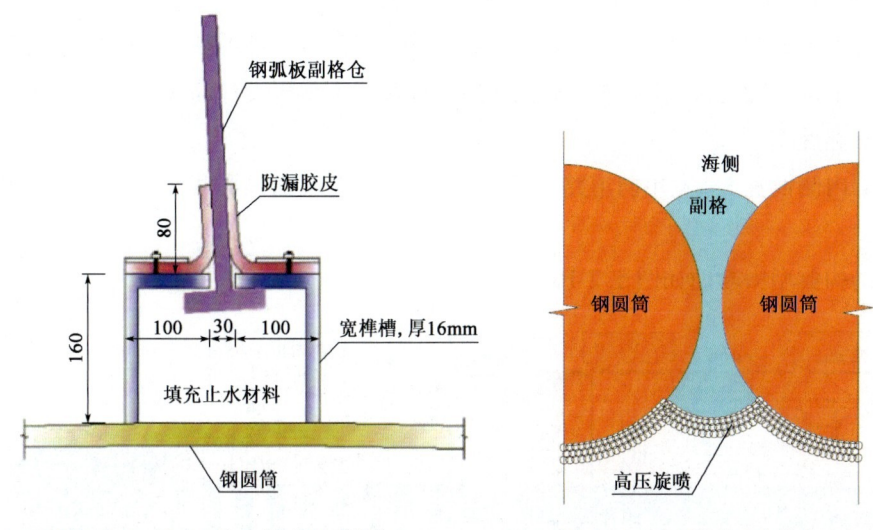

图 5.2-8 锁口止水示意图(尺寸单位:mm)　　图 5.2-9 高压旋喷止水帷幕示意

在钢圆筒及副格内(基坑周边)设置降压管井,管井底部进入砾砂状强风化岩,降水高程为 -16.0m。

(2)西大岛止水设计

在钢圆筒和副格仓未能达到设计高程时,采用高压旋喷止水帷幕进行止水。

在钢圆筒及副格内(基坑周边)设置降压管井,管井底部进入砾砂状强风化岩,降水高程为 -14.0m。

6)抛石斜坡堤结构方案

(1)基础处理

在钢圆筒外侧 3.5～58.5m 范围内进行水下挤密砂桩施工。

(2)堤身回填

在基槽换填中粗砂表面设置 1.0m 厚碎石垫层,然后抛填碎石至 -3.0m 高程,外侧抛填 2.0m 厚二片石和 10～100kg 块石,顶高程为 -1.0m,边坡坡度为 1:1.5。在 10～100kg 块石堤心 -8.4m 高程处设置 12m 宽平台。

(3)护面和护底结构

10～100kg 块石堤心外侧设置 1.4m 厚 800～1000kg 块石垫层, -7.0m 平台以上采用 8t(局部 14t)扭王字块护面, -7.0m 平台以下采用 800～1000kg 块石护面。+1.0m 平台扭王字块护面内侧安装预制混凝土挡块,防止内侧填料流失。护底采用 100～200kg 块石,厚度为 1.2m,宽度为 10.0m。

7)挡浪墙

+1.0m 高程以上堤心石顶部设现浇混凝土阶梯状挡浪墙,采用 C40 高性能混凝土,分 3 层浇筑,顶高程分别为 +3.0m、+5.0m 和 +9.0m。挡浪墙下设置 0.1m 厚 C10 素混凝土垫层和 0.3m 二片石垫层。挡浪墙后回填 10～100kg 块石。

考虑到人工岛在施工期和交工后会产生一定的沉降变形，挡浪墙采用分段分期现浇施工，同时预留一定富余高度，以满足竣工后挡浪墙顶面高程不低于设计高程。

8）环岛路路基

挡浪墙内侧设置 5m 宽单向道路，高程为 +7.80m，路基面顶高程 +7.20m，采用混凝土面层结构。

岛壁结构典型横断面如图 5.2-10 所示。

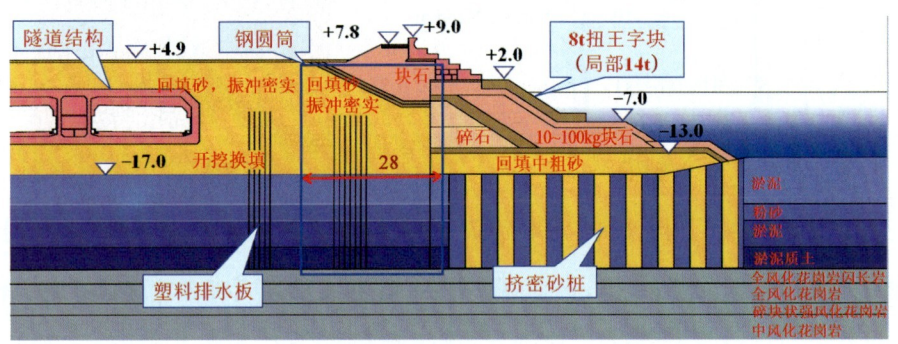

图 5.2-10　岛壁结构典型横断面(尺寸单位:m;高程单位:m)

9）钢圆筒施工工序

钢圆筒施工前先进行基槽开挖，开挖基槽至 -17.0m。然后：

①对西小岛，回填 2m 中粗砂→插入式钢圆筒施工→基槽回填至设计高程。

②对西大岛，插入式钢圆筒施工→基槽回填至设计高程。

5.2.2.5　防撞设计

西人工岛按 10 万 t 级满载船舶撞击设防，船舶撞击能量为 153.6MJ，防撞目标为岛壁结构主体不产生整体垮塌和倾覆等难以恢复的损坏。斜坡式岛壁结构通过外侧斜坡的坡度和坡前水深减小，迫使船舶在撞击过程中搁浅，降低撞击能，同时减轻船舶自身的损坏程度；岛壁材料选择散状抛石，在撞击中能吸收能量。斜坡外侧的人工护面块体在局部破坏后可进行替换，修复简单。

5.3　陆域形成

5.3.1　高程设计

本工程人工岛极端高水位的重现期为 300 年，考虑该工程的重要性，采用重现期 1000 年的潮位进行复核，并考虑海平面的上升趋势以及工后沉降因素。岛面设计高程 = 3.84m（重现期 1000 年极端高水位）+0.5m（预留工后沉降）+0.5m（海平面上升）= 4.84m。因此，人工岛的高程应不低于 4.84m，设计取 4.9m（85 国家高程起算）。

5.3.2 陆域形成方案

5.3.2.1 回填料

陆域形成回填料采用中粗砂。陆域形成回填与软基处理堆载相结合,降水联合堆载预压处理后能达到工后沉降要求。考虑原状土预压处理固结沉降以及回填砂自身的振冲密实,西人工岛需回填中粗砂约224.9万 m^3(包含岛内回填量及沉降量,不包含基槽回填量、筒内回填量)。

5.3.2.2 陆域形成高程

经过陆域形成和地基处理后,场区交工高程为+4.3m(预留60cm面层厚度)。陆域形成高程应结合交工高程、排水预压沉降量和回填砂密实沉降量综合考虑。场区陆域形成需要结合地基处理施工工序统一考虑。

5.3.2.3 陆域形成围堰

陆域形成时,需要在外侧设置围堰结构,防止回填砂流失。本工程利用钢圆筒作为陆域形成的围堰结构。为保证西小岛的工期要求,先施打西小岛的钢圆筒,再施打西大岛的钢圆筒。

5.3.2.4 龙口

钢圆筒龙口宜设置在浪、流作用较小的区域,拟设置在人工岛北侧位置。根据施工需要,龙口宽度可在2~6个钢圆筒宽度之间。

5.3.2.5 管袋临时围堰

圆筒区塑料排水板插设完毕、回填至+3.5m高程后,在圆筒区设置一道防台围堰,以保护圆筒区和岛内区施工的安全。围堰顶高程为+7.0m,采用抗风浪能力强的土工管袋结构,土工管袋外侧采用150mm厚模袋混凝土进行保护。

5.3.2.6 施工工序

陆域形成前,先进行基槽开挖并下沉施工圆筒,开挖基槽至-17.0m高程,回填中粗砂至-13.0m高程。待圆筒合拢形成封闭的陆域边界后,再进行陆域形成施工。为尽快实现沉管隧道对接,陆域形成时先进行西小岛施工,然后再进行西大岛施工。

西小岛钢圆筒合拢后可采用皮带船送砂工艺;西大岛可采用开底驳抛砂与皮带船送砂相结合填筑方式,在钢圆筒形成一定的掩护后先采用抛填中粗砂工艺,待钢圆筒合拢后再采用皮带船送砂工艺。

5.4 地基处理

5.4.1 岛壁结构内侧地基处理

5.4.1.1 西小岛陆域地基处理

西小岛范围内清淤至-17.0m高程,岛壁及止水措施施工完毕后,回填中粗砂至-5.0m

高程,降水至-6.0m 高程,之后陆上打设 D 型整体式塑料排水板,间距为 1.0m,排水板长度约为 35m,穿透松散砂层 24m。打设塑料排水板的同时埋设降水井,后期回填时进行相应加高和保护。岛内回填至设计高程(含预留原地基沉降和回填砂振冲沉降),降水至-14.0m 高程。根据场区内钻孔资料,地基平均总沉降约为 3.5m,采用分级堆载,满载 150d 后卸除荷载。

西小岛降水联合堆载预压结束后开挖现浇暗埋段基坑,并进行现浇暗埋段二次地基处理。隧道结构施工完成后,在两侧回填中粗砂并进行振冲密实处理,再对表层的回填砂进行振动碾压密实处理至设计交工高程+4.3m。

5.4.1.2 西大岛陆域地基处理

岛壁及止水措施施工完毕后,回填中粗砂至-5.0m 高程,降水至-6.0m 高程,之后陆上打设 D 型整体式塑料排水板,间距为 1.0m,排水板长度约为 35m,穿透松散砂层 24m。岛内回填至设计高程(含预留原地基沉降和回填砂振冲沉降),降水至-11.0m 高程。根据场区内钻孔资料的计算,地基平均总沉降约为 3.0m,采用分级堆载,满载 150d 后卸除荷载。

西大岛降水联合堆载预压结束后,对隧道暗埋段、光过渡段及敞开段两侧区域进行振冲密实,再对表层的回填砂进行振动碾压密实处理至设计交工高程+4.3m。

5.4.2 岛壁结构外侧地基处理

在钢圆筒外侧 3.5~58.5m 范围内进行水下挤密砂桩施工,挤密砂桩直径为 1.6m,正方形布置,间距为 2.4m,砂桩置换率为 35%,平均桩长为 18.5m。要求砂桩顶高程控制为实测碎石垫层顶高程(包括隆起)向下 1.0m,桩底高程为原地基淤泥质黏土和粉质黏土底高程。施打挤密砂桩时桩身标贯击数不小于 15,桩顶 2.0m 范围内标贯击数不小于 8。

5.5 救援码头

5.5.1 功能及布局

西人工岛北侧设置救援码头一座。救援码头的基本功能是为深中通道桥、岛、隧提供交通事故应急救援或人员紧急转移等基本救援保障功能。另外,在建设期间,也可以作为临时施工码头,为施工船舶提供临时靠泊点,为材料供应船舶提供卸船作业场地。

码头按 200t 级救援船舶靠泊设计。码头岸线长 65.0m,码头前沿设计顶高程为 3.5m,前沿设计底高程为-6.1m。码头前沿停泊水域宽 16m。码头后方布置约 24m 宽平台,与阶梯状挡浪墙连接。

5.5.2 码头结构设计

选用重力式沉箱结构形式,即以人工岛北侧圆筒外边坡结构回填块石作为码头结构基础,这样既保证了人工岛的使用要求,又形成了独立的码头作业区域。码头横断面构造见图 5.5-1。

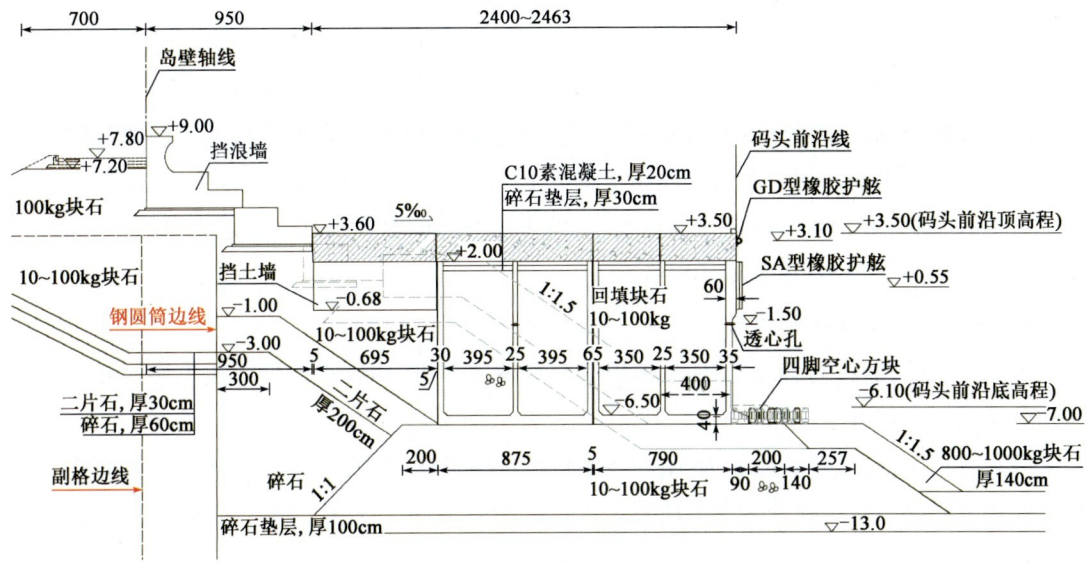

图 5.5-1 救援码头横断面(尺寸单位 cm;高程单位:m)

5.5.2.1 基床

利用抛石斜坡结构的堤心石作为沉箱结构基床,基床厚度为 5.0m,顶高程为 -7.0m,底高程为 -12.0m,采用表层锤夯和预压的方法进行密实。码头前沿底部设置 2t 四脚空心方块护面。

5.5.2.2 沉箱

沉箱底宽 8.8m,长 12.95m,高 9.0m。沉箱内回填 10~100kg 块石,顶部设置 0.3m 厚碎石和 0.2m 厚素混凝土封顶。

5.5.2.3 与人工岛的衔接

码头与人工岛交界处为挡浪墙,顶高程为 9.0m。码头面与人工岛挡浪墙顶部通过台阶式胸墙连接,台阶宽 0.5m,高 0.25m,坡度为 1:2。

5.5.2.4 附属设施

码头前沿顶面安装 6 个 350kN 系船柱;前沿竖向配置 SA 型橡胶护舷,每个沉箱配置 2 个,间距为 4.0m;前沿横向配置 GD 型橡胶护舷。

5.6 模型试验主要结论

为了验证设计波高作用下,西人工岛岛壁结构顶高程的合理性以及胸墙、护面块体、抛石棱体的稳定性,为西人工岛设计提供科学依据,对西人工岛进行了波浪断面物理模型及整体物理模型试验。本节仅给出主要结论,详细试验内容见第 7 章。

5.6.1 结构断面物理模型试验

5.6.1.1 越浪量试验成果

试验过程中,通过对越浪量结果的测定,逐步优化堤顶高程,得出了西人工岛各分段岸线满足越浪标准要求的高程分布情况。在重现期 10 年、100 年、300 年波浪作用下,堤顶高程设置为 8.8m 能够满足设计允许越浪量的要求;但考虑海平面上升,即设计水位增加 0.5m 时,顶高程则需要加高至 9.0m 才能够满足要求。

5.6.1.2 稳定性试验结果

试验过程中,通过对胸墙、护面块体以及抛石棱体等进行观测,逐步对扭王字块和抛石棱体的重量以及高程进行优化。

方案设计中,扭王字块质量为 5t,在各水位重现期 1000 年波浪作用下,在 1.0m 高程平台拐角处和坡脚第一排位置分别有 1 块和 2 块轻微晃动,但没有产生位移,因此判定稳定,断面其他各部分均稳定。

5.6.2 整体物理模型试验

5.6.2.1 越浪量试验成果

波向及区段划分见图 5.6-1,共 6 个波向,每个边划分为若干区段,区段长度约为 42m。

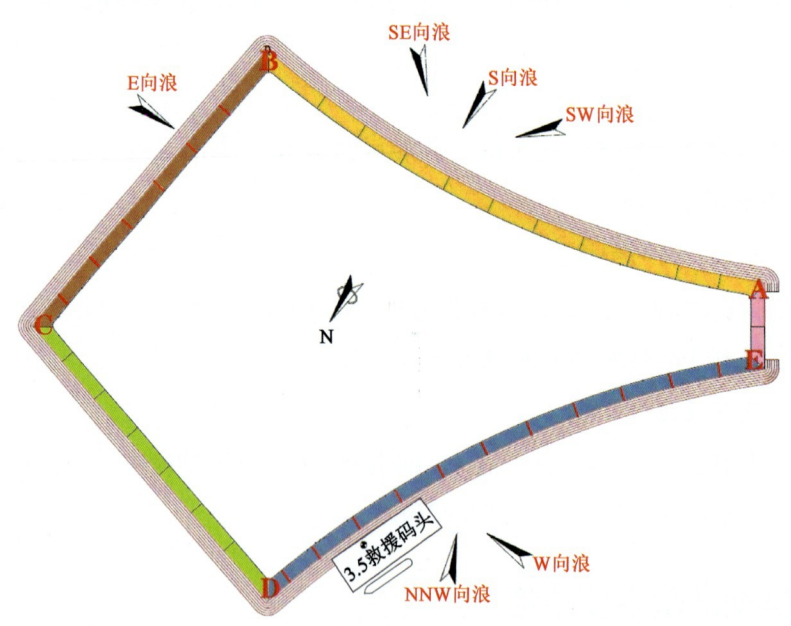

图 5.6-1　波向区段划分示意图

①对比 6 个方向的越浪结果,SE 向浪作用下,越浪影响岸线区段最多,越浪量也最大,最大出现在 AB-1 区(即靠近 A 点拐角位置)。重现期 1000 年波浪作用下,最大越浪量为 $62.88 \times 10^{-3} \mathrm{m}^3/(\mathrm{m \cdot s})$。

②对比重现期 1000 年、300 年、100 年、10 年共计 4 个重现期不同水位波浪作用,重现期 1000 年波浪作用下,越浪量最大。其他 3 个重现期波浪作用下,各段岸线上越浪结果均满足技术要求所提出的标准,尤重现期 10 年波浪作用下未发现越浪。

5.6.2.2 稳定性试验结果

进行了 E、S、SE、W、SW、NNW 共计 6 个方向波浪作用下护面材料稳定性试验,西人工岛各段岸线稳定性试验结果如下:

①西人工岛各段岸线在正向入射波浪作用下,设计方案护面 5t 扭王字块体均能保持稳定,即 E 向浪作用的 BC 段和 S 向浪作用的 AB 段护面扭王字块体均稳定。

②受岛形的影响,岛各段岸线在斜向入射波浪作用下,设计方案护面 5t 扭王字块体均失稳。即 SE 向浪作用高水位时,BC 段和 AB 段护面块体稳定的质量需要加至 8t,但因 AB 段内凹聚能效应的影响,A 点拐角位置周围稳定的质量需要加大至 14t;当降至低水位时,加大至 8t 和 14t 的坡脚第一排护面块体仍滚落失稳,增加块体前支撑块石的厚度后则稳定。W 向浪作用下,DE 段设计方案护面 5t 扭王字块体失稳,稳定的质量需要加至 8t。

根据以上试验结果,扭王字块产生滚落主要有三个原因:一是斜向入射波作用;二是台阶式胸墙为不透水结构,波浪沿着胸墙水平传递,在 A、E 点附近产生波能集中;三是岛形的内凹弧形轴线加剧了波能集中现象。

③在人工岛各拐角位置处的背浪侧,波浪作用下受绕射形成漩涡流的冲击作用,设计方案护面 5t 扭王字块体失稳。即 SE 向和 S 向浪作用下 A 点、E 点拐角背浪侧稳定的质量需要加至 14t;NNW 向浪作用下,救援码头沉箱拐角处需要全部采用 2t 四脚空心方块进行护脚后方能稳定。

④在 6 个波向作用下,经调整后,西人工岛各段岸线护面块体、块石和其他部分最终采用 800~1000kg 块石进行 -7.0m 高程以下护面、100~200kg 块石护底方案,各段岸线各部分均能保持稳定。

5.7 施工方案

5.7.1 钢圆筒施工

(1)基槽开挖

工程区域原泥面高程约为 -12.0~-17.0m,开挖基槽至底高程 -17.0m,开挖边坡坡度为 1∶5。基槽开挖采用耙吸船(图 5.7-1) + 抓斗船(图 5.7-2)的施工组合。

(2)基槽换填

基槽换填采用中粗砂,要求砂料含泥量不大于 5%,砂的渗透系数不小于 5×10^{-3} cm/s。

基槽换填砂前期先采用开体驳进行粗抛,抛填厚度约为2.5~3.0m,然后采用方驳在现场驻位,通过皮带船向方驳上供砂,利用挖掘机在方驳上进行细抛。基槽换填典型横断面如图5.7-3所示。

图5.7-1 自航耙吸船挖泥施工示意图

图5.7-2 抓斗挖泥船挖泥

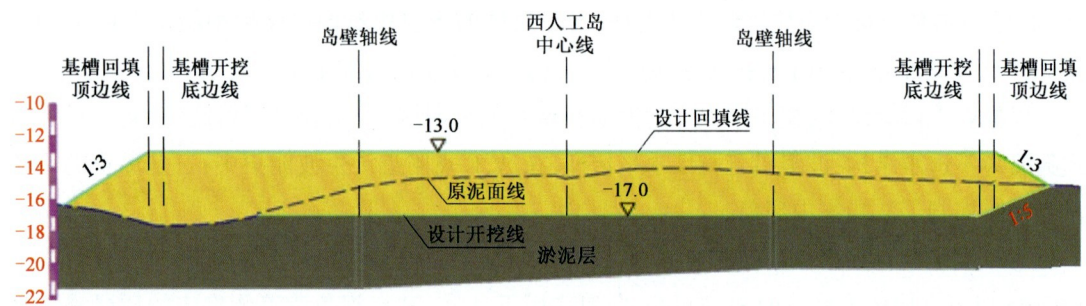

图5.7-3 基槽换填典型断面图(高程单位:m)

(3)钢圆筒及副格振沉

钢圆筒在工厂加工完成后,采用1000t起重船装船,由拖轮拖动方驳运输到施工现场(图5.7-4)。

西人工岛最大钢圆筒质量约为683t,最大高度为41.5m。振动系统总吊装质量约为850t,高度约为28m。选用4000t起重船,在吊距52.2m时的起吊质量约为2600t,吊高约为98m。选用12台液压振动锤联动方案振沉钢圆筒(图5.7-5)。

图5.7-4 钢圆筒运输

图5.7-5 钢圆筒振沉施工

副格共计116个,采用液压振动锤振沉(图5.7-6)。

施工平面推进顺序遵循"先小后大、先南后北"的原则,即先施工西小岛区域,后施工西大岛区域,先完成南侧施工,再推进至北侧施工。最后一个钢圆筒振沉见图5.7-7。

图5.7-6 副格振沉施工　　　　　　　图5.7-7 最后一个钢圆筒振沉施工

(4)钢圆筒及副格仓内回填

在钢圆筒及副格振沉至设计高程后,立即采用皮带运砂船回填工艺进行回填,砂船在钢圆筒前驻位,皮带机输送中粗砂至钢圆筒内及副格仓内(图5.7-8),回填至+3.5m高程。

图5.7-8 钢圆筒内回填砂

(5)填筑碎石垫层

碎石垫层底高程为-13m,顶高程为-12m,厚度为1m,由抛石船上的挖掘机定点定量抛填。碎石垫层边界距离筒边缘约55m,碎石粒径为5~80mm,级配应良好。碎石垫层填筑典型横断面如图5.7-9所示。

5.7.2 岛内回填

岛内回填主要分两部分,即西小岛和西大岛岛内回填。西小岛及西大岛内首先回填至

−5m高程,然后进行降水、整平、塑料排水板及降水井打设,最后回填至设计堆载高程,降水达到设计要求后,进行堆载预压。西大岛、西小岛内堆载预压时间均为150d。

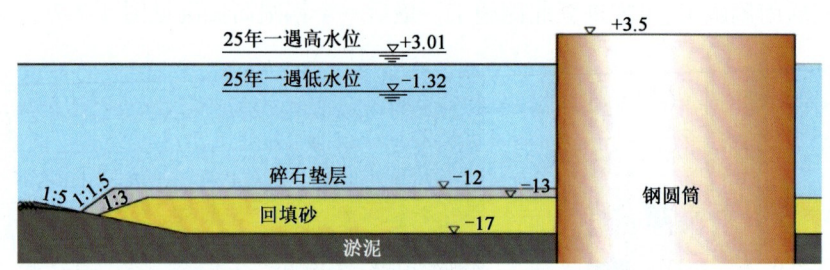

图5.7-9 碎石垫层填筑典型横断面(高程单位:m)

(1)−5.0m 高程以下回填

①西小岛

皮带运砂船驶至抛填区域并在岛外侧驻位,将砂通过皮带机抛至靠近的钢圆筒内,然后利用输砂泵将钢圆筒内的砂泵送至小岛内部(图5.7-10)。泵送过程中不断改变泵管出口位置,确保岛内抛砂厚度均匀。在抛砂的同时架设水泵抽水,使得岛内外的水位大致相等。抛填时为了防止淤泥层产生拱淤现象,要求抛填分层厚度为2.5~3.0m,每层最大高差不超过1.5m;待达到设计高程降水至−6m后进行平整。

图5.7-10 西小岛−5m高程以下回填工艺示意图

②西大岛

分为6个区域(其中一个是补抛区)进行回填。在钢圆筒没有合拢之前,西大岛预留155m的有效宽度供运砂船进出。分区及船舶进出口布置见图5.7-11。运砂船行至岛内后,用皮带机分层、分区抛填,抛填分层厚度为2.5~3.0m,每层抛填的顺序是先抛填一区和三区,再抛填二区和四区(图5.7-11),钢圆筒合拢之后再抛填五区。皮带运砂船在岛外侧驻位,将砂抛至钢圆筒内,然后利用输砂泵将钢圆筒内的砂泵送至岛内。

每层抛填完毕后,测量抛填区域内的砂面高程,平整度达不到要求的部位须补抛后再进行下一层抛填。

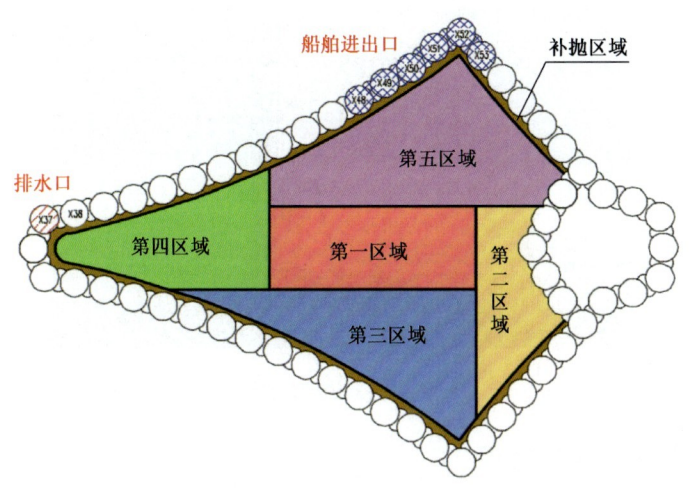

图 5.7-11　西大岛 −5m 高程以下中粗砂回填分区示意图

（2）−5m 至堆载高程之间中粗砂抛填

塑料排水板打设完成以后，采用皮带运砂船运输＋土石方机械整平、压实的工艺。即皮带运砂船通过输送带将中粗砂输送到岛内，再用挖掘机或装载机配合推土机对回填中粗砂进行倒运、整平，确保设计要求的分层厚度。

为保证分层效果，西小岛分 1 个区域回填，设置 1 个抛砂点；西大岛分 8 区域回填（图 5.7-12），沿西大岛钢圆筒设置 8 个抛砂点，每个抛砂点负责的一个区域的输砂工作。卸砂点的堆砂高度与已整平砂面高度相差不得超过 4m，防止出现超载情况。

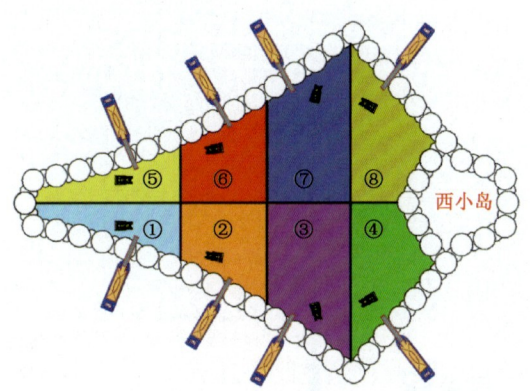

图 5.7-12　西大岛岛内回填砂至堆载高程分区示意图

5.7.3　挤密砂桩施工

在钢圆筒外侧设置水下挤密砂桩，砂桩置换率为 35%。救援码头沉箱下方设置挤密砂桩，砂桩置换率为 65%。

用挤密砂桩船打设（图 5.7-13）。打设完成后，立即测量打设后砂桩高程，以确定砂桩打设隆起高度，并用抓斗船清除。

图 5.7-13　挤密砂桩船施工

5.7.4　岛内软土地基处理

采用降水联合堆载预压法处理天然泥面以下的淤泥和淤泥质黏土等高压缩性土层,采用振冲+表层碾压法处理回填砂。其中,降水采用塑料排水板+降水井的方法。

5.7.4.1　排水板

塑料排水板采用原生料 D 型板,正方形布置,间距为 1m。岛内区施打作业面高程为 $-5.0m$,底高程为 $-26 \sim -37m$;圆筒区施打高程为 $+2.5m$,底高程为 $-22 \sim -35m$。共打设塑料排水板约 14.26 万根。

采用 PC600 型液压插板机进行打设施工,施工照片如图 5.7-14 所示。

图 5.7-14　塑料排水板打设

5.7.4.2　降水井

岛内区及护岸圆筒区塑料排水板施工完成后,整平回填砂至堆载设计高程,在西人工岛钢圆筒、副格及岛内施打 219 个降水井(图 5.7-15)。降水井施工采用正循环回转钻机钻进、泥浆护壁的成孔工艺,下井壁管、滤水管、回填滤料的成井工艺。

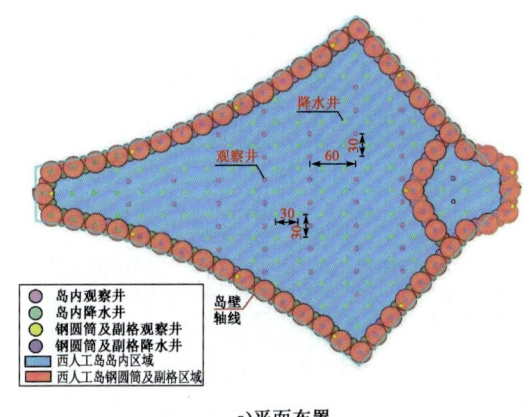 

a)平面布置　　　　　　　　　　b)施工照片

图5.7-15　降水井施工(尺寸单位:m)

5.7.4.3　回填砂振冲及碾压

西人工岛降水联合堆载预压结束后,进行振冲处理,之后对表层的回填砂进行振动碾压密实处理,至设计交工高程。西小岛内,在岛上暗埋段隧道结构施工完成并且两侧回填完成后进行振冲密实;西大岛内,在降水联合堆载预压结束后进行振冲密实。

使用履带式起重机结合振冲器进行振冲密实施工(图5.7-16)。振冲施工前2~3h,向施工区域浇水,使表面干砂表层充分含水,改善上部砂层振冲效果。振冲施工过程见图5.7-17。

 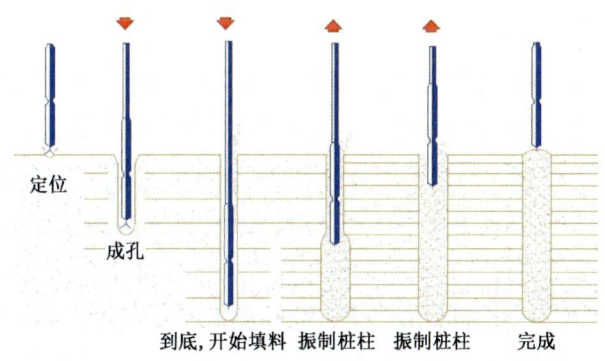

图5.7-16　振冲施工　　　　　　　图5.7-17　振冲施工过程

振冲后用推土机推平,再采用自重不小于180kN的振动碾压机进行碾压,直至设计高程+4.3m。对碾压机械无法压到的角落,人工使用蛙式打夯机等小型机械夯实。

5.7.5　岛体止水

岛体止水是整个西人工岛工程的关键。

西小岛内,在钢圆筒基坑侧,圆筒(或副格仓)底高程以上5m到中风化岩层顶面设置高压旋喷止水帷幕,止水帷幕采用3排连续的高压旋喷桩(图5.7-18)。

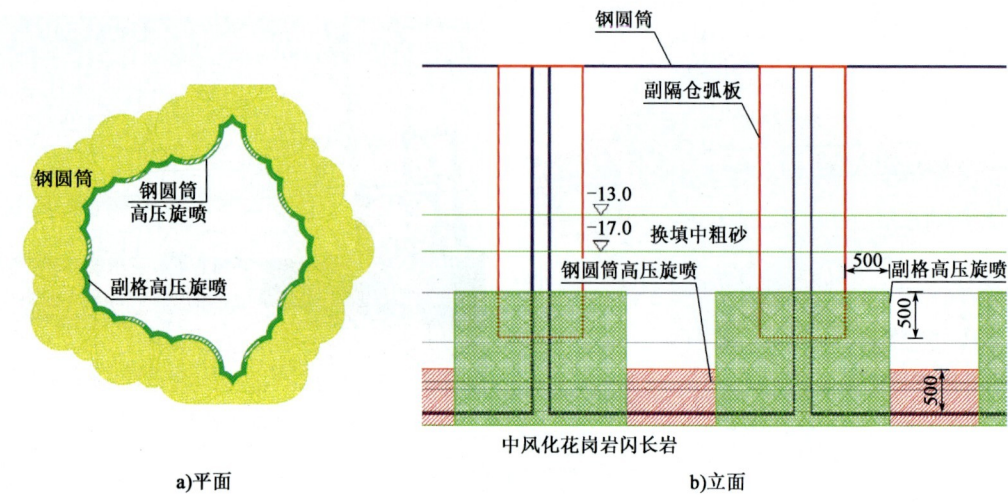

图 5.7-18　西小岛高压旋喷止水帷幕(尺寸单位:cm;高程单位:m)

西大岛内,在钢圆筒和副格仓未能达到设计高程时采用高压旋喷止水帷幕进行止水。

西人工岛高压旋喷桩止水施工按照先小岛、后大岛内的总体顺序进行。旋喷桩施工在岛内回填砂至堆载高程后进行,施工设备布置在堆载砂顶面。

高压旋喷桩成桩直径为80cm,间距为60cm,正梅花形布置,桩底高程为中风化岩层顶面,桩顶高程为钢圆筒或副格底高程以上5m。采用普通硅酸盐水泥进行喷射注浆。高压旋喷桩施工主要工序如下:

①定孔位。在施工轴线上按照设计测量放样定孔位,误差不大于2cm。在轴线拐弯处设固定桩,用钢筋固定,同时在施工轴线5~10m范围内设控制桩。

②造孔。把钻机移至钻孔位置,对准孔位后用水平尺掌握机具水平及垂直,机具垂直度偏差应小于1%,经技术人员检测合格后方可开钻。如发现钻机倾斜,则停机找平后再开钻。钻进过程中,遇到异常情况应及时查明原因,采取相应措施,视地层性质选用适宜的钻机及机具。

③下喷射管。将喷射台车移至成孔处,先在地面进行浆、气试喷,然后将喷射管下至预定深度,经检查认可后方可进行高喷灌浆施工。喷射过程中遇特殊情况,如浆压过高或喷嘴堵塞等时,应将喷射管提出地面进行处理,处理好后再进行施工。

④制浆。按设计配比搅制浆液,在制浆过程中应随时测量浆液比重,每孔高压喷浆结束后要统计该孔的材料用量。

⑤喷射提升。当喷射管下至设计深度,送入符合要求的浆、气,待注入浆液冒出孔口时,按设计的提升方式及速度自下而上提升。

⑥回灌。喷射结束后,随即在喷射孔内进行静压充填灌浆,直到浆面不再下沉,保证高喷防渗墙固结后墙顶高程。

旋喷桩施工完毕后,如果因存在中风化岩层裂隙及其他水流通道而达不到止水要求,沿岛壁内侧进行压水试验,逐步查找渗流位置,在渗流区域采取补喷或高压注浆的工艺进行止水。

高压旋喷桩施工见图 5.7-19。

图 5.7-19　高压旋喷桩施工

5.7.6　岛壁结构及防护

5.7.6.1　碎石抛填

采用抛石船自配挖掘机进行抛填碎石施工(图 5.7-20),分层、分段抛填,每段长度控制在 50～100m。抛石前,根据设计要求分区并绘制抛石网格图。将施工区域分为若干个长条形抛石网格,每个网格长 60m,宽 4m。从靠近钢圆筒开始,抛填至每个分层的坡肩边线,形成自然坡后,按照设计坡线高程补抛,以形成设计标准坡度。

图 5.7-20　抛石船自配挖掘机抛填碎石

5.7.6.2　二片石抛填

二片石抛填方法同碎石抛填施工。因二片石抛填厚度只有 2m,分层抛填时抛石船需准确定位,保证该层石料形成整体,避免上下层错位。

5.7.6.3　堤心石抛填

堤心为 10～100kg 块石,分层抛填,与倒滤层回填高差不大于 3m。抛填工艺及方法同碎石施工。第二阶段施工时,加抛 80cm 预留沉降量,则 -7m 高程平台范围施工后,堤心块石实

际高程为 -6.2m。

5.7.6.4 护底块石、块石垫层抛填

护底块石规格为 100~200kg，块石垫层规格为 800~1000kg。

块石垫层采用抛石船自配挖掘机进行海上抛填并理坡。施工前，把抛理面分为若干个长条形网格，每个网格长 40m，宽 1m。绘制抛石网格图，并计算每个网格坡面的设计高程。从坡脚开始抛填，第一个网格抛填至设计高程后，移船 1m 进行第二个网格抛填，直至网格全部抛理完成。

5.7.6.5 扭王字块运输、安装

采用运输驳将扭王字块运输至施工现场，然后用方驳吊机组在水上进行定点随机安放。

5.7.6.6 挡块安装

第一级挡浪墙下的预制挡块采用 C40 高性能素混凝土，采用 100t 履带式起重机在方驳上进行水上安装。

5.7.6.7 筒内开挖换填

岛外侧 10~100kg 堤心石及 800~1000kg 块石抛填完成后，进行开挖换填。采用挖掘机开挖筒内回填砂至设计高程后，铺设碎石垫层及二片石。采用装载机及翻斗车倒运碎石、二片石，使用挖掘机进行平整理坡。

5.7.6.8 挡浪墙施工

阶梯式挡浪墙基础采用 30cm 厚二片石和 10cm 厚素混凝土垫层。挡块安装完成后，进行挡浪墙基础施工。挡浪墙均为高性能混凝土。

第一层挡浪墙底高程为 +1m，趁低潮进行施工。其他部位挡浪墙底高程在高水位以上，按常规陆上施工工艺施工。

施工中的西人工岛见图 5.7-21。

图 5.7-21 施工中的西人工岛

第 6 章 隧 道

6.1 总体设计

6.1.1 工法比选结论

本工程隧道具有超宽、深埋、超长的特点,设计阶段对沉管法、盾构法和钻爆法三种施工工法进行了比选。

1)沉管法

采用两孔一管廊断面,隧道全长 6845m,其中沉管段长 5035m,双向八车道,线路埋深浅,行车舒适性良好。设计、施工和运营阶段总体风险可控。

中间管廊中部设纵向安全通道,沿线每隔约 82.5m 左右设一道安全门,管廊上部设排烟风道,火灾情况下可及时排走烟气,营造良好的疏散救援环境。横断面布置见图 6.1-1。

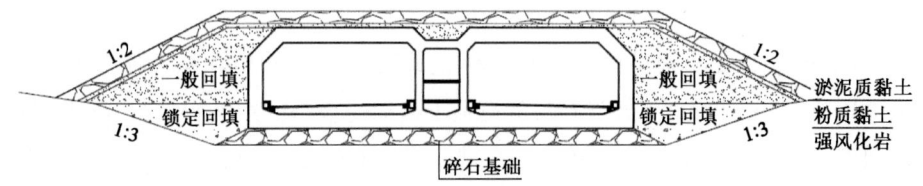

图 6.1-1 沉管法横断面布置示意

施工时东侧需设置临时围堰,长度为 480m,阻水较小,对防洪影响不大。

沉管隧道结构安全可靠,地质、水文条件适应性强,施工质量容易保证,且精度高、速度快。但施工期间浚挖、回填方量较大,且基槽浚挖、管节拖运、沉放及回填覆盖均需占用航道,对航运有一定的影响;沉管工艺较复杂,对设计和施工单位的准入门槛较高。

2)盾构法

采用四孔盾构双向八车道布置,隧道全长 7143m,其中盾构段长 3445m,交通组织复杂,行车舒适性较差。

沿线路纵向每隔 800m 左右设一座横向联络通道,车道下方设纵向人行疏散通道作为辅助疏散设施,车道上方布置排烟风道,火灾工况下可及时排走烟气,疏散救援环境较好。半幅横断面布置见图 6.1-2。

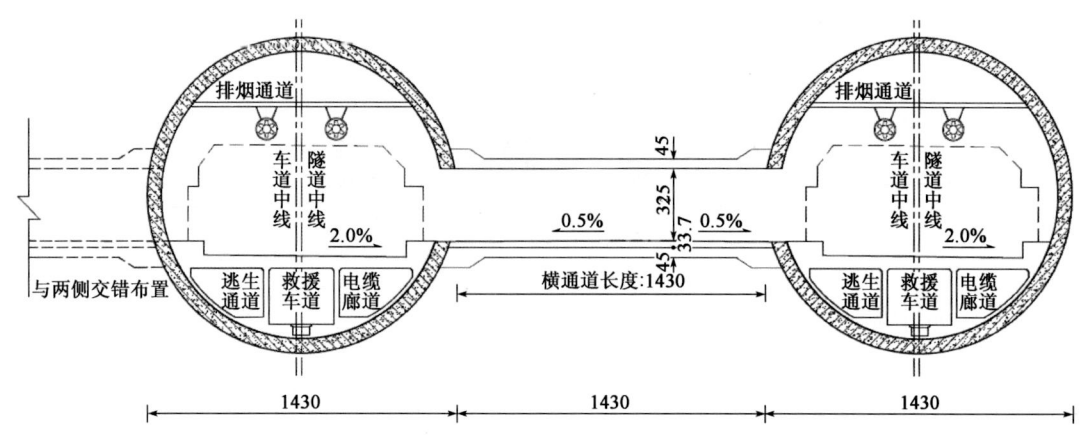

图 6.1-2 盾构法半幅横断面布置示意(尺寸单位:cm)

盾构施工机械化程度和精度高,隧道衬砌采用预制管片自动拼装,质量可靠,掘进效率和施工安全度均有所保证,施工和运营期间对航道、航运无任何影响,基本不受海床冲淤变化的影响。

但对本工程而言,场区内断层及碎裂带较多,岩层软硬不均,大直径盾构适应性较差,施工工期受刀具磨损、盾构卡机等事件影响较大,海域段盾构卡机施救困难,不可预测因素多;东、西两侧均需设置临时围堰,长度分别达到1395m和1078m,阻水大,对防洪影响较大;西人工岛长度为1000m,不满足人工岛长度小于625m的防洪要求;盾构隧道埋置深度大,路线纵面线形稍差;盾构隧道在本项目的地质适应性一般,不均匀地层和断裂构造对隧道的影响较大,不均匀硬岩地层的大直径盾构机长距离掘进存在技术风险;盾构机和泥水处理系统均需采购国外设备,并需进行一定时间的技术研发;隧道施工组织受设备的影响较大,一旦盾构机出现故障,对工期和投资的影响均较大;隧道施工对海域环境的影响较小;隧道和人工岛的建安费较高。

因此,盾构法施工可行性较低。

3)钻爆法

采用两孔双向八车道。隧道全长7665m,其中钻爆法施工段长约2950m。钻爆法方案埋深较大,两端需设置较长的斜坡段。沿线每隔约250m设一处人行横通道,每隔约750m设置一处车行横通道。钻爆法隧道由于断面形式的限制,无法设置纵向人行安全通道和排烟道,需单独再设置一条纵向服务隧道。钻爆法单孔横断面布置示意如图6.1-3所示。

钻爆法施工工艺简单,适用于岩层地质掘进,施工时可从两端开设4个工作面同时开挖掘进,施工和运营期间对航道、航运无任何影响,不受海床冲淤变化的影响。但钻爆法隧道施工作业环节多,掘进速度较慢,且施工风险较大,隧道所处中风化花岗岩岩体为破碎~较破碎,节理发育,开挖扰动后极易发生涌水、突水的现象,威胁施工安全。

东、西两侧均需设置临时围堰,长度分别达到1790m和1702m,阻水较大,对防洪影响大。

因此,钻爆法施工的可行性低。

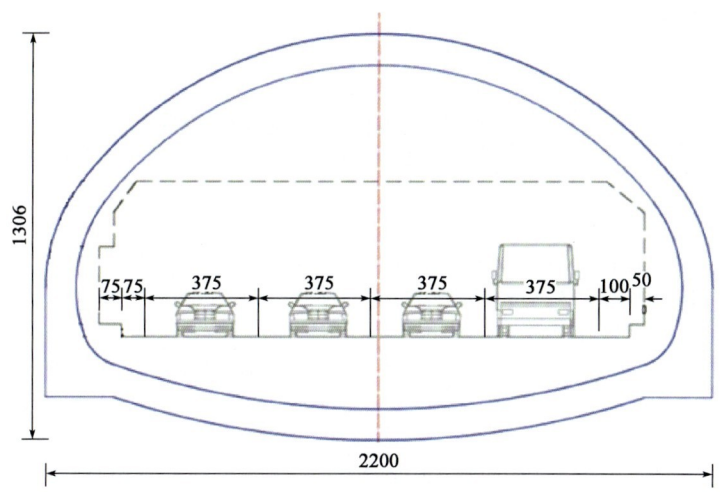

图 6.1-3 钻爆法单孔横断面布置示意图(尺寸单位:cm)

4)比选结论

三种工法的综合比选结论见表 6.1-1。沉管法隧道虽然抛泥量大、会对环境造成一定的不利影响,但其交通功能与行车舒适性好、实施阶段和运营阶段的总体风险可控、运营费用较低、阻水效应较小、抗震性能较好。盾构法隧道分孔交通组织困难、行车舒适性差、实施阶段和运营阶段的总体风险过大、阻水效应大、总体抗震性能较差。钻爆法隧道在实施阶段和运营阶段总体风险过大、阻水效应大、总体抗震性能较差。因此推荐采用沉管法隧道方案。

隧道方案比选表　　　　表 6.1-1

序号	项目	沉管法	盾构法	钻爆法
1	功能	单孔四车道,满足交通功能需要;行车舒适性良好	四孔盾构交通组织复杂,行车舒适性较差	单孔四车道,满足交通功能需要;行车舒适性良好
2	风险等级	总体可控	总体较大	总体较大
3	水文、地质条件适应性	海床稳定性好、水流缓慢、流向稳定,水文条件适宜性好,沉管基础所在的地层条件均较好,地质适应性较好	海床稳定性好、水流缓慢、流向稳定,水文条件适宜性好;岩层起伏较大,隧道盾构段穿越岩层段长,断面直径大,地层透水性强,地质适应性较差	海床稳定性好、水流缓慢、流向稳定,水文条件适宜性好;岩层起伏较大,岩体破碎~较破碎、节理发育,钻爆段穿越岩层段长,断面直径大,地层透水性强,地质适应性较差
4	抗震性能	沉管基础全部位于砂层或花岗岩地层,地基刚度变化小,与隧道结构的整体性能较接近,抗震稳定性较好,风险小,有现有工程实例和技术措施可供借鉴	盾构隧道埋置深度大,软硬地层交界段、横向联络通道是抗震薄弱环节,横通道数量较多,总体抗震性能较差,地震风险高。有隧道抗震设计和技术措施可供借鉴	钻爆隧道埋置深度大,软硬地层交界段、横向联络通道是抗震薄弱环节,横通道数量多,总体抗震性能差,抗震风险高。有隧道抗震设计和技术措施可供借鉴
5	对港口及航道的影响	隧道施工会对航道造成一定的影响;运营期基本无影响	施工期临时围堰需占用航道;运营期基本无影响	施工期临时围堰需占用航道;运营期基本无影响

续上表

序号	隧道方案	沉管法	盾构法	钻爆法
6	运营通风与防灾	隧道行车断面大,中间管廊设置纵向疏散通道和排烟风道,运营条件较好,隧道内空气质量较好	隧道行车断面小,上部设排烟风道,下部设纵向疏散通道,隧道内空气质量稍差,运营舒适性较差;四孔应急通风组织难度大、事故率高、服务水平低	隧道内无排烟道,需另设一条纵向服务隧道,空气质量稍差,运营舒适性较差
7	环境影响	隧道基槽开挖抛泥量大,占用海域面积大,对环境的影响大于盾构法和钻爆法	隧道弃方量较小,但施工中需泥浆沉淀池及废浆池,对环境有一定的影响	隧道弃方量较小,对环境影响小
8	对防洪纳潮的影响	临时围堰短,阻水较小,对防洪影响小	隧道埋深较大,需设置较长斜坡段,临时围堰较长,阻水较大,难以满足防洪要求	隧道埋深大,需设置长斜坡段,临时围堰长,阻水大,难以满足防洪要求
9	工期	82个月	85个月	85个月
10	结论	推荐		

6.1.2 主要技术标准

公路等级:双向八车道高速公路。

设计速度:100km/h。

行车孔建筑限界:宽18m,高5.0m。

汽车荷载:《公路桥涵设计通用规范》(JTG D60—2015)公路—Ⅰ级汽车荷载。

隧道主体结构设计使用年限:100年。结构安全等级:一级。

结构防水等级:一级。

主体结构耐火等级:隧道火灾烟气热释放率标准为50MW,主体结构耐火等级为一级,按《构件用防火保护材料快速升温耐火试验方法》(XF/T 714—2007)中的标准升温曲线要求,耐火极限不低于2h。在耐火极限时间内,管节钢壳表面温度不超过300℃。

结构抗震设防烈度:Ⅶ度。

管节抗浮安全系数:①管节沉放期间:1.01~1.02;②管节沉放就位后:≥1.05;③管节回填覆盖完成后:≥1.15。

浮运时管节的干舷高度:≥15cm。

6.1.3 平面设计

6.1.3.1 控制条件

隧道起点(东侧接地点)为本项目起点,与广深沿江高速公路二期工程相接,起点里程桩号为K5+695。

平面线形主要受到广深沿江高速公路二期工程线位以及广深沿江高速公路预留桥孔限制。广深沿江高速公路二期工程线路走向沿盛泰大道,同时需要下穿地铁11号线预留桥孔

(主跨70m);广深沿江高速公路预留桥孔主跨为60m,桥梁墩台之间净距最小为50.2m。

隧道终点(西侧接地点)与非通航孔桥连接,取决于西人工岛岛面设计高程及纵坡限定值。控制隧道内纵坡不大于3.0%。为满足桥隧转换需要以及保证西人工岛长度不大于625m(防洪要求),西人工岛段采用长990m、2.98%的纵坡一处,隧道内其他路段纵坡均小于2%。

西人工岛与珠江治导线之间的口门宽度不小于4930m(图6.1-4)。

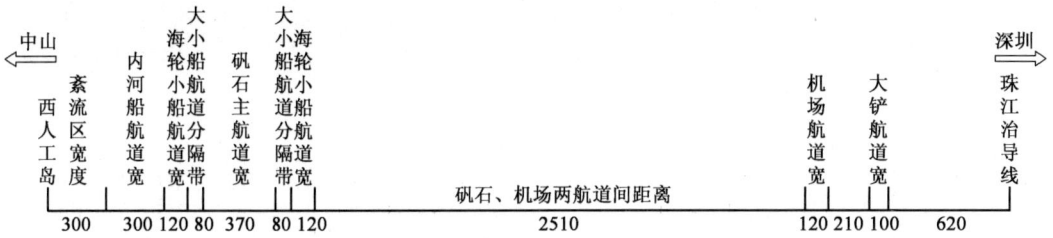

图6.1-4 西人工岛与珠江治导线之间口门宽度构成(尺寸单位:m)

大铲航道、机场支航道、矾石航道最小安全航深分别为5m、11m、20m。

受深圳机场航空限高的要求,人工岛上隧道风井的高度不应超35m。

6.1.3.2 隧道起点

隧道起点与广深沿江高速公路二期工程(深圳侧连接线)对接。项目起点及平面线形主要受到广深沿江高速公路二期工程线位以及广深沿江高速公路预留桥孔限制,同时需要下穿地铁11号线预留桥孔。穿广深沿江高速公路桥孔暗埋段横断面宽度为45.4m,每侧仅可富余2.4m的施工空间距离。受以上条件限制,起点段路线走向唯一。

6.1.3.3 隧道平面线形

东人工岛处主线位于机场枢纽互通区间,主线分流鼻之前应保证判断出口所需的识别视距。由于该互通立交处于隧道内,隧道内未设置硬路肩,且视线受侧墙限制,经测算,最小曲线半径为4700m时可以满足识别视距要求,考虑到隧道内视线相对较差,曲线半径适当放宽,按不小于5000m控制。

6.1.3.4 隧道终点

隧道终点在西人工岛岛头内与非通航孔桥连接,里程终于K12+540,全长6845m,沉管曲线段长约536.5m(以右幅计),半径为5003.1m,隧道平面布置见图6.1-5。

6.1.4 隧道建筑限界

根据相关专题论证,取消右侧检修道,增加25cm侧向余宽。

主线隧道建筑限界组成为$2\times[0.75\text{m}(左侧检修道)+0.75\text{m}(左侧向宽度)+4\times3.75\text{m}(行车道)+1.0\text{m}(右侧向宽度)+0.5\text{m}(右侧余宽)]=2\times18.0\text{m}$,见图6.1-6。

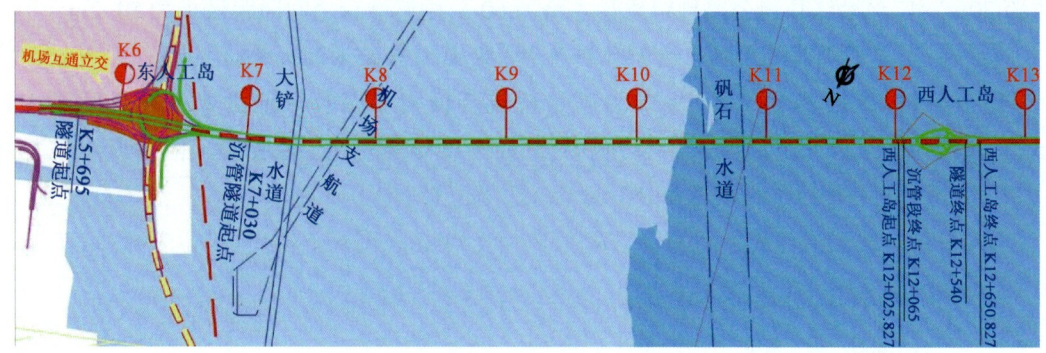

图 6.1-5 隧道平面布置(尺寸单位:m)

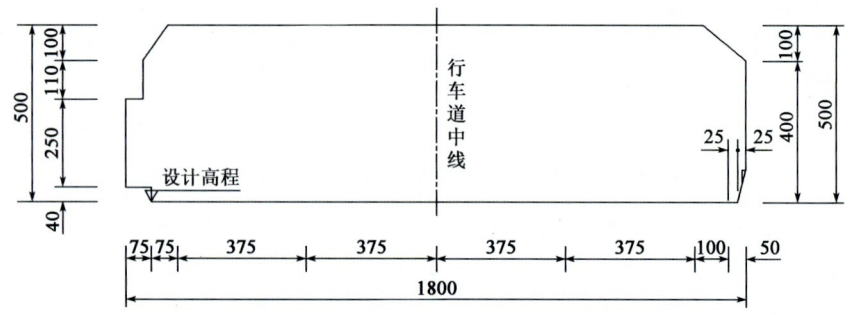

图 6.1-6 隧道建筑限界(含防撞侧石)(尺寸单位:cm)

6.1.5 纵断面设计

隧道纵断面形式直接关系到隧道最大埋深、水下作业难度以及基槽开挖量。

沉管隧道纵断面设计的主要决定因素有隧道顶板最小埋深、最大及最小纵坡等。根据隧道范围航道布置情况,为了尽可能提高隧道设计高程、减少基槽开挖量,并满足隧道内最小排水纵坡0.3%的需要,纵断面采用非对称W形设计。

6.1.5.1 非航道区域隧道最小埋深

保证在珠江治导线以内沉管隧道段管顶覆盖层厚度不小于2m,根据"深中通道隧道全线冲刷包络数模试验研究"成果,东滩(机场支航道与矾石航道之间)路段考虑远期可能冲刷深度,管顶埋深按不小于3m考虑。

6.1.5.2 航道区域隧道最小埋深

对应最低设计通航水位为 −1.04m,大铲航道、机场支航道、矾石航道最小安全航深分别为5m、11m、20m,在满足航深的前提下,隧道顶部最小回填厚度按2m考虑,大铲航道、机场支航道、矾石航道处隧顶高程控制在 −8.04m、−14.04m、−23.04m 以下。

6.1.5.3 隧道纵坡

现行规范要求隧道纵坡不大于3%,设计取2.98%。两主航道间采用W形纵断面,尽可能减少在两航道间的开挖疏浚深度,保证行车舒适性,在机场支航道与浅滩区间采用0.556%的较小纵坡,满足纵向排水的需求;西人工岛洞口段以2.98%起坡,以便尽快出洞,最大限度缩短西人工岛长度,有效降低阻水率,并保证相接的非通航孔桥桥面高程合理。隧道纵断面见图6.1-7。

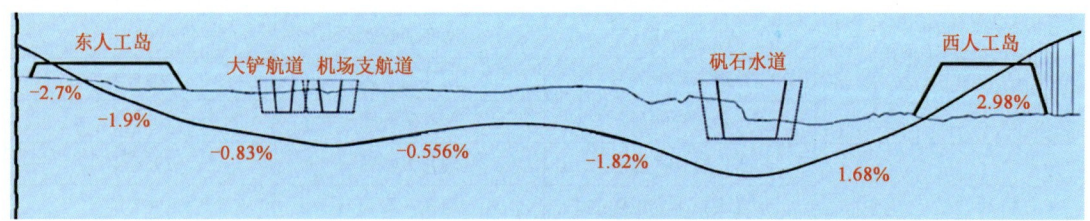

图 6.1-7 沉管隧道纵断面图

6.1.5.4 首节沉管位置

沉管段与西人工岛暗埋段之间接头的位置(首节沉管位置)直接决定着沉管段与暗埋段的长度,该接头位置越靠近隧道口,暗埋段越短,其施工难度与风险就越低,由于沉管结构延伸进人工岛较长距离,在一定程度上会增加沉管段结构或基础的处理难度。为使管节对接具有足够的止水压接力,需保证西人工岛侧首节沉管管顶在常水位以下1.6m,因此按首节沉管顶高程低于−1.08m控制。

6.1.5.5 最终接头位置

结合类似工程经验,最终接头拟采用预制沉放方案,其选址受水深影响较小。为降低海上施工作业对航道的影响,最终接头设置在非航道处,拟设置在E22与E23管节之间。

6.1.6 隧道总体布置

从东往西依次为:东人工岛明挖隧道,包括敞开段395m、暗埋段460m、堰筑段480m;沉管段5035m;西人工岛明挖隧道,包括暗埋段175m、敞开段300m。隧道全长6845m。

6.2 沉管段

6.2.1 隧道结构选型

本项目沉管隧道具水压大、回淤厚(约18m)、基础复杂、基岩顶面起伏大(约14m),下穿多个航道、结构跨度大、管节体量大等特点,管节结构选型及纵向体系选择是沉管隧道设计的关键。

100多年来,各种结构形式及施工方法的沉管结构相继涌现。纵观目前世界上已建通车的沉管隧道(表6.2-1),可供参照、比选的结构有以下三大类:钢筋混凝土结构、钢壳混凝土结构和预应力钢筋混凝土结构。

主要沉管隧道结构形式一览　　　　表 6.2-1

结构形式	工程名称	断面形式	竣工时间
钢筋混凝土结构	港珠澳大桥沉管隧道	两孔一管廊	2018 年
	韩国釜山隧道	两孔一管廊	2010 年
钢壳混凝土结构	大阪港咲洲隧道	三孔无管廊	1997 年
	神户港岛隧道	两孔两管廊	1997 年
	冲绳那霸港隧道	两孔两管廊	2011 年
	新若户隧道	两孔两管廊	2012 年
预应力钢筋混凝土结构	古巴哈瓦那隧道	两孔无管廊	1958 年
	加拿大拉丰泰恩隧道	两孔一管廊	1967 年
	荷兰第一比内卢克斯隧道	两孔一管廊	1967 年
	挪威 Bjørvika 隧道	两孔无管廊	2010 年

6.2.1.1　钢壳混凝土结构

通过结构分析、干舷高度计算，在满足建筑限界及相关功能的需求下，标准管节横断面结构尺寸如图 6.2-1 所示，外包尺寸为 46.0m（宽）×10.6m（高），行车道孔净高 7.6m，主体板厚 1.5m。加宽管节横断面如图 6.2-2 所示，外包尺寸为 46.0~55.46m（宽）×10.6m（高），行车道孔净高及板厚同标准断面。

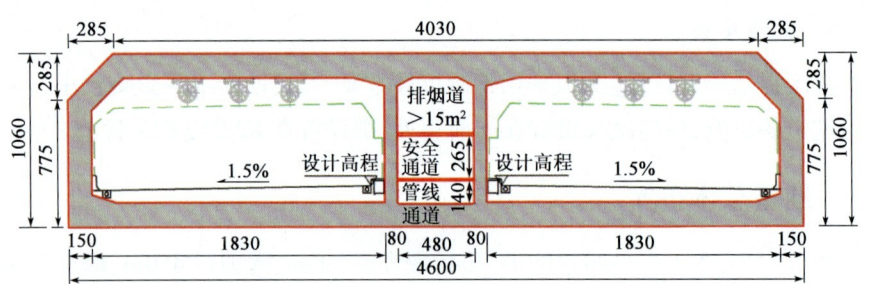

图 6.2-1　标准管节横断面（尺寸单位：cm）

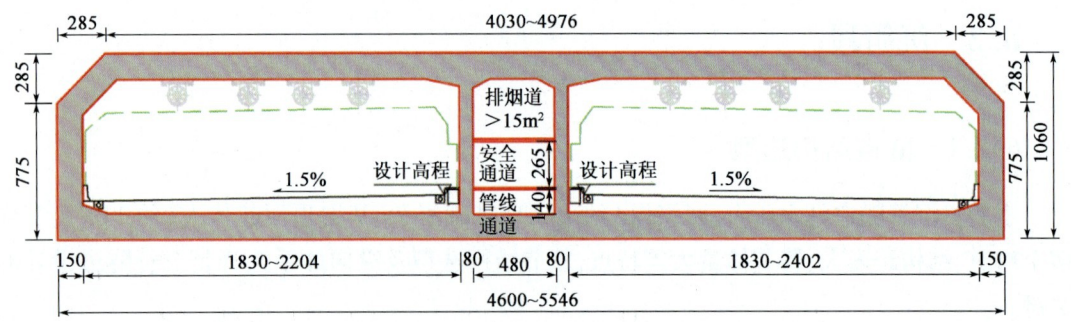

图 6.2-2　加宽管节横断面（尺寸单位：cm）

钢壳混凝土管节在水密性方面更加可靠和安全，横断面更小，所以疏浚和回填量减少，环境影响降低。

钢壳混凝土管节能较好地适应超宽、深埋、变宽建设条件,干坞方案选择灵活,安装施工风险小,造价较低;钢壳工厂化制造方便,效率高;干坞可就近选择,临时航道疏浚量较小;钢壳运输安装风险较小,沉管安装工期可控。

6.2.1.2 钢筋混凝土结构

针对本工程管节结构跨度大、顶部荷载大的特点,提出钢筋混凝土折板拱结构形式。管节顶、底板厚度分别为1.6m和1.75m,中隔墙厚0.9m,外侧墙厚1.7m;因钢筋混凝土断面高度较高,中管廊内下部管线敷设空间净高1.8m,较钢壳混凝土高,故中间管廊宽度可缩小至4.2m。标准管节外包宽度为46.0m,高度为12.4m,见图6.2-3。加宽管节横断面外包尺寸宽46.0~55.76m,高12.40~12.65m,行车道孔净高及板厚同标准断面,横断面结构尺寸如图6.2-4所示。

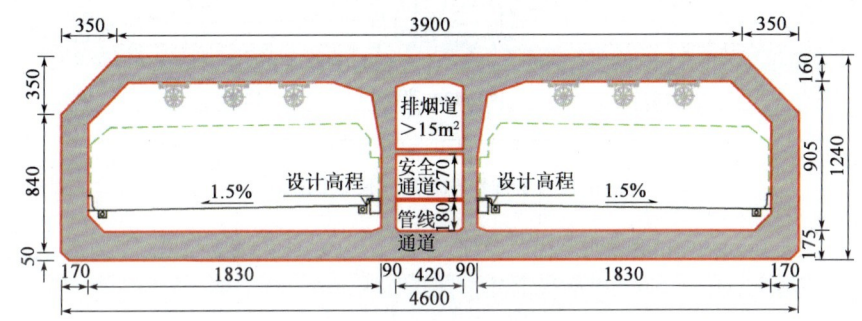

图 6.2-3 标准管节横断面(尺寸单位:cm)

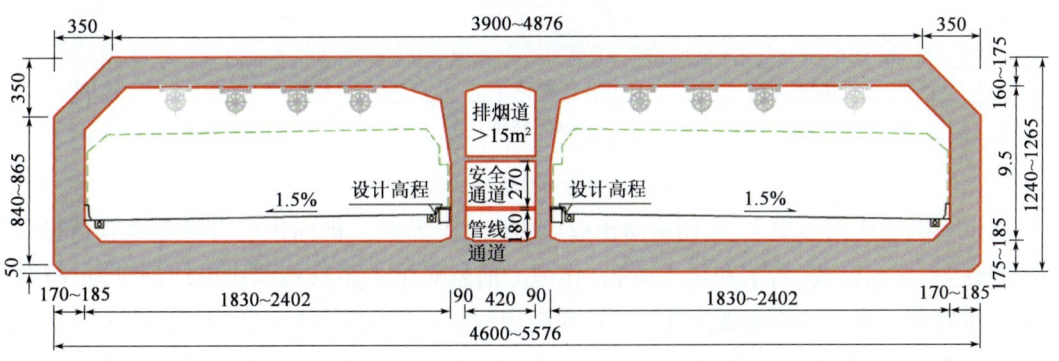

图 6.2-4 加宽管节横断面(尺寸单位:cm)

管节混凝土强度等级为C50(56d),抗渗等级为P10~P12。

由于本工程为双向八车道,交通管廊跨径大,深埋段沉管结构需要布置4层大直径钢筋来控制裂缝宽度和混凝土内压应力。混凝土裂缝控制难度大,耐久性不易保证。

钢筋混凝土沉管设计施工技术相对成熟,但变宽段沉管结构模板系统复杂,施工难度大,质量控制困难,合适的干坞选址距离较远,沉管安装浮运距离长,临时航道疏浚量大,大量疏浚物对海洋生态环境影响大。

6.2.1.3 横向预应力混凝土结构

在满足建筑限界及相关功能的前提下，标准管节横断面外包尺寸为46.0m(宽)×12.4m(高)，车孔行道净高9.05m，顶板厚1.60m，底板厚1.75m，侧墙厚1.5m；横断面结构尺寸如图6.2-5所示。加宽管节横断面外包尺寸为46.0~55.46m(宽)×12.4m(高)，车孔净高及板厚同标准断面，横断面结构尺寸如图6.2-6所示。

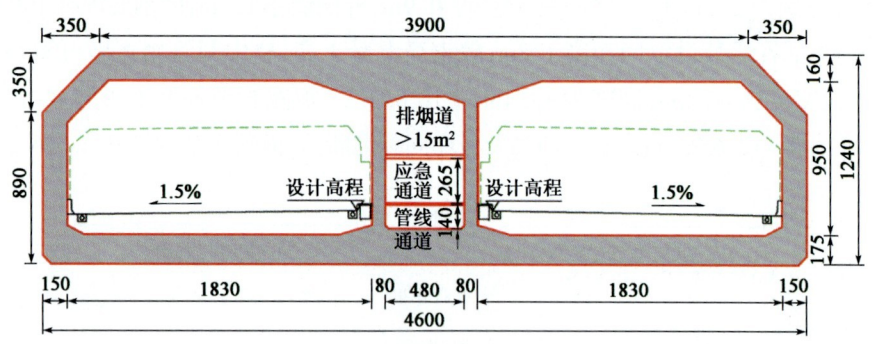

图6.2-5 标准管节横断面(尺寸单位：cm)

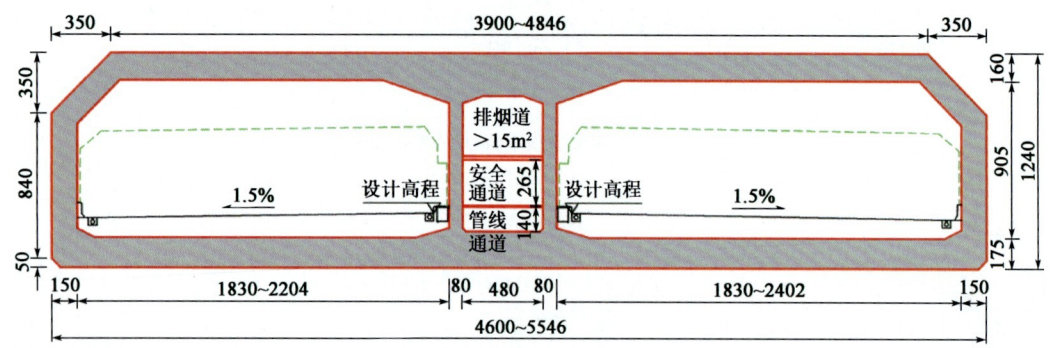

图6.2-6 加宽管节横断面(尺寸单位：cm)

在沉管隧道应用历史上，采用横向预应力的情况非常少。横向预应力隧道管节具有一定的局限性：在永久荷载(海水和覆土荷载)作用之前就对绝大多数钢绞线施加预应力，需要在顶板上设置竖向支撑结构来抵抗施工阶段因施加预应力导致的顶板向上隆起，施工工序复杂，控制难度大，经济性稍差；混凝土收缩徐变引起的预应力损失难以补强，在海底环境中的耐久性、防火安全性难以保证。

故横向预应力混凝土结构仅在特殊的情况下对沉管隧道是可行的、造价经济的方案，对本工程的适用性差。

6.2.1.4 结构比选结果

综合技术可行，施工安全风险、质量、造价、工期可控，以及海洋生态环境保护、沉管干坞选址方案等因素，结合深中通道海中隧道"超宽、深埋、变宽"等特点，推荐采用钢壳混凝土沉管方案。

6.2.2 管节长度比选

钢壳混凝土管节长度须综合考虑钢壳制作、钢壳预制场布置、浇筑港池规模及布置、浮运沉放设备能力、结构受力、工期、经济性等因素,具体如下:

①钢壳制作。国内尚没有钢壳混凝土沉管预制先例,日本已有的类似钢壳混凝土沉管隧道管节最长为106m,管节长度的增大对制作加工精度、质量控制、管节转运等均有显著影响。

②浇筑港池规模。管节长度受限于可选浇筑港池的规模与布置。

③浮运沉放设备能力。本项目为双向八车道,最大水深约35m,荷载大,导致管节规格及体量巨大,现有沉放设备要求管节质量在8万t左右,对应本工程钢壳方案的长度上限约为180m。

④结构受力。钢壳混凝土沉管采用整体式管节结构,纵向内力及接头剪力大,现有工程案例中整体式管节最长约120m,本项目钢壳混凝土沉管方案最大管节长度须依据纵向计算及结构验算确定。

⑤工期及工程经济性。管节沉放占工期的关键线路,管节加长,则沉放次数减少,工期缩短,浮运临时设施及浮运总费用降低。在风险及质量可控的前提下,应尽可能增加管节长度。

采用钢壳混凝土结构的那霸隧道最长管节为92m,共8节,新若户隧道最长管节为106m,共7节,工程规模均远小于深中通道。

根据管节体量、既有浮运沉放设备能力、工期要求及施工组织设计等,选择标准管节长165m,曲线变宽段管节长123.8m,管节划分如下:5×123.8m+5×165m+2.2m(最终接头)+21×165m+123.8m=5035m。沉管管节编号由西往东共编为32节,最终接头拟设置在E22与E23之间。沉管管节划分见图6.2-7。

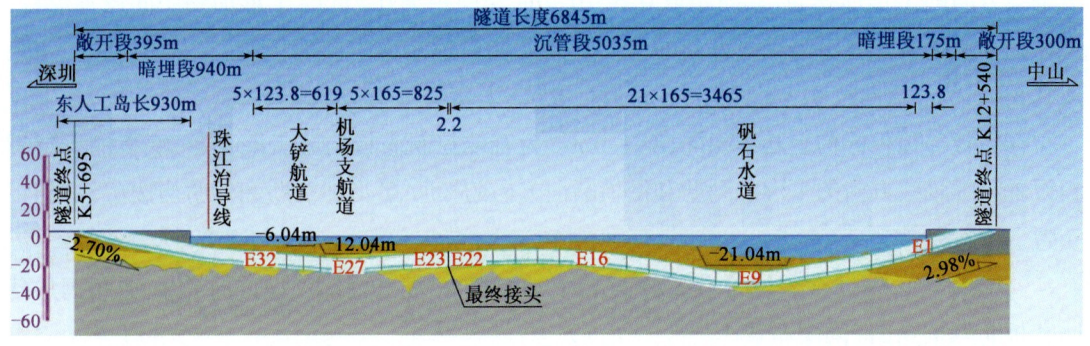

图6.2-7 沉管管节划分(尺寸单位:m;高程单位:m)

沉管隧道全线在两处最低点管节范围设置海底泵房,其中,1号泵房处于E9管节,2号泵房位于E27管节。

6.2.3 隧道结构

6.2.3.1 管节构造

沉管隧道采用钢壳混凝土组合结构,钢壳构造主要由内、外面板、横/纵隔板、横/纵加劲肋及焊钉组成。内、外面板为受弯主要构件。横/纵隔板为主要受剪构件,连接内、外面板成为受力整体,形成混凝土浇筑独立隔舱。纵向加劲肋采用 T 型钢及角钢,纵向加劲肋与焊钉主要作为抗剪连接件,保证面板与混凝土的有效连接,纵向加劲肋与横向扁肋共同作用增强面板刚度。隔舱上预留浇筑孔和排气孔,混凝土浇筑完成后须进行等强水密封堵。15m 长对半小节段钢壳基本构造示意如图 6.2-8 所示。

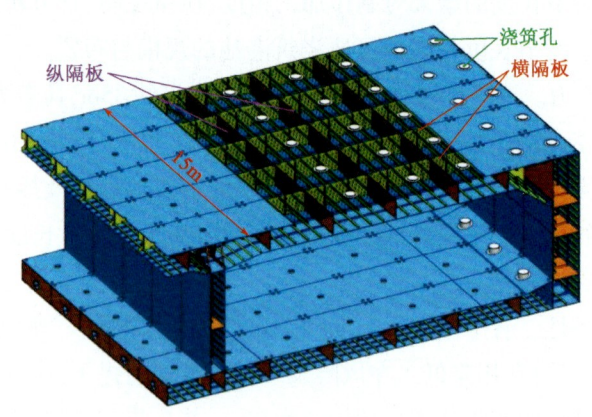

图 6.2-8 钢壳基本构造示意图(15m 长对半小节段)

钢壳基本构造如下:

①横隔板的纵向间距取 3.0m,横隔板设置板肋进行加劲。

②顶板厚 1.5m。顶板的纵隔板基本按 3.5m 一道设置,与横隔板联合形成 3.5m(横断面方向)×3.0m(纵轴线方向)的密闭格室。为保证混凝土浇筑质量,顶板的上层钢板仅设置沿纵轴线方向的 T 形加劲肋,其间距取 0.5~0.7m,当间距为 0.7m 时 T 形加劲肋间设置焊钉;顶板的下层钢板设置沿纵轴线方向的 T 形加劲肋和沿横断面方向的板肋,T 形加劲肋的间距取 0.5~0.7m,板肋按 0.5m 和 1.0m 间距布置。

③底板与顶板的构造基本相同,厚 1.5m。为有效控制底板的施工期变形,底板的下层钢板设置沿纵轴线方向的 T 形加劲肋和沿横断面方向的板肋,T 形加劲肋和板肋均按 0.5m 间距布置。

④侧墙厚 1.5m。面板设置沿纵轴线方向的角钢加劲肋和沿横断面方向的板肋,角钢加劲肋和板肋均按 0.5m 间距布置。

⑤中墙厚 0.8m。纵轴向加劲肋采用角钢,按 0.5m 间距布置。面板间设置钢筋同加劲肋焊接,其纵向间距取 1.0m、高度方向间距取 0.5~1.0m。

顶板、侧墙、中墙加劲示意见图 6.2-9。

6.2.3.2 管节钢壳制作

1) 板单元制造

板单元的结构形式为板零件+纵肋+横肋(图 6.2-10)。主要施工顺序如下:

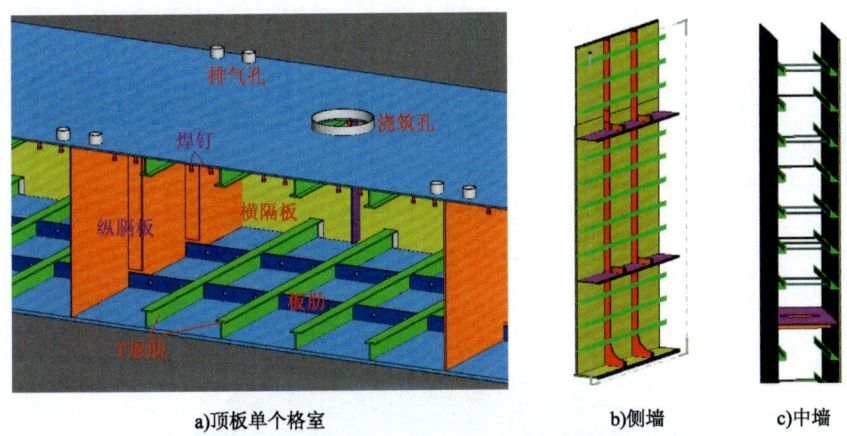

a)顶板单个格室　　　　b)侧墙　　c)中墙

图 6.2-9　加劲示意图

①划线。将板零件吊上专用平台上,划出纵、横肋定位线。

②纵肋装配。通过装配机自动对中固定,通过端头定位装置自动定位纵肋,在移动式装配机上装配板单元。

③纵肋焊缝焊接。在生产线上采用机器人自动焊接纵肋。

④横肋装焊。装焊横肋零件。

⑤板单元矫正。采用机械滚压矫正机进行连续矫正或者采用火工局部矫正。

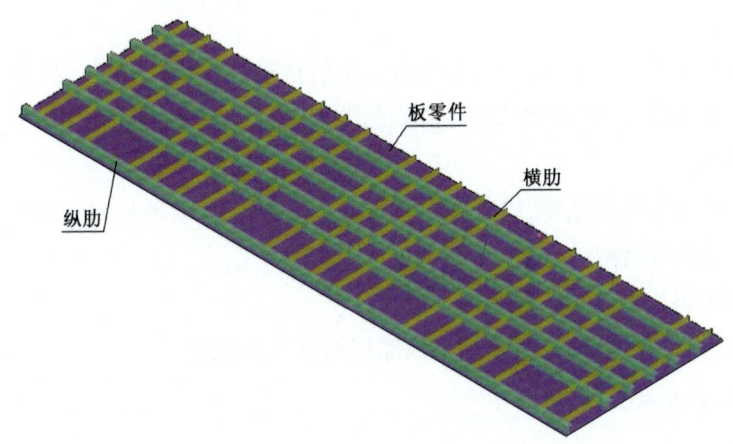

图 6.2-10　板单元结构示意图

2)块体制作

将小节段按图 6.2-11 所示划分成 8 个块体,原则上左右对称。

3)小节段车间内制作及涂装

块体在内场车间预拼装成如图 6.2-12 所示的纵向 15m 对半小节段。将对半小节段运输至喷砂、涂装车间进行喷砂、涂装。

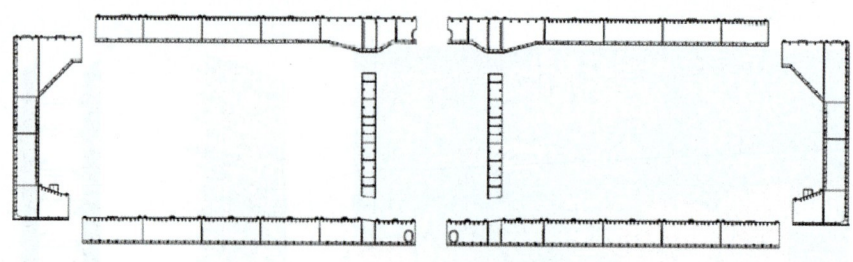

图 6.2-11　块体划分示意图

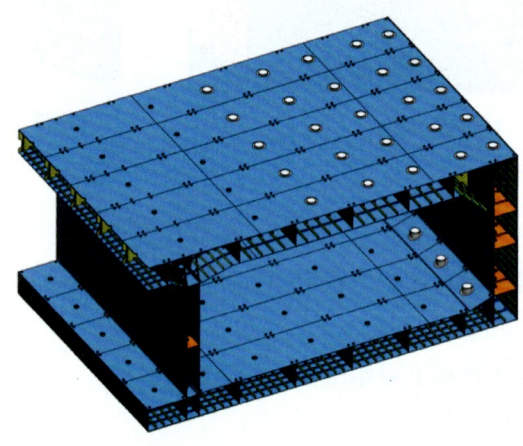

图 6.2-12　15m 长对半小节段

4）大节段拼装

将小节段运至干坞，在坞内拼装成大节段。沉管标准段管节长 165m，共分为 11 个 15m 长的节段。为保证大节段之间的匹配性，在总成胎架上进行大节段匹配制造。

5）密封与补涂

对合拢口焊缝进行密性试验，检查渗漏情况。采用便携式喷砂机对合拢口进行打砂并补涂，不得使用手工打磨除锈。

6）钢壳整体出坞

钢壳制造完毕后，移位至码头，采用平板船运输至浇筑场区。

6.2.3.3　钢壳混凝土浇筑

1）自密实混凝土

浇筑钢壳混凝土时无法振捣，但对混凝土的流动性要求非常高，质量控制要求严格，故采用 C50 自密实混凝土。

自密实混凝土是指在自身重力作用下能够流动、密实，即使存在致密钢筋也能完全填充模板，同时获得良好的均质性，并且不需要附加振动的混凝土。早在 20 世纪 70 年代早期，欧洲就已经开始使用轻微振动的混凝土，但是直到 20 世纪 80 年代后期，自密实混凝土才在日本发展起来。我国在自密实混凝土方面的研究开始于 20 世纪 90 年代初期，在各大高校、科研机构的共同努力下,自密实混凝土技术取得了长足的发展。目前,我国已经陆续推出了相应的标准规范,并广泛应用于工业民用建筑、道路、桥梁、隧道、水下工程及预制构件中。

2) 搅拌

与非自密实混凝土的搅拌时间相比,钢壳沉管自密实混凝土的搅拌时间可适当延长。从所有材料进搅拌机到混凝土从搅拌机排出的最短连续搅拌时间见表6.2-2。

混凝土最短连续搅拌时间 表6.2-2

要求的搅拌机型	搅拌机容量(L)	最短连续搅拌时间(min)
强制式(非立轴)	≤1500	2.0
	>1500	2.5

对搅拌出机的混凝土,应检测拌合物性能,检测合格的混凝土方可运至管节浇筑现场。具体检测内容及指标要求见表6.2-3。

自密实混凝土拌合物性能指标 表6.2-3

参　数	指标要求
新拌混凝土坍落扩展度(mm)	650±50
V形漏斗通过时间(s)	5~15
L形仪 H_2/H_1 (mm)	≥0.8
混凝土容重(kN/m³)	23~23.5
新拌混凝土含气量(%)	≤4

注:H_1 为前槽混凝土高度;H_2 为水平部分混凝土高度。

3) 浇筑

浇筑钢壳自密实混凝土时,应尽量避免混凝土下落过程中带入气泡,混凝土输送管道与隔仓设置的下料管之间可采取密封处理。浇筑过程中,与泵管相连的串筒宜深入到已浇筑混凝土面以下;当无法深入到混凝土面以下时,混凝土自由下落高度应尽可能小,且不宜超过50cm。

在浇筑单个隔仓时,混凝土从出机至浇筑完成的时间不宜超过90min。混凝土浇筑过程中,当浇筑面距离上层钢板约0.15m时,对浇筑孔与进料管进行密封,在排气孔处设置排气管线与气泵有效连接,抽取格室中空气,形成负压力,提高混凝土浇筑质量。

6.2.4　管节接头及防水

6.2.4.1　管节接头布置

管节之间接头的初始水密性通过压缩GINA止水带实现。管节对接完成之后,在管节接头GINA止水带内侧周圈安装OMEGA止水带作为二道止水措施。通常在接头内侧布置管节之间的剪力键,这类接头允许转动与位移。为了降低剪力键所受荷载,通常在大部分不均匀沉降发生后才进行浇筑或安装剪力键。竖向剪力键布置在侧墙及中墙上,采用钢剪力键;水平剪力键仅布置在底板,设置在底板压舱混凝土中,采用混凝土剪力键,外侧布置牺牲阳极块保证耐久性。管节接头构造如图6.2-13所示。

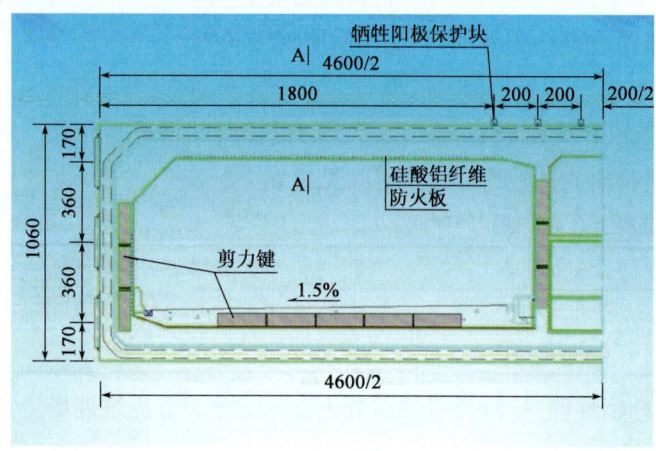
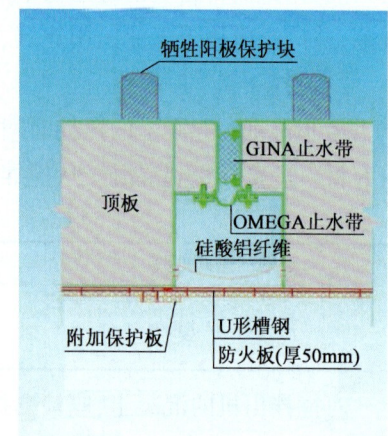

a)1/2横断面　　　　　　　　　b)A-A剖面

图 6.2-13　管节接头构造(尺寸单位:cm)

接头防火采用"防火板 + 硅酸铝纤维防火毯"双重防火措施。

6.2.4.2　GINA 止水带

GINA 止水带选型的决定因素是水压与最小接头压缩量。对于深中通道沉管隧道而言，GINA 止水带需要在 13~40m 水深范围保持水密性。压缩量则要综合考虑管节对接后靠水压得到的最初压缩量(沉放压缩)，减去随后由于温度下降、收缩、不均匀沉降与地震运动造成的最大接头张开量，同时考虑 10mm 张开量储备及橡胶材料松弛(设计使用年限)。

6.2.4.3　OMEGA 止水带

OMEGA 止水带是一种主要用于在混凝土变形缝、伸缩缝等混凝土内部设置的止水带产品，具有以橡胶材料的弹性和结构自身形状来适应混凝土伸缩变形的能力。利用橡胶的高弹性和压缩变形性能，在各种荷载下产生弹性变形，起到紧固密封作用，有效地防止建筑构件漏水、渗水，并起到减震缓冲作用。OMEGA 止水带结构剖面及外观照片见图 6.2-14。

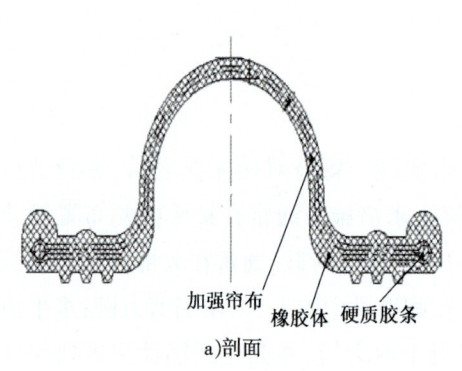
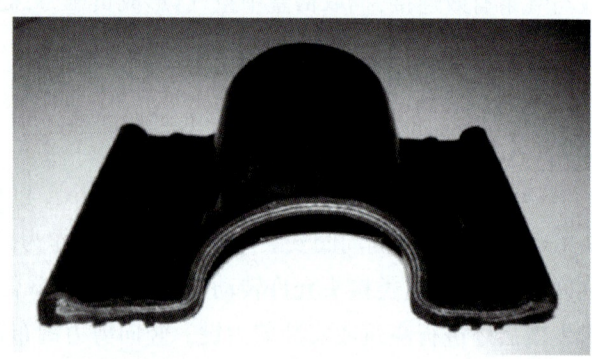

a)剖面　　　　　　　　　　　b)外观照片

图 6.2-14　OMEGA 止水带

6.2.4.4 主体结构防火

主体结构耐火极限不低于 2h。在耐火极限时间内,混凝土表面温度不大于 380℃,钢壳表面温度不大于 300℃。据防火专题研究成果,行车孔采用防火板设计方案,排烟孔局部采用防火涂料防火,防火板厚度不大于 3.5cm,防火涂料采用环氧类材料。防火设计断面如图 6.2-15 所示。

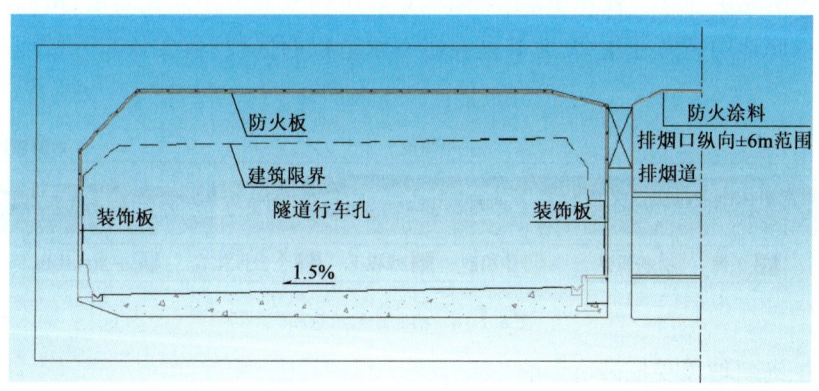

图 6.2-15 防火设计断面

6.2.5 基础及垫层

6.2.5.1 特点、难点

深中通道沉管隧道基础设计面临以下技术难题:

1) 超宽沉管结构

东岛斜坡段沉管隧道位于半径 5003.1m 的平曲线上,由于加减速车道影响,沉管结构外包最宽达 55.46m,远大于港珠澳大桥沉管隧道 37.95m 的宽度。超宽断面使得碎石整平船的作业宽度接近 60m,必须对现有装备进行改造才能适应超宽管节的要求;如果设备无法满足,该位置可能需采用人工整平。

对后填灌砂法基础来说,灌砂孔需要加密布置,以确保超宽管节的灌砂质量,但质量检测的难度加大。

2) 回淤强度大

港珠澳大桥沉管隧道试挖槽长期监测过程中及部分管节沉放前,曾发生较严重的回淤。经分析,原因在于上游采砂与洗砂活动、径流输沙、滩面输沙、工程自身船舶施工引起的悬沙扩散等,其中采砂和洗砂是主因。从采、洗砂活动的影响看,港珠澳大桥沉管隧道采砂期含沙量与停砂期相比增大约 3 倍,采砂期基槽底平均淤强为 2.5cm/d,最大为 3.5cm/d,停砂期降至 0.8cm/d,表明含沙量与淤强有正相关关系。

深中通道沉管槽底平均水深较浅,且处于采砂影响核心区,西人工岛斜坡段处于巨型采砂坑内,受潮流和径流叠加作用,预计停砂期内基槽淤强将为港珠澳大桥沉管隧道的 2 倍(即

1.6cm/d);采砂期淤强将比停砂期再增大 3~5 倍(即 4.8~8.0cm/d)。本项目试挖槽试验中,槽底回淤监测平均淤强为 2.75cm/d,最大达到 9.0cm/d,与上述预测一致。

因此深中通道沉管隧道基槽的回淤强度大,对垫层方案设计、西人工岛斜坡段地基处理方案的选择都提出了较大挑战,需要采取有效的应对措施。

3)纵向槽底地层变化大

槽底穿越淤泥层、砂层、残积土层、全强风化岩层以及部分中风化岩层,槽底地层示意见图 6.2-16。槽底地层纵向变化大,尤其是在矾石水道以西区段,需要认真分析地基刚度的平顺过渡。

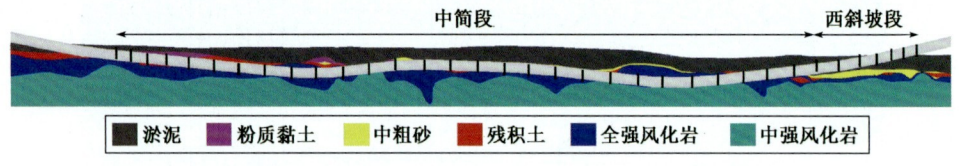

图 6.2-16　槽底地层示意图

4)西人工岛斜坡段受挖砂坑影响

西人工岛斜坡段位于采砂核心影响区内,在 K12+000 里程附近的南侧分布一处规模较大的砂坑(图 6.2-17)。砂坑最深处高程为 -18.6m,距离隧道轴线 145m 左右,对隧道基础(尤其是防撞回填区基础)影响较大。砂坑内表层淤泥层呈流动的浮泥状态,工程性质较差,成槽较为困难。需要采取额外的成槽辅助措施。

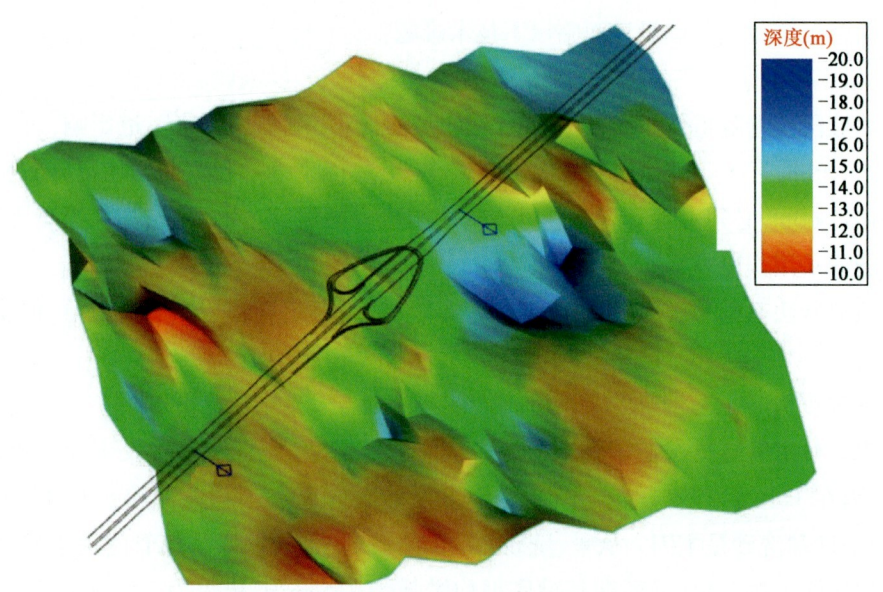

图 6.2-17　西人工岛斜坡段 K12 里程附近南侧砂坑立体图

5)岛壁荷载下的基础设计与纵向刚度协调过渡要求

西人工岛岛头 E1 管节穿过岛壁结构,岛壁回填荷载作用位置及岛头挡浪墙下管底最大竖向应力达260kPa,相比于岛外段,荷载急剧增大。E1管节岛内40m位于超载预压过的地基上,岛外沉管底以下仍有3~5m的流态淤泥层,且部分区段位于直径28m的钢圆筒范围内,因此E1管节的基础设计与纵向暗埋段及岛外E2管节的纵向沉降协调、刚度过渡的难度很大。不同的基础方案对荷载的适用性是不同的,考虑采用减载结构。

减载结构采用混凝土空箱,减载后常水位下管底最大应力为138kPa,100年最低水位下管底最大应力为151kPa。西人工岛岛头减载方案及效果见图6.2-18。

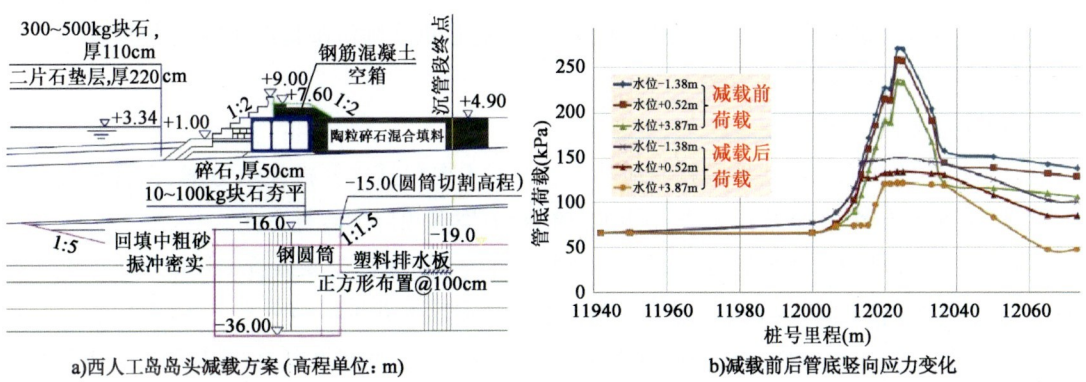

图6.2-18 西人工岛岛头减载方案及效果

6)航空限高的影响

航空限高主要对施工船舶选择产生影响。通过调研现有的打桩船、挤密砂桩船、碎石整平船等船机设备,考虑到打桩船、挤密砂桩船均主要在西人工岛附近施工,上述船舶可满足航空限高要求。如果采用先铺碎石垫层方案,碎石整平船需要在全范围施工,无法满足东岛斜坡段附近35m的航空限高要求。

6.2.5.2 基础方案

1)设计原则

基础设计与地基处理的控制目标是实现地基总沉降与纵向差异沉降的可控。允许的纵向差异沉降(地基刚度)由隧道管节上的内力和允许接头最大张开量决定。只有当未经处理的天然地基无法通过合理的措施满足结构设计要求时,才考虑对地基进行加固。地基加固需要考虑沉管段、堰筑段、暗埋段与敞开段等纵向不同区段基础方案的协调与刚度的平顺过渡,以达到整个工程风险与造价最优的目的。

对于沉管隧道来说,可将沉降划分为3个等级,见表6.2-4。

沉降等级划分　　　　　　　　　　　表6.2-4

等　级	沉降值 u (cm)
低	$u<5$
中等	$5<u<10$
高	$u>10$

167

设计中，为避免区段之间差异沉降过大和从沉降等级"低"区段到"高"区段的过渡所需长度过大，沉降控制目标选择沉降等级"中等"的较高限。根据类似工程经验并结合详细分析计算，采用8cm作为沉管沉放后的总沉降控制标准。

根据管节接头剪力键的承载能力及差异沉降分析结果，采用3cm作为相邻管节接头（每165m或每123.8m）纵向差异沉降控制标准。

沉降控制目标只是设计阶段的一个指导性参数，目的是将基础设计（如刚度）和结构设计（如不均匀沉降引起的内力）对应起来，在施工阶段将根据实际沉降情况进行动态调整。

2）西人工岛斜坡段基础方案

（1）地基处理方案比选

可供选择的西人工岛斜坡段软弱地基处理方案主要包括大开挖换填方案、钢管复合桩基方案、挤密砂桩方案、水下深层水泥搅拌桩（DCM）方案和预应力管桩方案。

西人工岛斜坡段隧道槽底以下淤泥类土的厚度为3~18m，受采砂扰动影响，②$_1$层淤泥的原位十字板强度仅有4.3~8.4kPa，是一种流态的淤泥。大开挖换填方案开挖深度深，且淤积会较为严重，不具备可行性。挤密砂桩在淤泥层的施工成桩难度也很大，因此如果采用复合地基方案，必须将该层挖除。E1管节基槽开挖线下方②$_1$层淤泥的最大厚度达5m，需要挖除槽底的表层浮泥，还需要阻挡基槽两侧浮泥流入基槽，确保基槽能够成槽。西人工岛斜坡段隧道中轴线地层纵向分布如图6.2-19所示。

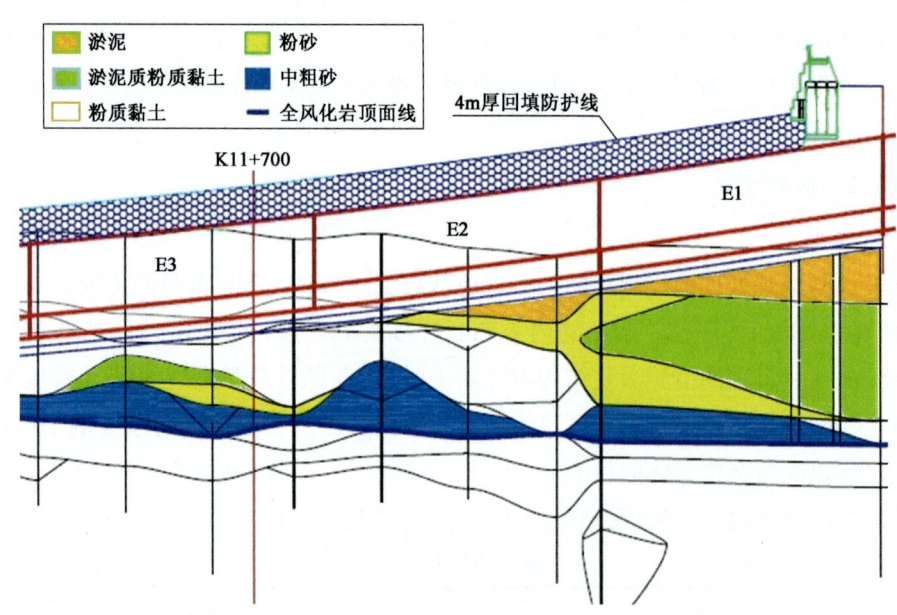

图6.2-19 西人工岛斜坡段隧道中轴线地层纵向分布

该处地质情况与港珠澳大桥沉管隧道斜坡段有相似性。参照港珠澳大桥施工经验，可采用挤密砂桩和水下深层水泥搅拌桩。从基岩埋深看，深中通道槽底以下8~29m为中风化基岩顶面，桩基础也是可行的方案之一。港珠澳大桥沉管隧道不存在采砂坑问题，而本项目西人工岛斜坡段位于采砂坑范围内。

水下深层水泥搅拌桩方案在韩国釜山隧道有成功应用案例。随着国产设备的开发和投入使用,以往限制该方案应用的造价高、设备缺乏等问题得到了解决。该方案先加固、后开挖,对采砂坑的适应性较好,无须堆载预压,施工工期短,可消除液化,抗震性能好,与沉管段的刚度过渡比挤密砂桩好,是西人工岛斜坡段地基处理的推荐方案。在深层水泥搅拌桩上设置 1.1m 厚的块石振密层和 1.0m 厚的碎石垫层(其中,E1 管节为 1.0m 厚碎石垫+夯平块石)。桩号 K11+941.20 处 E1 管节基础横断面见图 6.2-20。

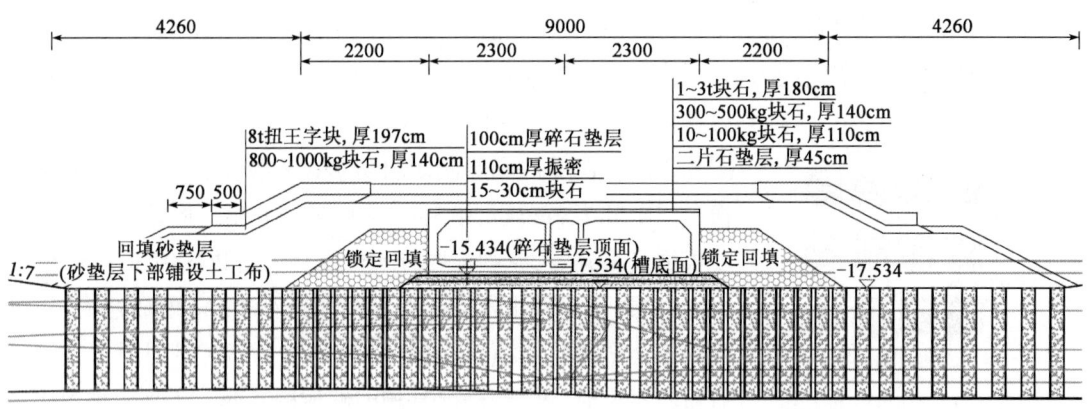

图 6.2-20　桩号 K11+941.20 处 E1 管节基础横断面(尺寸单位:cm;高程单位:m)

E1 管节的岛内及圆筒范围,DCM 施工船舶无法进入,加固深度深、强度要求高,考虑采用高压旋喷桩方案。在钢圆筒外靠近岛内处,为了实现沉管段、暗埋段刚度平缓过渡,在高压旋喷桩顶部铺设碎石垫层,碎石垫层之上铺设 35cm 厚 C30 素混凝土。西人工岛斜坡段的基础处理方案如表 6.2-5 所示。

西人工岛斜坡段地基处理方案　　　表 6.2-5

里程范围	管节范围	地基处理方案
K11+299.2~K11+719.2	E5~E3 管节	DCM 地基处理方案,桩纵向间距为 3m,横向间距为 3m、5m,非等间距布置,综合置换率为 41%。 DCM 的 60d 无侧限抗压强度为 1200kPa。 上铺 1.1m 厚振密块石+1m 厚碎石垫层
K11+719.2~K11+941.2	E3~E2 管节	综合置换率为 47.4% 的单桩式 DCM 处理方案。 DCM 的 60d 无侧限抗压强度为 1200kPa。 上铺 1.1m 厚振密块石+1m 厚碎石垫层
K11+941.2~K11+993.0	E1 管节东段 51.8m	综合置换率为 47.3% 的单桩式 DCM 处理方案。 DCM 的 60d 无侧限抗压强度为 1600kPa。 上铺 1.1m 厚振密块石+1m 厚碎石垫层
K11+993.0~K12+013.0	E1 管节中间段 20.0m	综合置换率为 47.3% 的单桩式 DCM 处理方案。 DCM 的 60d 无侧限抗压强度为 1600kPa。 上铺 1.1~1.7m 厚夯平块石+1m 厚碎石垫层
K12+013.0~K12+065	E1 管节西段 52.0m	置换率为 40% 的高压旋喷桩处理方案。 高压旋喷复合土体的平均标贯击数不小于 20。 上铺 1m 厚碎石垫层+夯平块石(局部为 35cm 厚 C30 素混凝土)

（2）高压旋喷桩

西人工岛斜坡段 E1 管节岛内段采用高压旋喷桩处理,旋喷桩直径为 1m,间距为 1.5m,梅花形布置,采用跳打方式施工。高压旋喷桩原则上以圆筒和副格仓为施打边界。

（3）水下深层水泥搅拌桩

有壁式布置和单桩式布置两种方案。对两种方案的沉管受力进行了分析,两种布置方案置换率较为接近。单桩式布置方案较壁式布置方案在沉管隧道及桩顶沉降方面都有较大幅度降低,但现场工艺试验结果表明,浅层成桩质量较差,桩身强度较低,采用壁式布置时,短桩部分质量难以保证,且强度较低。推荐采用单桩式布置方案。

沉管底和两侧回填防护区均采用单桩式布置方案,单桩直径为 1.3m,搭接 0.3m,四桩一簇直径为 2.3m,单桩沿纵向间距为 3m,单桩式布置方案大样见图 6.2-21。沉管底和两侧回填防护区根据上部荷载大小,桩的横向间距分为 3m、4m 和 5m 三种,深层水泥土搅拌桩的处理深度根据受力确定,原则上要打入标准贯入击数达到 30～50 的全风化岩层;当全风化岩层上部有厚度不小于 3m 的砂层时,桩基可施工至全风化层顶面;当全风化岩层上部为淤泥质土或淤泥质粉质黏土时,桩端进入全风化层至少 0.5m,以保证桩底不发生过大变形。

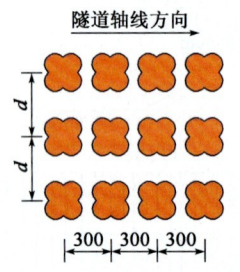

图 6.2-21　单桩式布置方案
（尺寸单位:cm）

3）中间段基础方案

（1）垫层方案比选

由于水下基槽施工控制的难度大、地基处理后表层施工质量难以保证,同时施工期的回淤也不可避免,因而沉管隧道无论是采用天然地基还是经过特殊措施改良后的人工地基,均需要在地基与管节间铺设基础垫层。垫层主要的功能是充填管节底部与地基间的空隙,保证上部荷载均匀传递到下部地基,避免由于地基受力不匀导致结构的局部破坏,或者产生较大的不均匀沉降。沉管隧道基础按处理方法大致可分为先铺法和后铺法两大类。先铺法主要是指碎石整平垫层,后铺法有喷砂垫层、压砂(砂流)垫层、压浆垫层等几类。

垫层方案比选见表 6.2-6。

垫层方案的比选　　　　　　表 6.2-6

项目	先铺法	后铺法		
	碎石整平	喷砂	压砂(管外施工)	压浆(管内施工)
厚度	1.0～1.5m	1.0m	0.6～1.0m	1.0m(含 0.6m 厚碎石)
回淤影响	整平后清淤难度大,碎石有一定纳淤能力,清淤标准要求较高,需严格限制采砂活动	设备有吸淤功能,喷砂有挤淤能力,清淤标准不高,无须限制采砂活动	精挖后用专业设备清淤,压砂有挤淤能力,清淤标准不高,需要适当限制采砂活动	精挖后用专业设备清淤,压浆有挤淤能力,清淤标准不高,需要适当限制采砂活动

续上表

项目	先铺法	后铺法		
	碎石整平	喷砂	压砂(管外施工)	压浆(管内施工)
技术可行性	管底平整度要求高,无须沉管上开孔,港珠澳大桥建设积累丰富经验,航空限高对船舶有要求,垫层模量较大(10~15MPa)	管底平整度要求低,无须在沉管上开孔,国内无经验,对航空限高无影响,垫层模量较小	管底平整度要求低,侧墙上开压砂孔,国内外经验丰富,对航空限高无影响,垫层模量为2~3MPa	管底平整度要求低,管廊底板开注浆孔,国内外经验丰富,对航空限高无影响,垫层模量大(大于30MPa)
施工可行性	工期短,效率高,对恶劣风浪适应性强,可改造加宽港珠澳大桥沉管隧道施工船舶,检测容易,质量可控	工期长,效率低,恶劣风浪下难施工,需研发喷砂台架,仅能检测充盈度	工期较长,效率一般,恶劣风浪下难施工,对施工船舶砂泵要求低,垫层易夹淤,模量检测困难	效率较高,流失略大,恶劣风浪下可施工,长距离管内作业,仅能检测充盈度
安全性	着床后立即回填稳定,回淤过大有重铺风险,潜水作业少	着床后难立即回填,有管节上浮风险,潜水作业量大	着床后难立即回填,有管节上浮风险,潜水作业量大	着床后难立即回填,有管节上浮风险,潜水作业量大
经济性	造价高	设备贵,造价高	造价较低	工序多,造价较高

综合比较认为:喷砂法缺少专用设备及经验;压浆法需要在管内长距离作业,注浆输送速度的保障难度很大,且造价较高;先铺法质量检测容易,施工工效较高,着床后可以立即回填,依托港珠澳大桥沉管隧道积累的丰富经验,通过监测与清淤可确保不出现回淤过大的重铺风险,但本项目回淤强度很大,管节宽、长度长,清淤的难度很大,需要研发能在碎石垫层整平完成后仍能高效清淤且不扰动已铺垫层的清淤设备。

压砂垫层的优点是造价低,对管底平整度要求不高,对底板变形相对较大的浮态浇筑钢壳沉管有很好的适用性。但工效、质量检测水平及压砂过程中的施工安全控制方面存在一定的隐患。

经综合比选,推荐先铺法碎石垫层方案。

(2)基础方案

隧道中间段里程范围为K7+030~K11+281.2。沉管段管底地质条件见图6.2-22。

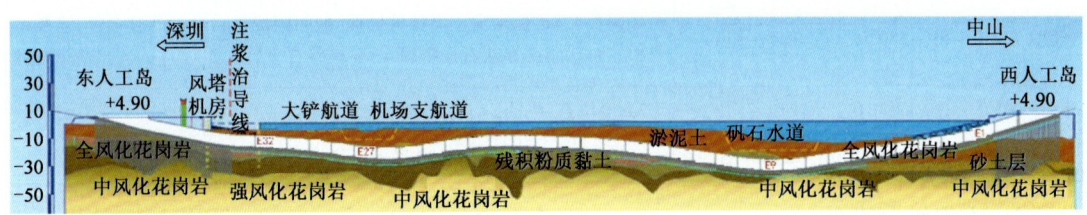

图6.2-22 沉管段管底地质条件(高程单位:m)

中间段分为3个区段。靠近东侧的E32~E22管节,管底土层为残积土层或全强风化花岗岩层,地基处理采用超挖换填1.1m厚块石振密层+1m厚碎石垫层方案,其中,为了与东人工岛暗埋段实现刚度平缓过度,K7+030~K7+040地基处理采用35cm厚素混凝土+50cm

厚堰筑段传力带+1m厚碎石垫层。中间的E21～E13管节，管底有厚度小于5m的部分软弱土层，对于软弱土层较薄处，采用2～3m厚夯平块石+1m厚碎石垫层方案；对于软弱土层较厚处，采用DCM处理软弱土层，之后DCM顶部换填1.1m厚的块石振密层，其上再铺设1m厚的碎石垫层。靠近西侧的E12～E6管节，管底为全、强、中风化岩层，地基处理采用1m厚碎石垫层方案。

中间段典型管节基础横断面见图6.2-23。

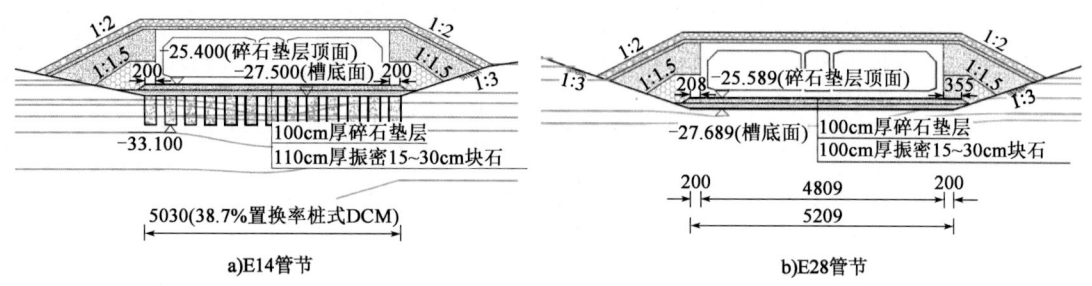

图6.2-23　中间段典型管节基础横断面(尺寸单位:cm;高程单位:m)

中间段采用局部超挖夯平块石或者DCM地基处理，造价便宜，沉降可控。各区段处理方案见表6.2-7。采用上述方案后，该区段管节沉放后的理论沉降小于50mm，总体沉降平顺、刚度协调。

中间段地基处理方案　　　　　　　　　表6.2-7

里程范围	管节范围	地基处理方案
K7+030.0～K7+040.0	E32	0.35m厚素混凝土+0.5m厚堰筑段传力带+1m厚碎石垫层
K7+040.0～K8+634.0	E22～E20	1.1m厚块石振密层+1m厚碎石垫层
K8+634.0～K8+900.0	E32～E22	2～3m厚块石夯平层+1m厚碎石垫层
K8+900.0～K9+350.0	E20～E17	采用长5.6m的水泥土搅拌桩处理，桩间距按3m×4m矩形布置，置换率为38.7%，1.1m厚块石振密层+1m厚碎石垫层
K9+350.0～K9+720.0	E17～E15	2～3m厚块石夯平层+1m厚碎石垫层
K9+720.0～K9+880.0	E15～E14	采用长5.6m的水泥土搅拌桩处理，桩间距按3m×4m矩形布置，置换率为38.7%，1.1m厚块石振密层+1m厚碎石垫层
K9+880.0～K10+100.0	E14～E13	2m厚块石夯平层+1m厚碎石垫层
K10+100.0～K11+343.4	E13～E5	1m厚碎石垫层(E7管节局部80m增加0.7m厚碎石振密层)

(3)方案纵向组合

中间段先铺碎石垫层+块石振密层(局部超挖夯平块石或DCM加固)方案，西人工岛斜坡段先铺碎石垫层+块石振密层(块石夯平层)+岛外深层水泥搅拌桩+岛内高压旋喷桩。

4)先铺法碎石垫层方案

先铺法碎石垫层由双层结构组成，下层为块石振密层，上层为1m厚碎石整平垫层

(图 6.2-24)。块石振密层主要目的是减小挖槽误差影响,利于清除表面回淤淤泥,部分消除管底沉积淤泥对基础沉降的影响。在隧道基槽加深下挖后施工 1.1m 厚块石振密层,其底宽与槽底宽度相同,顶面宽度接至槽底边坡。块石施工后振密。

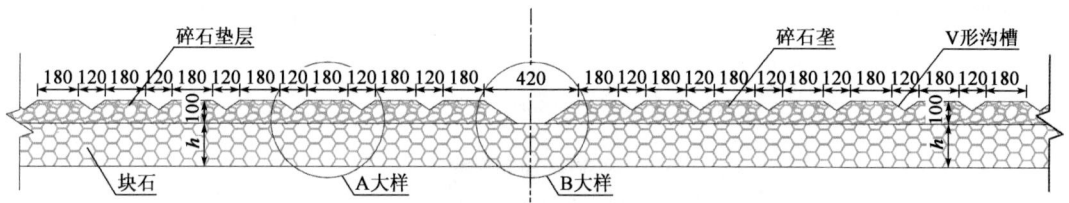

图 6.2-24 碎石垫层纵断面布置图(尺寸单位:cm)

在块石顶面采用整平船铺设 1m 厚碎石垫层。碎石垫层顶面最终高程与隧道各管节结构底高程一致。碎石垫层设置 V 形槽,纵断面呈锯齿形,平面按 S 形铺设。标准管节碎石垫层顶横向宽 50m(结构宽 46m+结构外缘线两侧各预留 2m),单垄顶纵向宽 1.8m,V 形槽顶纵向宽 1.2m,管节间大槽顶宽 4.20m。碎石垄边坡坡率按 1:1.5 设计,实际按自然休止角成形。细部构造见图 6.2-25。

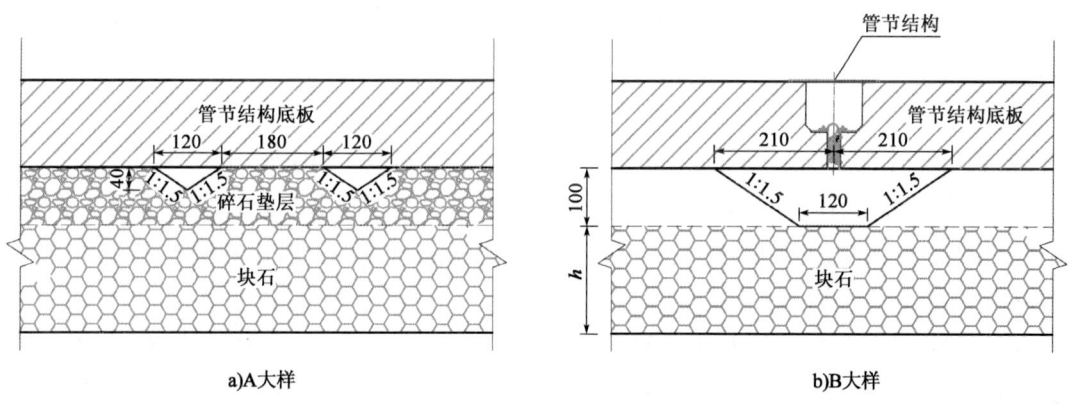

图 6.2-25 先铺法碎石垫层纵断面布置及细部构造图(尺寸单位:cm)

碎石材料采用能够自由散落、未受污染、干净、耐久性良好、级配良好的碎石,无侧限抗压强度不小于 30MPa。选用粒径 20~60mm 的级配碎石,控制粒径级配,增大孔隙率,增强纳淤能力。

由于沉管隧道在施工和营运阶段会发生沉降,考虑长期使用要求,需在施工碎石垫层时预留沉降量(即预抛高)。预抛高值应结合管节沉放施工监测资料、管节对接施工工艺要求、沉降分析等综合确定。参照港珠澳大桥预抛高经验(3~7cm),暂按 5cm 考虑,承包商进场后,开展沉管纵向拖放过程对碎石垄变形影响的试验研究,由试验获得实测变形量,纳入预抛高范围。施工中结合实测高程及沉降资料等,对碎石垫层顶预抛高设计进行动态调整。

5)清淤措施

先铺碎石垫层质量检测容易,施工工效较高,着床后可以立即回填,依托港珠澳大桥沉管隧道积累的丰富经验,通过监测与清淤可确保不出现回淤过大的重铺风险。但本项目回淤强度很大,管节宽、长度长,清淤难度很大,需研发能在碎石垫层整平完成后高效清淤且不扰动已铺垫层的清淤设备。清淤专用船清淤原理如图6.2-26所示。采取有效的防淤及清淤措施,建立施工期泥沙回淤的实时监测系统,沉放前及沉放过程中及时预警并进行清淤作业。

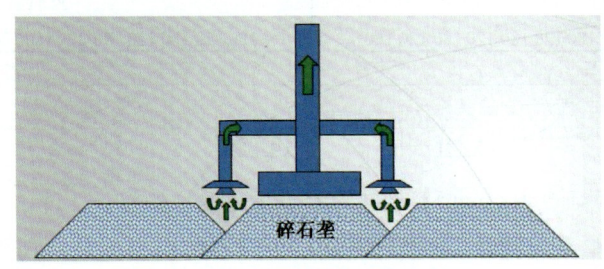

图6.2-26　清淤专用船清淤原理图

6.2.6　基槽开挖

标准段基槽底宽度＝管节外包宽度(46.0m)＋两侧预留宽度(取2m)＝50.0m。最宽段基槽底宽度＝管节外包宽度(55.46m)＋两侧预留宽度(均取2m)＝59.46m。标准段与最宽段采用与结构尺寸匹配的渐变方式处理。为满足基础垫层施工需求,岩石段预留宽度为3m。

基槽底高程＝管节结构底高程－碎石垫层厚度－块石层厚度。

槽底高程因垫层厚度不同而发生突变处,纵向采用不陡于1∶10坡率的纵坡进行过渡。

一般段淤泥与淤泥质土层,南坡采用1∶5的坡率,北坡采用1∶7的坡率;黏土(含粉质黏土及夹砂层)、砂层及全风化岩层采用1∶3的坡率;槽底强、中风化岩层采用1∶0.75的坡率。

基槽开挖进行局部特殊处理,对纵向局部小范围分布的淤泥质土、黏土(含粉质黏土及夹砂层)、砂层及全风化岩层,根据横向分级、纵向分段的原则且满足开挖一致性条件,采用与相邻断面土层相协调的坡率进行开挖设计。

考虑到海床表层淤泥基本处于流塑状态,为防止施工过程中基槽边缘的表层淤泥流入基槽底,清除基槽顶面两侧各约40m范围内表层2m厚流泥,与原始海床交界处以自然坡率顺接。基槽开挖典型横断面见图6.2-27。

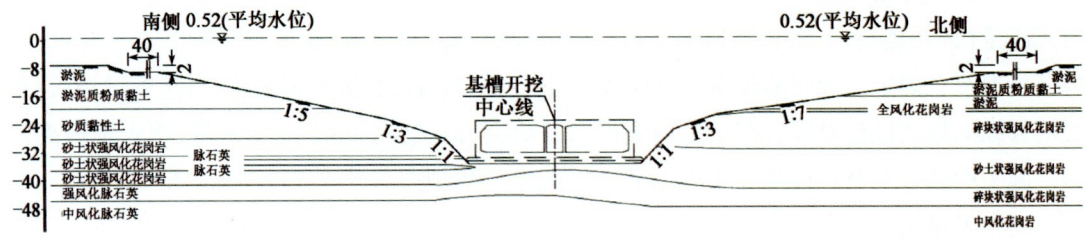

图6.2-27　基槽开挖典型横断面图(尺寸单位:m;高程单位:m)

6.2.7 基槽回填

6.2.7.1 中间一般段

中间一般段回填防护应满足防冲刷、防锚、限制管节侧移、为管节提供足够的抗浮安全度等要求。回填由锁定回填、一般回填、护面层回填三部分组成。中间一般段回填防护典型横断面见图6.2-28。

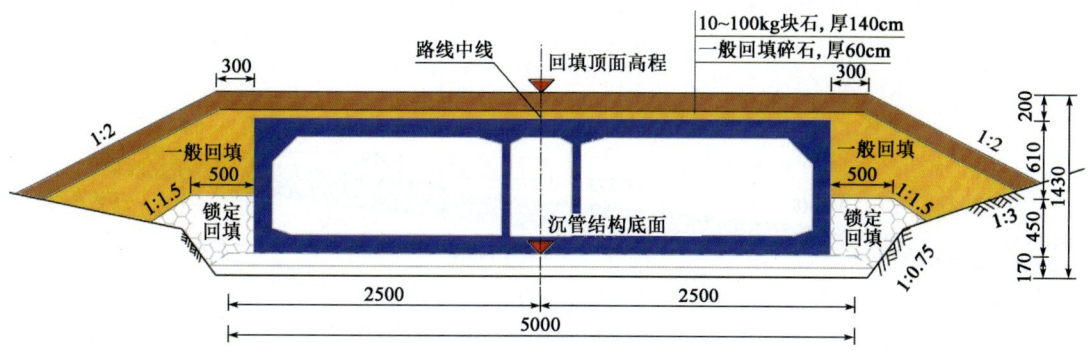

图6.2-28 中间一般段回填防护典型横断面图(尺寸单位:cm)

1)锁定回填

管节沉放对接就位后,应立即进行两侧锁定回填,固定管节位置。锁定回填应对称设置,提供足够的侧向抗力,并有良好的排水性能。

材料:粒径5~80mm碎石。

高度:4.5m(自沉管两侧管底位置算起)。

宽度:管节结构外缘线以外左右各5m。

坡率:自然休止坡。

2)一般回填

锁定回填和护面层回填之间为一般回填。

材料:粒径5~80mm碎石。

高度:锁定回填与护面层回填之间,管顶上部0.6m厚。

3)护面层回填

护面层回填为管节提供防拖锚、防抛锚等作用,并保证管节具有一定的抗浮能力,其自身应有足够的抗冲刷能力。

材料:10~100kg块石(非航道段)及100~200kg块石(航道段)。

高度:一般回填以上1.4m厚。

宽度:至管节左右结构外缘线以外3.0m(非航道段)及3.5m(航道段)。

坡面:为防止船只走锚对隧道管节造成破坏,将护面层设置为坡率为1:2的折拱形,与基槽边坡顺接。

6.2.7.2 西人工岛斜坡段

根据相关专题研究成果,岛头防护需保证10万t级船舶拖锚不对管节造成破坏。管节回填由锁定回填、一般回填、防锚片石三部分组成,可最大限度地减少回填量,并且拱形回填防锚层能降低锚的入土深度,使锚平顺滑过隧道段,可有效阻止走锚对管节的破坏。结合与岛壁结构衔接过渡、美观、防浪等影响因素,确定西人工岛头防撞护坦设计方案。

1) 纵向布置

西人工岛岛头防撞回填防护段纵向范围为 E1~E5 管节,隧道回填与人工岛回填以人工岛岛壁边线为分界。防撞段回填防护纵断面见图 6.2-29。

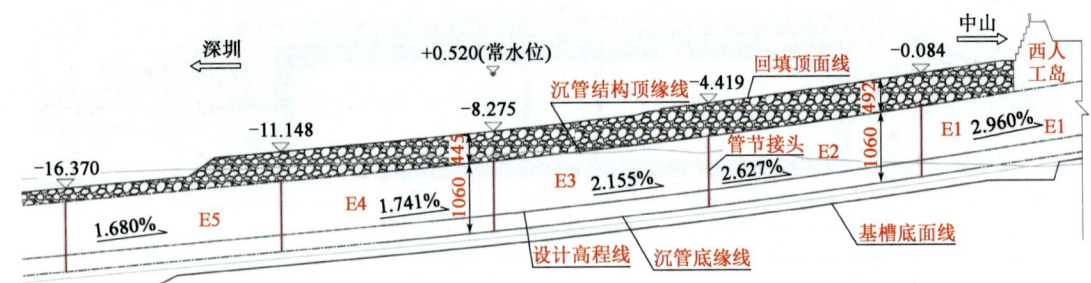

图 6.2-29　西人工岛岛头防撞段回填防护纵断面(尺寸单位:cm;高程单位:m)

2) 横断面布置

通过岛头防撞计算分析,结合防撞护坦设置高度及人工岛岛壁波浪断面物模试验,护坦顶面宽度由 90m 逐渐变宽,平滑过渡至西人工岛岛壁结构。西人工岛岛头管节回填横断面见图 6.2-30。

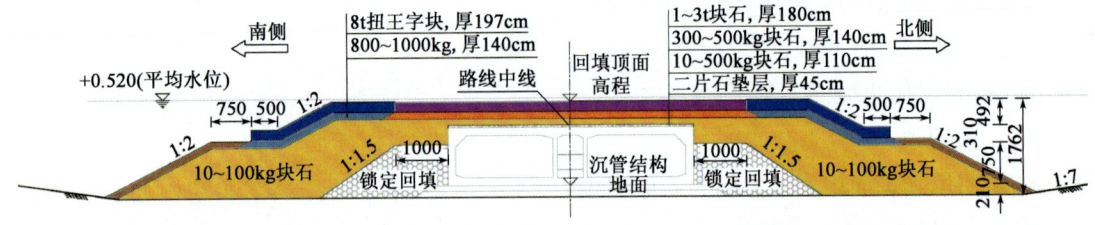

图 6.2-30　西人工岛岛头管节回填横断面(尺寸单位:cm;高程单位:m)

(1) 锁定回填

考虑防撞区域波流条件较为复杂,在锁定回填粒径保持与中间一般段粒径统一的前提下,锁定回填顶面宽度采用 10m,锁定回填高度采用 7.5m。

(2) 一般回填

一般回填块石下方设置 0.45m 厚二片石垫层,以减轻填筑防护块体和块石对沉管隧道钢结构的不利影响。一般回填抛填到二片石垫层之上 1.1m,采用 10~100kg 块石。

(3) 护面层回填

随着隧道顶部高程的纵向坡降,结合防冲刷、波浪和防撞要求以及导流堤设计,护面层结构横向划分为 3 个区段。

中间段,在一般回填之上采用1.4m厚300~500kg块石+1.8m厚的1~3t块石作为护面回填。

两侧区段,在护坦顶面两侧设置1.4m厚800~1000kg块石+1.97m厚的8t单层扭王字块,以应对近岛段可能存在的由于阻水造成的波浪或波流作用下块石的冲淤变化。

为防止船只走锚对管节结构造成破坏,两侧边坡段采用厚1.2m、100~200kg的块石将管节回填保护层抛填成坡率为1:2的折拱形,与基槽边坡顺接。

6.2.8 耐久性设计

钢壳混凝土沉管迎水侧钢壳防腐采用"预留腐蚀厚度+重涂装+外置牺牲阳极块"的三重防腐措施,空气侧钢壳(行车道孔内底板顶上表面有压舱混凝土,仅采取临时防腐措施)防腐采用"重涂装+定期维护"的双重防腐措施。

6.2.8.1 涂装方案

行车道孔底板顶上表面涂临时防护漆。

中管廊专用排烟道涂防火漆。

底板下表面除两侧各8m范围涂三道玻璃鳞片漆,厚$2\times350+300=1000\mu m$。

其余外露钢结构表面涂双道玻璃鳞片漆,厚$2\times350\mu m=700\mu m$。

不同部位重涂装方案示意见图6.2-31。

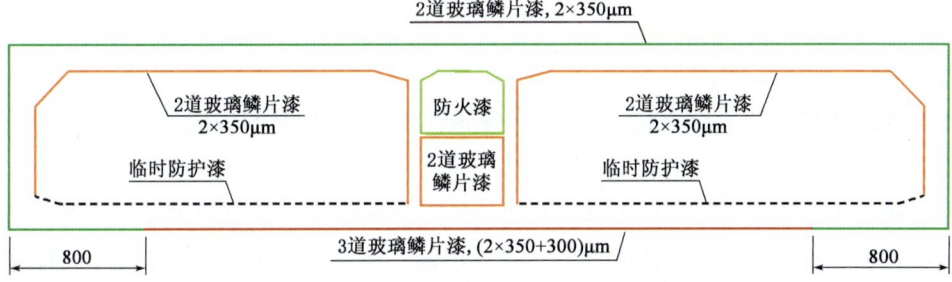

图6.2-31 不同部位重涂装方案示意(尺寸单位:cm)

6.2.8.2 牺牲阳极

牺牲阳极材料采用铝合金,安装方式为焊接,应确保牺牲阳极在有效使用期内与焊接支座之间的连接电阻不大于0.01Ω。阳极与铁芯之间接触电阻小于0.001Ω。单个牺牲阳极净质量为375kg,毛质量为405kg。

牺牲阳极横断面布置见图6.2-32。顶部纵向间距为5m,侧边纵向间距为3.9m。

在电阻率为$800\Omega/cm$的海水中,牺牲阳极材料的负工作电位足够大,能够达到$-1.05V$。

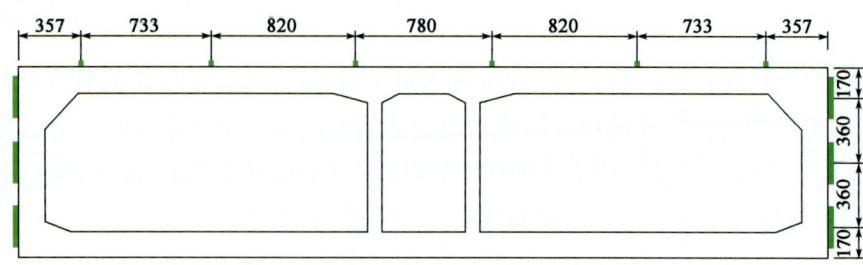

图 6.2-32 牺牲阳极横断面布置(尺寸单位:cm)

6.2.9 施工方案

6.2.9.1 基槽开挖

基槽开挖分粗挖和精挖。沉管隧道基础开挖典型横断面见图 6.2-33。

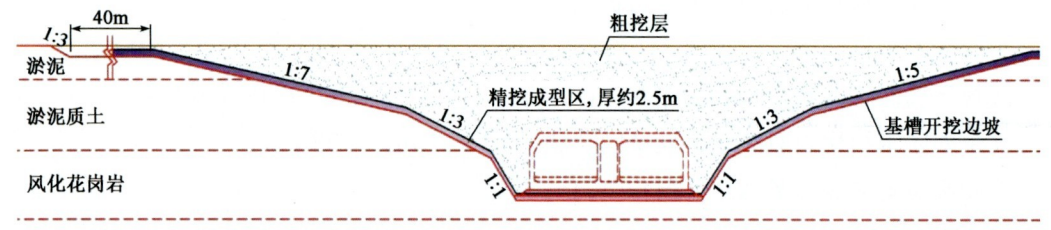

图 6.2-33 沉管隧道基础开挖典型横断面图

1)粗挖

先安排抓斗船完成上层粗挖,待满足水深条件后,安排耙吸船完成下层粗挖。

(1)抓斗船粗挖

上层粗挖采用抓斗船(图 6.2-34)分段、分层、分条施工。分段长度主要考虑船舶横移距离,一般为 100~150m。分层厚度按 3~4m 控制。分条主要考虑船舶宽度,一般取 20m。抓斗船开挖边坡过程中需严格按照设计标准按台阶齿状开挖,边坡开挖断面线与设计边坡基本一致。

(2)耙吸船粗挖

槽中部分按 2~3m 层厚进行分层开挖(图 6.2-35)。在边坡区域,安排在缓流阶段开挖,避免因流急而导致船体与耙头相对位置改变,从而影响耙的计划走向。耙吸船开挖边坡过程中,利用船舶动力定位、动力跟踪功能,预先设定开挖线,船舶智能化系统根据风、流等外力因素自动控制各种动力设备,确保耙头始终沿设定开挖线施工。

耙吸船在横流条件下作业,涨潮时段集中开挖北半部,退潮时段集中开挖南半部。开挖基槽下层黏土层时,整个施工区航迹线应均匀布线,同步加深,避免出现垄沟现象。

图 6.2-34　抓斗船

图 6.2-35　耙吸船粗挖施工

2）精挖

精挖是指基槽设计断面线以上约 2.5m 厚黏土层的开挖。精挖需采用具有定深、平挖功能的专用船舶。

施工过程中，精确挖泥计算机测控系统增加超深限制、综合偏差调整等功能，实现抓斗船施工过程可视、可控、可测。另外，采用迭代拟合的原理，由系统自动控制提斗钢丝绳，控制抓斗动态沉放，实现整个闭斗过程中实际切削土体的轨迹曲线为一条水平波纹线。抓斗精挖功能原理示意见图 6.2-36。

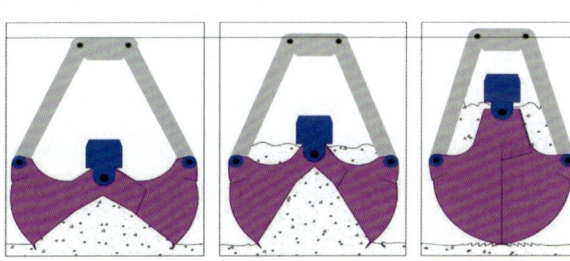
图 6.2-36　抓斗精挖功能原理示意图

3）岩石处理施工方法

（1）凿岩施工

在抓斗船的抓斗吊机上安装铸钢制造的凿岩棒（图 6.2-37），施工时将其提升到一定高度后自由落下。依靠重力作用冲击槽底基岩带的岩体。凿岩棒具有一定的重量和落高，产生的重力势能远远大于海水浮阻力，使被冲击岩体在一定范围内破碎。

（2）水下钻孔爆破施工

安排中大型抓斗船直接开挖或凿岩棒凿岩后清除。如果岩性超出要求，可采取水下爆破方式清除。

4）清淤

精挖前、抛设块石前和铺设碎石垫层前等关键工序的清淤施工，结合回淤量及作业空间大小，使用耙吸船和专用清淤船完成。

图 6.2-37　抓斗船使用凿岩棒施工

(1) 耙吸船清淤

耙吸船清淤范围包括复合边坡和槽底,边坡施工前需编制高差为 2m 的台阶式施工文件,均匀布线,分层清淤;总体施工方向为由坡顶向坡底。

为确保槽底清淤全覆盖,在涨、退潮流速较小时顺槽进行精确清淤,在涨、退潮流速较大时垂直于槽进行精确清淤。

(2) 专用清淤船清淤

专用清淤船采用六锚定位,垂直于基槽,进行"定点盖章"式清淤施工。

定点清淤施工前,工程技术人员根据泥层厚度、清淤范围及清淤点距,绘制定点清淤网格图施工导航文件,导入清淤监控系统。系统自动实时显示吸淤头位置与施工文件划分的子区域,结合吸淤头结构以及单点有效清淤范围,逐个对照吸淤或抽吸。整体施工顺序呈"S"形布置(图 6.2-38)。清淤点距通常取 2~3m。考虑边坡淤泥回流影响,为有效清除坡脚处淤泥,将清淤范围适当扩大至南北侧边线以外 5~10m 范围。

吸淤头下放过程中,为最大限度地避免对基槽槽底面造成撞击破坏,吸淤头与桥梁架的连接采用铰接结构(图 6.2-39),通过液压装置实现吸淤头的平稳收放。

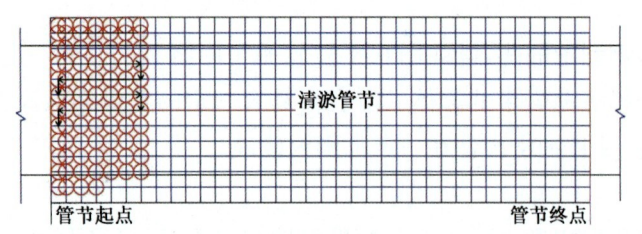

图 6.2-38　专用清淤船"定点盖章"式清淤顺序

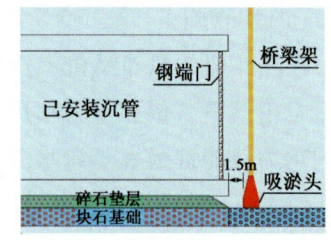

图 6.2-39　定点清淤施工示意图

6.2.9.2　地基及基础施工

1) 水下深层水泥搅拌桩(DCM)施工

DCM 施工管理采用成熟的工业自动化控制技术,依靠计算机、自动控制设备及各种传感器,通过软件编程,实现施工中的各种动态逻辑控制,确保成桩过程中施工参数的精确性,提高 DCM 桩的桩体质量。DCM 施工流程如图 6.2-40 所示。

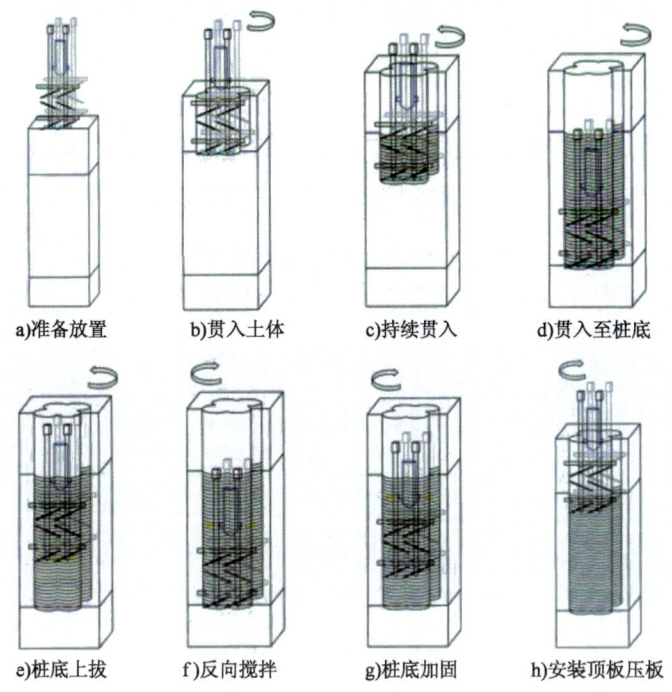

图 6.2-40　DCM 桩施工流程示意图

(1) 施工准备

开始作业前,操作手根据图纸及设计施工参数表,将施工控制参数输入相应表格,施工管理系统根据输入的控制参数实现既定的动作。

(2) 切土下贯

当 DCM 钻机旋转叶片进入海床之后,开启钻杆旋转,钻杆底部的旋转叶片旋转切割土层,降低土层的强度,利用钻杆自重下钻。当 DCM 钻机旋转叶片进入土层,根据电流值的大小调整下贯速度和喷水量。

(3) 喷浆成桩

因底部喷浆口位于搅拌翼的下部,中心喷浆口位于搅拌翼的上部,为了保证喷浆的连续性及搅拌次数,拌合体底部 8m 使用下部喷浆口下贯喷浆,拌合体 8m 以上位置采用中心杆上拔喷浆。

DCM 专业施工船见图 6.2-41。

2) 块石抛填

隧道基础抛石主要分为块石夯平层、块石振密层。块石夯平层块石规格为 10~100kg;块石振密层块石粒径为 15~30cm。

图 6.2-41　DCM 专业船施工

采用专用块石振密船,使用溜槽定点定量抛填块石。块石抛填前对基槽回淤情况进行检测,当基槽底容重大于 12.6kN/m³ 的回淤沉积物的厚度大于 0.2m 时,应进行清淤。

分段实施块石振密作业,分段的搭接长度不应小于 1m,确保振密作业覆盖整个振夯区域。

3)碎石垫层铺设

标准管节碎石垫层长 165m,宽 50m,由 54 条碎石垄组成。碎石垫层铺设分为 4 个船位。采用专用平台式整平船施工。为提高整平精度,分 2 层进行施工。船位划分见图 6.2-42。

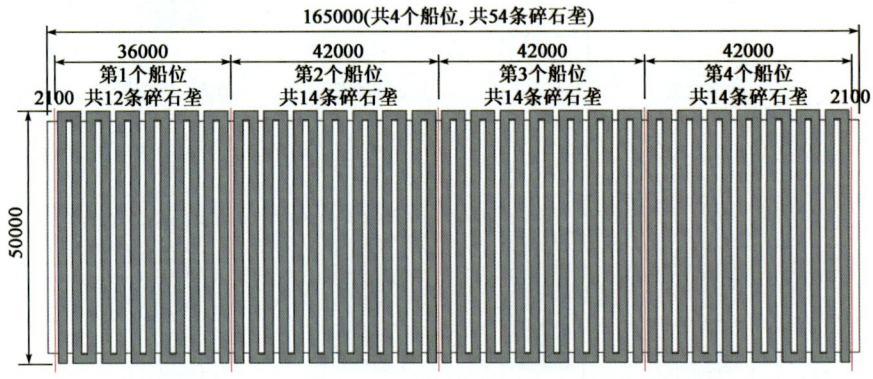

图 6.2-42　标准管节碎石垫层铺设船位划分图(尺寸单位:mm)

(1)整平船拖航

整平船拖航时,桩腿最低点抬升至同平台底部基线平齐。采用 2 台拖轮配合完成整平船拖航(图 6.2-43)。

图 6.2-43　整平船拖航示意图

(2)定位插桩

整平船采用卫星定位,通过收放锚缆定位于目标船位,平面定位精度控制在 ±100mm 以内。

桩腿顶部设置可快速拆接调整段,将整平船插桩抬升(图 6.2-44)。

(3) 碎石基床整平

供料船定位于未整平一侧,横跨基槽布置,与整平船保持一定距离,避免碰撞整平船。运输船抵达现场后通过皮带机将石料打入供料船,石料通过供料船抬升皮带机打入整平船进料斗,再经整平船皮带机抬升进入抛石管进料口。

基床整平施工分2层,底层厚0.7m,顶层厚0.3m。为避免回淤物挤至对接端而无法清理,基床底层和顶层施工方向均沿沉管安装方向。碎石基床整平示意见图6.2-45。

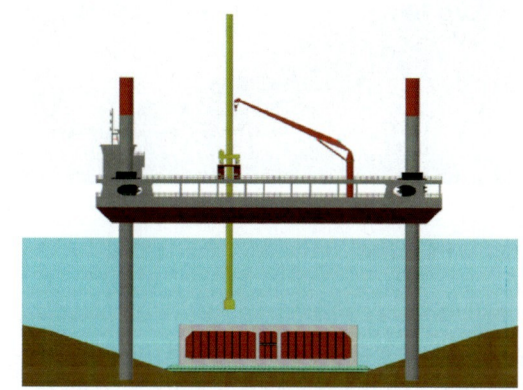
图6.2-44 插桩抬升示意图

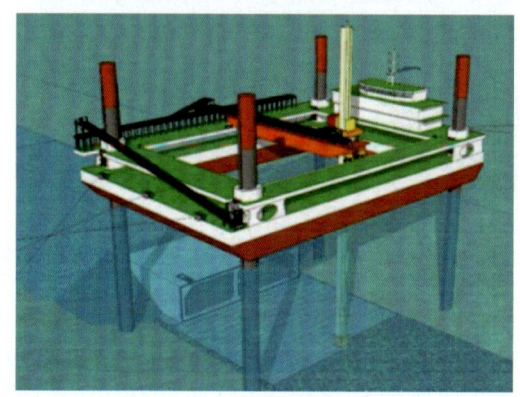
图6.2-45 碎石基床整平示意图

基床整平时,抛石管内料位高度控制在5~10m,整平完成后抛石管内剩余石料排于基床外侧。

每个沉管下方的碎石基床施工在沉管安装前7~10d开始。

(4) 基床检测

采用抛石管底部声呐对基床进行检测和验收。在整个管节基床施工完成后采用多波束扫测,多波束扫测成果示意见图6.2-46。

图6.2-46 多波束扫测成果示意图

一个船位的基床整平完成并检测合格后,整平船拔桩并移船至下一船位。第四船位基床整平完成后,锚艇配合整平船起锚,采用拖轮将整平船拖航至锚地并插桩抬升,在锚地待命。

6.2.9.3 钢壳浮运

钢壳制造完毕后,采用移动台车系统移位至船上,采用平板船运输至浇筑场区码头卸驳上岸,见图6.2-47。

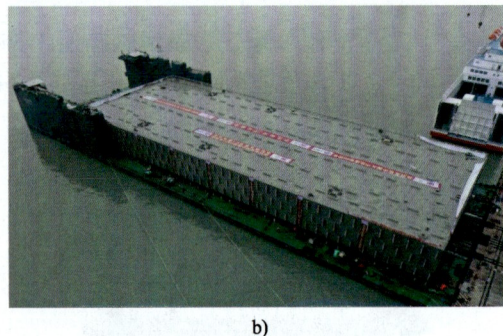

a)   b)

图6.2-47 隧道钢壳移位及平板船运输

6.2.9.4 混凝土浇筑

单个165m长标准管节混凝土方量约为29350m³,强度等级为C50。混凝土在预制场搅拌站集中搅拌生产,采用冷却水+冰的综合温控方案,严格控制混凝土制备、运输及浇筑时间,保证自密实混凝土的工作性能。

为避免水化热导致钢壳变形,采用"对称、均衡"浇筑原则。为避免管节在混凝土浇筑过程中产生过大的变形,根据数值模拟计算,在底板下方设置浇筑支撑(图6.2-48)。

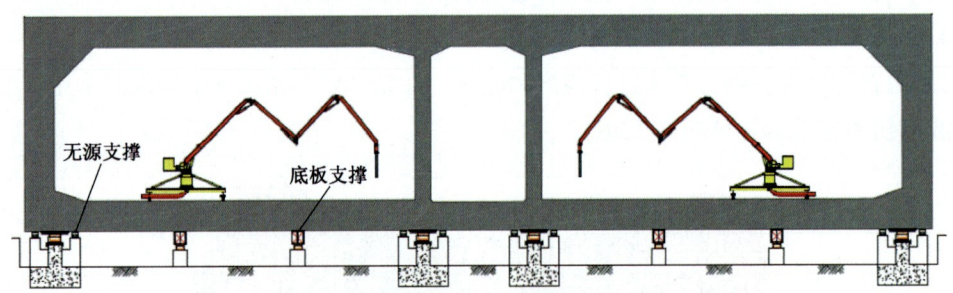

图6.2-48 底板浇筑支撑示意图

混凝土浇筑分区进行,分区示意见图6.2-49。

图6.2-49 混凝土浇筑分区示意图

底板总浇筑方量约为10212m³,纵向分为9个分段,单个分段长15~20m,按照跳仓法浇筑,单次最大浇筑量为1566.7m³,浇筑时间约为7d。

管节端头浇筑方量约为550m³,浇筑时间为0.5d。

墙体总浇筑方量约为9756m³,纵向分为9个分段,单个分段长15~18m;浇筑时间为6d,最大单次浇筑量为1656.7m³。为避免墙体开孔影响结构及施工效率,墙体浇筑采用一次到顶的工艺。

顶板总浇筑方量约为8745m³,纵向分为9个分段,单个分段长15~18m;单次最大浇筑量为1485m³,浇筑时间为6d。

浇筑现场照片见图6.2-50。

图6.2-50 钢壳混凝土沉管混凝土浇筑现场照片

6.2.9.5 沉管舾装

沉管舾装包括一次舾装和二次舾装。沉管一次舾装在浅坞区完成后起浮、横移进入深坞区系泊寄放,安装前在深坞区进行沉管二次舾装。

1)一次舾装

管节预制完成后进行一次舾装,舾装主要内容有:①压载水系统(图6.2-51);②端封门;③GINA止水带;④管顶舾装;⑤管内临时通风照明;⑥水密预检;⑦一次标定。

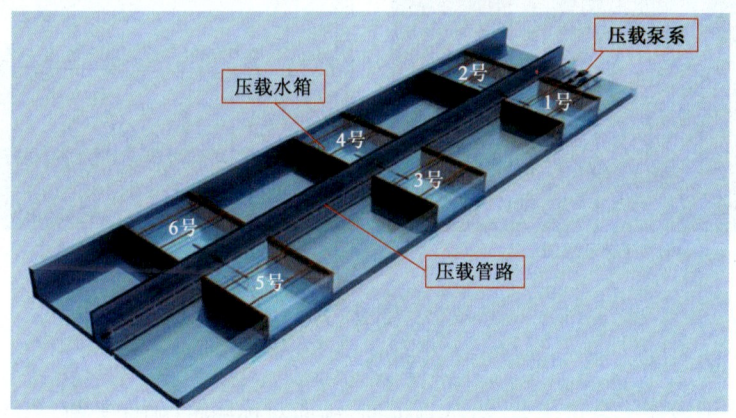

图6.2-51 压载水系统平面布置图

2)起浮横移

沉管在浅坞区完成一次舾装后,需要起浮、横移至深坞区开展沉管二次舾装和沉管坞内系统调试。

(1) 水密检查

坞内灌水，同步展开沉管水密检查（图6.2-52）。水密检查分4个步骤：

①坞内灌水使管节浸水5m，检查沉管下半部分的渗漏情况。

②水箱内灌水至2m，检查水箱下部水密性。

③水箱内灌水至5m，检查水箱整体水密性。

④灌水至淹没管节顶面，检查沉管整体水密性。

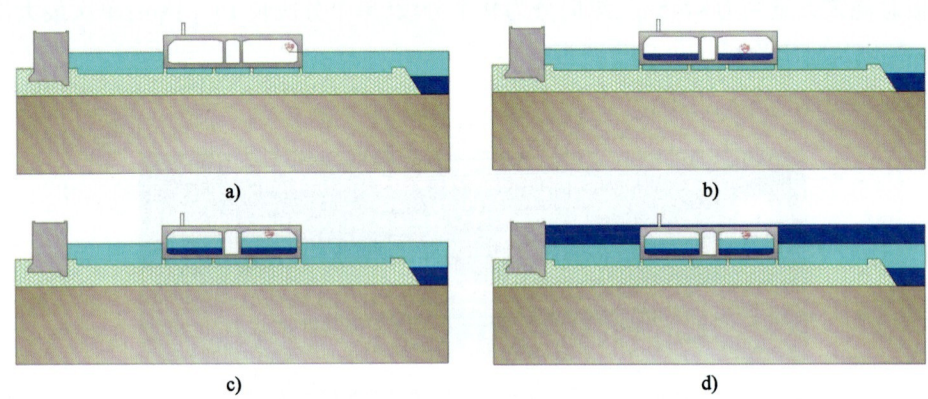

图6.2-52 水密检查示意图

(2) 沉管起浮横移

沉管水密检查完成后，水箱排水，管节起浮、横移（图6.2-53）。

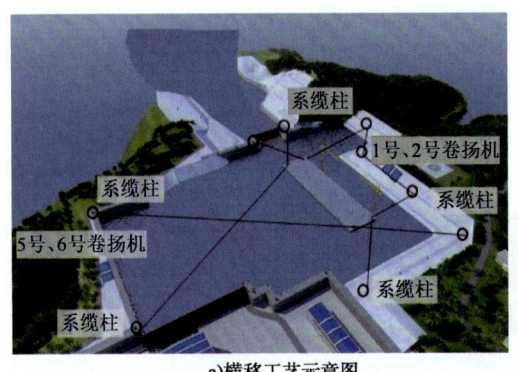

a) 横移工艺示意图

b) 横移现场照片

图6.2-53 沉管横移示意图

(3) 管顶压重

管顶压重采用混凝土泵送工艺，沿沉管横向、纵向对称浇筑，确保平衡。

3) 二次舾装

(1) 船管连接

运安一体船进坞后，进行船管连接，连接运安一体船吊点、支墩及拉索、安装缆绳等。

(2)管顶舾装

管顶二次舾装件主要有测量塔、人孔井、导向杆、导向托架、安装缆连接件等,采用岸上汽车式起重机配合运安一体船吊装。运安一体船自身提升绞车、调位绞车同管节顶部预埋件连接后,负责管节沉放、纵横向调位(图6.2-54)。

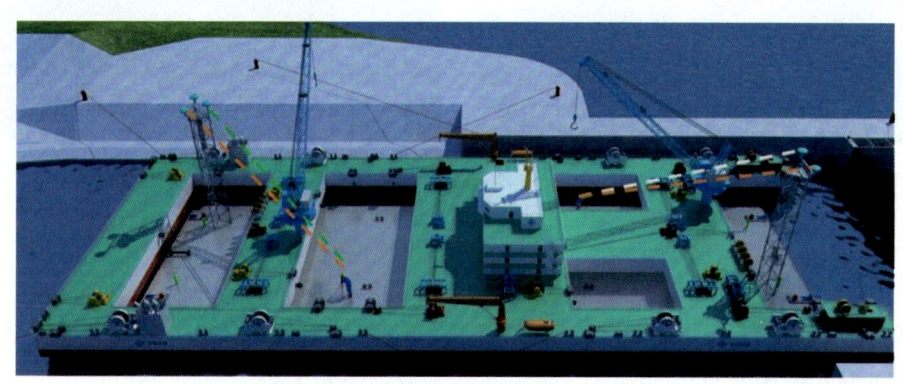

图6.2-54 深坞内管顶二次舾装示意图

(3)管内舾装

管内二次舾装设备主要包括压载控制系统、视频监控设备、照明设备和测量监控设备等,采用人工装配方式舾装。

(4)清理GINA及钢端壳

沉管出坞安装前,潜水员在水下检查沉管GINA止水带和钢端壳,清理表面浮泥、海洋生物等附着物。

(5)沉放系统调试

管内舾装完成后,进行压载水系统标定调试、视频监控系统调试、通信系统调试、拉合系统重载演练、运安一体船绞车系统联调联试。

(6)测控系统标定

关闭浮坞门,选择良好天气,在不同时间段对测量塔特征点进行换手标定和测控系统标定。

6.2.9.6 沉管出坞

选择在低平潮采用绞车绞移的方式出坞,利用坞外舾装区设置的系船柱、运安一体船绞车与出坞锚系相互配合,绞移沉管出坞。出坞照片见图6.2-55。

6.2.9.7 沉管浮运

选择涨潮期间顺流浮运,采用运安一体船自航运输,沿浮运航道航行至基槽位置(图6.2-56)。

浮运船舶包括运安一体船、6~8艘应急拖轮、2艘清障锚艇、2艘测流船和若干海事警戒船,沉管进入坞口等待区后,各船舶进行编队。

图6.2-55 沉管出坞

图6.2-56 沉管浮运

6.2.9.8 系泊系统

系泊作业包括锚系布置、抛锚、预拉、带缆、解缆、起锚、移锚等内容。控制运安一体船的系泊缆索同预抛在海床上的8t锚相连。系泊缆系示意见图6.2-57。

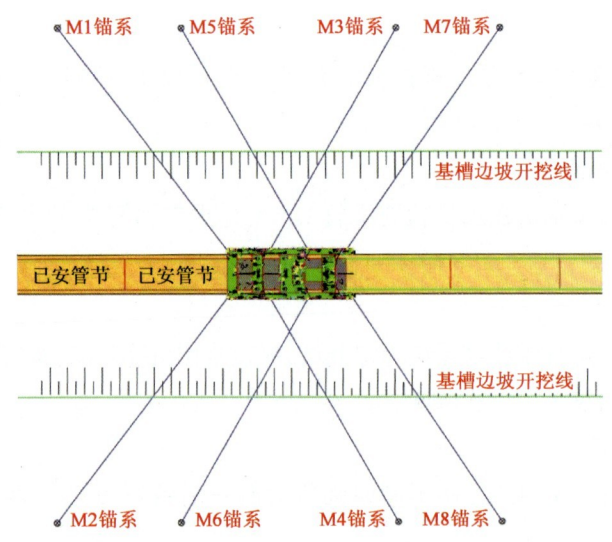

图6.2-57 管节沉放时的系泊缆系示意图

管节系泊完成后绞移至对接位置。管节沉放期间,8根锚缆同预抛的锚连接、收紧。

6.2.9.9 沉管沉放对接系统

1)锚绞车系统

运安一体船的沉管安装定位系统通过缆索和绞车实现运安一体船及管节相互移动,每条缆索与其操作绞车对应,见图6.2-58。缆索有18条,分为沉放缆索(控制管节安装时的竖向位移)、管节横向定位缆索(控制管节安装时的左右水平位移)、管节纵向定位缆索(控制管节安装时安装驳的前后水平位移)、移船缆索(控制管节安装时运安一体船的水平位移)。

图 6.2-58　运安一体船绞车布置示意图

2）管节压载水系统

压载水系统通过向水箱内注水或者排水来控制管节的浮力。压载水控制系统位于运安一体船控制室内,通过水下线缆与管内设备连接。每个标准管节内含有6个压载水箱(图6.2-59)。

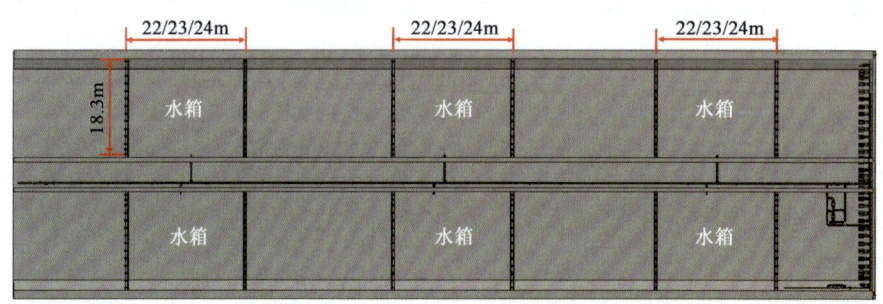

图 6.2-59　管节压载水箱平面布置示意图

3）拉合系统

拉合系统的作用是在待安管节沉放于碎石基床后,将待安管节拉向已安管节对接端并压缩 GINA 止水带鼻尖。拉合系统包括主动拉合单元、被动拉合单元、液压系统、电器控制系统、操作台。拉合系统设计拉合力为 8000kN。

4）测控系统

在管节首端和尾端安装测量塔,塔顶部安装卫星定位系统天线及棱镜。沉放过程中,测量塔的顶端始终露出海面。沉放过程中,以卫星定位系统为主要控制手段;卫星定位系统信号出现异常时,采用全站仪光学测控系统进行测控。

5）精调系统

采用体内调整系统进行管节精调。利用已安管节和待安管节之间的空隙,在管节外墙内侧位置布置千斤顶,对管节线形进行调整。

6.2.9.10 沉放对接施工

1）沉放准备

主要对管顶舾装、拉合系统安装、基床边坡扫测和管节压载等进行检查。

2）管节沉放

①分阶段下放管节,驻停期间进行监测。

②精确调整管节姿态,进行潜水检查。

③缓慢绞移管节靠近对接端,下放管节至管节着床。

管节沉放过程示意见图6.2-60。

 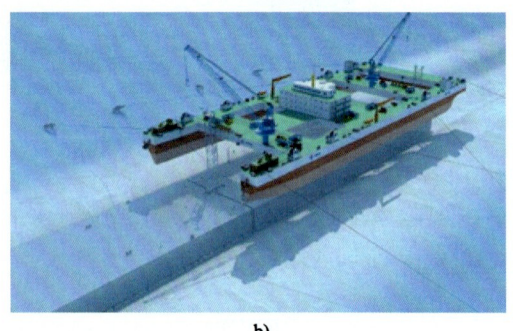

a)　　　　　　　　　　　　　　　　　　　　b)

图6.2-60　管节沉放过程示意图

3）管节拉合

管节着床后,启动拉合系统,将待安装节段拉至GINA止水带初步压缩形成密闭接合腔的过程,分为3个阶段:拉合千斤顶搭接、预紧、距离拉合、拉力拉合。管节拉合过程示意图见图6.2-61。

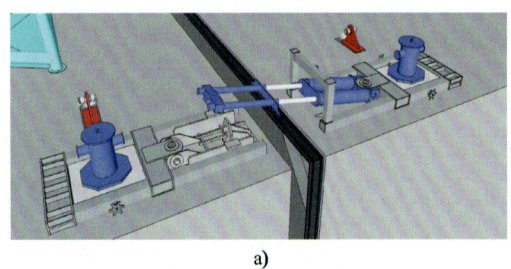 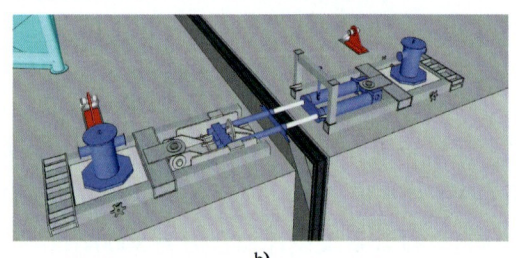

a)　　　　　　　　　　　　　　　　　　　　b)

图6.2-61　管节拉合过程示意图

4）水力压接

拉合完成后,已安管节内的操作人员开启阀门,进行水力压接。

打开尾端端封门上排水进气阀,将结合腔内海水排出,利用水压力进一步压缩GINA止水带。利用压载泵排出结合腔内剩余水,充分压缩GINA止水带。水力压接过程示意见图6.2-62。接合腔排水完成后,打开钢封门上的人孔,工作人员进入结合腔进行检查。确认符合要求后,采用扫仓泵将接合腔内剩余水排出。

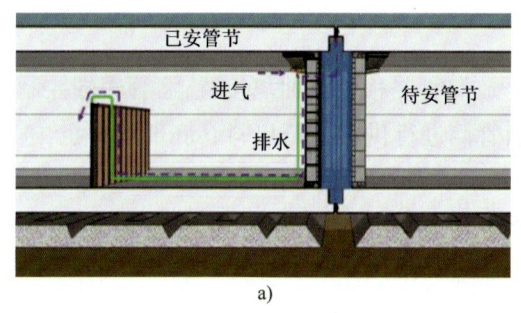
a)
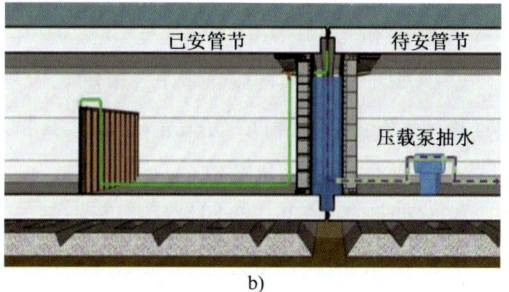
b)

图 6.2-62 水力压接过程示意图

5) 贯通测量

打开待安管节排气阀排气，对 GINA 止水带压缩情况进行检查，之后开启待安管节首端中管廊人孔门，检查管内情况正常后，进行贯通测量。

6) 管节精调

若贯通测量结果显示管节尾端偏差超出管节定位控制标准，则通过设置在已安管节内的精调系统顶推待安管节对接端。管节精调采用顶头摆尾的方式，使待安管节尾端实现纠偏。调整阶段，运安一体船辅助提供向上的吊力。沉管体内调整示意见图 6.2-63。

7) 最终压载

贯通测量结果满足要求后，运安一体船远程控制开启压载水系统，向管节压载水箱内加水至 1.05 倍抗浮系数。

8) 点锁回填

4 艘供料船配合运安一体船，及时在管节首尾两侧进行对称点锁回填（图 6.2-64），固定管节轴线。每个锁点回填方量约为 $2000m^3$。

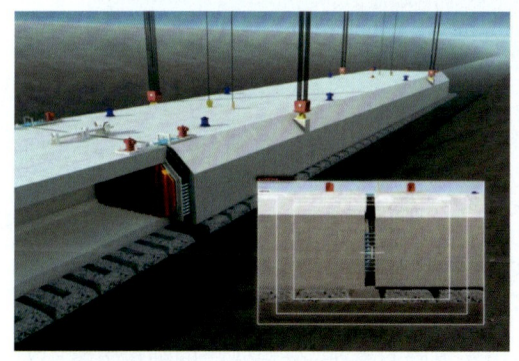

图 6.2-63 沉管体内调整示意图

图 6.2-64 点锁回填示意图

9) 管顶舾装件拆除

潜水员拆除各系统连接至管节的线缆、油管，解除运安一体船与管节的连接，配合运安一体船船用起重机拆除测量塔、人孔井、导向系统等舾装件，存放至运安一体船舾装区。

6.2.9.11 沉管回填

1）锁定和一般回填

回填船垂直于沉管抛锚就位,精确定位后,下放溜管并移动至回填位置,溜管底端控制在离管顶3m左右。石料运输船靠泊在回填船无溜管侧进行供料。开启料仓底部给料机,通过皮带系统将石料输送至溜管。

管节两侧锁定和一般回填采用两个溜管进行同步、对称施工(图6.2-65),管节顶部0.6m厚一般回填采用单个溜管进行施工(图6.2-66)。

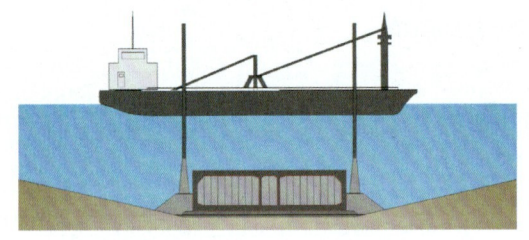 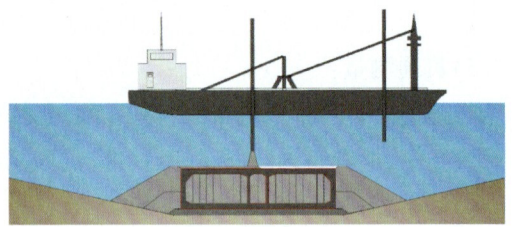

图6.2-65 两个溜管施工示意图　　　　图6.2-66 单个溜管施工示意图

2）管节护面层回填

管节护面层回填抛填施工采用挖掘机进行,每4m划分为一个断面,采用打水砣测量回填高度。护面层回填施工示意见图6.2-67。

图6.2-67 护面层回填施工示意图

6.2.9.12 变宽管节施工

变宽管节共6节(E27～E32管节),宽度从46.0m变化至55.46m。变宽管节的加工、浇筑工艺与标准段基本相同,但碎石垫层整平、浮运及沉放方式差异较大。

1）碎石垫层

变宽管节碎石垫层宽度比标准段宽度大,采用水下碎石整平、分幅错缝的铺设方案。对于123.8m长的非标准管节,碎石基础沿管节轴线方向分成5个隔断,每个隔断沿宽度方向又分为2幅,为避免中间搭接处的纵向缝连续,两幅的基础尺寸有些差异。变宽管节碎石垫层布置如图6.2-68所示。

碎石垫层整平采用整平作业母船配合坐底式整平架(图6.2-69)。

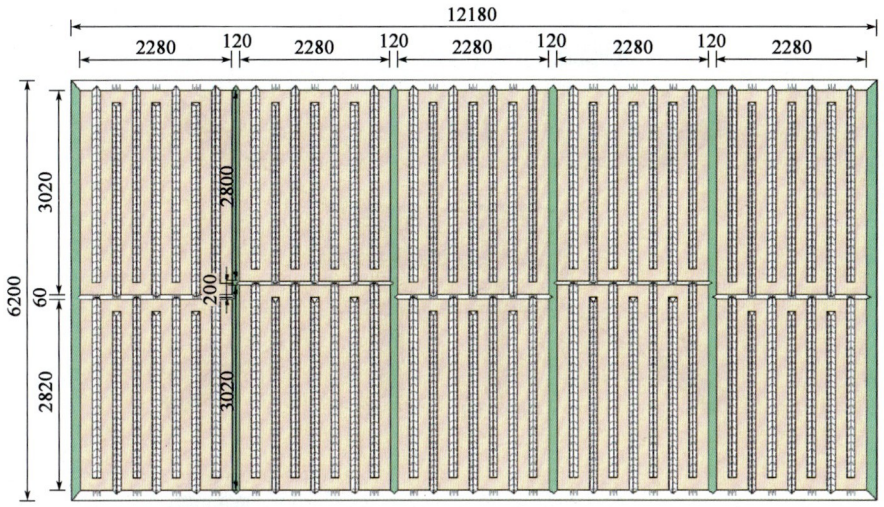

图 6.2-68 变宽管节碎石垫层布置示意图(尺寸单位:cm)

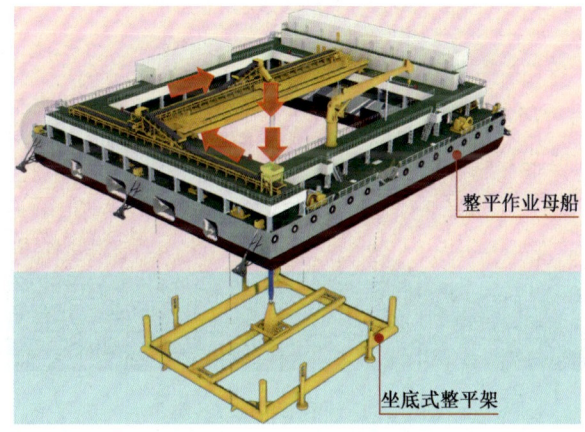

图 6.2-69 专用整平设备示意

2)浮运

采用拖轮编队拖带浮运。非标准管节拟配置 8 艘全回转拖轮,其中:2 艘前拖负责导向拖拽;2 艘尾拖根据水流条件辅助拖航,控制管节姿态、浮运速度并实现管节转向;中间 2 艘旁拖辅助管节的航向稳定及拖曳。另配置 2 艘应急拖轮。管节拖运示意见图 6.2-70。

3)沉放

采用沉放驳进行沉放作业。沉放驳上设置纵、横、竖 3 组方向调节缆绳,控制下沉姿态(图 6.2-71)。

6.2.9.13 最终接头施工

拟采用"预制推出式"最终接头,预制与标准管节有相同断面的小型管节(推出段),设置在最后一个待沉放管节舾端扩大端内,完成最后一个管节的沉放后,利用推出系统将推出段从扩大端内推出并完成压接(图 6.2-72)。推出系统采用水力推出 + 千斤顶推出双系统。

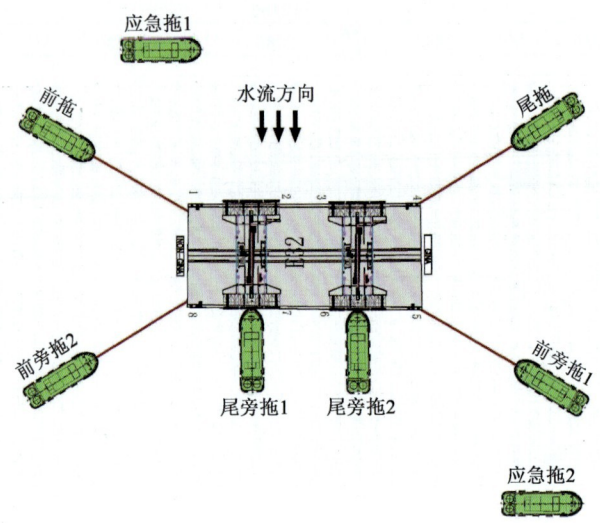

图 6.2-70　管节拖运示意图

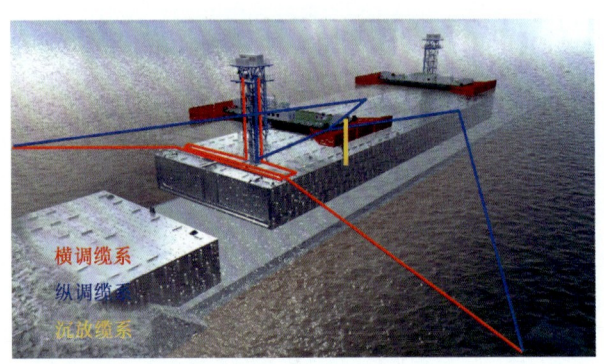

图 6.2-71　非标管节沉放示意图

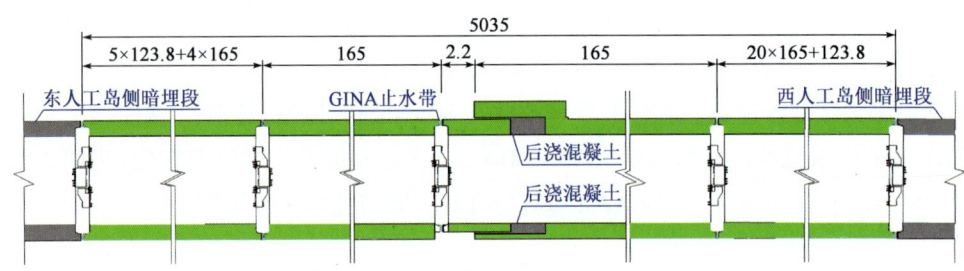

图 6.2-72　预制推出式最终接头示意图（尺寸单位：m）

施工图设计中，将最终接头设于 E22 管节与 E23 管节之间，最终接头管节安装须采用从东侧管顶纵移进入龙口的方案，进入龙口正上方后采用垂直沉放方式进行安装。船管需要从已安管节管顶通过。计算得出航道设计水深为 11.64m。管顶设计高程见图 6.2-73。

通航水位按计划作业时段预报最低潮位 -0.93m 选取，需采用乘潮作业方式。由于最终接头为新技术、新工艺，存在大量未知风险，不建议采用乘潮作业方式。为了确保最终接头施工过程安全风险可控,拟将最终接头设置在水深较深的 E23 和 E24 管节之间,目前正在进行施工图联合设计。

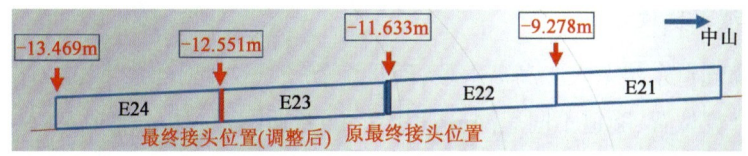

图 6.2-73　管顶设计高程

6.3　东人工岛明挖段隧道

6.3.1　总体布置

东人工岛的平面布置采用"一体两翼"形态,在岛上设置机场互通。机场互通共有主线隧道及 4 条地下匝道隧道,匝道隧道分别为 E 匝道、F 匝道、G 匝道、H 匝道。

靠近东人工岛处,主线隧道处于曲线变宽段,且有分岔匝道存在。为确保曲线变宽隧道实施的可行性及适应性,在靠深圳侧的海中设置临时围堰,在围堰内现浇暗埋段隧道。在主体结构完工并回填覆盖后,拆除海床面以上临时围堰和部分围护结构。为了减小施工对水利防洪的影响,降低工程风险,设计策略为尽量缩短围堰长度。

将东人工岛主线隧道分为堰筑段和岛上段两大部分,见图 6.3-1。堰筑段隧道全长 480m,全线均为暗埋结构。岛上段隧道总长为 855m;根据建筑结构形式不同,划分成敞开段、暗埋段两种形式,敞开段全长为 395m,暗埋段全长为 460m。

图 6.3-1　东人工岛隧道平面布置示意图

6.3.2 主体结构设计

6.3.2.1 堰筑段设计

堰筑段主线隧道东接东人工岛岛上段,西接沉管段 E32 管节,全长 480m。根据主线隧道和匝道隧道分合流位置、隧道不同埋深,采用不同的断面形式。K6+550~K6+560 段覆土较厚,根据隧道使用功能和建筑布置要求,隧道上方设空箱结构,采用双层两孔一管廊断面形式。其余段采用单层两孔一管廊或单层三孔一管廊。典型断面如图 6.3-2 所示。

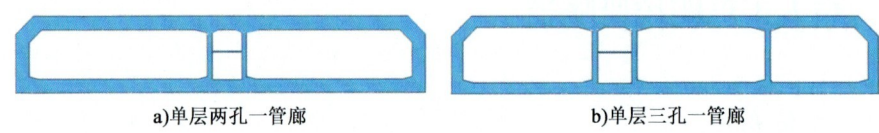

a)单层两孔一管廊　　　　　　　　b)单层三孔一管廊

图 6.3-2 堰筑段典型横断面

主线隧道结构净高 7.5~8.5m,顶板结构厚 1.6~2.7m,底板结构厚 1.6~2.5m,中隔墙厚 0.8m,侧墙厚 1.6~2.5m。考虑混凝土水化热问题,在侧墙及底板布置冷却水管。

F 匝道隧道堰筑段长 87m,G 匝道隧道堰筑段长 210m,均为单箱室断面。

堰筑段均为钢筋混凝土结构,主体结构采用 C50 混凝土,防渗等级为 P10。

6.3.2.2 岛上段隧道设计

根据埋深不同,岛上段隧道暗埋段采用单层和双层两孔一管廊断面两种形式。敞开段主体结构形式为 U 形槽结构。典型断面如图 6.3-3 所示。

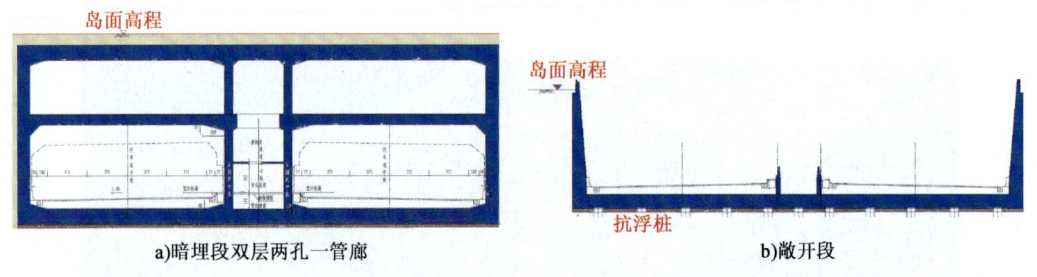

a)暗埋段双层两孔一管廊　　　　　　　　b)敞开段

图 6.3-3 岛上段典型断面

主线隧道顶板结构厚 1.25~1.6m,底板结构厚 1.3~1.8m,中隔墙厚 0.8m,侧墙厚 1.0~1.5m。

6.3.2.3 匝道隧道设计

单层建筑限界净宽为 0.75+0.5+3.5×2+0.75+0.75=9.75m,限界高度为 5m。根据隧道内排水需要,路面横坡设置单向坡,标准段横坡暗埋段为 1.5%,敞开段为 2.0%。隧道标准段暗埋段结构形式为单孔框架结构,敞开段主体结构形式为 U 形槽结构。

6.3.2.4 结构分缝

1) 变形缝

隧道结构考虑基础变形、岛上施工工艺情况,每40m左右设置一道变形缝,防止混凝土产生收缩及温度裂缝,并采取措施减小变形缝两侧结构的差异沉降。缝中设丁腈软木橡胶垫板,除防水构造外,在底板、侧墙、中墙及顶板内均设置圆钢剪切杆。

2) 施工缝

施工缝间,各结构段的混凝土间隔浇筑,并应加设端头模板。施工缝的位置尽量留在剪力较小且便于施工的部位,宜与变形缝结合,并注意保持结构内部大孔部位的完整性。原则上,横向施工缝沿纵向的分缝间距不大于30m。

综合来看,变形缝与施工缝纵向分缝间距为17~20m。

6.3.2.5 结构防水设计

隧道防水设计遵循"以混凝土自防水为主、多道设防、因地制宜、综合治理"的原则。隧道采用全外包防水,底板、侧墙采用预铺式高分子防水卷材,顶板选用喷涂型聚脲防水涂料。

变形缝设置中埋式止水带和外贴式止水带,采用密封胶嵌缝并设置不锈钢接水盒进行防水。施工缝采用水泥基渗透结晶型防水涂料+钢板止水带+遇水膨胀止水胶+预埋式注浆管进行防水。

降水井、格构柱等采用聚合物防水砂浆找平或填充。结构中部设止水钢板+遇水膨胀止水胶。降水井管道内填充混凝土并用钢板封口。

暗埋段防水构造见图6.3-4。

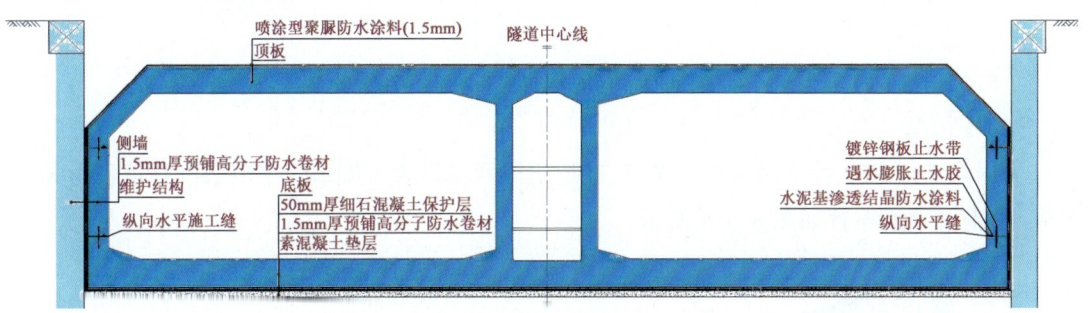

图6.3-4 暗埋段防水构造图

6.3.3 维护结构设计

6.3.3.1 堰筑段

1) 围堰设计

(1) 临时围堰

主线隧道基坑长490m,宽46.20~74.43m,深13.21~17.96m。F匝道隧道基坑长约

61.2m,宽16.8~17.35m,深12.38~13.84m。G匝道隧道基坑长约156.5m,宽12.45~16.35m,深9.79~14.04m。

堰筑段围堰沿隧道轴线长度为560.5m,宽度为126~216m,围堰周长约为1393.4m。围堰东、西两端设置防撞钢管桩,防止船只失控碰撞钢板桩。

(2)围堰横断面

围堰采用双排热轧U形钢板桩,堰宽10m,外排钢板桩比内排高3m。内、外排钢板桩之间采用钢拉杆连接,中间铺设土工膜并回填中粗砂形成堰体,与外侧抛石护坡及堰内侧中粗砂换填同步分层对称施工。为保证堰体的总体稳定,在基坑侧设置模袋砂反压土坡。围堰典型断面见图6.3-5。

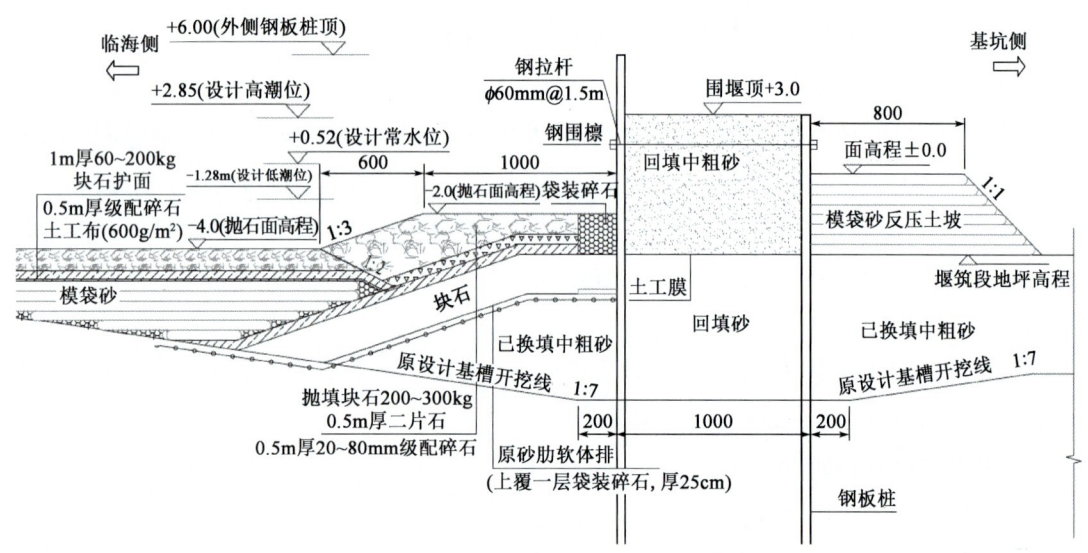

图6.3-5 围堰典型断面图(尺寸单位:cm,高程单位:m)

(3)子围堰

为尽快形成E32管节对接施工条件,在堰筑段西端设置子围堰。子围堰中心里程为K6+925。子围堰平面布置如图6.3-6所示。

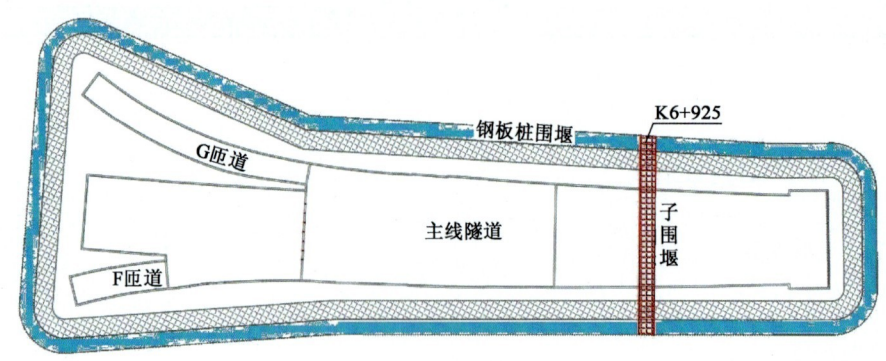

图6.3-6 子围堰平面布置示意图

隧道结构两侧至围堰外排钢板桩之间采用双排钢管桩子围堰形式。隧道结构顶部采用扶壁挡墙形式。

2) 围护结构设计

堰筑段基坑围护结构采用 1m 厚地连墙和钢管桩两种形式,根据深度不同布置多道钢筋混凝土支撑、钢支撑:

①K6+550~K6+918 主线隧道段,基坑开挖深度为 13.21~16.60m,设 2 道混凝土支撑和 1 道直径 80cm 的钢支撑(图 6.3-7);K6+918~K7+040 主线隧道段,基坑开挖深度为 16.60~17.96m,设 2 道混凝土支撑和 2 道直径 80cm 钢支撑(K7+012~K7+040 为混凝土支撑)。

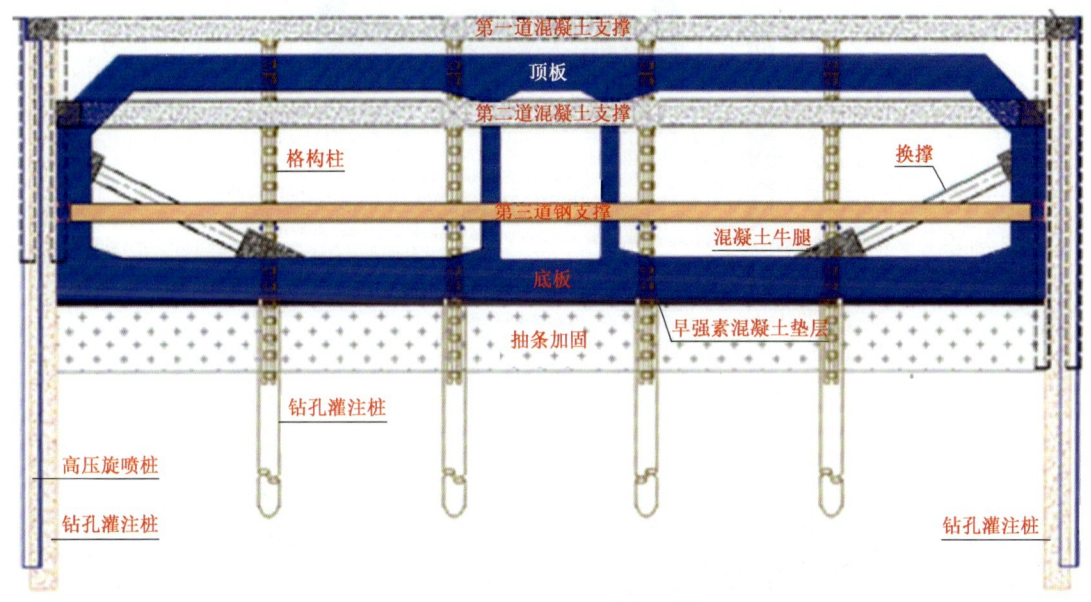

图 6.3-7 主线隧道围护典型横断面

②F 匝道段,基坑开挖深度为 12.38~13.84m,设 1 道混凝土支撑和 2 道钢支撑(图 6.3-8)。

③G 匝道段,基坑开挖深度为 9.79~14.04m,设 1 道混凝土支撑和 2 道钢支撑。

④对于基坑底地层较差区域,采用搅拌桩进行坑底加固。采用直径 800mm、间距 600mm 三轴搅拌桩抽条+裙边加固形式。加固范围见图 6.3-9。

6.3.3.2 岛上段维护结构设计

岛上段基坑的围护结构根据挖深分别采用了水泥土搅拌桩挡墙、钻孔灌注桩、锁口钢管桩和地下连续墙形式,根据深度不同布置多道钢筋混凝土支撑、钢支撑及换撑。主线 K6+126 桩号处隧道暗埋段围护构造横断面如图 6.3-10 所示。

6.3.4 堰筑段施工方案

6.3.4.1 围堰施工

围堰的主要施工顺序为:堰筑段挖泥清淤施工→回填砂至原海床面高程→堰筑段钢板桩

施打→钢围檩→土工膜铺设、回填砂→钢拉杆安装→砂肋软体排、围堰外抛填石→围堰内填砂及围堰内侧中粗砂置换→模袋砂→围堰护面施工。

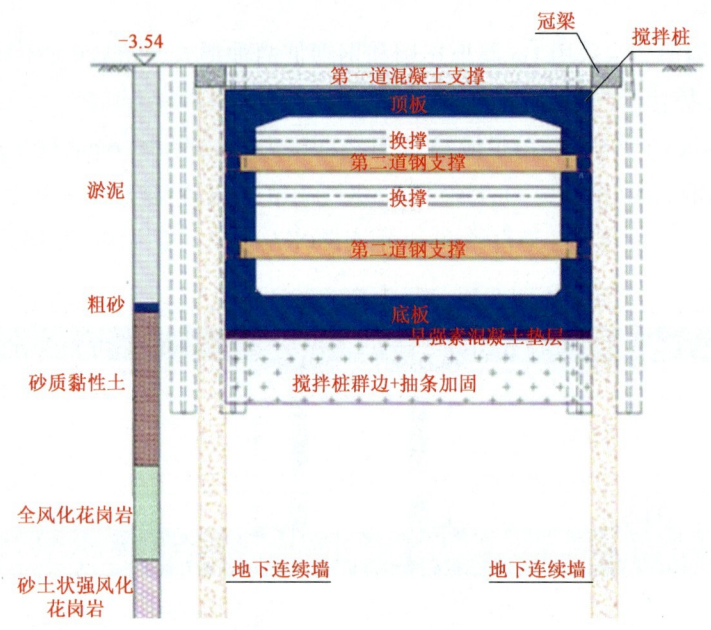

图 6.3-8 F 匝道围护结构横断面(高程单位:m)

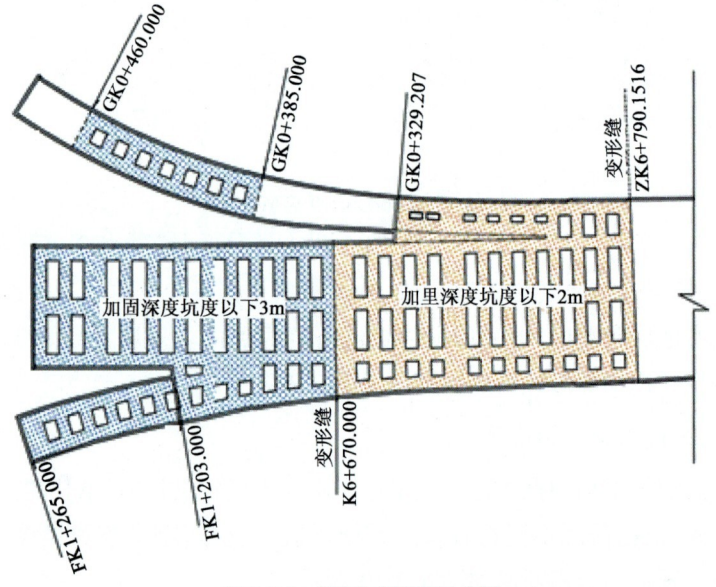

图 6.3-9 基底加固范围示意图

1) 围堰施工

清淤施工、钢板桩施工、围堰块石及中粗砂回填施工、堰顶路面施工、堰内反压土坡及路面施工均根据现场进度情况依次展开,合理推进,确保形成流水线式施工,保证各分项工程互不干扰、同步推进。

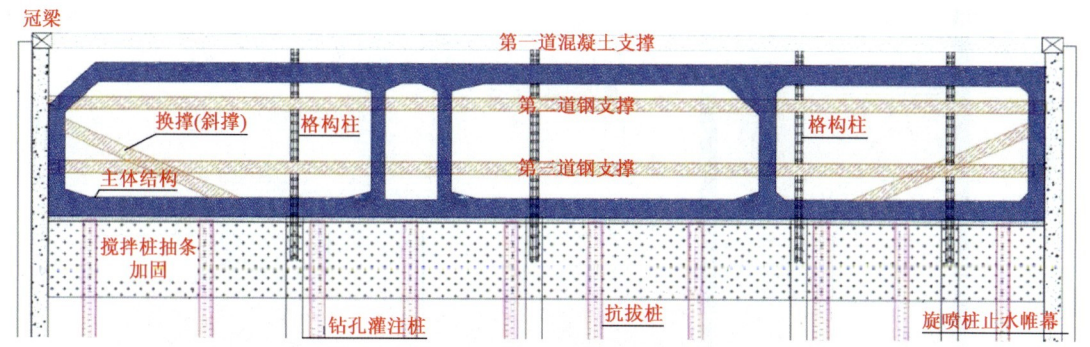

图 6.3-10　主线 K6+126 桩号处隧道暗埋段围护构造横断面

围堰清淤、抛砂、钢板桩分 3 个工作面平行作业,施工组织平面见图 6.3-11。

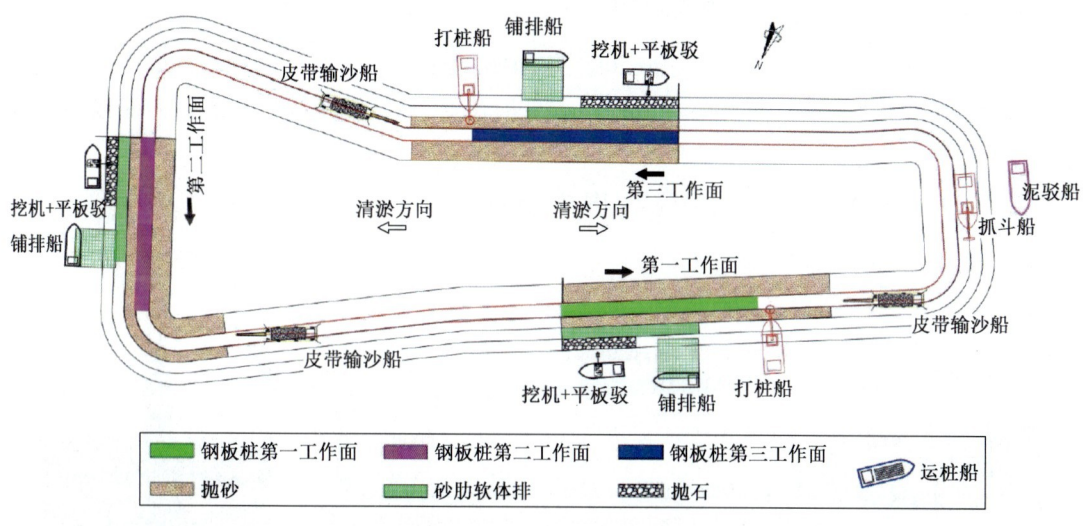

图 6.3-11　围堰施工组织平面

围堰内回填施工采用皮带输砂船。

2）围堰陆域形成

主要包括堰内抽水、堰内回填砂振冲及整平、堰顶结构、反压模袋砂等。

（1）堰内抽水

根据堰筑段堰体施工速度,分阶段抽水;第一阶段为水位降至－0.5m 高程,为模袋砂范围基底淤泥层抽条加固旋喷桩施工提供场地条件;第二阶段为堰体处置完成后,抽水至原海床面。抽水断面示意如图 6.3-12 所示。

（2）堰内振冲及整平

抽水完成后,平整堰内场地。先清理表面存在的浮泥,然后对局部不到设计高程的部位补充回填砂。考虑到振冲沉降及便道施工高程,回填时分 2 部分进行高程控制。第一部分为便道范围,回填至原海床面高程后振冲,沉降后施工路面,保持路面高程为原海床面。第二部分为便道范围以外区域,回填至原海床面以上 30cm,预留振冲沉降量。

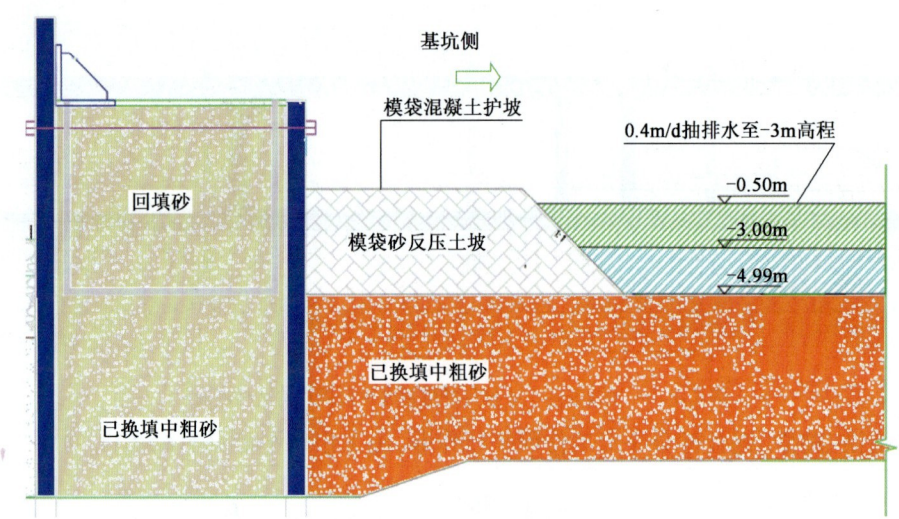

图 6.3-12 抽水断面示意图

堰内振冲采用"二点共振挤密法",振冲点呈梅花形布置,间距为 2.5m,振冲深度为回填砂深度。

振冲及整平分 2 个工作面对向施工(图 6.3-13)。

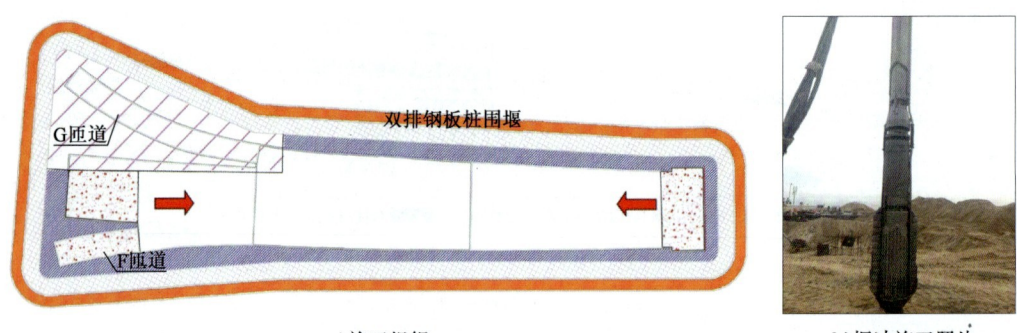

a)施工组织　　　　　　　　　　　b)振冲施工照片

图 6.3-13 振冲施工

(3) 其他步骤

与堰内振冲及整平施工同步开展堰顶泥结碎石与扶壁、内外侧模袋砂施工。

6.3.4.2 围护结构施工

1) 三轴搅拌桩施工

堰筑段基坑基底加固和槽壁加固均采用直径 850mm、间距 600mm 的三轴搅拌桩(图 6.3-14),计划采用"两搅两喷"工艺。

槽壁加固三轴搅拌桩施工先于地连墙施工,基坑加固三轴搅拌桩施工与围护结构地连墙同期施工。

三轴搅拌桩施工采用 P.O 42.5 级普通硅酸盐水泥,水泥浆液的水灰比取 0.45~0.50,喷浆空桩水泥掺入量不小于 6%,其余水泥掺入量不小于 20%。

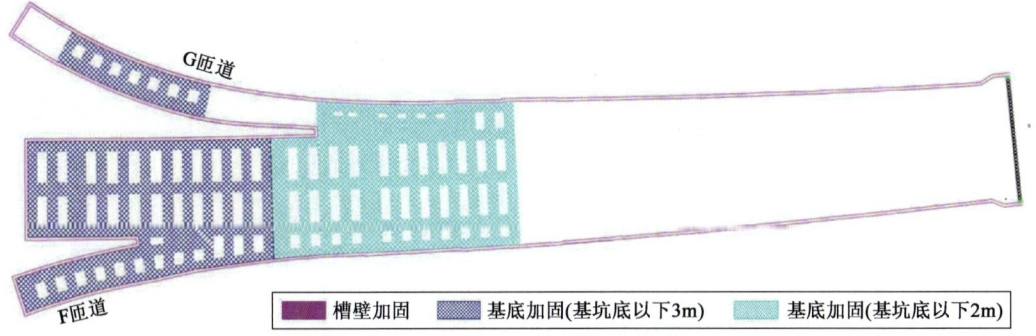

图 6.3-14 地基加固及槽壁加固平面图

2）地下连续墙施工

基坑围护结构地下连续墙厚 1000mm，深 21～35m，采用水下 C35 混凝土。地下连续墙幅宽设计为 5.5m、6m 两种，西端基坑主要采用 5.5m 幅宽，其余地段采用 6m 幅宽。堰筑段基坑围护结构地下连续墙共分 293 幅。

导墙横断面采用"┐ ┌"形，如图 6.3-15 所示。

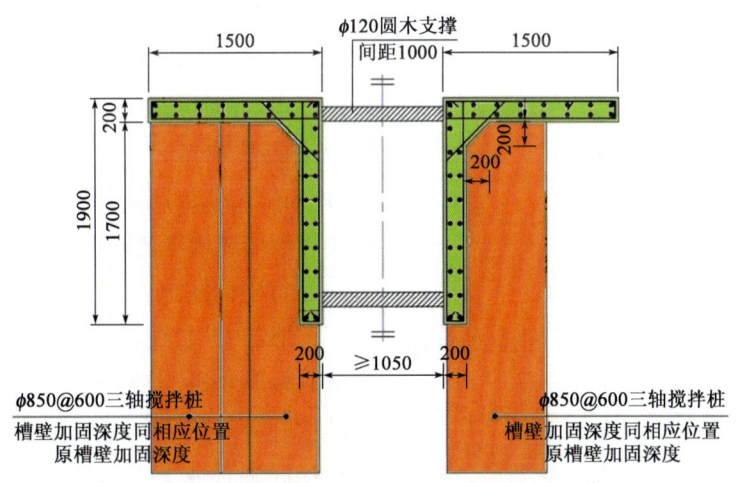

图 6.3-15 导墙横断面（尺寸单位：mm）

在每幅地连墙内布置 2 根压浆管，管口与墙底平齐，压浆范围为地下连续墙底下 1.5m，以控制地下连续墙的竖向沉降量。

3）锁口钢管桩施工

主线堰筑段隧道与沉管段接头处采用直径 1400mm、间距 1675mm（壁厚 20mm）的锁口钢管桩作为围护结构，桩长为 31.5m，桩底进入中风化层 1～2m，底板部位割除线 1.5m 以下填充混凝土（高程 -24.115m），混凝土强度等级为水下 C30。

采用直径 1.4m 旋挖钻引孔至设计高程、振动锤沉桩，必要时采用向桩内注水或吸泥、管内旋挖扩孔等方法辅助下沉(图6.3-16)。取消强风化地层以下部位锁口钢管桩的锁口,在锁口钢管桩外侧增设塑性混凝土防渗墙进行止水,锁口部位采用注浆措施止水。

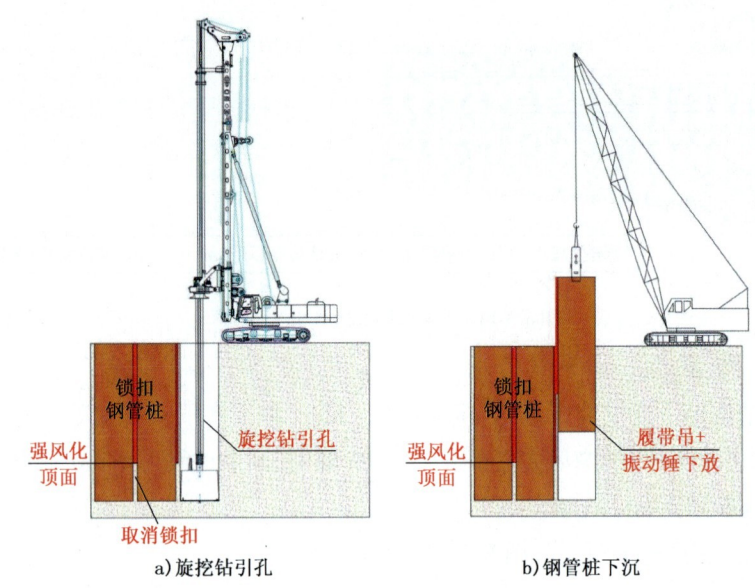

图6.3-16 锁扣钢管桩示意图

4)塑性混凝土防渗墙施工

锁口钢管桩临海侧采用1.0m厚塑性混凝土防渗墙作止水结构(图6.3-17),墙深31.5m,墙底位于锁口钢管桩桩底。塑性混凝土防渗墙成槽工艺同围护结构地下连续墙。

5)格构柱施工

堰筑段主线隧道基坑内设610mm×610mm格构柱,格构柱以直径1000mm钻孔灌注桩为基础,插入钻孔灌注桩内4m。格构柱长度随底板坡度渐变,布置间距不小于800mm,方向与支撑方向一致。

钢筋笼、格构柱在钢筋配送中心加工成形,转运至孔口吊装对接、下放安装。

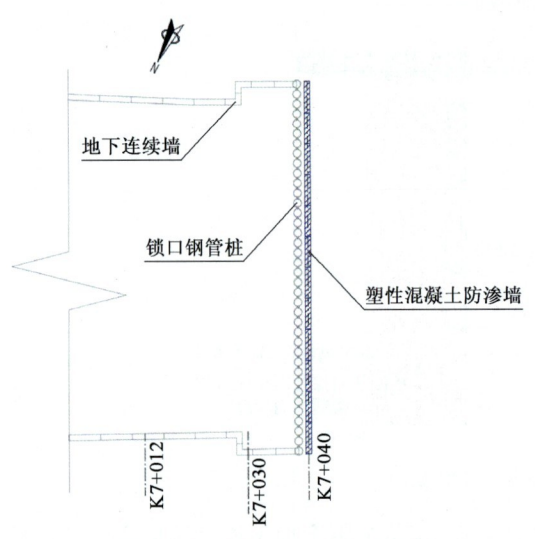

图6.3-17 塑性混凝土防渗墙平面图

格构柱基础混凝土灌注至底板底以上0.5m,空桩部分采用碎石、中粗砂回填密实。

6.3.4.3 基坑开挖

堰筑段主线及匝道隧道采用明挖顺作法施工。

堰筑段按5个独立基坑进行开挖。单个基坑形成止水封闭后进行土方开挖及内支撑施工。每个基坑均由一端往另一端单作业面施工。

拟划分5个区段组织施工,东端F、G匝道与西端基坑同时施工。F、G匝道主体结构与回填完成后开始东端基坑开挖。西端主体结构全部完成后,开挖中间基坑。堰筑段隧道基坑开挖顺序示意见图6.3-18。

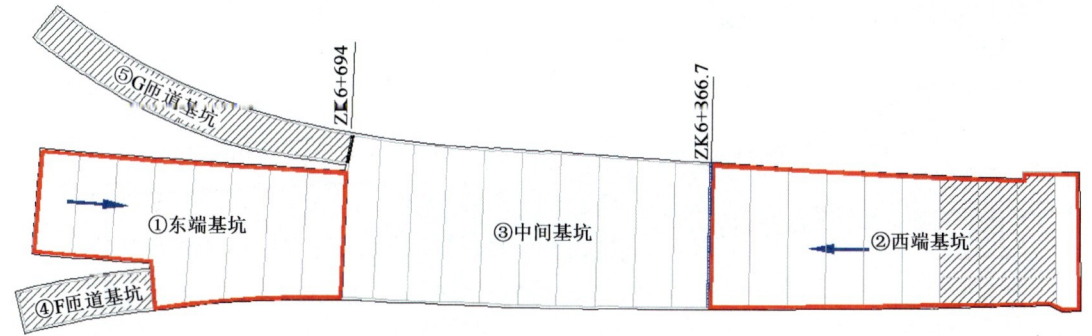

图6.3-18　堰筑段隧道基坑开挖顺序示意图

按照"整体围护、降水辅助、竖向分层、纵向分段、先撑后挖、结构自下而上分层分段顺筑"的原则进行基坑开挖和浇筑。尽量缩短围护结构暴露时间,土方开挖满足混凝土结构施作条件后,立即展开主体结构施工。

土方开挖主要采用伸缩臂挖掘机和长臂挖掘机。小挖掘机在坑内配合出土,伸缩臂挖掘机垂直抓土至地面,带式输送机水平转运至泥驳船外卸,见图6.3-19。基坑开挖主要地层土体为砂、淤泥、黏土。砂土、含水率低的砂质黏性土、黏土由自卸汽车转运至皮带输送机渣斗,通过皮带输送机输送至堰外泥驳船上,海上弃运;淤泥及含水率高的黏土由渣土车转运至堰外临时码头泥驳船上,海上弃运。

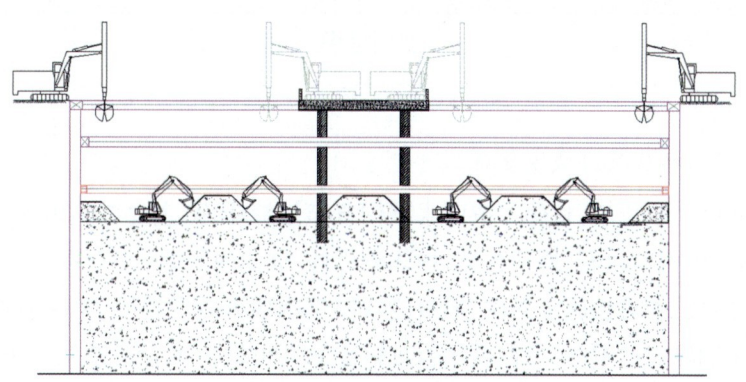

图6.3-19　堰筑段基坑开挖示意图

6.3.4.4　主体结构施工

根据明挖隧道围护结构、支撑以及主体结构情况并结合施工要求,堰筑段隧道从小里程向大里程方向共分为26段,主体结构分段及施工方向见图6.3-20。

主体结构分底板、侧墙、顶板三次浇筑(图6.3-21)。底板浇筑至倒角上30cm位置。侧墙浇筑至第三道混凝土支撑顶面以下 10cm。顶板浇筑从第三道混凝土支撑顶面开始。混凝土浇筑施工采用斜面分层浇筑法。

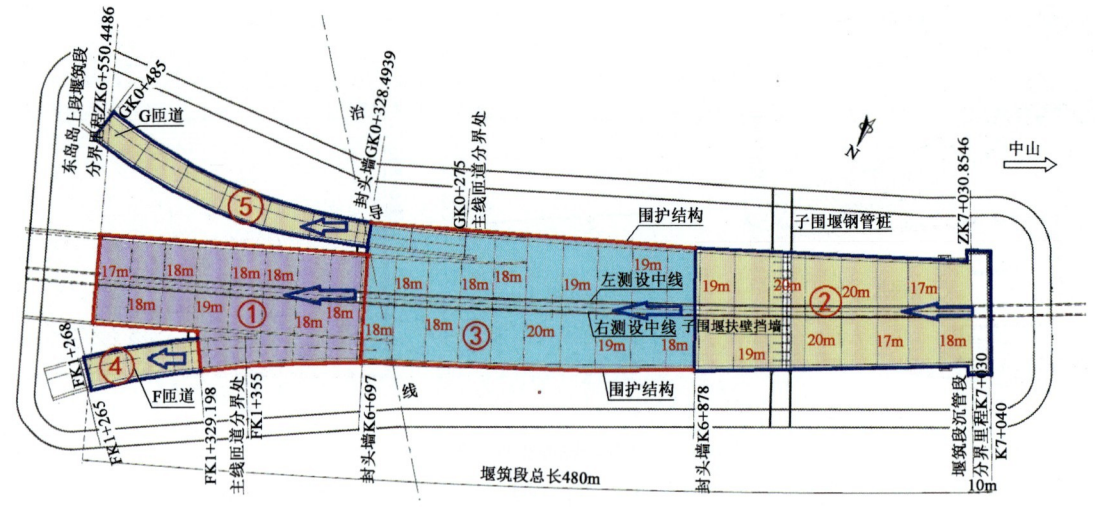

图 6.3-20 堰筑段主体结构分段图

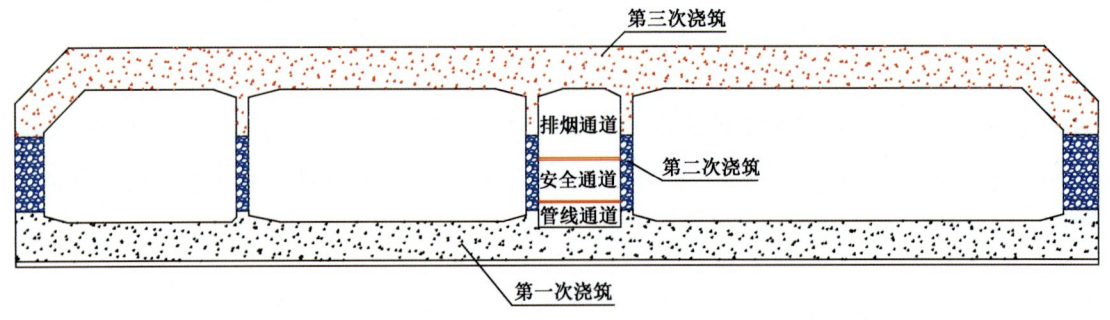

图 6.3-21 主体结构混凝土分次浇筑示意图

6.3.4.5 堰体拆除及海域恢复施工

待主体结构施工完成后，将施工范围水域恢复至原海床面，主要施工内容包括堰体内/外侧模袋砂、堰体外侧抛填块石、堰顶扶壁、堰体钢板桩、堰体内回填砂、子围堰等。

为能尽早提供沉管对接施工条件，堰筑段双层钢围堰分阶段拆除：第一阶段，在子围堰施工完成后拆除子围堰以西围堰，待西端钢板桩拆除后即可提供沉管对接施工条件；第二阶段，围堰内结构施工完成后拆除剩余围堰。

拆除时，堰顶扶壁、拉杆以上回填砂及堰体内反压土坡护面模袋砂，在干作业环境下进行炮机破碎、挖掘机装车、皮带输送至堰外泥驳船、海运弃渣。剩余堰体结构在堰内回水后通过水下作业拆除，钢板桩(钢管桩)采用平板驳+吊机+振动锤拆除，堰体砂及堰外块石清理采用清淤船+泥驳船抓挖，加固水泥土采用炮机配合破碎。

6.4 西人工岛明挖段隧道

岛上段隧道同沉管 E1 管节相接，另一端接岛上道路。岛上段主线隧道总长 475m，分为暗埋段和敞开段两部分，暗埋段结构长 175m，敞开段结构长 300m。

岛上段匝道隧道共有 5 条，分别为 A、B、C、D、E 匝道，隧道总长 680.019m，均为敞开 U 槽形式，隧道结构宽 9.2~23m。西人工岛隧道布置示意见图 6.4-1。

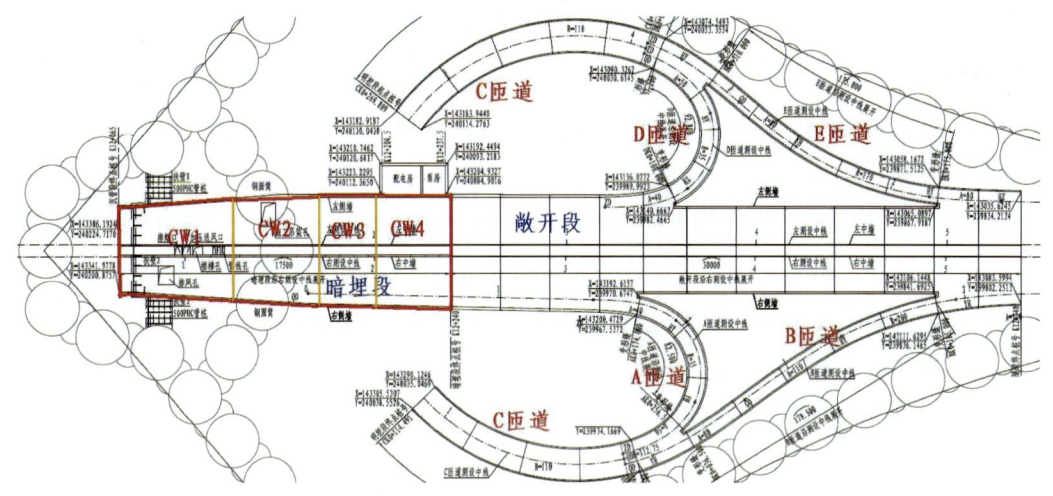

图 6.4-1　西人工岛隧道布置示意图

6.4.1　结构设计

6.4.1.1　主线暗埋段

根据岛隧工程总体工艺设计、施工组织计划，岛内隧道暗埋段采用干法施工。

暗埋段结构长 175m，结构宽 46.0~58.96m，共分 4 段，CW1~CW4 管节长度分别为 60m、46m、30m、39m。

暗埋段隧道断面采用两孔一管廊矩形结构形式（图 6.4-2），结构设置变形缝。为满足沉管对接要求，CW1 管节随西小岛开挖先期施工，考虑舾装要求，隧道结构顶部及两侧设置挡水墙；西人工岛暗埋段隧道顶部有岛上建筑，隧道结构作为部分岛上建筑结构的基础，通过柱子与岛上建筑结构相连。为控制岛上建筑的荷载协调及地基沉降，向部分隧道顶回填容重为 12kN/m³ 的轻质混凝土。

合理地选择基础布置方式和基础布置深度，控制总沉降量及差异沉降，使之与岛外沉管段的沉降变形相协调，实现地基纵向刚度的平顺过渡是基础设计的重点。考虑刚度过渡目标并结合承载力及抗浮要求，暗埋段基础采用 PHC（预应力高强度混凝土）桩及钻孔灌注桩两种形式，CW1~CW3 管节采用 PHC 桩，CW4 管节采用钻孔灌注桩。

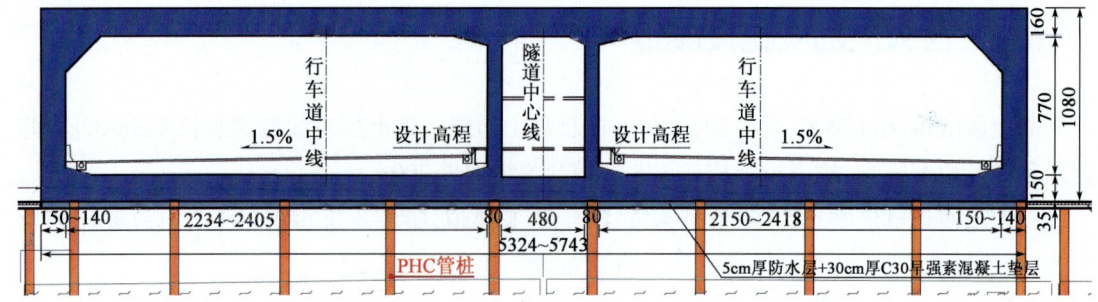

图 6.4-2 暗埋段典型横断面(尺寸单位:cm)

隧道底 PHC 桩分两种:墙下桩直径为 0.6m,B 型,壁厚 130mm;其他 PHC 桩直径为 0.5m,B 型,壁厚 125mm。PHC 桩桩长为 21~26m(未包含桩靴),桩底在风化岩层面以上 0.5~1.0m。

根据抗浮需要及控制敞开段纵向刚度顺接的需要,在暗埋段 CW4 管节隧道结构底布置钻孔灌注桩,桩径为 0.8m,隧道底大部分桩纵向间距为 8.25m,横向间距为 5.6~9.06m。隧道两侧外扩 2.5m 布置一排减沉边桩,边桩采用直径 0.6m 钻孔灌注桩,纵向间距约为 3.4m。

6.4.1.2 主线隧道敞开段

主线隧道敞开段结构长 300m,共分 10 段(CW5~CW14),结构宽 66.18~45.0m。主线隧道敞开段结构采用 U 槽形式。

沿隧道纵向约每 30m 设置一道变形缝。

根据抗浮及控制敞开段纵向刚度顺接的需要,敞开段 CW5~CW14 段隧道结构底布置钻孔灌注桩,桩径为 0.8m,隧道底大部分桩纵向间距为 5.2~6.5m,横向间距为 5.35~10m,具体布置根据水浮力荷载及控制沉降要求进行调整。对于隧道两侧回填较厚区域的 CW5~CW9 管节,外扩 2.5m 布置一排减沉边桩,边桩采用直径 0.8m 钻孔灌注桩。敞开段典型横断面如图 6.4-3 所示。

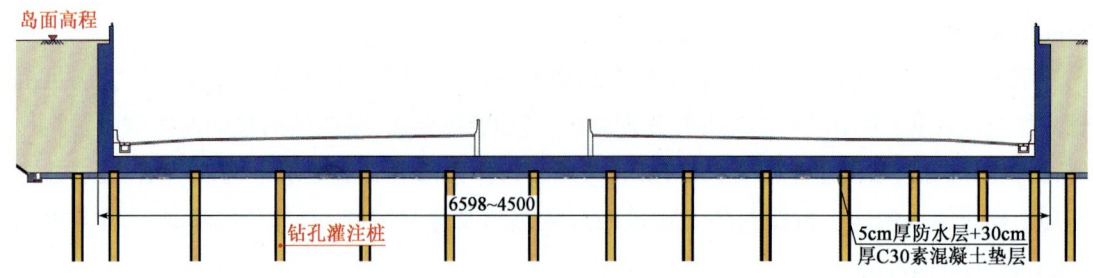

图 6.4-3 主线隧道敞开段典型横断面(尺寸单位:cm)

6.4.1.3 匝道隧道敞开段

根据抗浮及控制匝道段纵向刚度顺接的需要,在匝道隧道结构底均布置钻孔灌注桩,桩径为 0.8m,隧道底大部分桩纵向间距为 4.83~8.98m,横向布置 2~3 根,间距为 7.8~9m。

6.4.2 光过渡段设计

隧道通风系统采用纵向全射流通风加洞口集中排风的设计方案。西人工岛沉管隧道由于横断面的特殊形式和洞口遮光棚的影响,隧道洞口排出的部分污染气体会被相邻隧道作为新鲜风重新吸入,造成气体的二次污染,隧道洞口污染气体串流的情况较为严重。

基于通风系统设计要求推算,污染气体串流导致通风系统年运营费用增幅较大。对洞口污染气体串流进行了专题论证,由数值模拟结果可知,设置中隔墙可以明显削弱污染气体串流。建议将中隔墙长度设置为70m以上,以降低污染气体串流带来的影响。

在中隔墙长度较长的情况下,针对减光建筑,考虑建筑造型、减光效果、造价等因素,对Z字形及斜板形方案进行比较(图6.4-4)。

a)Z字形方案

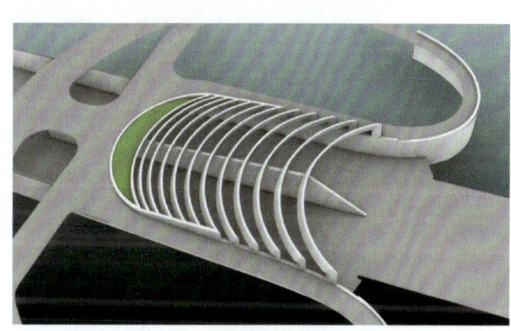
b)斜板形方案

图6.4-4 西人工岛洞口光过渡段方案

Z字形方案造型不够简洁,工艺繁杂,侧面视角尤为严重;从行车观赏角度而言,从洞口与洞内视角观看过于压抑,不够通透明快。

斜板形方案简洁通透,能满足防止失能眩光尺寸要求;中隔墙等效长度约为88m,能减轻污染气体串流带来的影响;格栅断面形式简单,施工难度小,且造价较低。推荐采用斜板形方案。

6.4.3 施工方案

6.4.3.1 CW1管节(止推段)施工

CW1管节施工为E1管节对接提供条件,主要施工顺序如下:

①四小岛基坑开挖至-8m高程,进行PHC桩打设及高压旋喷桩止水帷幕施工,二次开挖至隧道底高程。

②进行混凝土垫层及PHC桩芯混凝土施工,然后施工止推段主体结构钢筋、模板、混凝土等主体结构,同时进行扶壁结构施工。西人工岛止推段全长60m,分4段采用跳仓法施工工艺。止推段结构尺寸大、单次浇筑方量大,属于大体积混凝土。为减少裂缝,采取高标准的控裂措施,主要包括优化配合比设计、安装智能测温系统、选择合适的浇筑时间、混凝土搅拌过程中加入碎冰、降低原材料温度、降低混凝土运输过程温升、布置冷却循环水管、延长混凝土初凝

③止推段及扶壁结构施工完成、小岛具备回水条件、检查关键部位安装准确无误后,尽快组织进行岛隧结合部回水,验证二次止水结构止水情况。回水期间,严格按要求对隧道结构、扶壁结构沉降位移及岛内水位进行持续观测。开挖海侧钢圆筒桶内回填砂至-16m高程。

④拆除-15m高程以上的海侧钢圆筒,进行导流堤施工等,具备首节沉管对接条件。

CW1管节主要施工步骤见图6.4-5。CW1施工完成后现场照片见图6.4-6。

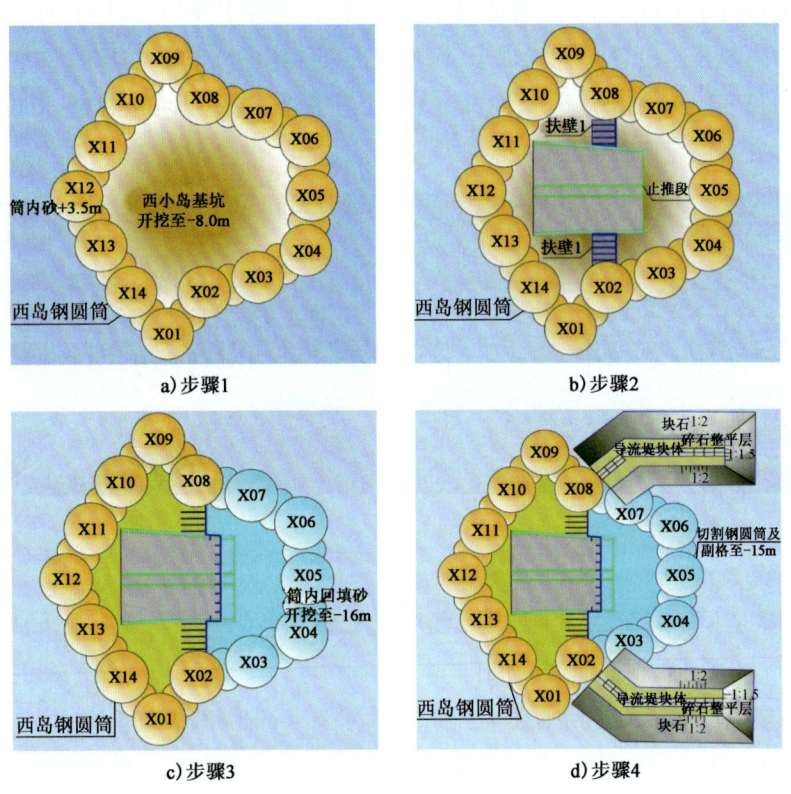

图6.4-5 CW1管节主要施工步骤

a) CW1管节施工完成

b) 靠海侧钢圆筒拆除

图6.4-6 CW1管节施工照片

6.4.3.2 暗埋段主体结构施工

西大岛具备卸载条件后,进行基坑开挖,自东向西逐渐推进。首先进行钢圆筒内的开挖,然后对钢圆筒进行切割拆除。大岛内开挖采用大开挖的方式进行,基坑两侧放坡,坡比为1∶1,开挖完成后采用C20喷射混凝土进行边坡防护。

暗埋段隧道结构尺寸较大,施工现场无一次性整体浇筑条件。为此,兼顾大体积混凝土控裂要求,充分考虑施工组织便利性及钢筋、模板工艺实施可操作性,竖向分2层浇筑,分缝位置见图6.4-7。

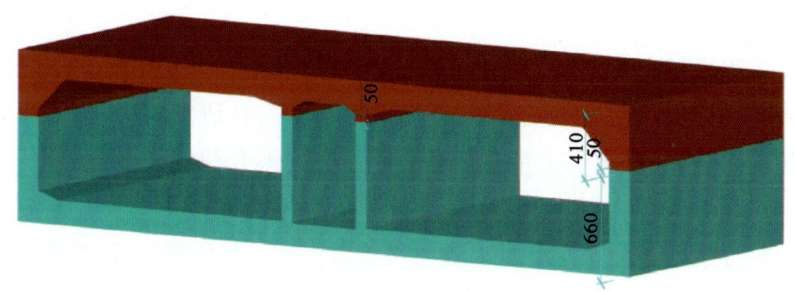

图 6.4-7 暗埋段主体结构分层浇筑示意(尺寸单位:cm)

6.5 隧道通风、排烟

深中通道隧道项目采用双向八车道技术标准,并在两孔之间设置中间管廊,形成了两孔一管廊的横断面形式。沉管隧道横断面宽度达到46.0m,特别是在深圳侧增加减速车道段后,该区段达到双向十二车道,在隧道结构体系、断面形式、通风与防灾救援等方面存在较大技术挑战。双向八车道超宽海底隧道为世界首例,传统的"纵向通风+侧向排烟"方案面临巨大挑战。通过数值分析、物理模型试验验证,提出了"主隧道顶部横向排烟联络道+中间管廊纵向排烟"的排烟方案,并进行了大比尺实体隧道火灾试验(图6.5-1)。

a)模型全景

b)试验场景

图 6.5-1 大比尺实体隧道火灾试验

该方案有效解决超大断面隧道火灾排烟问题,排烟效率增加了42%,达到85%,满足排烟需求;人员疏散可用时间增加了320s,平均达到610s,满足人员疏散逃生要求。

第 7 章 专 题 研 究

7.1 概况

深中通道工程规模宏大、建设条件异常复杂、技术难度大、品质要求高，是我国交通基础设施建设史上的巨大挑战。本工程中，遵循设计、施工、科研、装备四位一体的设计理念，坚持需求引领技术创新，开展了大量有针对性的关键技术专题研究，实现科研先行，真正为设计、施工服务。

本工程开展的专题研究多达数十项，对项目技术标准、设计、施工、运维等起到支撑作用。由于专题数量较多，本章仅对部分专题研究进行介绍。

7.2 伶仃洋大桥抗风性能研究

伶仃航道通航净空 76.5m，桥面最高点高程超过了 90m，而主跨跨径达到 1666m，采用平行缆整体箱，桥梁抗风问题突出。

为此，深中通道管理中心及桥梁设计单位分别委托多家知名科研机构和院校进行了抗风专题研究。初步设计阶段，湖南大学、同济大学、长安大学平行开展了多方案主梁节段模型风洞试验；施工图设计阶段，同济大学、西南交通大学联合进行了小比例尺节段模型、大比例尺节段模型试验及全桥气弹模型试验，检验了伶仃洋大桥颤振稳定性、静风稳定性、涡激共振、抖振等，给出推荐的钢箱梁合理梁高及气动布局；对风致行车安全进行了数值模拟，给出了不必设置风障的建议。

本节数据主要摘自同济大学、西南交通大学联合完成的《深圳至中山跨江通道项目伶仃洋大桥抗风性能研究报告》(2018 年 9 月 1 日)。

7.2.1 设计风参数取值

7.2.1.1 基本风速

根据《公路桥梁抗风设计规范》(JTG/T D60-01—2004) 的全国基本风速分布图和全国各气象台站的基本风速值，广东省深圳市百年一遇的基本风速 $U_{10} = 38.40$m/s，桥位附近地区香港百年一遇的基本风速 $U_{10} = 39.50$m/s，澳门百年一遇的基本风速 $U_{10} = 38.40$m/s。由于桥位在珠江口内侧且靠近深圳地区，选用 38.40m/s 作为基本风速，这一取值是在平坦开阔地貌条件下,地面以上10m高度处、100年重现期的10min时距平均年最大风速。

7.2.1.2 桥位设计基本风速

伶仃洋大桥位于珠江口开阔水面之上,桥位场地地表类别为A类,平均风剖面幂指数 α 为0.12,大气边界层厚度 δ 为300m,地表等效粗糙高度 z_0 为0.01m。按照梯度风速相等的原理可以推算出伶仃洋大桥桥位处的设计基本风速为45.09m/s。

7.2.1.3 桥位高度处风速

根据设计基本风速以及桥位场地地表类别,推算出主梁桥面高度设计基准风速 U_d 为58.61m/s。

桥面高度静阵风风速为67.99m/s。

结构颤振检验风速 U_c 为83.7m/s。

7.2.2 节段颤振稳定性试验

采用小比例尺节段模型风洞试验进行颤振稳定性检验。

7.2.2.1 小比例尺节段模型风洞试验理论

1) 测振试验相似理论

风洞试验有许多无量纲化后的相似准则,如雷诺数、斯托罗哈数、弗劳德数等,但这些准则经常不能同时满足。因此,在风洞试验中,要根据实际需要严格执行某一部分相似准则,而舍弃其他相似准则。

具体到小比例尺节段模型测振试验,有3个基本相似比,分别是几何缩尺比、风速比以及密度比。其中,密度比往往可以不考虑,这是因为对用于结构风工程的低速风洞而言,模型和原型的空气密度基本一致。因此节段模型测振试验的关键相似比为几何缩尺比和风速比,其余的如质量比、质量惯性矩比、频率比等均可通过这两个相似比推导得出。此外,由于低阶振型在颤振试验中更容易被激发出来,所以一般只对实桥的第1阶竖弯和第1阶扭转频率进行模拟。据此,可根据几何缩尺比、风速比、由有限元分析得到的振动频率和等效质量、等效质量惯性矩来设计节段模型。

2) 测力试验相似理论

与测振试验相比,测力试验所遵循的相似理论较为宽松。一般只要模拟桥梁的几何外形,并保证有足够的刚度即可。因此,小比例尺节段模型测振试验模型也常常可以用来进行测力试验。

3) 模型设计及风洞试验的基本原则

小比例尺节段模型测振试验一般需要遵循以下原则:

①节段模型的长宽比应尽量大,以使其满足片条假定。长宽比之值最小不应小于2。

②根据风洞实际条件,应使节段模型的两端与风洞内壁贴近,以缓解其在风作用下所产生

的端部湍流效应,避免导致不满足片条假定的情况。

③如不能使风洞内壁与模型两端贴近,应在模型两端加设端板,以减轻湍流所带来的不利影响。

④风洞试验的阻塞率应控制在5%以下。

⑤节段模型自身的刚度应足够大,使其竖弯振动和反对称扭转振动的频率高出试验过程中所关心的竖弯及扭转频率,以避免模型由于自身刚度不足而与试验所关心的理论频率产生耦合或其他影响。必要时,可通过有限元分析对所设计模型的刚度进行验算。

⑥根据实桥等效质量及质量相似比所得到的模型质量,应理解为系统质量,包括:纯模型质量、螺丝及吊臂质量、1/3 的弹簧质量等。质量惯性矩亦是如此。

⑦在模型设计和加工过程中,应使其在刚度足够的情况下,质量和质量惯性矩尽量小,以便于后期对其进行调整。

⑧风速比需要根据节段模型的试验需求和风洞实际条件确定。对于颤振试验来说,需要保证所模拟的实桥风速大于颤振检验风速,必要时需保证所模拟的实桥风速比颤振检验风速大 10%以上,以保证有足够的安全冗余度。

⑨悬挂节段模型的弹簧需要 2 组,其中上弹簧 4 根,下弹簧 4 根。市面上销售的弹簧即使是同种型号也难免有刚度差异。一般通过购买大量弹簧,精确标定后从中挑选刚度差异小的一批弹簧来克服这一问题。此外,为使弹簧达到所需要的刚度和长度,一般需要对弹簧进行一定长度的截取,截取过程中会产生一定的误差,这个问题可通过微调风速比的方式解决。

⑩对上、下弹簧的刚度比一般不做特别要求,可根据风洞的实际条件进行调整,并提前预估模型的振动幅度、模型在大风速下的下压或上抬量,确保试验过程中弹簧始终处于工作状态,必要的时候可备 2 套甚至多套弹簧。如:节段模型在大的正攻角及大风速时会上抬,在大的负攻角及大风速时会下压;模型上抬时,如果下弹簧刚度低,会导致上弹簧收缩,严重时会出现吊臂与风洞内壁接触或刚度损失;模型下压时,如果上弹簧刚度低,会导致下弹簧收缩,严重时会导致下吊臂与风洞内壁接触、弹簧刚度损失甚至弹簧退出工作。

7.2.2.2 节段颤振稳定性试验一(4m 梁高)

1)模型设计

小比例尺节段模型主梁按几何缩尺比严格模拟主梁的几何外形,以确保气动外形和气动敏感构件的相似性。模型采用优质木材制作,栏杆、检修轨道、导流板等附属设施按图纸尺寸采用塑料板整体雕刻制作。采用缩尺比为 1:70 的节段模型(图 7.2-1)。

2)模型安装

4m 梁高节段模型颤振试验在西南交通大学 XNJD-1 工业风洞第二试验段中进行,该试验段断面尺寸为 2.4m(宽)×2.0m(高)的矩形,最大来流风速为 45m/s,最小来流风速为 0.5m/s。该试验段设有专门进行桥梁节段模型动力试验的装置。

节段模型由 8 根拉伸弹簧悬挂在支架上,形成可竖向运动和绕模型轴线转动的二自由度振动系统。模型两端设有端板,以模拟风洞试验中的二元流动。试验支架置于洞壁外,以免干扰流场。风速相似比为 1:6.235。节段模型安装后照片见图 7.2-2。

图 7.2-1　4m 梁高节段模型

图 7.2-2　4m 梁高节段模型安装后照片

3)试验工况

本次试验的工况条件如下:

①成桥态。

②中央稳定板高度为 1.2m。

③检修车轨道高度变化。

④分流板上栏杆透风率为 95%。

⑤检修车轨道位于不同位置。

4)试验结果

通过直接测量法测定主梁节段模型在不同工况下的颤振临界风速,并通过风速比(模型试验风速/实桥自然风速)推算出实桥的颤振临界风速。针对成桥阶段主梁标准断面分别进行了 -3°~+3°范围内每间隔 1°的 7 种风攻角下的试验,来流为均匀流。成桥状态各种攻角下的颤振临界风速试验结果见表 7.2-1。

4m 梁高小比例尺节段模型颤振临界风速试验结果(单位:m/s)　　表 7.2-1

工况	检修车轨道位置	轨道导流板	+3°	+2°	+1°	0°	-1°	-2°	-3°	备注
1	1/8	双侧	86.2	86.0	86.1	85.6	79.5	90.1	83.7	
2	1/8	无	85.2	85.2	84.3	85.6	85.2	80.7	85.6	
3	1/10	双侧	81.5	81.7	82.9	81.3	79.3	85.8	80.7	
4	1/10	内侧	82.1	81.2	81.3	79.1	79.8	85.5	80.7	
5	1/14	无	85.5	85.9	84.8	85.9	89.2	84.4	81.0	
6	1/14	双侧	85.0	86.1	86.2	86.0	88.3	88.3	85.4	通过

注:颤振检验风速为 83.7m/s。

试验结果表明,工况 6 能够通过颤振检验。工况 4(检修车轨道距底板边缘 1/10 底板宽度位置,导流板布置在内侧)在部分攻角条件下出现了较为明显的软颤振现象,即扭转角位移随着风速的提高而逐渐增大却无发散趋势。

7.2.2.3 节段颤振稳定性试验二(5m 梁高)

1)模型设计

采用缩尺比为 1∶80 的节段模型,采用 2 根外壁为 25mm×38mm、壁厚为 1mm 的铝型材做骨架,用木板制作主梁轮廓,桥梁上表面覆 ABS(丙烯腈-丁二烯-苯乙烯共聚物)板。节段模型见图 7.2-3。

2)模型安装

将模型安装在同济大学 TJ-2 风洞试验段来流方向约 3/5 的位置处。采用两面长度约为 4m 的木墙悬挂模型,以便于模型的架设及攻角调节。图 7.2-4 为模型安装完成后的照片。在模型的来流后端连接安全绳,以防颤振发散对模型造成不可修复的损坏。风速相似比为 1∶4。

图 7.2-3　5m 梁高节段模型

图 7.2-4　5m 梁高节段模型安装后照片

3)试验工况

通过改变桥梁断面的栏杆、上下中央稳定板、检修轨道位置形成不同的工况,通过试验获得每个工况下 0°、±1°、±2°、±3°的颤振临界风速,以期有一个或多个工况通过颤振检验。共给出了 13 个不同工况下的桥面布置。

4)试验结果

13 个不同工况下的试验结果见表 7.2-2。

5m 梁高方案小比例尺节段模型颤振试验结果(单位:m/s)　　表 7.2-2

编号	工　况	+3°	+2°	+1°	0°	-1°	-2°	-3°	备注
1	设计断面不加措施	100.7 (57.5~96.4)			88.6			80.2	
2	0.4m 下中央稳定板							80.2	
3	0.8m 下中央稳定板				80.1			84.5	
4	1.2m 上中央稳定板				94.5			78.9	

续上表

编号	工况	+3°	+2°	+1°	0°	−1°	−2°	−3°	备注
5	1.6m 上中央稳定板				93.6			78.4	
6	1.2m 上+0.4m 下中央稳定板							81.2	
7	0.8m 上+0.8m 下中央稳定板	95.8(62.3~87.4)	74.9		86.9			85.2	
8	1.2m 上+0.8m 下中央稳定板	100.0(72.3~95.1)	83.0		93.4			86.0	
9	1.4m 上+0.8m 下中央稳定板	101.5(75.0~96.7)	85.7	95.1	92.5	93.4	91.4	86.3	通过
10	0.8m 上+0.8m 下中央稳定板+检修轨道置于四分点	99.0(62.8~96.9)	78.4		90.4			87.9	
11	1.2m 上+1.2m 下中央稳定板+检修轨道置于四分点	101.3(72.6~96.9)	85.0	92.2	94.5	95.4	94.7	86.9	通过
12	分流板上栏杆透风率为95%	94.4(91.5~94.0)	100.8	92.3	97.2	93.2	92.8	91.5	通过
13	分流板上栏杆透风率为95%+1.2m 上中央稳定板	98.7	95.9	97.9	96.4	93.2	91.4	89.0	通过

注:1.颤振检验风速为 83.7m/s。
 2.没有数据的表示该工况已经有不满足检验风速情况,未开展后续试验。
 3.风速后的括号表示在该区间有软颤振现象。

试验结果表明,工况 9、11、12、13 能够通过颤振检验。

7.2.3 节段涡振试验

采用大比例尺节段模型进行节段涡振试验。

大比例尺节段模型的设计原则与小比例尺节段模型的设计原则基本一致。涡振是一种限幅振动,通常只会对行车的舒适性产生不利影响,对于实际工程,当风速达到 27m/s 时一般会封桥,因此一般不关注实桥风速达 27m/s 以上的工况;同时,涡振有显著的风速锁定区间,因此需要设置较大的风速比以准确地找出风速锁定区间。

7.2.3.1 涡振试验一(4m 梁高)

1)模型设计

主梁采用缩尺比 1:25 的大比例尺节段模型。节段模型长 3.9m,宽 1.988m,高 0.16m。

为控制模型的质量及质量惯矩,并保证模型自身具有足够刚度,模型采用优质木材制作,扶手栏杆、检修轨道均采用塑料板并由机器雕刻而成。4m梁高大比例尺节段模型见图7.2-5。

2)风洞实验室概述

4m梁高大比例尺节段模型风洞试验在西南交通大学工业风洞(XNJD-3)大型低速风洞中进行。该风洞是回流式风洞,试验段长36m,宽22.5m,高4.5m,风洞空置时,风速范围为0~16.5m/s,湍流度为1.0%以下。

大比例尺节段模型试验的目的是考察较高雷诺数条件下主梁的涡振性能,以求获得更接近实桥的涡振锁定风速和振幅。

3)模型安装

模型由8根拉伸弹簧悬挂在风洞侧壁上,形成二自由度振动系统。由于模型端部距风洞侧壁较近,能够保证二元流动,因而未再设置端板。成桥态4m梁高大比例尺节段模型悬挂系统如图7.2-6所示。

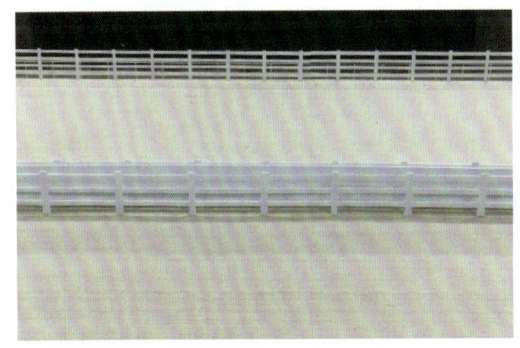
图7.2-5 4m梁高大比例尺节段模型

图7.2-6 4m梁高大比例尺节段模型悬挂系统

4)试验工况

基本试验工况条件为:

①成桥态。

②中央稳定板高度为1.2m。

③检修车轨道高度变化。

④分流板上栏杆透风率为95%。

⑤检修车轨道位于不同位置处及是否设置检修车轨道导流板。

⑥风攻角为0°、±3°、±5°。

5)涡振检验结果

伶仃洋大桥成桥态一阶正对称竖弯频率为0.101Hz,一阶正对称扭转频率为0.2196Hz。推算出涡激共振振幅允许值为396mm,扭转涡激共振振幅允许值为0.41780°。

在检修车轨道置于底板宽度两侧1/10、1/14和1/18底板宽度位置且不设置导流板情况下,在风攻角为0°和5°时扭转涡激振动现象较为明显,且不同程度地超过了规范允许的限值;

在检修车轨道置于底板宽度两侧 1/6 底板宽度位置且不设置导流板情况下,风速为 7m/s 时扭转涡激振动振幅较大,接近但未达到规范限值。

检修车轨道距离底板中心越近,涡激振动性能越好;增设检修车轨道导流板可以较为明显地抑制涡激振动。

检修车轨道位于底板宽度两侧 1/10 底板宽度位置时,加设双侧或单侧轨道导流板,均未发现明显的涡振现象,推荐采用。该工况下扭转位移值与竖向位移值随风速变化如图 7.2-7 所示。

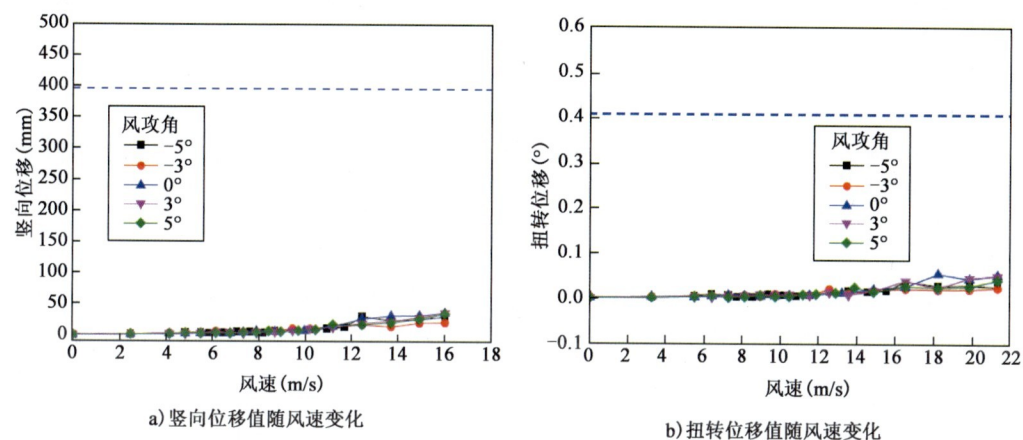

a) 竖向位移值随风速变化   b) 扭转位移值随风速变化

图 7.2-7　检修车轨道位于底板宽度两侧 1/10 底板宽度位置、加设双侧导流板工况下扭转位移值与竖向位移值随风速变化

7.2.3.2　涡振试验二(5m 梁高)

1) 模型设计

主梁采用相似比为 1:30 大比例尺节段模型,风速相似比为 1:1.5。采用 1 根外形尺寸为 100mm×100mm、壁厚为 4mm 的钢管和 2 根外形尺寸为 25mm×80mm、壁厚为 1mm 的铝管作为主梁骨架,采用铝管作为横梁,用 15mm 细木工板制作主梁外形,用 9mm 厚胶合板做内模把骨架和外壳联系起来,在主梁上留足够的空间以便后期添加配重。模型如图 7.2-8 所示。

2) 风洞实验室概述

5m 梁高大比例尺节段模型试验在同济大学 TJ-3 号风洞进行。TJ-3 大气边界层建筑风洞是一座闭口竖向回流式矩形截面低速风洞,建于 1993 年。试验段长 14m,宽 15m,高 2.0m,风速范围为 1.6~17.6m/s 连续可调,湍流度为 2.0% 以下。

3) 模型的安装

模型安装在 TJ-3 风洞试验段来流方向约 1/3 位置处。采用两堵长度约为 5m 的木墙悬挂模型,以便于模型的架设及攻角调节,并能有效地防止端部湍流。图 7.2-9 为模型安装完成后的照片。

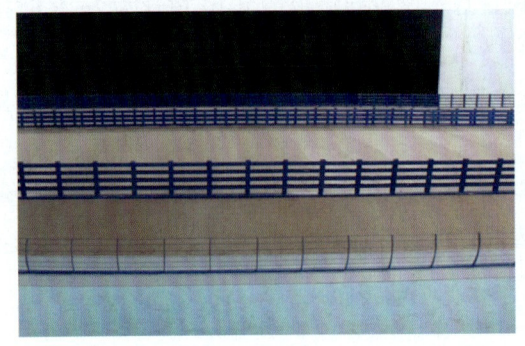

图7.2-8　5m梁高大比例尺节段模型　　　　图7.2-9　5m梁高大比例尺节段模型安装后照片

4）试验工况

基于小比例尺节段模型的试验结果,确定分流板上栏杆采用高透风率形式。根据桥梁有、无上中央稳定板的2个工况,分别研究每个工况下0°、±3°、±5°风攻角的涡振稳定性。

5）试验结果

根据伶仃洋大桥成桥态一阶正对称竖弯频率、一阶正对称扭转频率推算出5m梁高涡激共振振幅允许值为479mm,扭转涡激共振振幅允许值为0.3805°。

在工况1(无中央稳定板)情况下,竖向及扭转位移随风速变化如图7.2-10所示。结果表明,在风速低于24m/s时,桥梁不会发生竖弯涡振;在风速低于24m/s且风攻角为+3°和+5°时,桥梁会发生显著的扭转涡振,但幅值小于规范限值的1/2。无中央稳定板的断面形式抵抗涡振的性能良好。

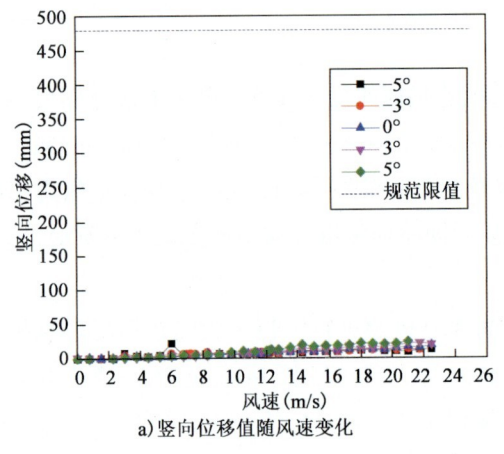
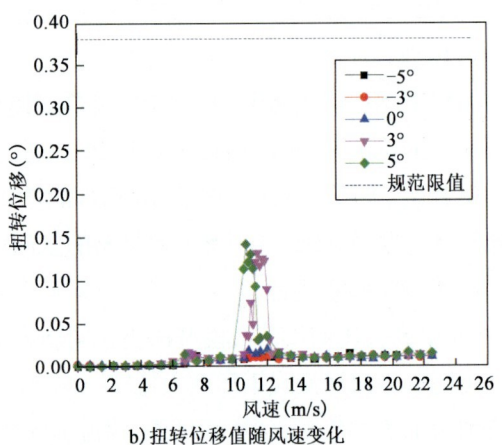

a)竖向位移值随风速变化　　　　　　　　　b)扭转位移值随风速变化

图7.2-10　工况一(无中央稳定板)试验结果

工况2(有中央稳定板)情况下,竖向及扭转位移随风速变化如图7.2-11所示。结果表明,在风速低于24m/s时,桥梁不会发生竖弯涡振;在风速低于24m/s且风攻角为+3°和+5°时,桥梁会发生显著的扭转涡振,但幅值小于规范限值的1/2。有中央稳定板的主梁断面形式抵抗涡振的性能良好。

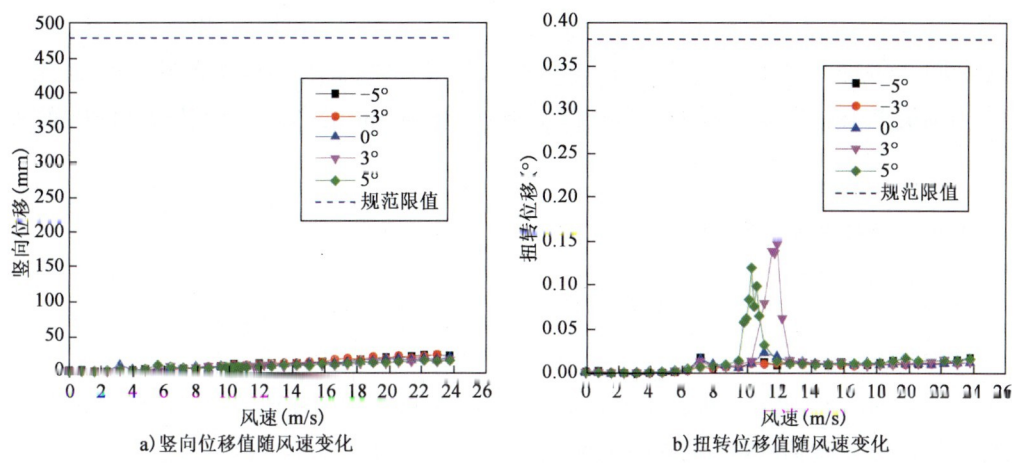

a) 竖向位移值随风速变化　　　　　b) 扭转位移值随风速变化

图 7.2-11　工况二（有中央稳定板）试验结果

同时，试验发现 2 个扭转涡振区间，分别是在风速为 7m/s 左右时和 12m/s 左右时。

6）补充试验

受 TJ-3 风洞的条件和模型的动力参数限制，无法在保证大比例尺节段模型的前提下把实桥风速吹到伶仃洋大桥桥面高度处基准风速（60.14m/s）。鉴于此，基于工况 2（有中央稳定板），将模型 64% 的质量卸载，保持模型的扭弯频率比及体系的刚度不变，再次进行风洞试验。这样做的依据是较低的等效质量将会使得实桥的涡振性能更差，从而使试验结果偏安全。

补充试验结果见图 7.2-12，卸掉质量后，在 0°、-3°、-5° 风攻角下且实桥风速大于 48m/s 时，由于抖振的作用，桥梁的竖向位移超出了规范限制的涡振竖弯幅值。考虑到大风速时会封桥，可以认定试验结果足够安全。

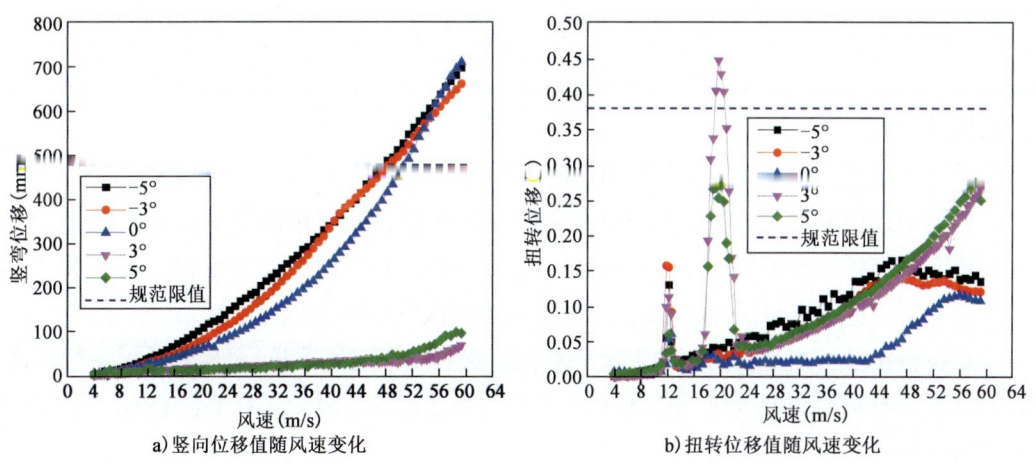

a) 竖向位移值随风速变化　　　　　b) 扭转位移值随风速变化

图 7.2-12　补充工况试验结果

在后+3°攻角下,实桥风速为19.8m/s时,扭转位移响应超出了规范限制的涡振扭转位移幅值。结合图7.2-11和图7.2-12可以发现卸掉质量前和卸掉质量后,扭转位移均出现了2个涡振区间,同时图7.2-12表明在2个扭转涡振风速区间后没有再出现涡振区间,且此后的扭转位移幅值也未超出规范限值。综合以上数据,认为5m梁高方案在涡振性能方面表现良好。

7.2.4 全桥气弹模型试验

7.2.4.1 全桥气弹模型风洞试验理论

1) 相似理论

针对不同的桥型,全桥气弹模型的相似理论不尽相同。由于伶仃洋大桥是悬索桥,因此这里仅讨论悬索桥全桥气弹模型的相似理论。

考虑到悬索桥主缆的重力刚度效应,在悬索桥气弹模型设计中,必须严格满足弗洛德数的一致性条件。表7.2-3给出了悬索桥全桥气弹模型设计时各构件的相似性要求。

全桥气动弹性模型设计时各部件的相似要求　　　表7.2-3

构件		形状相似	刚度相似				气动相似性	不考虑
			抗拉刚度	竖向抗弯刚度	横向抗弯刚度	抗扭刚度		
主梁	箱梁	√		√	√	√		
	护栏	√						
	检修道栏杆	√						
	检修轨道	√						
主缆及吊杆			√				√	
桥塔	塔柱	√	√	√	√	√	√	
	横梁	√		√	√	√	√	
基础								√

2) 基本原则

全桥气弹模型测振试验一般需要遵循以下原则:

①模型的几何缩尺比应根据风洞的高度和宽度确定,并确保阻塞率不超过5%。此外,由于悬索桥全桥气弹模型的风速比由几何缩尺比唯一确定,在几何缩尺比确定后,应验算风洞实际最大风速所对应的实桥风速,确保该风速值大于颤振检验风速。

②斜拉桥桥型可通过垫高桥的来流一侧或背侧形成不同风攻角,而悬索桥则不行。这是因为悬索桥具有重力刚度效应,垫高桥的一侧将使得索形发生改变。对于悬索桥,一般采用垫不同角度的坡板形成不同的风攻角。

③应确保全桥气弹模型前若干阶振型与实桥的振型频率对应。

④一般采用泡沫塑料模拟悬索桥几何外形,采用芯棒模拟刚度。为了防止泡沫塑料对模型的刚度形成干扰,一般采用节段泡沫连续拼装的方法模拟主梁外形。

⑤悬索桥的重力刚度效应需要采用主缆丝上的质量块进行模拟,质量块的质量应根据对应的相似比确定。

7.2.4.2 全桥气弹试验一(4m 梁高)

1)模型设计

主缆模拟的基本原则是气动力相似、质量相似和拉伸刚度相似。几何相似比为 $1:134$,风速相似比为 $1:11.58$。

由于满足拉伸刚度要求的模型钢丝质量小于按相似关系所要求的主缆质量,直径也小于缩尺后的主缆直径,因而在其外部套铜块套筒和硬质塑料套筒进行直径补充和质量补充,使之满足质量和外形相似要求,同时需要满足气动力相似关系。

对于扁平钢箱梁,为了满足几何相似和竖向、横向、扭转刚度相似条件,采用优质发泡塑料和玻璃钢劲性骨架模拟主梁的几何外形,既保证了足够的刚度,又提供了气动外形。

检修道栏杆、下检修轨道、边防撞栏杆、中央防撞栏杆及风障等附属设施可提供一部分质量和质量惯矩,不参与刚度模拟。为降低加工难度,按照"透风率相等"的原则对栏杆等构件进行适当的简化。

桥塔的气动外形由优质木材制作,其构造原则与主梁相同。采用铅配重调整各段的质量,使之满足相似要求。

4m 梁高全桥模型细部构造见图 7.2-13。

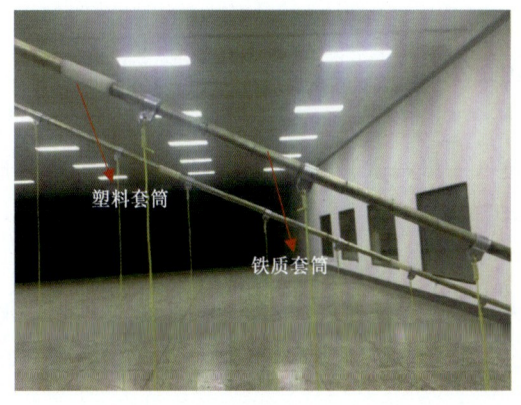
a)主缆

b)附属结构

图 7.2-13 4m 梁高全桥模型细部构造

2)模型安装

将全桥气弹模型安装在西南交通大学 XNJD-3 风洞试验段中间位置处(图 7.2-14),以便于后期流场调整。

a)   b)

图 7.2-14   4m 梁高全桥气弹模型安装

3）颤振试验工况

全桥气弹模型试验分别在均匀流场和模拟大气边界层的紊流场中进行。均匀流场试验主要考查桥梁的静风稳定性、颤振及涡激振动特性，紊流场试验主要考查桥梁的抖振响应。考虑到桥址处来流存在一定的风攻角，全桥气弹模型试验时考虑了 $-3°\sim+3°$ 范围内每间隔 1°风攻角的情况，还测试了不同风偏角下（0°、5°、10°、15°）桥梁的颤振性能。

对于底板厚度分别为 10mm、14mm 的两种主梁方案进行了试验。

4）抖振试验工况

在边界层风洞中建立紊流风场，进行了模拟风场中的成桥运营状态下各种结构风效应的观察和测量。通过模拟自然风场的风洞试验，可以达到以下目的：

①测量结构在不同风速下的抖振响应。

②观察结构在紊流场中是否存在涡激共振现象。

③观察结构在自然风作用下的静风稳定性。

风洞试验风场应与桥址处的风场满足相似条件。风洞试验的风场采用尖塔与粗糙元的形式进行模拟（图 7.2-15）。安装在紊流场中的深中通道全桥气弹模型如图 7.2-16 所示。

5）试验结果

①在不同工况条件下，两种不同底板厚度方案主梁颤振临界风速均高于颤振检验风速（83.7m/s）。对于底板厚度 10mm 主梁方案，不同风偏角下的颤振性能均优于无风偏角的情况。

②当主梁底板检修车轨道设置双侧导流板时，除 +3°风攻角下的主梁颤振由反对称振型控制外，其余风攻角条件下均为正对称振型控制。而将外侧导流板去掉，仅保留内侧导流板时，3 个风攻角下的颤振状态均为反对称振型控制。

③对于 14mm 底板厚度主梁方案，其对应的全桥气弹模型颤振临界风速均高于检验风速，但相对于 10mm 底板厚度主梁方案未表现出明显的优势。

图 7.2-15　风场大气边界层模拟　　　　图 7.2-16　边界层流场中的全桥气弹模型

④在紊流场条件下,平均风速为 85m/s 时,未见颤振现象。

⑤在均匀流场条件下,只记录到颤振现象,未发现静风失稳现象;在紊流场条件下,平均风速为 85m/s 时,未见静风失稳。

⑥抖振试验表明:在设计基准风速下,风偏角为 10°时最大侧向位移均值为 3.263m,最大侧向抖振响应均方根值为 1.307m;最大竖向位移均值为 0.737m,最大竖向抖振响应均方根值为 2.014m;最大扭转位移均值为 0.937°,扭转抖振响应均方根值为 1.636°。

7.2.4.3　全桥气弹试验二(5m 梁高)

1)模型设计

模型比例一般由风洞尺寸决定。同济大学 TJ-3 风洞高度为 2m,宽度为 15m。由于试验过程需要考虑锚碇的尺寸,同时要预留一定的可操作空间,最终选定的几何缩尺比为 1∶215,风速相似比为 1∶14.66。

采用直径为 0.3mm 的铜丝模拟主缆,采用直径为 8.3mm 的铜棒分段模拟主缆的重力刚度,采用直径为 0.3mm 的铜丝模拟吊杆。

纵梁、横梁由钢材料制成,主梁的外衣由硬质泡沫塑料制成,外衣为两片式,便于与纵梁结合、添加配重。

桥塔芯棒采用钢材加工,桥塔外衣采用不透明有机玻璃制作。模型细部见图 7.2-17。

2)模型安装

5m 梁高方案全桥气弹模型试验在同济大学 TJ-3 风洞进行。将全桥气弹模型安装在 TJ-3 风洞试验段来流方向约 5/6 位置处,以便于后期调整流场,如图 7.2-18 所示。

3)颤振试验工况

通过调整上、下中央稳定板的有无和高度、检修轨道的位置、分流板上栏杆的透风率及配重的有无形成不同工况,研究每个工况在 ±3°、0°风攻角下的颤振稳定性。共计研究了 14 个工况。

通过架设坡板的方式实现不同的风攻角。-3°风攻角和 +3°风攻角的流场搭建见图 7.2-19。

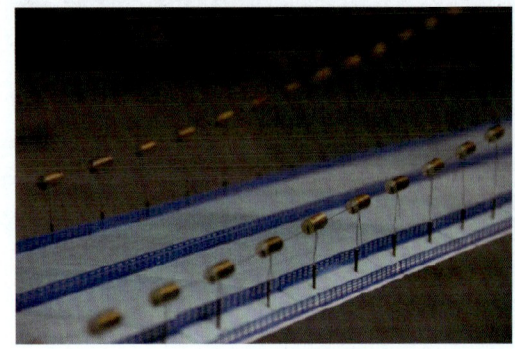

a) 主缆及吊杆示意图　　　　　　　　b) 检修轨道及导流板示意图

图 7.2-17　5m 梁高全桥模型细部

图 7.2-18　全桥气弹模型

a) -3°攻角　　　　　　　　　　　　b) +3°攻角

图 7.2-19　不同风攻角流场搭建

4) 抖振试验工况

采用吊点处风中的分流板上挺打方案，研究风场紊流场中 0、3°风偏角下的抖振响应。通过在上游段设置尖劈和粗糙元的方式构建紊流场，见图 7.2-20。

图 7.2-20　粗糙元、尖劈摆放示意图

5）试验结果

全桥气弹模型试验 14 个工况及对应的颤振检验结果见表 7.2-4。

全桥气弹模型试验工况及对应颤振检验结果　　　　表 7.2-4

编号	工况				颤振检验结果（m/s）			备注
	稳定板	检修轨道	分流板上栏杆	配重	-3°风攻角	0°风攻角	+3°风攻角	
1	无	边缘处	低透风率	无	82.7	94.8	74.50	
2	1.2m 上中央稳定板	无	低透风率	无			78.14	
3	1.2m 上中央稳定板	四分点处	低透风率	无			67.14	
4	1.2m 上中央稳定板	边缘处	低透风率	无			75.65	
5	1.2m 上中央稳定板 1.2m 下中央稳定板	无	低透风率	无			74.62	
6	1.2m 上中央稳定板 1.2m 下中央稳定板	四分点处	低透风率	无			65.50	
7	1.2m 上中央稳定板 1.2m 下中央稳定板	边缘处	低透风率	无			71.25	
8	1.2m 上中央稳定板	边缘处	低透风率	边缘加			67.29	
9	1.2m 上中央稳定板	边缘处	低透风率	中间加			66.40	
10	1.6m 上中央稳定板	边缘处	低透风率	无			78.43	
11	1.6m 上中央稳定板	边缘处	去掉	无			89.86	
12	1.2m 上中央稳定板	边缘处	去掉	无			89.72	
13	1.2m 上中央稳定板	边缘处	高透风率	无	>95.00	88.55	89.72	通过
14	无	边缘处	高透风率	无	90.75	95.14	88.11	通过

分析试验结果可知，当分流板上栏杆采用95%高透风率时，对颤振性能的改善效果明显，加或不加 1.2m 上中央稳定板均能通过颤振检验。主梁颤振临界风速最小为 88.11m/s，高于颤振检验风速（83.7m/s）。

抖振试验表明：在设计基准风速下，风偏角为 0°时，最大侧向位移均值为 2.75m，最大竖向位移均值为 0.375m，最大扭转位移均值为 0.22°；风偏角为 5°时，最大侧向位移均值为 2.60m，最大竖向位移均值为 0.75m；最大扭转位移均值为 0.25°。

7.2.5 桥塔自立状态模型试验

7.2.5.1 桥塔气弹模型试验相似理论

1) 相似理论

桥塔气弹模型的两个关键相似比为几何缩尺比和风速比。气弹模型风洞试验的桥塔高度一般都较大，因此几何缩尺比主要取决于桥塔实际高度和风洞试验段高度。同时，确定的缩尺比还应保证阻塞率小于 5%。

桥塔自立状态下的气弹模型试验，主要关心风致涡激共振和驰振的试验准确性。考虑到风洞在低风速下不容易维稳、低风速下风速相对误差较大的实际条件，在桥塔自立试验中往往采用较大的风速比。习惯上把考虑弗劳德数相似性的桥塔模型当成常刚度模型，把大风速比对应的桥塔模型当成大刚度模型。

2) 基本原则

由于桥塔自立试验需要研究多个风偏角工况，一般将模型安装在试验段的可控制转动的圆盘上；同时为了保证激光位移计的随动性，通过支架将位移计架设在圆盘上。此时需要注意的是，由于支架一般较为纤细而刚度不足，激光位移计会在风的作用下轻微振动从而干扰信号。为了克服这个问题，使用钢丝加固测振支架。

由于桥塔一阶自振频率较低，涡振更容易发生在低风速区间，因此在低风速时应采用小步距风速增量进行试验。

在试验过程中，应注意在任何风偏角工况下，安装位移计的支架都在模型来流方向的侧后方，以防止支架产生的扰流干扰试验结果。

7.2.5.2 桥塔气弹模型试验

1) 模型设计

根据风洞的实际条件，取几何缩尺比为 1:135。为保证涡振性能检验的效果，取风速比为 1:3。

模型由钢骨架、硬质泡沫塑料外衣和配重构成。桥塔气动弹性模型的刚度完全由钢骨架提供，俗称"芯棒"。外衣采用硬质泡沫塑料经电脑雕刻后手工粘接而成。

2) 模型安装

桥塔气弹模型试验在同济大学 TJ-2 号风洞完成，将模型安装在风洞试验段来流方向约 4/5 处的可控制转盘上（图 7.2-21）。

3) 涡振试验工况

涡振及驰振主要在均匀流中检验。定义风向角沿顺桥向为 0°，每隔 15°设置一个工况。

如在某个风偏角工况下发现有涡振或驰振发生,应对该风偏角±5°工况下的涡振或驰振性能进行研究。

图 7.2-21　桥塔气弹模型安装示意图

4)抖振试验工况

抖振试验工况主要在紊流场中进行(图7.2-22)。根据风偏角的不同,抖振试验形成7个工况,与涡振及驰振检验的风偏角工况一致。

图 7.2-22　风洞类流场示意图

5)试验结果

(1)涡振检验结果

所有风偏角工况下,塔顶最大涡振位移不超过90mm,塔顶最大涡振位移与塔高的比值不超过1/3000,证明桥塔抵抗涡振的性能良好。

(2)抖振检验结果

在均匀流和自然来流紊流条件,均无大幅风致抖振现象,桥塔自立状态满足施工期抗风性能要求。

7.2.6 风障设置建议

桥位处属强风多发区,桥位大风将对未来桥梁运营期的行车安全产生重要影响。如何采取有效措施保障大桥在有风情况下的通行安全,提高桥梁运营效率,是该桥建设和运营管理必须解决的问题。利用数值风洞技术对推荐的4m梁高方案桥面风环境的分布规律进行分析,为桥面行车安全评估提供环境风速数据。

7.2.6.1 风环境研究

将正交来流45m/s及58m/s作为桥面风环境。桥面以上10m范围为风速监测位置,采用正交均匀来流作为来流入口边界条件,按照来流方向,从左到右依次定义为车道1、车道2、车道3、车道4、车道5、车道6、车道7、车道8。桥面附近流场显示见图7.2-23。桥梁横截面各车道风速分布曲线见图7.2-24。

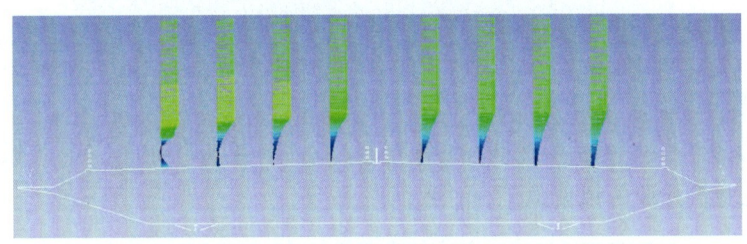

图7.2-23 桥面附近流场显示

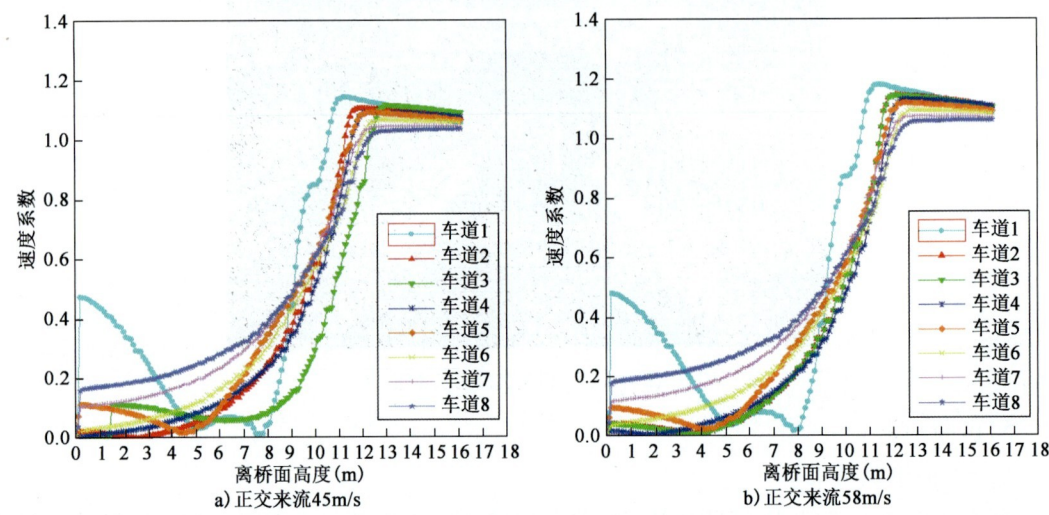

图7.2-24 桥梁横截面各车道风速分布曲线

7.2.6.2 主要结论

由于桥面以上风速的大小随着离开桥面的距离而变化,变化规律也因主梁断面和桥面系构件的不同而不同。为了比较来流风速和桥面不同高度位置风速的对应关系,并且衡量桥面以上一定范围内侧向风速的大小,根据总风压相等的原则定义了等效桥面风速和影响系数。

一般情况下,由于桥梁和桥面系构件的影响,桥面等效风速会小于基准高度风速。即桥梁和桥面系构件具有遮挡作用,使得桥面以上一定高度范围内的总风压小于桥梁上游来流的总风压,因此将桥面等效风速和实际来流的比值定义为影响系数。

正交来流为 45m/s 情况下:

①桥面 10m 高度范围车道位置影响系数:车道 1 为 0.345,车道 8 为 0.356。

②桥面 3m 高度范围车道位置影响系数:车道 1 为 0.297,车道 8 为 0.137。

正交来流为 58m/s 情况下:

①桥面 10m 高度范围车道位置影响系数:车道 1 为 0.491,车道 8 为 0.465。

②桥面 3m 高度范围车道位置影响系数:车道 1 为 0.386,车道 8 为 0.191。

桥面 10m 高度范围各车道位置影响系数大于桥面 3m 高度范围。桥面不同位置处的风速影响系数均较低。

结合 80m 高度 10 级大风风向玫瑰图(图 7.2-25),可知全年主导强风风向主要集中在东偏南 45°~东偏北 45°范围和西向,侧风效应显著减弱。考虑风向效应会明显改善桥面行车风环境安全性,有鉴于此,建议无须设置风障。

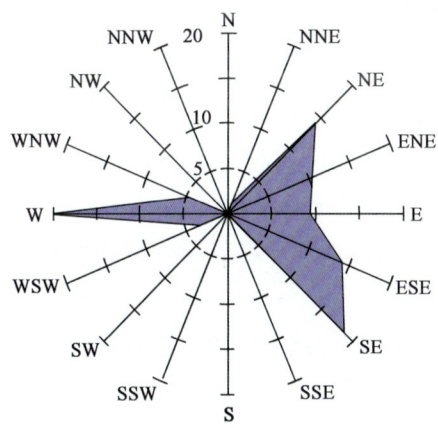

图 7.2-25 80m 高度 10 级大风风向玫瑰图

7.3 钢箱梁正交异性钢桥面研究

正交异性钢桥面板具有自重轻、承载力高、适用范围广等突出优点,在桥梁工程中的应用日益广泛。深中通道伶仃洋大桥、中山大桥、泄洪区非通航孔桥均采用正交异性钢桥面板的钢箱梁方案。但正交异性钢桥面板疲劳问题突出,主要表现为在实际使用年限远低于设计寿命的条件下,桥面板多个疲劳易损部位发生疲劳开裂等。

本项目具有交通量特别大、重载货车比例高两大突出特点,对正交异性钢桥面板的疲劳性能提出了更高的要求。通过系统研究,显著提升正交异性钢桥面板的疲劳性能,是确保深中通道项目桥梁高质量建设和长寿命服役的基本前提。

本专题通过抗疲劳设计方法、先进制造技术和新型构造细节的引入,提出高性能正交异性钢桥面板结构,有效控制加工制造初始缺陷对疲劳性能的不利影响,全面提升结构体系的疲劳性能。在此基础上,通过理论和模型试验研究,确定高性能正交异性钢桥面板的疲劳开裂模式、疲劳性能、关键影响因素和效应,发展高性能正交异性钢桥面板关键技术,提高钢桥的服役质量,提升其全寿命周期的安全性、耐久性和经济性。

本节主要摘自西南交通大学完成的《深圳至中山跨江通道正交异性钢桥面板合理构造、制造工艺及疲劳性能研究结题报告》(2020年1月)。

7.3.1 正交异性钢桥面板合理设计参数

对在役钢桥疲劳病害的调研表明,出现疲劳裂纹的典型部位主要包括:横隔板弧形开口部位;横隔板与纵肋交叉构造细节;纵肋与顶板焊接细节。因此,主要针对以上细节开展研究。

根据深中通道项目对于正交异性钢桥面板疲劳性能的需求,结合国内外正交异性钢桥面板抗疲劳设计的最新研究成果,建立有限元数值模型,探究桥面板厚度、横隔板厚度及其间距、纵肋几何尺寸等结构体系设计参数对于正交异性钢桥面板关键疲劳易损细节疲劳性能的影响规律,为显著提升深中通道项目正交异性钢桥面板的疲劳性能提供依据。

7.3.1.1 隔板开孔设计方案

基于正交异性钢桥面板的疲劳问题属于构造细节层面和结构体系层面的多尺度问题的本质特性,进行钢桥面板合理构造研究时,首先从构造细节层面确定纵肋与横隔板交叉构造细节的合理开孔形式,在此基础上从结构体系疲劳抗力角度出发,分别研究顶板板厚、横隔板板厚和横隔板间距等结构体系设计参数对疲劳抗力的影响,进而确定合理的结构体系设计参数。

合理的开孔形式可以降低局部应力集中程度、减小装配误差及降低初始缺陷的概率。因此,对深中通道钢箱梁正交异性钢桥面板纵肋与横隔板交叉拟采用的3种开孔形式及港珠澳大桥采用的开孔形式进行系统对比分析,确定合理的开孔形式。

1)开孔方案

(1)方案Ⅰ

纵肋几何参数为:上口宽300mm,下翼缘宽170mm,高280mm,顶板厚18mm,纵肋厚8mm,腹板与下翼缘板之间的内圆弧半径为40mm,开槽口距纵肋底板高度为25mm,见图7.3-1。

(2)方案Ⅱ

纵肋几何参数为:上口宽300mm,下翼缘宽180mm,高300mm,顶板厚18mm,纵肋厚8mm,腹板与下翼缘板之间的内圆弧半径为40mm,开槽口距纵肋底板高度为30mm,见图7.3-2。

(3)方案Ⅲ

纵肋几何参数为:上口宽300mm,下翼缘宽200mm,高300mm,顶板厚18mm,纵肋厚8mm,腹板与下翼缘板之间的内圆弧半径为40mm,开槽口距纵肋底板高度为70mm,见图7.3-3。

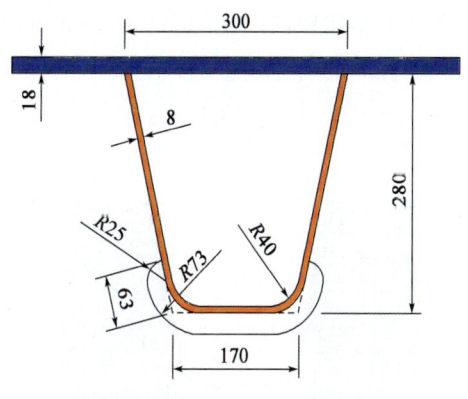

图 7.3-1 方案Ⅰ关键参数(尺寸单位:mm)

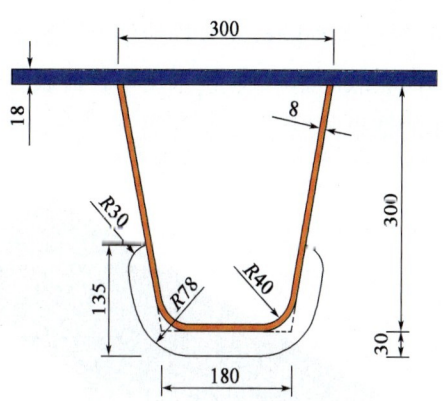

图 7.3-2 方案Ⅱ关键参数(尺寸单位:mm)

(4)方案Ⅳ(港珠澳大桥方案)

纵肋几何参数为:上口宽 300mm,下翼缘宽 180mm,高 300mm,顶板厚 18mm,纵肋厚 8mm,腹板与下翼缘板之间的内圆弧半径为 40mm,开槽口距纵肋底板高度为 25mm,见图 7.3-4。

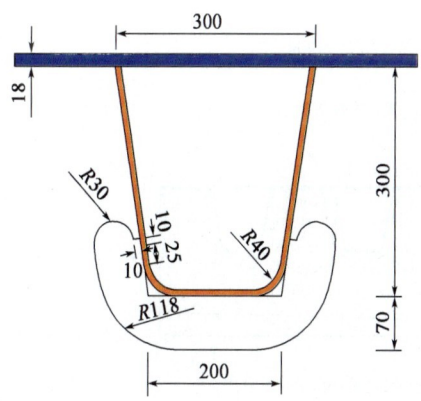

图 7.3-3 方案Ⅲ关键参数(尺寸单位:mm)

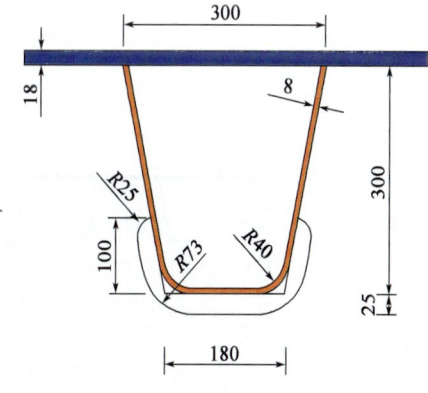

图 7.3-4 方案Ⅳ关键参数(尺寸单位:mm)

2)有限元模型分析

(1)模型建立

采用有限元软件对纵肋与横隔板交叉构造细节疲劳性能进行有限元分析。横隔板间距为 3.2m,取 3 个横隔板,纵肋和顶板在边横隔板位置向外延伸 0.5m。有限元模型示意见图 7.3-5。

(2)荷载选取

疲劳荷载采用《公路钢结构桥梁设计规范》(JTG D64—2015)中的标准疲劳车模型Ⅲ,单

轮荷载 P 为60kN,轮载作用面积为200mm×600mm。钢桥面板受力特点决定纵肋与顶板焊接细节、纵肋与横隔板交叉构造细节影响线较短,且标准疲劳车轮横向间距为2.0m,因此可以忽略横向轮载的影响效应,采用单轮荷载进行各关注细节的加载,再通过影响线叠加得到标准疲劳车的结果。

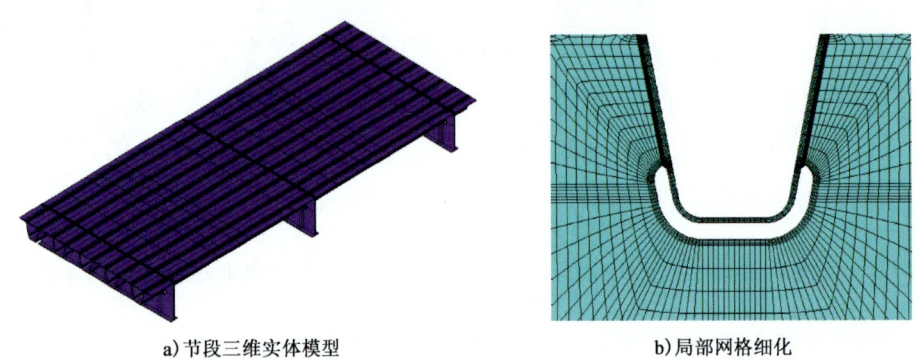

a) 节段三维实体模型　　　　　　　　　b) 局部网格细化

图7.3-5　有限元模型

选取横向3种典型工况进行加载,即纵肋正上方加载(工况一)、跨纵肋腹板加载(工况二)、两纵肋间加载(工况三),见图7.3-6。

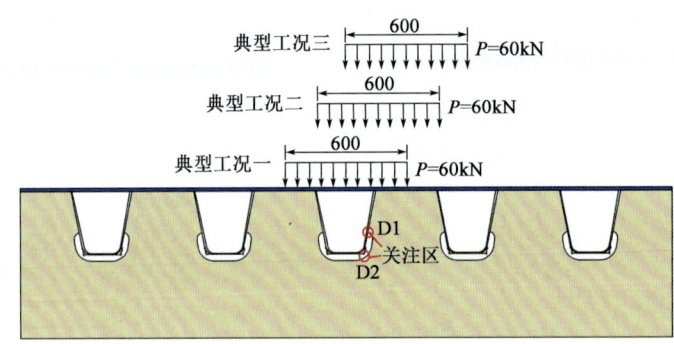

图7.3-6　横向轮载加载示意图(尺寸单位:mm)

在纵向采用单轮进行移动加载,以车轮中心线在边横隔板正上方为起点向中横隔板方向移动,步长为0.20mm,共移动6.4m,见图7.3-7。

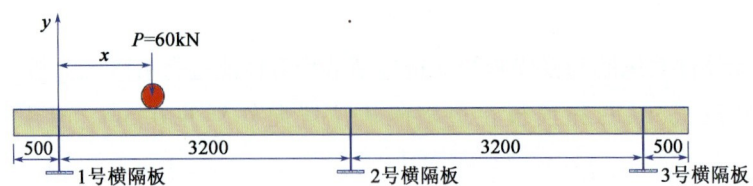

图7.3-7　纵向轮载加载示意图(尺寸单位:mm)

(3)计算结果分析

纵肋与横隔板交叉构造细节最易损伤的为图 7.3-6 所示 D1、D2 处,其中 D1 为纵肋与横隔板交叉焊缝下端包角焊焊趾,提取距焊趾 4mm 位置的主应力。D2 为横隔板弧形开口部位,提取弧形开孔自由边的主应力。

4 种开孔方案在实际工程中均有使用,从表 7.3-1 看出,没有一种孔型可以实现细节 D1 及细节 D2 主拉应力均为最小。

不同开孔方案典型疲劳易损细节最大主拉应力(单位:MPa)   表 7.3-1

细节类别	方 案 Ⅰ	方 案 Ⅱ	方 案 Ⅲ	方 案 Ⅳ
D1	39.57	41.67	32.27	41.28
D2	44.56	36.54	47.98	36.75

7.3.1.2　钢桥面板结构体系合理构造参数

1)顶板厚度

工程实践中,正交异性钢桥面板的顶板厚度一般设计为 12~22mm。按照深中通道钢箱梁方案Ⅰ~Ⅲ的横隔板开孔方案,以顶板厚 18mm 为基准,取顶板厚度范围为 16~20mm,研究顶板厚度变化对纵肋与横隔板交叉构造细节 D1 和 D2 疲劳性能的影响,各开孔形式下关注细节应力随顶板厚度变化的曲线如图 7.3-8 所示。

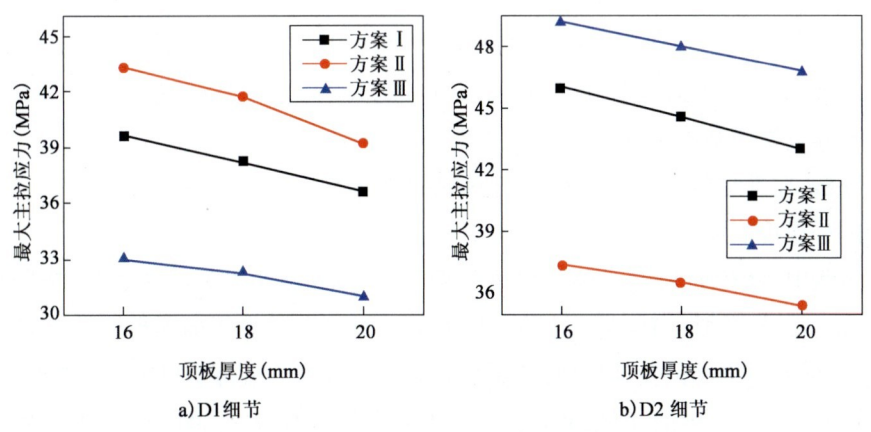

a)D1细节　　　b)D2细节

图 7.3-8　应力随顶板厚度变化图

研究结果表明:随着正交异性钢桥面板顶板厚度的增加,各开孔形式下关注细节 D1 和 D2 的最大主拉应力均呈减小趋势,但减小幅度不一。

导致各关注细节主拉应力显著降低的原因是顶板厚度的增加使得整体钢梁截面的中性轴略有上升;顶板刚度显著增大,有效减小了纵肋面外变形;在正交异性钢桥面板作为主梁体系上翼缘参与主梁受力,顶板厚度增加,分担了纵肋原来承担的部分应力。

总体来讲,顶板厚度的增加对各关注细节均有利,且影响较为显著,在考虑整体经济性的前提下,适当增加顶板的厚度对正交异性钢桥面板的整体抗疲劳性能的提升效果明显。在满足桥梁静力设计要求时,重车道顶板厚度宜按照不小于18mm控制。

2) 纵肋高度

研究纵肋高度变化对细节 D1 和 D2 疲劳性能的影响,取纵肋高度范围为 280~300mm,各开孔形式下关注细节最大主拉应力随纵肋高度变化的曲线如图 7.3-9 所示。

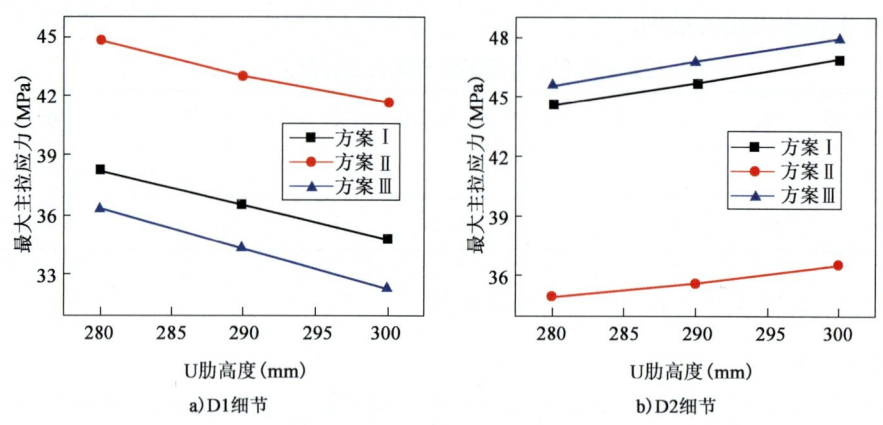

a) D1细节　　　　　　　　b) D2细节

图 7.3-9　应力随纵肋高度变化图

计算结果表明:随着正交异性钢桥面板纵肋高度的增大,各开孔形式下关注细节 D1 最大主拉应力呈减小趋势,D2 最大主拉应力呈略微增加趋势。

随着纵肋高度增大,主梁整体中性轴向上偏移,导致关注细节 D1 疲劳易损部位主拉应力下降较快。而对于关注细节 D2,纵肋高度的增加使得主拉应力略有增加,考虑到整体经济性、工厂焊接及现场安装变形控制精度的要求,纵肋高度不宜过低。纵肋高度变化对纵肋与顶板焊接细节各开裂模式基本没有影响。

综上分析,在满足静力设计要求时,建议纵肋高度不小于280mm。

3) 横隔板厚度和间距

工程实践中,钢桥面板的横隔板厚度一般为 8~16mm。相关研究表明,横隔板厚度从8mm 增至16mm,关注细节 D1 最大主应力增大了3.5%,这是由于横隔板厚度增加,自身刚度提高,增强了横肋对纵肋的支撑作用,从而增大了该构造细节端部焊趾处的主拉应力;对于关注细节 D2,随着横隔板厚度的变化,最大主拉应力降幅约为21.7%,横隔板厚度增大,刚度显著增大,从而面外变形减小,横隔板开孔自由边的主拉应力减小。

工程实践中,钢桥面板的横隔板间距一般为 2~4m。以隔板间距 3.2m 为基准,取横隔板间距变化范围为 2.5~3.2m,研究横隔板间距变化对关注细节 D1 和 D2 疲劳性能的影响,各开孔形式下关注细节最大主拉应力随横隔板间距变化的曲线如图 7.3-10 所示。

随着正交异性钢桥面板横隔板间距的增加,各开孔形式下关注细节 D1 和 D2 的最大主拉应力均呈现增大趋势,但增幅不大。

导致纵肋与横隔板交叉构造细节各关注部位主拉应力明显增大的原因可能是横隔板

间距的增大使得横隔板跨间的纵肋和顶板竖向变形明显增大,此处纵肋的面外变形将使其主拉应力显著增大;另外,横隔板间距增大后,会导致横隔板产生较大的面外变形,致使和横隔板相关的疲劳易损部位的主拉应力增大。关注细节主拉应力随横隔板间距增大而增大,且纵肋与横隔板交叉构造细节受横隔板间距影响较大,因此横隔板间距不应太大。

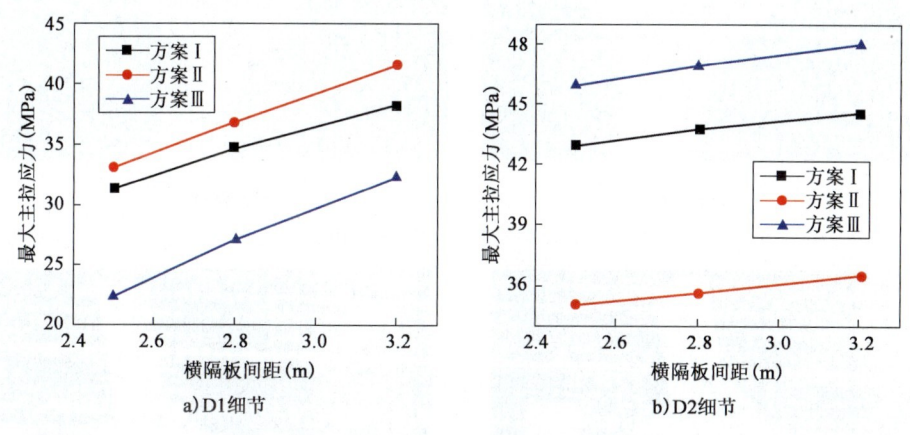

图 7.3-10 应力随横隔板间距变化图

综上分析,在满足桥梁静力设计要求时,建议横隔板厚度不小于10mm(其中与纵肋连接部分的厚度不宜小于12mm),横隔板间距不大于3200mm。

7.3.2 双面焊制造工艺

正交异性钢桥面板纵肋与顶板双面焊焊接技术采用专用自动焊接设备在纵肋与顶板内侧焊接一道角焊缝,使得该构造细节由单侧角焊缝变为双面角焊缝,焊缝示意图如图 7.3-11 所示。研究表明:通过引入双面焊构造,正交异性钢桥面板纵肋与顶板焊接细节焊根形成刚域,消除"类裂纹"构造,能够显著降低焊根应力幅,疲劳开裂模式由焊根开裂迁移至焊趾开裂,显著提高该构造细节的疲劳抗力。

双面焊分为部分熔透焊和全熔透焊。为减少纵肋与顶板焊接初始制造缺陷,提高其疲劳抗力,全熔透焊接技术是首选。目前,纵肋与顶板全熔透焊接技术包括双面气体保护焊和双面埋弧焊两种。

7.3.2.1 双面气体保护焊焊接工艺试验

纵肋与顶板焊接细节采用单边 V 形坡口,钝边尺寸为 0.5~1mm,坡口角度为 55°,内焊采用实心焊丝 + 三元混合气工艺,外焊采用金属粉芯药芯焊丝气保焊工艺,在此条件下可以实现该构造细节双面焊全熔透焊接工艺。

随机抽取 21 个宏观酸蚀断面进行分析,仅 1 个试件断面未满足全熔透要求,未熔透尺寸为 1.3mm,如图 7.3-12 所示;其余 20 个试件断面均满足全熔透要求,典型断面如图 7.3-13 所示。在该焊接条件下,全熔透保证率为95%。

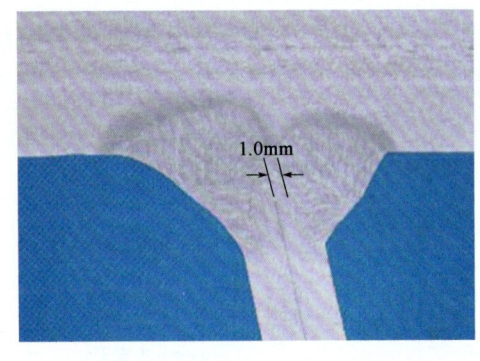

a)部分熔透　　　　　　　　　　　　b)全熔透

图 7.3-11　双面焊焊缝示意图

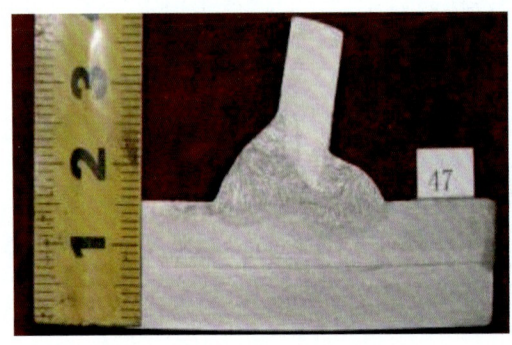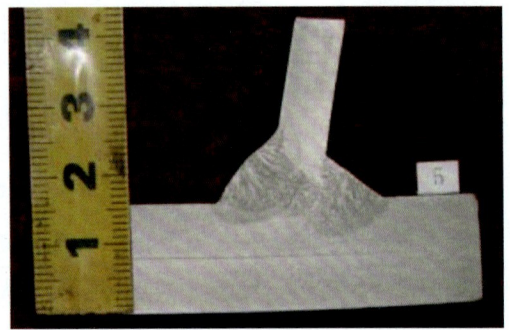

图 7.3-12　未全熔透试件断面　　　　　　图 7.3-13　全熔透试件断面

7.3.2.2　双面埋弧焊焊接工艺试验

双面埋弧焊全熔透焊接工艺有:①内侧焊缝平位焊+外侧焊缝船位焊,实现外侧焊缝焊趾平滑过渡,减小局部应力集中程度,焊缝成形断面如图7.3-14a)所示;②在平位置工位下内侧焊缝和外侧焊缝同步焊接,实现纵肋与顶板焊接细节双面全熔透成形,焊缝成形断面如图7.3-14b)所示。

根据工艺试验结论,对于采用内平位外船位双面焊焊接工艺,纵肋坡口角度为50°,钝边5mm,根据焊丝采用相应焊接参数。焊缝边缘熔合良好,焊趾部位过渡平滑,局部应力集中程度低,焊接过程无焊穿现象,焊缝成形质量高。

对于采用平位双面埋弧焊焊接工艺,纵肋坡口角度为40°,钝边5mm,根据焊丝采用相应焊接参数。焊缝熔深满足全熔透要求,焊缝成形质量良好。

7.3.2.3　焊接细节初始裂纹电镜扫描分析

纵肋与顶板连接焊缝的疲劳开裂是对正交异性钢桥面板危害最为严重的构造细节,该部位的疲劳裂纹涵盖以焊趾和焊根为疲劳裂纹源,分别向顶板、纵肋腹板和焊缝内部扩展的4种疲劳开裂模式。单面焊及双面焊潜在的疲劳裂缝模式示意见图7.3-15。

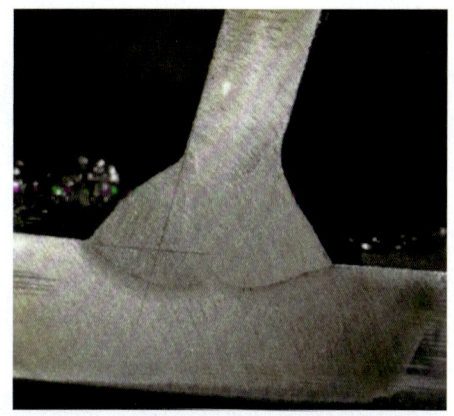
a) 内平位外船位焊接工艺焊缝成形

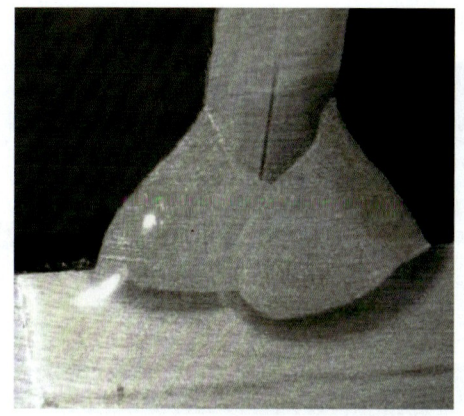
b) 平位双面同步焊接工艺焊缝成形

图 7.3-14　双面埋弧焊全熔透焊接工艺焊缝成形断面

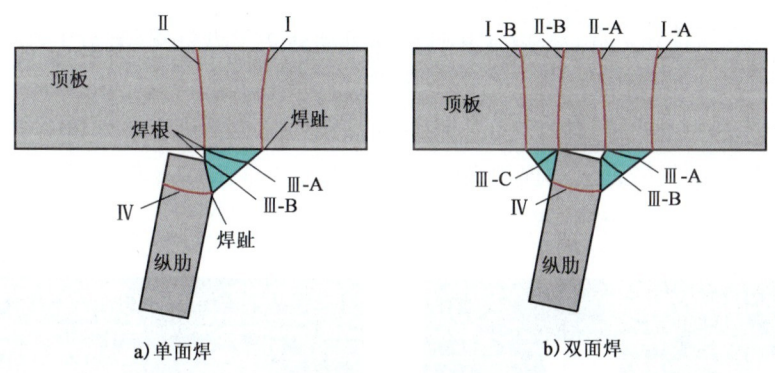

a) 单面焊　　　　　　　　　　b) 双面焊

图 7.3-15　疲劳裂缝模式示意图

1）单面焊

为提高该构造细节的抗疲劳性能,钢桥面板纵肋与顶板焊接细节单面焊未熔透深度不超过 2mm。理论和试验研究表明:保证焊缝熔透率和焊缝焊喉深度能够有效地控制第Ⅲ类疲劳开裂模式。起裂于顶板焊趾和焊根并向顶板厚度方向扩展的疲劳开裂模式Ⅰ和Ⅱ未得到有效的控制,其中模式Ⅱ是控制该构造细节疲劳性能的主导疲劳开裂模式。此两类疲劳裂纹一旦被发现,往往已经贯穿顶板,导致桥面板局部刚度降低,造成桥面铺装开裂和钢箱梁腐蚀等多种次生效应。因此,使用扫描电子显微镜观测传统单面焊构造细节微裂纹时,主要关注顶板焊根的局部 0.5mm 区域。从 50 个试样中随机选取 6 个进行观测,传统单面坡口焊易在焊根位置产生烧穿、夹渣和微裂纹等初始制造缺陷,微裂纹长度约为 95～326μm。典型单面焊初始裂纹扫描电子显微镜观察照片见图 7.3-16。

2）双面焊

双面焊的主要疲劳开裂模式是裂纹萌生于顶板焊趾、沿顶板厚度方向扩展。因此,使用扫描电子显微镜观察焊接细节初始制造缺陷时,主要关注顶板内侧焊趾和顶板外侧焊趾局部0.5mm区域与焊根未熔合情况。

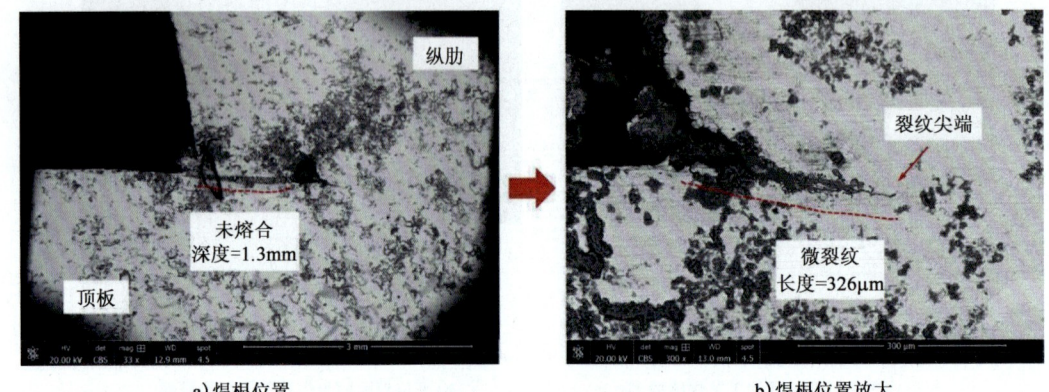

图 7.3-16　典型单面焊初始裂纹扫描电子显微镜观察照片

(1) 双面气体保护焊

对于平位双面气体保护焊,从50个试样中随机选取5个进行观测;对于内平位外船位双面焊气体保护焊,从50个试样中随机选取5个进行观测。

研究发现,双面气体保护焊内侧焊趾和外侧焊趾的微裂纹长度约为20～200μm,明显小于单面焊焊根缺陷尺寸;双面气体保护焊的10组试样中有3组焊根未熔合。典型双面气体保护焊初始裂纹扫描电子显微镜观察照片见图7.3-17。

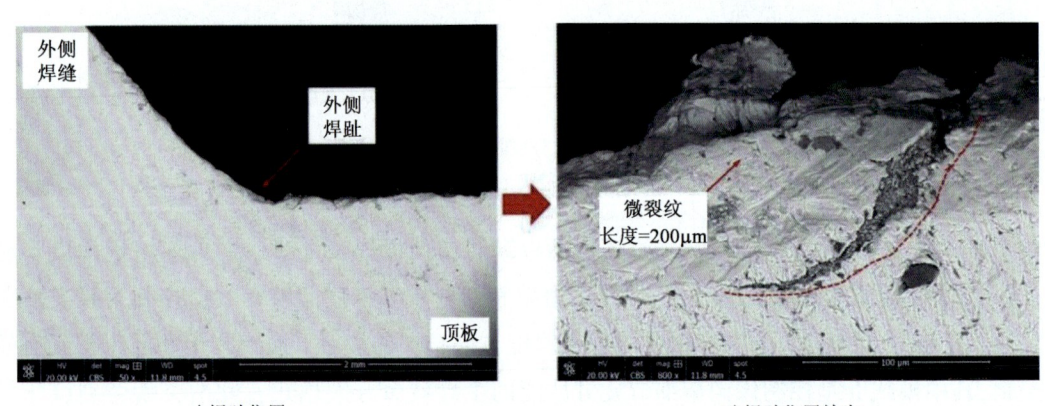

图 7.3-17　典型双面气体保护焊初始裂纹扫描电子显微镜观察照片

(2) 双面埋弧焊

从50个试样中随机选取5个进行观测。双面埋弧焊内侧焊趾和外侧焊趾没有明显微裂纹(长度约为3μm),但焊趾处存在缺口尖端和凹槽,顶板焊根未发现未熔合现象。典型双面埋弧焊初始裂纹扫描电子显微镜观察照片见图7.3-18。

(3) 主要结论

根据上述研究成果,建议深中通道钢桥面板纵肋与顶板焊接细节采用双面埋弧焊全熔透的制造工艺,并严格控制该构造细节焊趾的焊接质量。

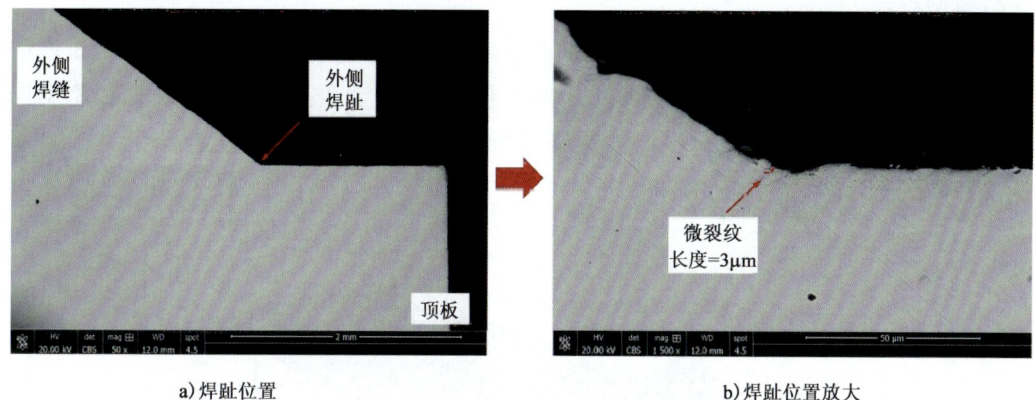

a) 焊趾位置　　　　　　　　　b) 焊趾位置放大

图 7.3-18　典型双面埋弧焊初始裂纹扫描电子显微镜观察照片

7.3.3　疲劳模型试验研究

模型试验与理论研究相结合是进行钢桥面板疲劳性能研究的有效途径。然而,试验模型设计和加载方案设计不同,可能导致完全不同的疲劳开裂模式和疲劳抗力试验结果。合理的试验模型设计和加载方案设计是研究的基础和关键。

针对纵肋与顶板焊接细节新型双面焊的疲劳性能进行试验研究并对试验结果进行疲劳评估,主要内容有:

①通过对钢桥面板既有疲劳试验进行总结和归纳,设计足尺节段试验模型,研究纵肋与顶板新型双面焊的疲劳性能并确定试验加载测试方案。

②对 9 个足尺节段试验模型进行加载,确定纵肋与顶板焊接细节传统单面焊、部分熔透双面焊和全熔透双面焊的疲劳开裂模式及其疲劳抗力。

③对纵肋与横隔板新型交叉构造细节、纵肋与顶板焊接细节在横隔板处的残余应力分布特征进行模拟,并与疲劳荷载进行叠加,揭示钢桥面板构造细节在压-压循环作用下的疲劳开裂机理。

7.3.3.1　试验模型设计与制造

1) 基本原则

模型应能够较为准确地反映实际结构的主要力学特征,试验模型中的部分次要影响因素可忽略。试件的尺寸一般根据研究目标、试验设备及场地大小综合确定。通常,试验模型的受力特性及其应力分布与实际结构间不可避免地存在一定程度的差异。为控制上述差异,设计试验模型时应遵循如下原则:

①该差异应在可以接受的范围内,不得显著影响试验研究目标的实现。

②模型待研究部位的应力应等于或略大于实际结构的应力,以便得到偏于安全的试验

结果。

2）模型设计

试验模型宽度为2700mm,纵向长度为6000mm,竖向高度为738mm。模型包含3道横隔板和4个纵肋,纵肋面板部分从横隔板中心线外伸500mm,涵盖正交异性钢桥面板两类典型疲劳易损细节,能够更为准确地模拟各待研究疲劳易损部位的实际受力状态。试验模型如图7.3-19所示。

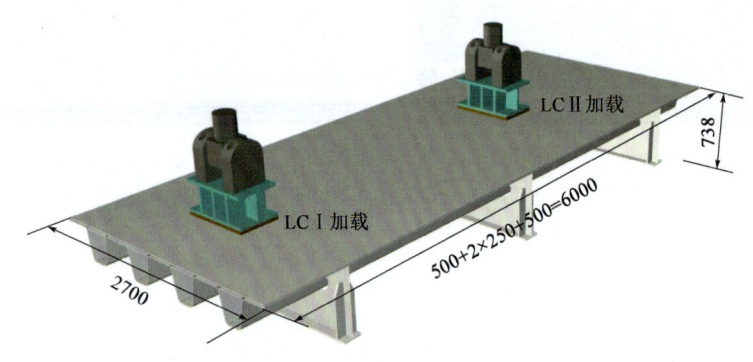

图7.3-19　足尺节段疲劳试验模型(尺寸单位:mm)

模型中各主要板件的厚度均与实桥一致,纵肋形状、布置间距、构造细节及横隔板开孔形式等均与实桥结构一致。

分别针对该细节单面焊(75%熔透率)、双面焊(部分熔透-外侧75%熔透率)及双面焊(全熔透)三种不同的焊接工艺进行疲劳试验,每组工艺分别设计3个试验模型。纵肋与横隔板共有3种交叉构造细节(图7.3-20)。

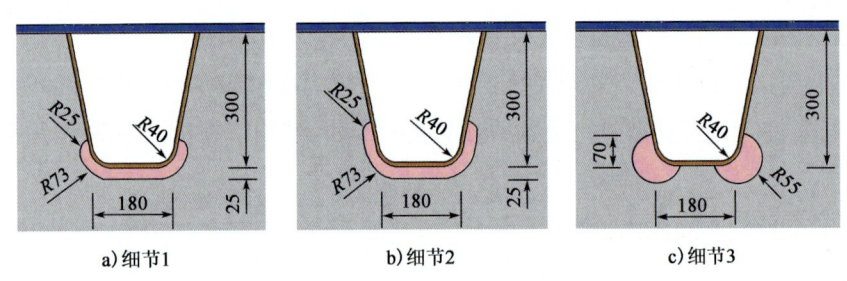

图7.3-20　纵肋与横隔板交叉构造细节(尺寸单位:mm)

模型一:单面焊(75%熔透率)＋细节1。

模型二:双面焊(部分熔透-外侧75%熔透率)＋细节2。

模型三:双面焊(全熔透)＋细节3。

7.3.3.2　试验模型加载

疲劳试验在中交第二航务工程局有限公司试验基地开展,采用500kN和1000kN的作动器同时加载 2 个试验模型(图 7.3-21)。采用关键测点主应力或应变变化幅度 10% 作为疲劳开裂判据,在试验过程中采用超声波探伤和声发射探伤进行疲劳裂纹检测和监测。

图 7.3-21　试验模型加载照片

声发射技术在疲劳裂纹探伤和疲劳裂纹监测方面具有显著的特点:①动态无损检测,可以长期连续地在役监测工程结构主要部位缺陷的发展变化,及时提出安全警报,便于实施有效的补救措施;②"被动"探伤,即无须发射探测信号,而是利用传感器监听结构内部发出的声波信息,对服役的工程结构几乎不会造成影响和损伤。

疲劳试验采用静载和动载相结合的方式进行。首先通过一组静载试验确定试件实际的疲劳加载幅值,然后进行疲劳加载。在疲劳加载过程中每间隔一定的荷载循环次数进行一次静载试验以确定试件的实际状态。

7.3.3.3　试验现象

本次试验模型共有 9 个,其中传统单面焊试验模型 3 个、双面焊部分熔透焊试验模型 3 个、双面焊全熔透气保焊 1 个和双面焊全熔透埋弧焊 2 个。所有试验模型加载完成后,结合超声波无损探伤、超声相控阵和疲劳长度观察,确定传统单面焊纵肋与顶板焊接细节的主导疲劳开裂模式为裂纹萌生于焊根且沿顶板厚度方向扩展,双面焊纵肋与顶板焊接细节的主导疲劳开裂模式为裂纹萌生于内侧焊趾且沿顶板厚度方向扩展。

对各试验模型关键测点的应力或应变变化趋势的分析显示,各试验模型出现疲劳开裂后,至少有 1 个测点应力应变率先发生变化,且变化速率最快,通过该测点的应力变化监测结果确定了各试件产生疲劳裂纹时对应的加载次数。为了便于评估疲劳性能,以关键测点应力应变变化幅度 10%(N_{10})为疲劳破坏,各试验模型关键测点应力变化幅度 10% 分别对应的作用次数见表 7.3-2。

试验模型疲劳开裂作用次数 表7.3-2

试件编号	加载次数($\times 10^4$次)	试验描述
单面焊(75%熔透率)-1	280	顶板焊根开裂
单面焊(75%熔透率)-2	280	顶板焊根开裂
单面焊(75%熔透率)-3	400	顶板焊根开裂
双面焊(部分熔透)-1	440	顶板内侧焊趾开裂
双面焊(部分熔透)-2	700	顶板内侧焊趾开裂
双面焊(部分熔透)-3	740	顶板内侧焊趾开裂
双面焊(全熔透)-1	330	顶板内侧焊趾开裂
双面焊(全熔透)-2	435	顶板内侧焊趾开裂
双面焊(全熔透)-3	1000	未开裂,试验终止

7.3.3.4 主要试验结论

通过9组足尺试验模型研究,新型双面焊构造细节使顶板与纵肋焊接细节形成刚域,消除传统单面焊"类裂纹"构造,使疲劳开裂模式由焊根开裂变为焊趾开裂,疲劳寿命显著提高。本次试验研究结果表明:纵肋与顶板焊接细节新型双面焊的疲劳寿命及疲劳强度明显高于传统单面焊;气体保护焊焊接工艺下,双面全熔透与75%部分熔透的疲劳强度基本一致;其中,有1个双面埋弧全熔透试验模型的疲劳强度(约152.4MPa)比双面气体保护焊的疲劳强度(112.1~124.8MPa)高约30%。双面焊全熔透可以消除焊根开裂的风险,建议深圳至中山跨江通道正交异性钢桥面板纵肋与顶板焊接细节采用双面埋弧全熔透焊接工艺。

1)纵肋与顶板焊接细节疲劳试验结果

①单面焊试件疲劳裂纹在顶板焊根萌生并沿顶板厚度方向扩展,双面焊试件疲劳裂纹在顶板内侧焊趾处萌生并沿顶板厚度方向扩展。

②采用《公路钢结构桥梁设计规范》(JTG D64—2015)对各疲劳开裂模式的疲劳强度进行评估,单面焊焊根开裂模式的疲劳强度基本位于90类细节至100类细节之间(等效200万次的疲劳强度为90.4~98.7MPa)。

③双面气体保护焊内侧焊趾的疲劳强度基本位于110类细节至125类细节之间(等效200万次的疲劳强度为112.1~124.8MPa)。

④全熔透(埋弧焊)内侧焊趾的疲劳强度基本大于125类细节(等效200万次的疲劳强度为123.2~152.4MPa)。

⑤双面焊顶板内侧焊趾开裂模式的疲劳强度明显高于单面焊焊根开裂模式的疲劳强度;全熔透(埋弧焊)顶板内侧焊趾开裂模式的疲劳强度高于双面焊(气体保护焊)内侧焊趾开裂模式的疲劳强度。

2)纵肋与横隔板交叉构造细节试验结果

①纵肋与横隔板构造细节3的疲劳开裂模式为疲劳裂纹起裂于横隔板与纵肋底板连接焊缝,与传统孔型的疲劳开裂模式显著不同。疲劳裂纹开裂位置多位于受压区,表明该构造细节在压-压循环状态下也会发生疲劳开裂,其主要原因为焊接顺序导致其产生较大的残余拉应力,但裂纹出现以后,残余应力快速释放使得其疲劳裂纹扩展速率较慢。

②纵肋与横隔板交叉构造细节焊趾端部的制造质量对疲劳寿命具有显著的影响,相同荷载作用条件下,焊趾端部凹槽直接导致疲劳寿命降低50%。制造时,必须严格控制该构造细节焊趾端部的焊接质量。

7.4 东、西人工岛结构断面物理模型试验

本节摘自交通运输部天津水运工程科学研究所完成的《深圳至中山跨江通道项目东、西人工岛波浪断面物理模型试验报告》(2016年11月)。

7.4.1 试验目的

通过波浪断面物理模型试验,验证在设计波高作用下,西人工岛岛壁结构顶高程的合理性,以及胸墙、护面块体、抛石棱体的稳定性,并提出优化建议方案,为西人工岛设计提供科学支撑。

7.4.2 试验设备

试验在交通运输部天津水运工程科学研究所水工厅风浪流水槽中进行。水槽长68m,宽1.0m,高1.5m。水槽顶部安装半圆形风罩,尾端安装变频轴流风机,用于风的模拟(图7.4-1),最大造风能力为14m/s。造波机为电机伺服驱动推板吸收式造波机,可以产生规则波与不规则波。造波能力为:最大造波水深1.0m,波高0~35cm,周期0.5~5.0s。

图7.4-1 风浪流水槽

7.4.3 模型设计与制作

模型按重力相似准则设计,结构断面尺寸满足几何相似,模型几何缩尺比为1∶25。模型混凝土挡浪墙以及扶壁结构采用混凝土预制,几何尺寸偏差控制在±1%,且不超过±5mm,质量偏差控制在±3%。模型中各种块石按重力比尺挑选,质量偏差控制在±5%以内。扭王字块采用原子灰加铁粉配制,重量偏差与几何尺寸误差均满足《波浪模型试验规程》(JTJ/T 234—2018)的要求。制作完成的模型见图7.4-2。

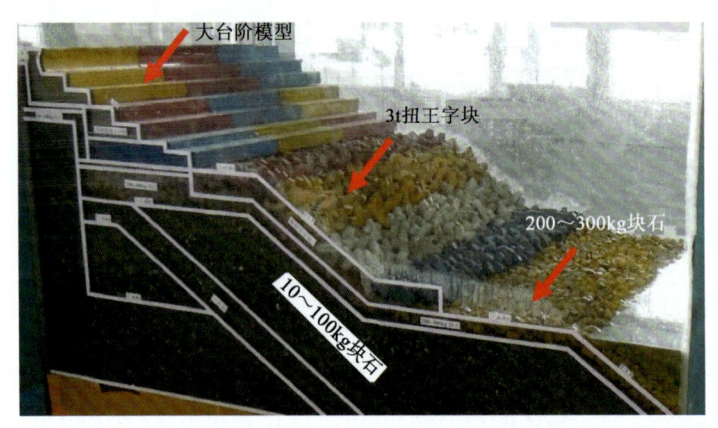

图7.4-2 制作完成的模型(西人工岛)

7.4.4 试验方法

7.4.4.1 波浪模拟

采用不规则波进行试验,用JONSWAP谱模拟。波能谱总能量的允许偏差为±10%。峰频模拟值的允许偏差为±5%。在谱密度大于或等于0.5倍谱密度峰值的范围内,谱密度分布的允许偏差为±15%。有效波高、有效波周期或谱峰周期的允许偏差为±5%。模拟的波列中,1%累积频率波高、有效波高与平均波高比值的允许偏差为±15%。

7.4.4.2 风的模拟

采用轴流风机组在交流电机的驱动下旋转并产生风。采用定常风。所谓定常风是指风速恒定不变的风。

7.4.5 试验成果与分析

7.4.5.1 西人工岛越浪量试验

1) 堤顶高程为+8.0m

分别进行了大台阶、小台阶方案越浪试验(图7.4-3)。

a) 大台阶

b) 小台阶

图 7.4-3　西人工岛断面模型试验

(1) 大台阶断面

在给定的波浪条件下,进行了加风和未加风波浪作用下大台阶方案越浪试验,得出堤顶越浪量,具体见表 7.4-1。

加风和未加风波浪作用下大台阶方案堤顶越浪量　　　　表 7.4-1

波高重现期(年)	水位(m)	波向	越浪量 [$10^{-3} m^3/(m \cdot s)$]		允许越浪量 [$10^{-3} m^3/(m \cdot s)$]
			未加风	加风	
300	3.61	E	19.55	31.22	≤15
		S	11.14	22.49	
		WSW	2.07	8.25	
100	3.34	SE	5.10	10.95	≤5
		S	3.43	9.79	
		WSW	0.67	2.39	
10	2.85	SW	0.36	1.49	≤0.03
		W	0.00	0.00	

台阶形状的堤顶,加风后越浪量普遍增加,与台阶碰撞破碎的水花在风的作用下大量越堤,重现期 10 年工况越浪量增加比例最大,达到不加风工况的 5 倍,其他重现期工况越浪量也增加 2~3 倍。

重现期 10 年加风和未加风情况,W 向浪作用下越浪量均满足标准要求;在 SW 向浪作用下则均不满足。

重现期 100 年未加风情况,仅 SE 向浪作用下越浪量略大于允许的标准值,其余均满足;但加风后,SE 和 S 向浪作用下均超标,最大达到允许标准的 2 倍。

重现期 300 年未加风情况,仅 E 向浪作用下越浪量大于允许的标准值,其余均满足;但加风后,E 和 S 向浪作用下均超标,最大达到允许标准的 2 倍。

(2) 小台阶断面

将小台阶和大台阶方案所测的越浪量进行对比(表 7.4-2)可知,小台阶方案越浪量均大于大台阶方案。通过试验观测也发现,堤前波浪更容易通过小台阶爬上堤顶而产生越浪。

不同水位波浪作用下越浪量比较(未加风)　　表 7.4-2

波高重现期(年)	水位(m)	波向	越浪量[$10^{-3}m^3/(m \cdot s)$]		允许越浪量[$10^{-3}m^3/(m \cdot s)$]
			小台阶方案	大台阶方案	
300	3.61	E	60.36	19.55	≤15
		S	24.68	11.14	
		WSW	14.85	2.07	
100	3.34	SE	13.74	5.10	≤5
		S	10.17	3.43	
		WSW	3.08	0.67	
10	2.85	SW	0.52	0.36	≤0.03
		W	0.00	0.00	

重现期 10 年,W 向浪作用下,越浪量满足标准要求;SW 向浪作用下不满足。

重现期 100 年、300 年,仅 WSW 向浪作用下越浪量满足允许的标准值,其他两个方向波浪作用下均超标,且超出允许值的 2 倍。

2)堤顶高程为 8.5m

将大台阶断面堤顶加高至 8.5m 后,除重现期 300 年的 E 向浪作用下堤顶越浪量略大于标准值外,其余均满足要求。

3)堤顶高程继续加高

将大台阶断面堤顶加高至 9.0m 时,得到的越浪量又比允许的标准值小很多,为了得到接近标准越浪量的临界堤顶高程,在 8.5m 的基础上,采取每次 10cm 逐级增加方式进行优化。

通过上述优化不同堤顶高程与越浪量结果测定,得出了西人工岛不同岸线满足越浪量要求的高程分布情况,具体见表 7.4-3。

不同岸线满足越浪量要求的岸线高程分布　　表 7.4-3

岸线位置	波向	波高重现期(年)	水位	满足越浪量要求的顶高程(m)
AB	S	300	300 年极高	8.0
	S	100	100 年极高	8.0
	SW	10	10 年极高	8.5
BC	E	300	300 年极高	8.8
	SE	100	100 年极高	8.5
	SE	10	10 年极高	8.5
CD、DE	NNW	300	300 年极高	8.8
	NNW	100	100 年极高	8.0
	NNW	10	10 年极高	8.5
EA	WSW	300	300 年极高	8.0
	WSW	100	100 年极高	8.0
	W	10	10 年极高	8.0

根据上述越浪结果,初步确定堤顶高程为 8.8m。

4)考虑海平面上升

考虑海平面上升 0.5m,对大台阶堤顶高程加至 +9.0m 方案进行越浪量试验,波要素根据水深相应改变。结果见表 7.4-4。

波浪作用下(+9m 高程)越浪量试验结果　　　　　表 7.4-4

波高重现期(年)	水位	波向	越浪量 $[10^{-3} m^3/(m \cdot s)]$	越浪判定	允许越浪量 $[10^{-3} m^3/(m \cdot s)]$
1000	重现期 1000 年极高水位 +0.5m	SE	17.77	未给出标准	未给出标准
		E	7.46		
		NNW	7.03		
		S	17.65		
300	重现期 300 年极高水位 +0.5m	S	6.38	小于允许标准,满足要求	≤15
		E	8.03		
		NNW	5.78		
100	重现期 100 年极高水位 +0.5m	S	2.10	小于允许标准,满足要求	≤5
			2.41		
		SE	0.00		
		N	0.00		
		SW	1.23		
10	重现期 10 年极高水位 +0.5m	S	0.00	小于允许标准,满足要求	≤0.03
		SE	0.00		
		NNW	0.00		
		SW	0.00		

由上表可知,9.0m 高程越浪量最大为 $17.77 \times 10^{-3} m^3/(m \cdot s)$,出现在重现期 1000 年 SE 向波浪作用下;在给定允许越浪量的重现期波浪作用下,均满足要求。推荐堤顶高程为 9.0m。

7.4.5.2　西人工岛稳定性试验

根据大、小台阶的越浪结果,最终选择采用大台阶方案进行稳定性试验。由最低水位开始进行验证。

1)初始断面

在 300 年一遇极低水位 −1.41m、波高 $H_{13\%} = 2.65m$、周期 $T = 6.27s$ 的连续波浪作用下,对于 100~200kg 护底块石,由于其表面水深较大,块石表面整体未发生明显变形,不丧失护面功能,因此判定稳定;对于 200~300kg 护面块石,表面少量块石随波发生往复滚动,连续波浪作用下,块石表面整体未发生明显变形,不丧失护面功能,因此判定稳定;对于 3t 扭王字块,在波浪作用下,海侧坡脚第一排扭王字块有3块滚动,尤其在波谷时,块体被完全被吸出,滚动位移远大于块体本身的宽度,判定其失稳。扭王字块滚落情况见图7.4-4。

图7.4-4 扭王字块滚落情况

2)修改断面1

根据第一排扭王字块失稳的情况,参考以往类似的研究成果,在扭王字块海侧抛填块石增加支撑,抛填块石的厚度为块体高度的一半,宽度为1m。

在300年一遇极低水位-1.41m、波高$H_{13\%}=2.65$m、周期$T=6.27$s的连续波浪作用下,100~200kg护底块石继续保持稳定;200~300kg护面块石少量被带至3t扭王字块表面,个别被波谷吸至斜坡上(图7.4-5),但块石滚落均在200~300kg护面块石的范围之内,统计失稳率为1.26%,满足规范要求,判定稳定。3t扭王字块的第一排因200~300kg块石的支撑作用,在波浪连续作用下,未发现晃动,因此判定稳定。

图7.4-5 200~300kg块石滚落情况

在300年一遇其他水位及波高作用下,护底块石、护面块石及3t扭王字块均稳定。

在1000年一遇极高水位3.84m、波高$H_{13\%}=3.25$m、周期$T=6.94$s的不规则波作用下,波峰时,有5块扭王字块有较大幅度的晃动(块体数量约占总数量的2%),波浪连续作用下虽未产生位移,但考虑其晃动的数量,判定其失稳。断面其他各部均稳定。

3) 修改断面 2

将 3t 扭王字块调整为 4t,将 200～300kg 块石全部调整为 300～400kg,将 -6.0m 高程戗台降低至 -7.0m。

试验现象与 3t 扭王字块护面基本相同,在与台阶连接区域 +1.0m 戗台拐角位置(即波能集中处),发现有 4 块扭王字块晃动,与 3t 扭王字块相比,晃动的幅度明显减小。波浪连续作用下未产生位移,因此判定其临界稳定。

将 4t 扭王字块调整为 5t,坡脚第一排 5t 扭王字块在波峰作用时有 2 块晃动,连续作用下未产生位移,因此判定稳定。

7.4.5.3 东人工岛越浪量试验

1) 抛石堤断面

堤顶设计高程为 +7.0m,不考虑海平面上升,在重现期 300 年、重现期 100 年、重现期 10 年水位对应波浪作用下,堤顶越浪量均小于技术要求所提出的标准,满足要求。考虑海平面上升,重现期 300 年水位对应 S 向浪和 WSW 向浪作用,越浪量大于技术要求所提出的标准。

将设计高程由 7.0m 增加至 7.5m 后进行试验,越浪量均满足要求。

2) 扶壁断面

堤顶设计高程为 +7.0m,不考虑海平面上升,除重现期 10 年水位对应波浪作用下,堤顶越浪量大于技术要求所提出的标准外,其余重现期作用下均满足要求。将设计高程由 7.0m 增加至 7.5m 后进行试验,越浪量均满足要求。

考虑海平面上升,将设计高程由 7.0m 增加至 7.8m 后进行试验,越浪量均满足要求。

东人工岛越浪量试验见图 7.4-6。

a) 抛石堤断面

b) 扶壁断面

图 7.4-6　东人工岛越浪量试验

7.4.5.4 东人工岛稳定性试验

1) 抛石堤断面

在各种水位及波浪组合作用下,胸墙在波浪连续冲击作用下未发生位移,因此判定稳定;

200～300kg 护底块石和 3t 扭王字块在波列中大波波峰连续冲击作用下,未发生块石滚动和块体位移,因此判定稳定。

2) 扶壁断面

在各种水位及波浪组合作用下,扶壁和胸墙整体结构在波浪连续冲击作用下未产生位移,因此判定稳定;对于 3t 扭王字块,在波浪连续作用下块体未产生晃动,因此判定稳定。

7.5 西人工岛整体物理模型试验

本节摘自交通运输部天津水运工程科学研究所完成的《深圳至中山跨江通道项目西人工岛波浪整体物理模型试验报告》(2016 年 11 月)。

7.5.1 试验目的

通过对西人工岛的波浪整体物理模型试验,验证设计波高作用下,西人工岛岛壁结构顶高程的合理性以及胸墙、护面块体、抛石棱体的稳定性,并提出优化建议方案,为西人工岛设计提供科学支撑。

7.5.2 试验设备

试验在交通运输部天津水运工程科学研究所海岸动力环境综合模拟试验厅水池中进行,试验水池长 45m,宽 40m,高 1.0m,见图 7.5-1。试验水池中配备先进的 L 形港池吸收式多方向造波机(图 7.5-2),该造波机造波能力为:最大造波水深 0.7m,波高 0～30cm,周期 0.5～5.0s。

图 7.5-1 试验大厅及水池

图 7.5-2 L 形港池吸收式多方向造波机

7.5.3 模型设计与制作

模型按重力相似准则设计,结构断面尺寸满足几何相似。根据试验场条件,模型缩尺比为 1:40。

E、SE、S、NNW 向波浪采用 L 形港池吸收式多方向造波机进行模拟,S、W 向波浪采用摇摆式造波机进行模拟。水池边界采用消波材料进行消波处理。水域地形平面尺寸及高程按几何相似原则制作,模型填砂后用水泥砂浆抹平压光。地形制作见图7.5-3。

a) 地形填砂　　　　　　　　　　　　b) 水泥砂浆抹平

图7.5-3　地形制作

模型的混凝土胸墙以及扶壁结构采用混凝土预制,几何尺寸偏差控制在±1%,且不超过±5mm,质量偏差控制在±3%。模型中各种块石按重力比尺挑选,质量偏差控制在±5%以内。扭王字块、栅栏板和四脚空心方块等人工护面块体采用原子灰加铁粉配制,重量偏差与几何尺寸误差均满足《波浪模型试验规程》(JTJ/T 234—2018)的要求。模型制作完成后的照片见图7.5-4。

堤顶高程为+9.0m,由于岛的形状特殊,且试验需要对E、SE、S、SW、W、NNW六个方向的越浪量进行测定,对西人工岛AB、BC、CD、DE、EA段分别进行区域划分,每个区段对应的实体长度约为42m。区段划分示意见图7.5-5。

 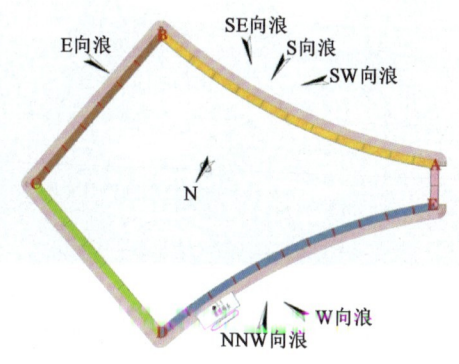

图7.5-4　模型完成后照片　　　　　图7.5-5　模型区段划分示意图

7.5.4　试验成果与分析

7.5.4.1　稳定性试验

1) E向浪作用

在各水位相应波浪作用下,对于BC段,波浪基本为正向作用。通过试验观测,主要受影响的位置为 BC 段和 AB 段,越浪位置也主要表现在这两段,在 BC 段中部上水和越浪量最大;在 AB 段,受内凹能量聚集的影响,其端部 A 点拐角处存在少量越浪;在 BC 段端部 B 点和 C 点拐角位置存在明显的绕射现象。对于 CD 段,受护坦的影响,入射波浪均发生破碎,因此对其稳定性影响不大。

在 E 向波浪连续作用下,未发现各岸线设计的 5t 护面块体、300~400kg 块石有位移和滚落现象,因此判定在 E 向浪作用下各段单元结构均稳定。

2) S 向浪作用

在重现期 300 年极端高水位波浪作用下,入射波浪由 A 点拐角位置进入,然后分成两股分别沿 AB、AE 段台阶向两侧传播。试验观测发现,西人工岛受影响的位置主要为 AE 和 AB 段,但越浪主要在 AB 段,尤其是 AB 段内凹的中部受波能集中的影响,越浪量最大。

对于 AB 段,波浪基本为正向入射,因内凹圆弧聚能效应,波浪传播过程中波高沿堤增加明显,然后发生破碎和越浪,最后由 B 点向外侧绕射出去。波浪连续作用下,5t 扭王字块护面块体和块石有晃动,但未发生位移和滚落,因此判定临界稳定。

对于 AE 段,沿台阶传播的波浪在 E 点拐角背浪侧形成较强的绕射波流现象[图 7.5-6a)],在浪、流联合连续冲击作用下,最终 E 点背浪侧有 2 块 5t 扭王字块护面块体滚落失稳。

为进一步观测 E 点背浪侧块体的破坏程度,继续施加重现期 1000 年相应波浪作用。连续冲击作用后,发现与台阶连接位置处大量 5t 扭王字块体滚落失稳[图 7.5-6b)]。

a) E 点绕流

b) E 点 5t 扭王字块滚落

图 7.5-6　S 向波浪试验

3) SE 向浪作用

在重现期 300 年极端高水位相应波浪作用下,入射波浪在 B 点分成两股,分别沿 AB、BC 段台阶向两侧传播。通过试验观测发现,西人工岛主要受影响的区段为 BC、AB 和 AE 段。尤其是 AB 段,受内凹弧形聚能和端部破波流的影响,在 B 段端部靠近 A 点拐角位置越浪量最大。

对于 AB 段,沿堤波浪逐渐增加,在靠近 A 点位置破碎后形成破波流,与随后入射波浪叠加,在波、流联合作用下,发现 AB 段弧顶位置、AB 区段靠近 A 点拐角位置以及 AE 段护面的 5t 扭王字块体均有滚落失稳。

为了进一步观测失稳位置块体的破坏程度,继续施加重现期 1000 年相应波浪作用。波浪连续冲击作用后,滚落的 5t 扭王字块护面块体数量继续增加,判定其失稳(图 7.5-7)。

a) AB 段 5t 扭王字块滚落

b) A 点 5t 扭王字块滚落

图 7.5-7　SE 向波浪试验扭王字块滚落情况

针对上述 S 向、SE 向波浪作用下 5t 扭王字块护面块体滚落的位置和失稳的程度,对模型上 AB 段靠近 A 点拐角位置 100m 长度、AE 整段以及 E 点背浪侧 DE 区段 30m 长度,加大扭王字块质量至 8t。加大块体质量后摆放情况见图 7.5-8。

加大块体质量至 8t 后,在 SE 向重现期 300 年和重现期 1000 年极端高水位相应波浪作用下,AE 段仍有 1 块 8t 扭王字块滚落失稳,在位于 A、E 点拐角背浪侧台阶与护面块体之间脱开、产生间隙,判定其失稳。

当水位降至设计高水位时,在波浪继续作用下,A 点拐角和 AB 区域大量 8t 扭王字块滚落失稳(图 7.5-9),且脱开间距增加,因此判定加大的 8t 扭王字块失稳。在 AB 段中部也有 1 块 5t 扭王字块滚落失稳。

图 7.5-8　扭王字块摆放调整(局部 8t)

图 7.5-9　AB 段 8t 扭王字块失稳情况

255

对块体质量做进一步调整,原先安放8t扭王字块区域采用14t扭王字块,整个AB段除A端部100m采用14t外,其余全部加大至8t扭王字块(图7.5-10)。

图7.5-10　扭王字块摆放调整(局部14t)

当水位继续降低至设计低水位重现期300年波浪作用时,由于堤前水位降低,波浪破碎产生沿堤流冲击。通过试验观测发现,AB段8t坡脚第一排大量扭王字块晃动,BC段坡脚第一排5t扭王字块直接发生滚落失稳。

为进一步观测设计低水位坡脚块体破坏情况,加大波高(即重现期1000年波浪作用)。在波浪的连续作用下,CB段5t、AB段8t和A点14t坡脚第一排扭王字块均有滚落失稳(图7.5-11)。

图7.5-11　14t扭王字块失稳

针对上述低水位坡脚位置块体的失稳,增加扭王字块前块石作为支撑。方案修改示意见图7.5-12。

方案修改后,在各水位SE向波浪作用下,西人工岛各段护面块体、块石均保持稳定。

4)W向浪作用

AE段采用14t扭王字块护面,在重现期300年和重现期1000年各水位波浪连续冲击作用下,各部分均稳定。

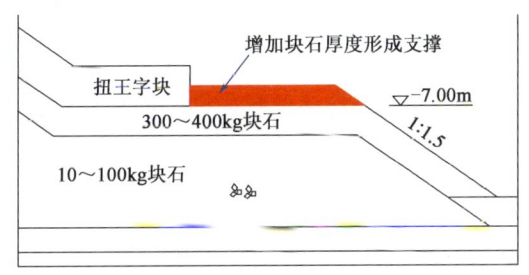

图 7.5-12　方案修改示意

DE 段形状与 AB 段相同,因内凹圆弧段能量聚集的影响,靠近 D 点拐角位置附近波浪破碎产生的沿岸流[图 7.5-13a)]与入射波浪联合作用,最终导致 DE-2 区段护面块体 5t 扭王字块滚落失稳[图 7.5-13b)]。

a)D 点位置波能集中形成上浪明显　　　　　　b)DE-2 区段 5t 扭王字块滚落

图 7.5-13　W 向波浪试验

西人工岛 AE 段、AB-1 区段和 ED-10 区段各 100m 长度范围内采用 14t 扭王字块,其余各段全部采用 8t 扭王字块护面,坡脚第一排扭王字块前采用抛填块石,扭王字块摆放调整情况见图 7.5-14。

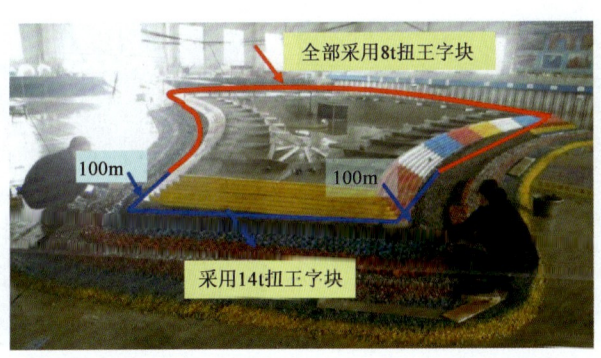

图 7.5-14　扭王字块摆放调整(仅有 14t、8t)

在 W 向浪各水位重现波浪作用下,西人工岛各段每个单元均稳定。

5)SW 向浪作用

受影响的位置主要为 AE 和 AB 段岸线,越浪位置主要在 AE 段的 A 点附近岸线以及受内凹能量聚集影响的 B 点拐角位置附近岸线。

在SW向浪各水位重现波浪作用下,西人工岛各岸线结构各部分均稳定。

6)NNW向浪作用

主要验证直立式救援码头与斜坡堤连接位置周围护面块体的稳定性,波浪要素采用重现期300年。

码头采用直立式结构,顶高程为3.5m,两侧与8t扭王字块连接。码头迎浪侧前趾采用栅栏板进行掩护,栅栏板前至坡脚采用800~1000kg块石护面。模型上护面的布置见图7.5-15。

当水位降低至设计低水位,在码头背浪侧(即斜坡堤连接拐角位置处),因漩涡流的连续冲击作用,8t扭王字块和栅栏板均被冲刷失稳(图7.5-16)。

图7.5-15 救援码头护面布置情况　　　　图7.5-16 护面块体滚落失稳

将失稳的8t扭王字块加大至14t,同时去掉码头沉箱前的栅栏板,全部采用800~1000kg块石改善护面[图7.5-17a)]。

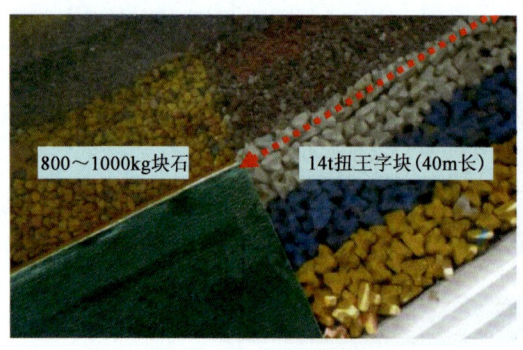 

a)块石、扭王字块安放情况　　　　b)沉箱拐角块石被掏刷

图7.5-17 救援码头修改断面试验

通过试验发现,在沉箱拐角处与斜坡堤连接位置,受漩涡流的冲击作用,护面的800~1000kg块石被淘刷,沉箱拐角位置的脚趾暴露,滚落的块石被卷至14t扭王字块表面,因此认为800~1000kg护面块石失稳。沉箱拐角位置被淘刷的长度约为4.0m[图7.5-17b)]。

在沉箱前方和拐角位置全部安放 2t 四脚空心方块进行护脚后方能稳定,见图 7.5-18。

a) 四脚空心方块安放情况　　　　　　　　b) 拐角漩涡流对块体的冲击作用

图 7.5-18　四脚空心方块试验

7.5.4.2　越浪量试验

采用稳定的方案进行越浪量试验。

1) 各浪向作用下越浪情况

(1) E 向浪作用

越浪位置主要为 BC 段,BC 段的中部最大(图 7.5-19)。另外,AB 段端部 A 点拐角处存在少量越浪。

(2) SE 向浪

主要的越浪位置为 BC、BA 和 AE3 区段,受 BA 段内凹能量聚集的影响,聚集能量释放区段 AB-1 和 A 点拐角处(图 7.5-20)越浪量最大。

图 7.5-19　E 向浪 BC 段越浪　　　　　　图 7.5-20　SE 向浪 AB 区段越浪

(3) S 向浪作用

受影响的位置主要为 AE 和 AB 段,越浪主要在 AB 段,尤其是 AB 段内凹的中部越浪量最大(图 7.5-21)。

(4) SW 向浪作用

越浪位置主要在 AE 段的 A 点区段附近(图 7.5-22)以及受内凹能量聚集影响的 B 点拐角区段周围。

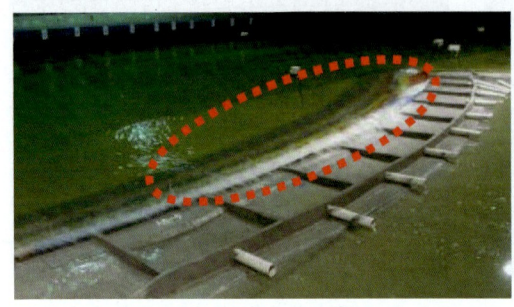

图 7.5-21　S 向浪 AB 段越浪　　　　　　　图 7.5-22　SW 向浪 A 点越浪

(5) W 向浪作用

波浪直接作用于拐角位置的 E 点,主要受浪范围为 DE 段和 AE 段。对于 DE 段,受内凹圆弧段能量聚集的影响,波浪沿台阶传播和波高增加,越浪量最大的位置在 DE-3 区段(图 7.5-23)。

(6) NNW 向浪作用

主要的越浪位置为 BC、BA 和 AE3 区段,波浪沿岛 AB 段作用时,遇直立沉箱式救援码头后产生破碎,与 SE 向浪作用对比,其后方岸线越浪量有所减小。但受 AB 段内凹能量聚集的影响,最大越浪量仍在 AB-1 和 A 点区段(图 7.5-24)。

图 7.5-23　W 向浪 DE 段越浪　　　　　　　图 7.5-24　NNW 向浪 AB 段越浪

2) 主要结论

所有方向的越浪量均满足设计要求,尤其是重现期 10 年波浪作用下均不越浪。

7.6　沉管隧道基槽回淤观测试验

鉴于深中通道的重要性及复杂性,基槽回淤涉及水文、泥沙、波浪等诸多因素,有必要开展沉管隧道试挖槽试验,对开挖后的边坡稳定性与基槽回淤情况开展观测,并利用数值模拟手段进一步研究成因等,量化沉管隧道基槽回淤的合理尺度,掌握实际的回淤情况,为下阶段设计及施工提供有效的支撑。

沉管隧道基槽回淤观测试验专题研究包括 5 项主要的子课题,分别为:试挖槽开挖、试挖槽回淤及边坡稳定观测与分析、试挖槽水文泥沙观测与分析、基槽水域水沙环境分析及二、三维潮流泥沙数学模型研究。

本节内容主要摘自中交广州航道局有限公司完成的《现场回淤实测分析报告》(2017 年 6 月)、《边坡稳定分析报告》(2017 年 6 月)、交通运输部天津水运工程科学研究所完成的《水沙环境分析及二、三维潮流泥沙数学模型研究报告》(2017 年 6 月)以及南京水利科学研究院完成的《潮流泥沙数学模型研究报告》(2017 年 6 月)。

7.6.1 现场回淤实测分析报告

7.6.1.1 试挖槽淤强观测

1)试挖槽位置与尺寸

深中通道试挖槽位于深中通道工程 K9+994~K10+094 处,在矾石水道东侧的东滩边缘(图 7.6-1),水深介于 -3~-6m。试挖槽槽底长 100m,宽 25m,设计底高程为 -18m,试挖槽北侧边坡坡比分段分别取 1:6 与 1:8,南侧边坡坡比分段分别取 1:5 与 1:7,东西侧轴线方向坡比取 1:10(图 7.6-2)。试挖槽于 2016 年 5 月 31 日竣工验收,开始水文、多波速水深测量、密度、底质取样、回淤盒淤积等观测工作。

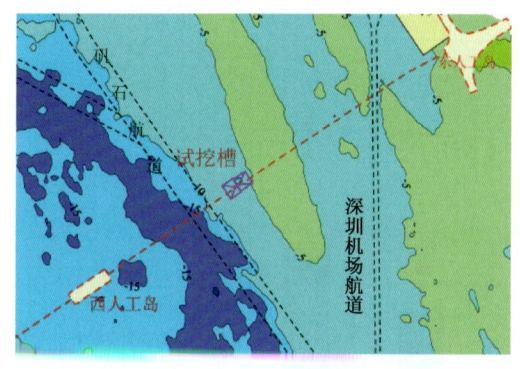 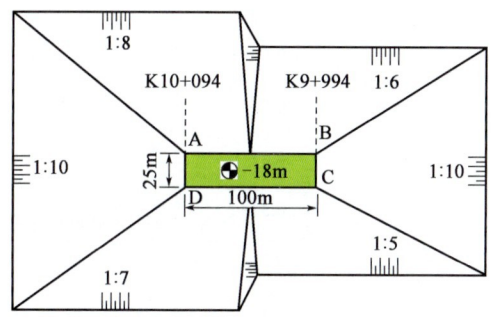

图 7.6-1 试挖槽位置(高程单位:m)　　图 7.6-2 试挖槽平面布置

2)回淤盒安放

回淤盒短期回淤观测期为 15d,观测期内按计划在第 3d、第 7d、第 11d、第 14d 分别取样。观测期基本跨越了大、中、小潮的水文环境转换,能有效地反映槽内泥沙回淤的变化情况。

回淤盒观测点沿中轴线在槽底等距分布,共设置 4 个投放点,纵向点间距为 20m,如图 7.6-3 所示。每个台架可容纳 3 个回淤盒,以 3 个为一组,定点投放(图 7.6-4),每个观测点的样品数为 3 个,每次观测试验样品数共计 12 个。

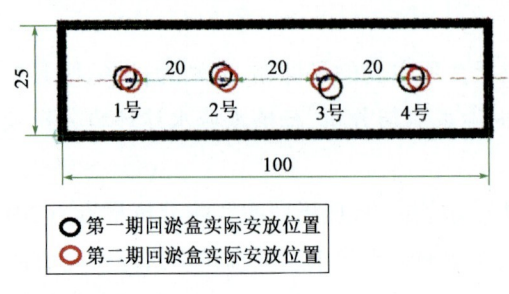

图 7.6-3 回淤盒布放位置示意图(尺寸单位:m)

图 7.6-4 回淤盒现场安放作业

3)回淤盒提取

第一期回淤盒安放后,分别在第 3d(7 月 11 日)、第 7d(7 月 15 日)、第 12d(7 月 20 日)和第 15d(7 月 23 日)分组取样,共取 4 次。

第二期回淤盒安放后,分别在第 3d(8 月 9 日)、第 9d(8 月 15 日)、第 11d(8 月 17 日)和第 15d(8 月 21 日)分组取样,共取 4 次。

4)回淤盒观测结果

(1)第一期

整个回淤盒观测期间(15d)的回淤总厚度约为 0.50m,平均淤强为 3.3cm/d。大潮前后时段的淤强最大,中潮前后时段的淤强次之,小潮前后时段的淤强最小。最大淤强为 9.0cm/d,出现于 7 月 20—23 日,处在大潮时段;最小日淤强为 0.4cm/d,出现于 7 月 11—15 日,处在小潮时段(图 7.6-5)。

图 7.6-5 第 1 期回淤盒观测回淤厚度及回淤强度

(2)第二期

整个观测期间(15d)的回淤总厚度约为 0.33m,平均淤强为 2.2cm/d。大潮前后时段的淤强最大,中潮前后时段的淤强次之,小潮前后时段的淤强最小。最大淤强为 5.2cm/d,出现于 8 月 17—21 日,处在大潮时段;最小淤强为 0.3cm/d,出现于 8 月 9—15 日,处在小潮时段(图 7.6-6)。

图 7.6-6　第 2 期回淤盒观测回淤厚度及回淤强度

回淤盒回淤物为黏土质粉砂,中值粒径介于 0.0055~0.0084mm,平均值为 0.0064mm。对比试挖槽底底质的取样分析结果,回淤盒内回淤物质与槽底回淤物质基本一致,观测期间槽内淤积以悬沙落淤为主。

7.6.1.2　试挖槽槽内回淤观测分析

1) 回淤厚度分析

2016 年 5 月 31 日至 2017 年 5 月 10 日期间,共计进行 26 次多波束扫测。试挖槽槽内累计回淤厚度最大值出现在槽底,超过 3.21m。大部分北边坡区域的累计回淤厚度超过 1.1m,小部分其他边坡区域的累计回淤厚度超过 1.1m。整体上,试挖槽槽底回淤厚度明显大于边坡,北边坡区域回淤厚度明显大于其他边坡。

以回淤物体积除以槽底面积计算平均回淤厚度,试挖槽槽底平均回淤厚度曲线与累计回淤厚度曲线见图 7.6-7。

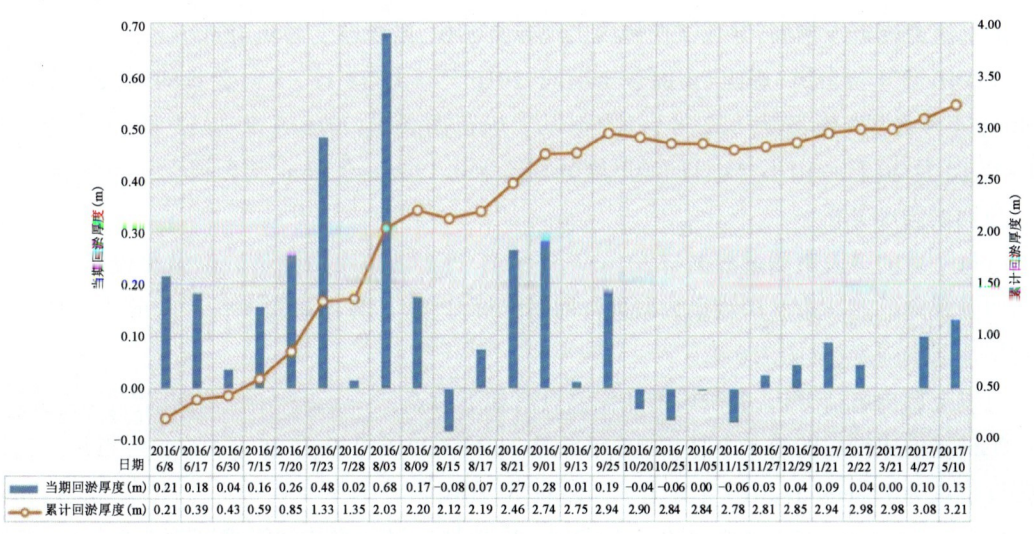

图 7.6-7　试挖槽槽底回淤厚度及累计厚度曲线图

对以上数据进行分析,各阶段淤积规律如下:

①试挖槽成槽后的前4个月(2016年5月31日—2016年9月25日,洪季)槽底呈持续回淤,回淤的趋势明显;当期回淤厚度极大值为0.68m,累计回淤厚度达2.94m。试挖槽淤积色差图见图7.6-8。

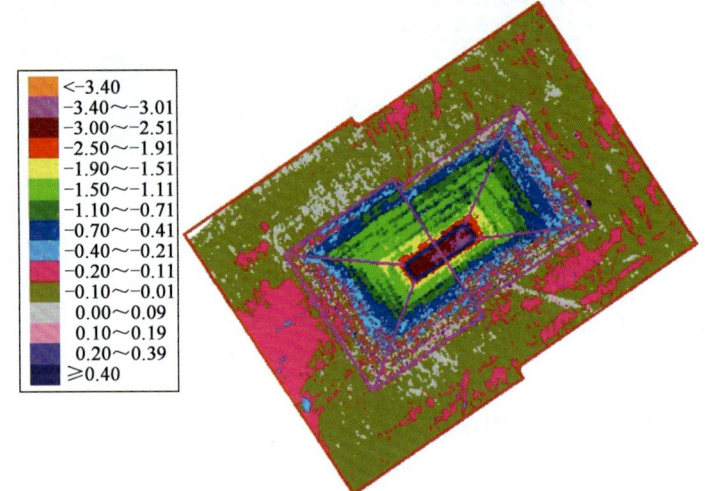

图7.6-8　试挖槽淤积色差图(单位:m)

注:负值表示回淤。

由于试挖槽成槽后前4个月回淤大,2016年9月25日—2017年11月15日槽底回淤物出现密实现象,累计回淤厚度为-0.16m。

②2016年11月15日—2017年5月10日(枯季),槽底当月回淤厚度明显变小,累计回淤厚度为0.43m。

③2016年7月20日—7月23日,大潮期间槽内的淤积强度比较大,再加上北边坡部分淤积物随水流冲刷进入槽底,导致试挖槽内出现异常淤积,淤积厚度为0.48m。

④2016年4号台风"妮妲"正面袭击期间,2016年7月28日—8月3日的回淤厚度达到0.68m;14号台风"莫兰蒂"、22号台风"海马"未正面袭击,2016年9月13日—9月25日、2016年10月20日—10月25日回淤厚度分别仅为0.19m、-0.06m,对回淤无显著影响。

2)回淤强度分析

以每一次的多波束测量数据与2016年5月31日多波束水深测量数据做比较,对历次试挖槽回淤观测的多波束水深测量数据进行回淤强度分析,计算出每次测量区间的当期回淤强度及累计回淤强度,见图7.6-9。

对以上数据进行分析,各阶段槽底淤强具有如下特点:

①试挖槽成槽后的前4个月(2016年5月31日—2016年9月25日,洪季),当月平均回淤强度依次为1.4cm/d(2016年6月)、3.2cm/d(2016年7月)、2.0cm/d(2016年8月,扣除台风"妮妲"造成的回淤影响)、0.8cm/d(2016年9月),洪季平均回淤强度为1.9cm/d(扣除台风"妮妲"造成的回淤影响)。

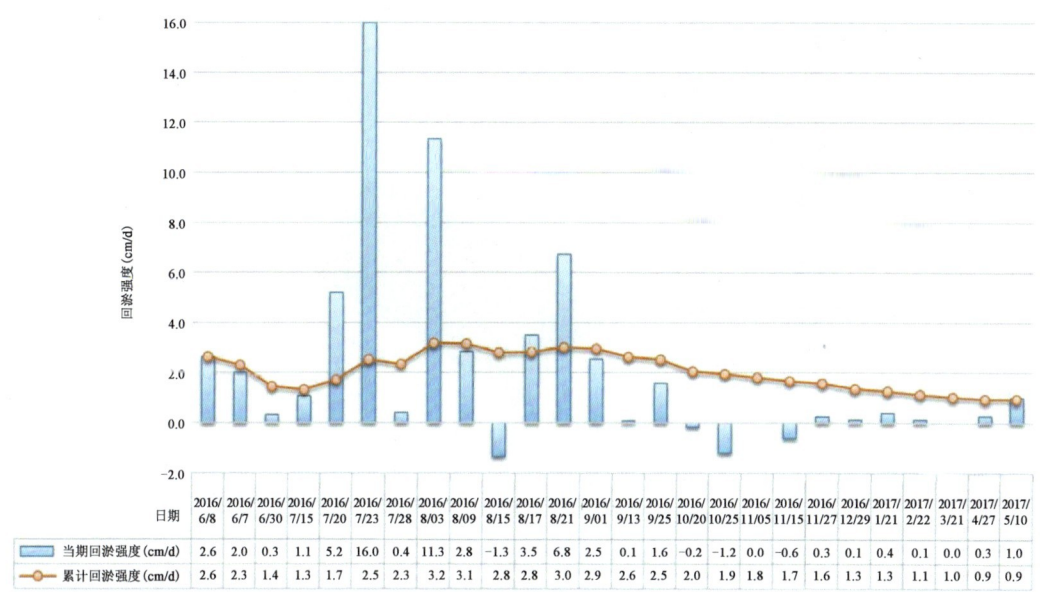

图 7.6-9　试挖槽槽底回淤强度图

②由于试挖槽成槽后前 4 个月回淤大,2016 年 9 月 25 日—2016 年 11 月 15 日槽底回淤物出现密实现象,当月回淤强度依次为 - 0.3cm/d(2016 年 10 月)、- 0.1cm/d(2016 年 11 月),两月平均回淤强度为 - 0.3cm/d。

③2016 年 11 月 15 日—2017 年 5 月 10 日(枯季),槽底当月回淤强度依次为 0.1cm/d(2016 年 12 月)、0.4cm/d(2017 年 1 月)、0.1cm/d(2017 年 2 月)、0.0cm/d(2017 年 3 月)、0.3cm/d(2017 年 4 月)、1.0cm/d(2017 年 5 月),枯季平均回淤强度为 0.2cm/d。枯季回淤强度明显减弱,相对稳定。

④2016 年 7 月 20 日—23 日,槽底回淤强度为 16.0cm/d,回淤异常主要是因为大潮期间槽内的淤积强度比较大,再加上北边坡部分淤积物随水流冲刷进入槽底,导致试挖槽内出现异常淤积,最大淤积厚度超过 0.5m,如图 7.6-10 所示。

⑤2016 年 7 月 28 日—8 月 3 日,槽底回淤强度为 11.3cm/d,主要是因为 2016 年 4 号台风"妮妲"正面袭击,北边坡和东边坡发生局部塌落,同时试挖槽内的淤积强度比较大,导致试挖槽内出现异常淤积;2016 年 14 号台风"莫兰蒂"、22 号台风"海马"未正面袭击,对应观测期间的回淤强度分别为 1.6cm/d、- 1.2cm/d,对回淤无显著影响。

7.6.1.3　试挖槽边坡区域回淤厚度分析

因试挖槽底回淤厚度明显大于边坡区域回淤厚度,随着槽底回淤厚度增加,各边坡区域底边线处的回淤厚度明显大于各边坡区域的其他地方,不能完全代表整个边坡区域的回淤厚度。为更准确、真实地反映各边坡区域的回淤厚度,在 6 个不同的边坡区域(图 7.6-11)分别选定固定的区域计算回淤厚度。

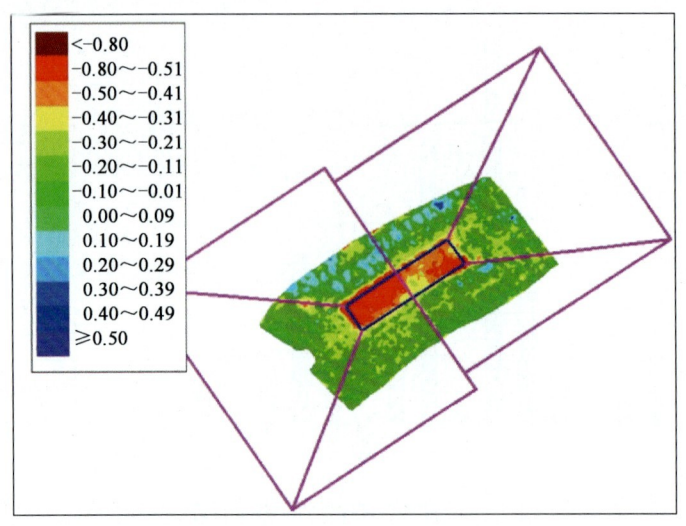

图 7.6-10　试挖槽淤积色差图(单位:m)
注:负值表示回淤。

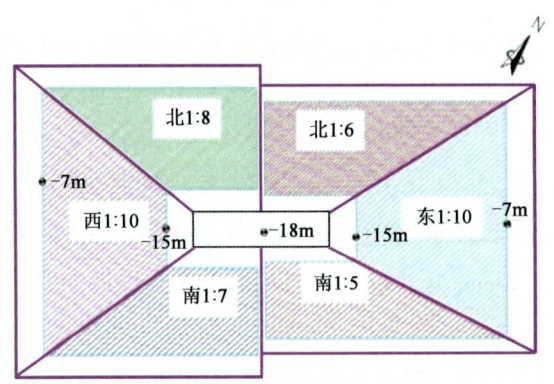

图 7.6-11　试挖槽边坡回淤厚度计算分区示意图

试挖槽边坡区域回淤厚度主要特征如下:

①试挖槽成槽后的前 4 个月(2016 年 5 月 31 日—2016 年 9 月 25 日),试挖槽北边坡区域、东边坡区域和西边坡区域均呈持续回淤。试挖槽南边坡区域回淤、冲刷交替出现,且主要表现为回淤。

②2016 年 9 月 25 日—2017 年 5 月 10 日,试挖槽各边坡区域均无明显回淤现象。

③整体上,试挖槽北边坡区域回淤明显大于南边坡,呈现"北厚南薄";其中,北边坡 1:8 区域回淤略大于 1:6 区域,南边坡 1:7 区域回淤略大于 1:5 区域。

④整体上,试挖槽东边坡区域回淤略大于西边坡,呈现"东大西小"。

7.6.1.4　试挖槽边坡外区域回淤观测分析

试挖槽水深测量区域包括试挖槽及其各边坡坡顶线以外 100m 范围。为更好地分析多波束回淤观测数据,将试挖槽各边坡坡顶线以外100m范围划分为4个区域,分别为东边坡外区域、南边坡外区域、西边坡外区域和北边坡外区域,具体分区见图7.6-12。

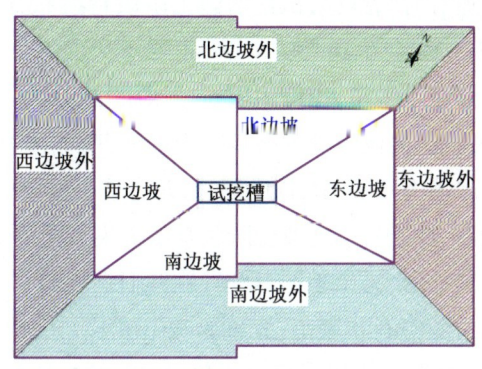

图 7.6-12　试挖槽边坡外区域分区示意图

观测时间为2016年5月31日—2017年5月11日。分析整个观测周期的测量数据,可以发现试挖槽边坡外区域存在如下特征:边坡外区域均呈现出回淤、冲刷交替出现的状态,但变化幅度不大,边坡外区域各期回淤厚度均在±0.1m范围之内,最大累计回淤厚度为0.15m(东边坡外区域)。

7.6.2　基槽边坡稳定分析

利用多次多波束跟踪测量的数据,对试挖槽成槽后5种不同坡比边坡(1∶5、1∶6、1∶7、1∶8、1∶10)的坡比变化值进行统计,以分析、判断边坡的稳定性。试挖槽验收时及结束时的彩色三维图见图7.6-13。

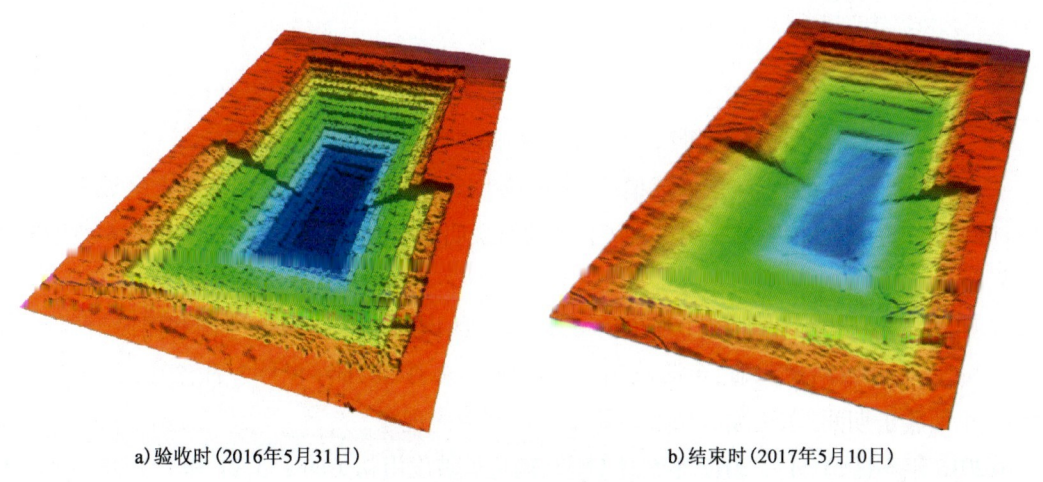

a) 验收时(2016年5月31日)　　　　　　b) 结束时(2017年5月10日)

图 7.6-13　试挖槽彩色三维图

主要结论如下:

①测试了5种不同的基槽边坡坡比,经过26次多波束水深测量,试挖槽自2016年5月31

日验收至2017年5月10日,期间经历3次台风("妮妲""莫兰蒂""海马")袭击,1∶5、1∶6、1∶7、1∶8和1∶10边坡均未出现明显滑坡、变形现象,总体稳定。

②三维彩色图片显示,随着时间推移,试挖槽施工阶段台阶状开挖的边坡逐步趋于平滑。2016年5月31日成槽时,各边坡台阶状明显。而后槽内持续回淤,至2016年9月25日试挖槽北侧边坡台阶状模糊,边坡趋于平滑,南侧边坡区域回淤相对较小,局部区域仍可见台阶状。至2017年5月10日试挖槽北侧边坡台阶进一步趋于平滑,南侧边坡局部区域仍可见台阶状。

③边坡断面分析显示,2016年5月31日成槽时,北边坡1∶8和1∶6区域台阶状明显。而后边坡持续回淤,至2016年9月25日,边坡台阶状基本消失。之后每月测量的边坡断面线表现为逐渐回淤,断面线越来越平滑,未出现明显的冲刷和回淤现象。在两期观测中发现边坡异常现象,北边坡淤积物存在局部冲刷和塌落,分别为:2016年7月20日—23日,大潮期间,北边坡1∶8和1∶6区域淤积物发生小范围的塌落现象;2016年7月28日—8月3日,2016年4号台风"妮妲"正面袭击期间,北边坡1∶8和1∶6区域淤积物发生局部塌落现象。北边坡1∶8典型断面淤积如图7.6-14所示。

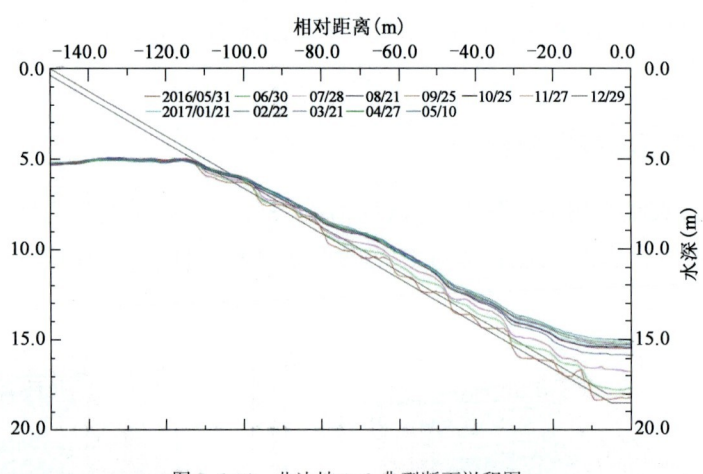

图7.6-14　北边坡1∶8典型断面淤积图

④边坡断面分析显示,试挖槽成槽后,南边坡1∶5和1∶7区域的-10m以上区域未出现明显的冲刷和回淤,台阶状明显;-10m以下区域回淤明显,台阶状消失。南边坡1∶5典型断面淤积如图7.6-15所示。

⑤东、西1∶10边坡呈现相同规律,-12m以上区域未出现明显的冲刷和回淤,台阶状明显;-12m以下区域回淤明显,台阶状消失。2016年7月28日—8月3日,2016年4号台风"妮妲"正面袭击期间,东边坡区域淤积物发生局部塌落现象。

⑥2016年5月31日—2017年5月11日,南边坡坡度由初始的1∶5.21和1∶7.22分别变化到1∶6.21和1∶8.89;北边坡坡度由初始的1∶6.35和1∶8.13分别变化到1∶7.49和1∶9.81;东、西边坡坡度分别由初始的1∶10.29和1∶10.42变化到1∶12.63和1∶12.31。边坡变缓程度在20%左右。2016年5月31日—2016年9月25日,边坡坡比变化程度最大。

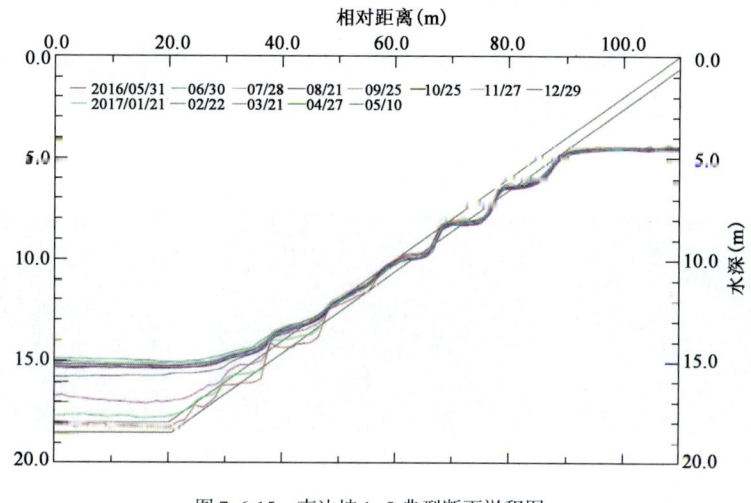

图 7.6-15　南边坡 1∶5 典型断面淤积图

7.6.3　三维潮流泥沙数学模型研究

研究目的在于根据试挖槽实测地形、回淤观测数据以及实测水文泥沙资料,分析试挖槽的回淤特征,建立深中通道工程海域局部三维潮流泥沙数学模型,对试挖槽流动过程进行复演,分析试挖槽内三维水流的基本特征和典型流态。

模拟预测隧道基槽开挖后及沉管覆盖后槽内回淤强度及沿程分布。模拟并分析洪、枯季、大风过程等水沙条件变化对基槽回淤的影响。模拟并分析洪季 1 个月、1 个水文年内基槽及管节覆盖后回淤情况。

7.6.3.1　基槽开挖情况

基槽开挖长度约为 5.2km,基槽底部宽度约为 53.6m。槽底在矾石水道和机场支航道位置处高程较低,最低底高程为 -38.186m。以挖深比来看,K7～K11 区段挖深比较大,K7～K8 段尤为明显。基槽开挖情况的三维展示见图 7.6-16。

图 7.6-16　基槽开挖情况的三维显示

7.6.3.2 基槽内的水流结构特征

以洪季大潮过程为分析对象。基于模拟计算结果对基槽水域的流态进行分析。

1)从平面方向的流动过程来看

基槽水域表层流场如图 7.6-17 所示。

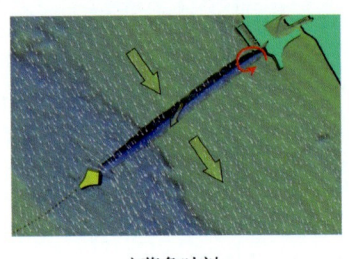
a)落急时刻

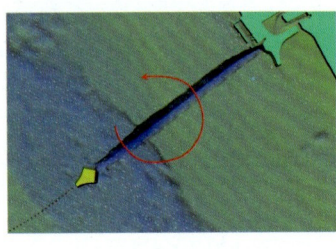
b)落转涨时刻

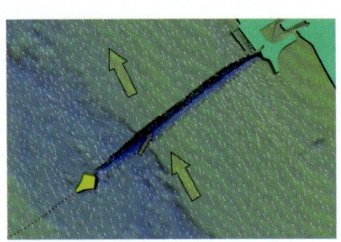
c)涨急时刻

图 7.6-17 基槽水域表层流场图

在落急时刻,基槽北侧(上游)水流沿与基槽轴线成近 90°交角流向基槽。受基槽引流影响,在基槽的中段区域有明显的流向偏转现象,偏转角度为从 SSW 向转成 WSW 向。在西人工岛的东端和东人工岛的西端,由于受工程构筑物挑流影响,水流流速较大。在东人工岛水域形成一个局部平面环流。

在落转涨时刻,因为东滩和东槽水深的差别,在基槽水域形成一个平面尺度较大的逆时针环流,环流的中心位于基槽中心偏西水域。

在涨急时刻,涨潮水流从基槽南侧沿 NNW 向流向基槽。在基槽水域,受基槽引流和边滩水深差异影响,流向发生偏转,偏转角度为从 NNW 向转成 NE 向。在东人工岛水域,受岛体构筑物的挑流影响,该区域基槽水域流速较大。

2)从垂直于基槽轴线的垂向断面来看(图 7.6-18)

在南、北两侧边滩上,由于地形变化平缓,因此水流速度的垂向对数分布特征显著。

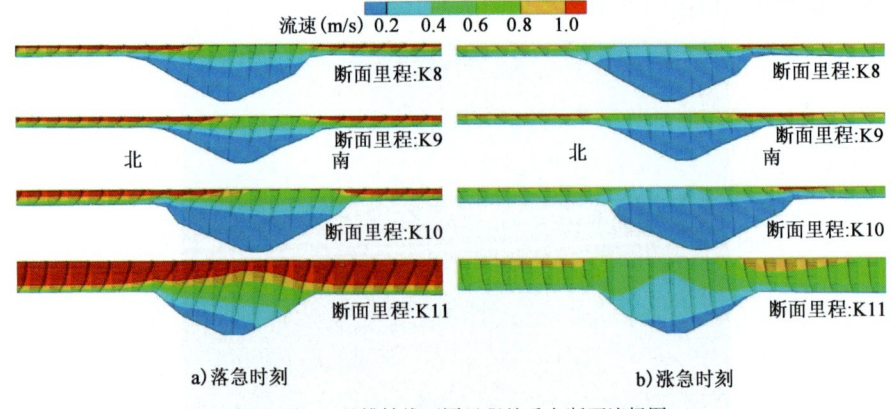

图 7.6-18 基槽轴线不同里程处垂向断面流场图

涨、落潮水流流经基槽时,受边滩水深与基槽水深比的影响,边滩水深较浅(底高程 6.0m左右)的断面上(里程 K8、K9、K10),基槽内的来流侧边坡上形成明显的回流结构。该回流区的存在有利于悬浮在水体中的泥沙在基槽内落淤。边滩水深较深的 K11 断面上,基槽内未形成明显的回流,基槽中底层流速比较大。

涨落潮水流流过基槽时,边坡上沿的底层垂向流速较大,由于垂向过流断面减小,水流流速较基槽内明显增大。

从流速大小来看:落急时,北侧边滩表层流速超过 1.0m/s,基槽区域表层流速减小至 0.4~0.8m/s,基槽中底层流速在 0.2~0.4m/s;涨急时,南侧边滩表层局部水域流速可达到 1.0m/s,基槽区域表层流速减小至 0.4~0.6m/s,基槽中底层流速在 0.2~0.4m/s。

7.6.3.3 洪季基槽回淤计算分析

洪季基槽回淤研究的潮型条件为 2016 年 6 月份洪季大、中、小 15d 连续潮。工程水域上游平均径流量约为 22500m³/s,最大径流量约为 34000m³/s。

基槽开挖后,基槽内回淤明显,工程水域淤积分布平面特征为与基槽形状类似的带状分布。从基槽垂向断面来看,槽底回淤厚度比南、北两侧边坡大。槽内淤厚沿程分布形态为"中间大、两端小、峰值偏东",这一分布形态主要受基槽挖深比和含沙量沿程分布不均匀等特征综合影响。基槽平均淤厚为 0.37m;基槽最大淤厚为 0.58m,位于 K8 里程位置附近。基槽与西人工岛衔接段淤积厚度较小,引起这一现象的原因为此区域基槽开挖范围较小,且人工岛挑流作用造成流速增加,致使泥沙淤积减弱。基槽成槽后洪季泥沙回淤厚度分布见图 7.6-19。

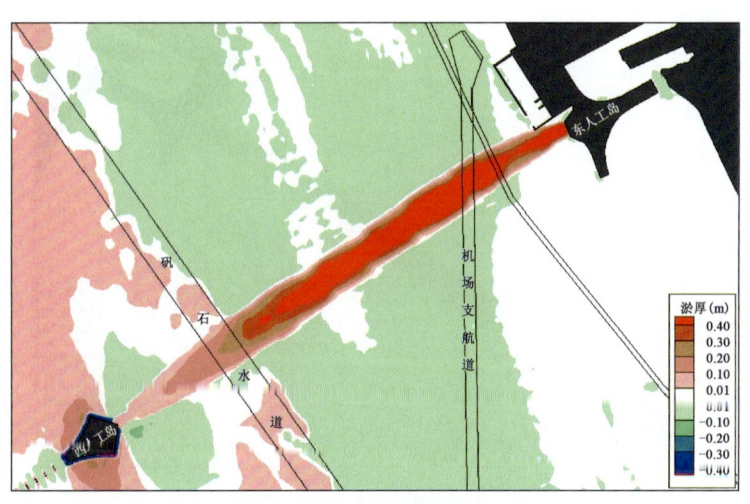

图 7.6-19 基槽成槽后洪季泥沙回淤厚度分布图

基槽南、北边坡外滩受涨、落潮流作用,局部区域呈略冲趋势,冲刷幅度为 0.01~0.1m。

管节覆盖后,基槽内回淤厚度比基槽开挖状态下减小(图 7.6-20)。西人工岛区域受覆盖顶高程较高影响,冲刷范围有所减小。整个基槽水域平均淤厚为 0.19m;最大淤厚为 0.37m,位于 K8 里程位置附近。

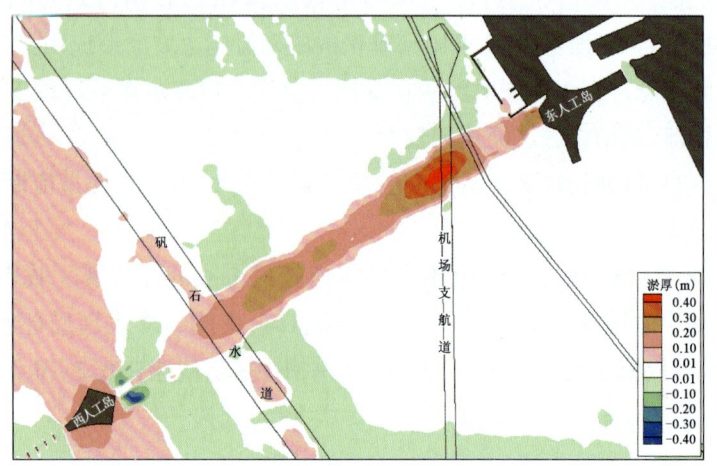

图 7.6-20　管节覆盖后洪季泥沙回淤厚度分布图

7.6.3.4　枯季基槽回淤计算分析

枯季基槽回淤研究的潮型条件为 2016 年 11 月份枯季大、中、小 15d 连续潮。工程水域上游平均径流量约为 6000m³/s，最大径流量约为 8010m³/s。

基槽开挖后，在枯季 15d 时间内，基槽内整体呈轻淤态势。最大淤积位置位于机场支航道附近。在基槽南、北两侧边滩上，呈不冲不淤态势。基槽平均淤厚为 0.10m；基槽最大淤厚为 0.15m，位于 K8 里程位置附近（图 7.6-21）。

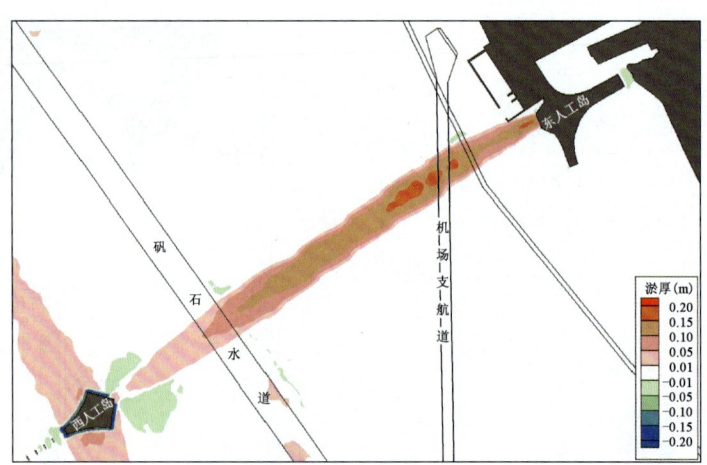

图 7.6-21　基槽成槽后枯季泥沙回淤厚度分布图

与洪季正常天气条件下的淤积分布特征比较，基槽内的淤积分布趋势基本相同，但是量级差异较大。

管节覆盖后，在枯季 15d 内的淤厚较小，最大淤厚位置与基槽开挖后一致。基槽水域平均淤厚为 0.047m，最大淤厚为 0.10m，位于 K8 里程位置附近（图 7.6-22）。

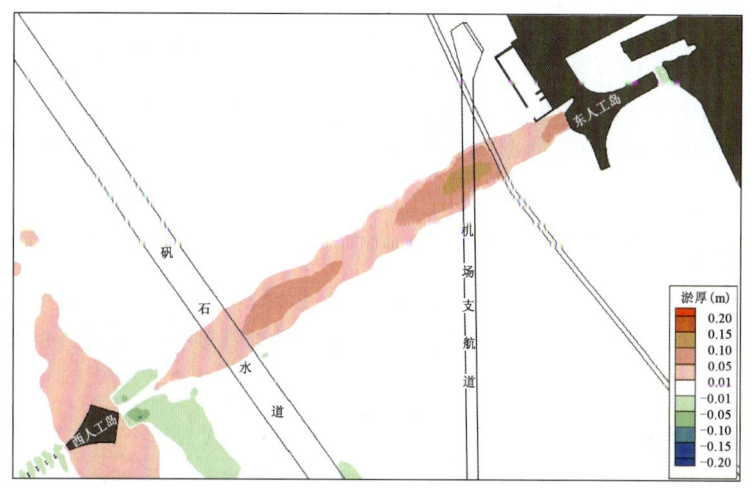

图 7.6-22 管节覆盖后枯季泥沙回淤厚度分布图

7.6.3.5 大风过程基槽回淤计算分析

大风过程基槽淤积预测水动力条件为大潮过程组合大风过程。大潮过程为 2016 年 6 月期间大潮过程;大风过程选用台风"妮坦"期间的 2016 年 7 月 29 日—2016 年 8 月 3 日台风过程。大风过程基槽海域泥沙回淤厚度分布见图 7.6-23。

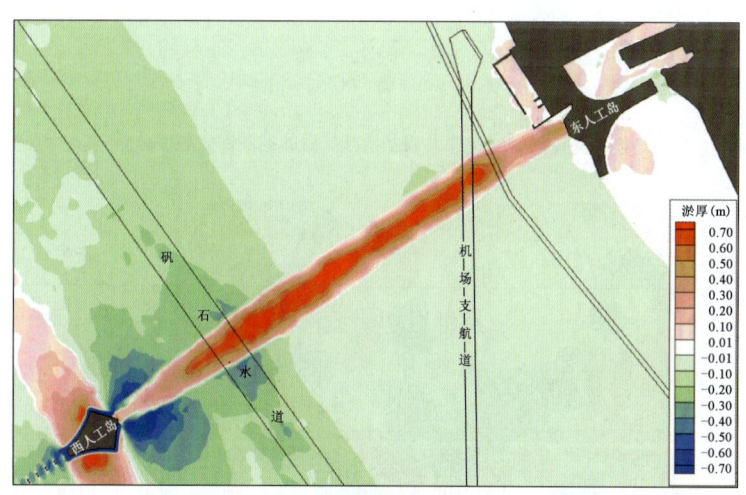

图 7.6-23 大风过程基槽海域泥沙回淤厚度分布图(台风"妮坦"过程)

基槽开挖后,大风过程引起的基槽淤积分布特征为中间大、两头小。其中,两个峰值分别位于矾石水道东侧和机场支航道位置。主要原因为这两个区域的原水深较小,挖深比较大。基槽平均淤厚为 0.58m;基槽最大淤厚为 0.78m,位于 K10 里程位置附近。

与洪季正常天气条件下的淤积分布特征比较,洪季正常天气时的淤积分布峰值沿基槽偏东,而大风引起的短期淤积更靠近基槽的中段。

7.6.3.6 洪季1个月、1个水文年基槽回淤计算分析

基槽工程前后的水动力变化分析采用2016年6月洪季大潮的验证潮型,泥沙回淤预测采用洪季3个月和枯季9个月叠加,模拟一个水文年的泥沙回淤过程。

基槽开挖后,基槽水域泥沙回淤比较明显,泥沙回淤平面分布与基槽形状类似,呈带状分布,槽底泥沙回淤厚度较大,洪季1个月内槽底平均淤厚约为0.7m,1个水文年内槽底平均淤厚为3.1m。基槽南、北侧边坡以及与人工岛连接的边坡淤厚较小;基槽南边坡外侧滩面呈一定的冲刷趋势,在1个水文年内冲刷幅度在0.5m左右;基槽北边坡的外侧滩面冲淤幅度相对较小。洪季1个月、1个水文年内,基槽开挖后的泥沙回淤厚度分布见图7.6-24、图7.6-25。

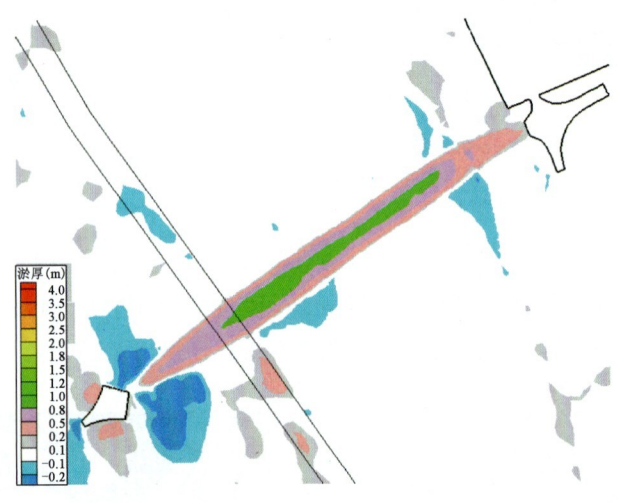

图7.6-24 洪季1个月内基槽开挖后的泥沙回淤厚度分布

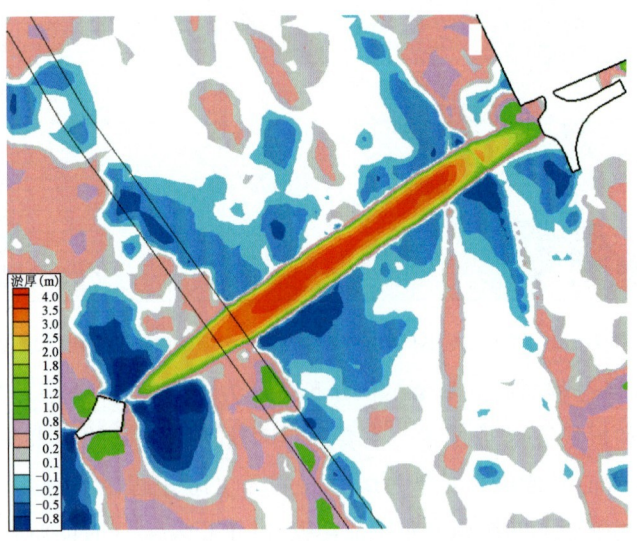

图7.6-25 1个水文年内基槽开挖后的泥沙回淤厚度分布

靠近西人工岛的基槽槽底仍呈淤积状态,但槽南、北两侧浅滩在西人工岛挑流作用下呈现出一定的冲刷趋势,1年时间的冲刷幅度约为0.8m。东人工岛水域动力相对较弱,岛端基槽及其附近浅滩仍以淤积为主。

管节覆盖后,基槽淤积厚度减小,槽底平均淤厚在洪季1个月内为0.46m,1个水文年内为2.22m;南、北两侧边滩仍有一定的冲刷趋势;西人工岛岛头冲刷范围有所减小。洪季1个月、1个水文年内管节回填后的泥沙回淤厚度分布分别见图7.6-26、图7.6-27。

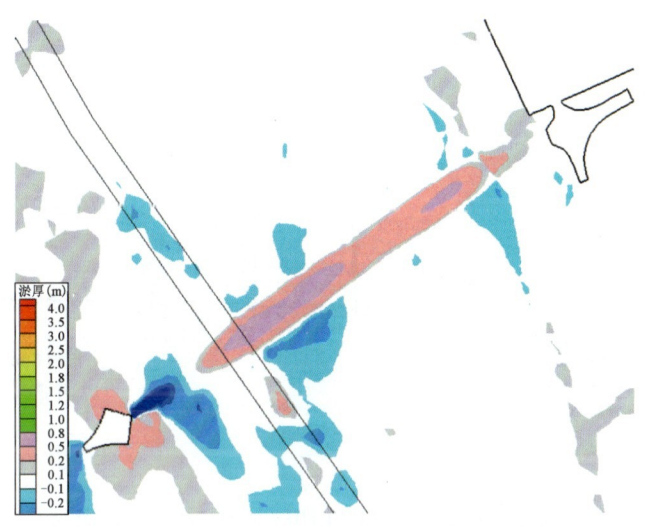

图7.6-26　洪季1个月内管节回填后的泥沙回淤厚度分布

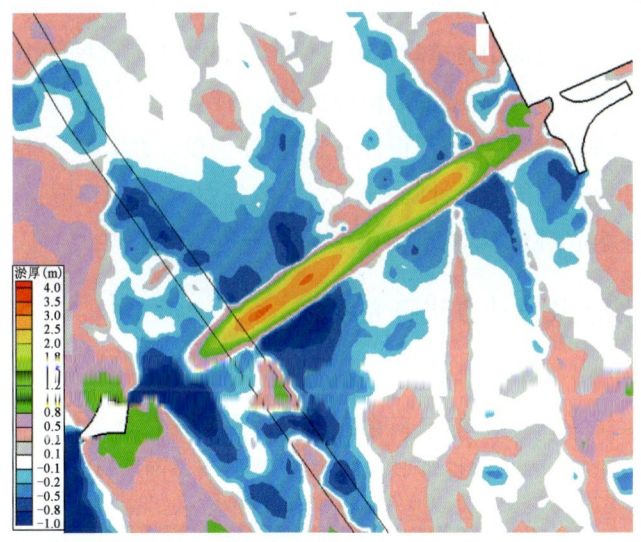

图7.6-27　1个水文年内管节回填后的泥沙回淤厚度分布

图7.6-28为基槽分别在洪季1个月和1个水文年时段内的泥沙回淤厚度沿程变化,可以看出:

①基槽开挖后,淤厚沿程分布呈"中间大、两端小"的趋势,洪季一个月的基槽平均淤厚为 0.71m、最大淤厚为 0.91m,一个水文年内的平均淤厚为 3.08m、最大淤厚为 3.89m,出现在矾石水道东侧 1.5km 处;在一个水文年时段内,基槽与矾石水道交汇处淤厚为 3.2m。

②管节覆盖后,槽底淤积分布呈"M"形,洪季 1 个月内最大淤厚为 0.77m、平均淤厚为 0.46m,1 个水文年内最大淤厚为 3.18m、平均淤厚为 2.22m。

③基槽与人工岛衔接段的淤积厚度急剧减小,主要有两方面的原因:一是衔接段自槽底到人工岛,水深逐渐减小;二是人工岛两侧的挑流作用促使衔接段潮流流速增加,致使泥沙回淤减轻。

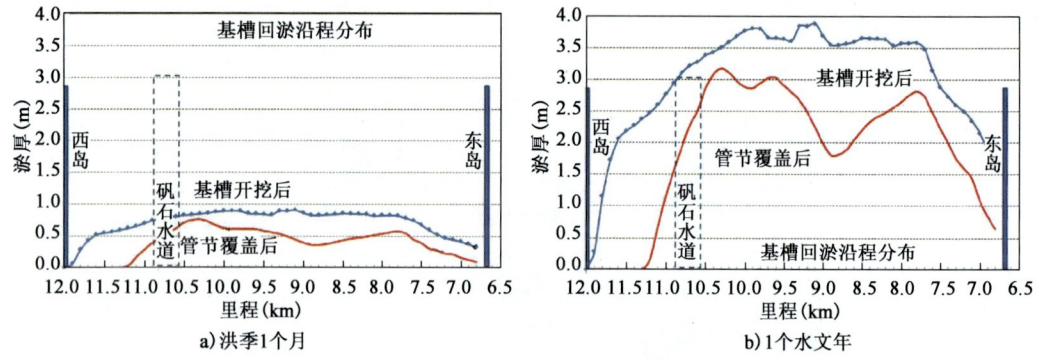

图 7.6-28 基槽轴线回淤分布

7.7 钢壳沉管隧道结构受力机理及设计方法研究

深中通道工程隧道设计面临超大跨、变截面、厚回淤等诸多问题。为给工程设计方案的深入比选、决策提供依据,针对深中通道具体特点,借鉴日本、美国等国的工程经验和方法,通过引进、消化、吸收与再创新,开展必要的数值分析、解析计算、模型实验验证,形成适合深中通道项目的沉管隧道设计理论、计算方法与设计方法,从而为设计方案综合、深入比选提供支撑。

本节主要摘自中交公路规划设计院有限公司、清华大学、上海市隧道工程轨道交通设计研究院完成的专题《钢壳沉管隧道结构受力机理及计算方法研究》(2020 年 9 月)。

7.7.1 抗弯性能及设计方法研究

沉管隧道构件的跨中部分主要承受弯矩,构件的抗弯性能与设计方法是结构设计的关键。通过对钢壳沉管隧道结构的试验研究,对钢壳沉管隧道结构在弯矩作用下的变形及正常使用性能进行了量测,对该结构的整体性能与局部性能有一个全面的认识,从而为该体系的理论分析奠定试验基础。

7.7.1.1 模型试验研究

1)试验模型设计

抗弯试验主要研究纯弯段抗剪连接件布置间距(受压钢板局部屈曲)、混凝土浇筑缺陷

(5mm、10mm、15mm)、混凝土浇筑方式(是否设置支撑结构)等参数对钢壳混凝土组合结构抗弯性能的影响,基于试验提出钢壳混凝土组合结构抗弯承载力计算公式、最小钢板厚度、抗剪连接件间距最大限值等构造要求。

模型缩尺比为 1:2,试件数量共 9 个,模型主要参数如表 7.7-1 所示。试件高度均为 800mm,宽度均为 600mm。钢材采用 Q345,角钢横肋间距均为 375mm。

组合结构主要抗弯试验参数一览表　　　　　　　　　　表7.7-1

抗弯试验	序号	变化参数	横肋尺寸 (mm)	纵肋间距 (mm)	混凝土脱空 (mm)	浇筑设置 支撑	受弯破坏荷载 (t)
第一批	W1	基本试件	L80×50×6	250	0	否	385
	W2	连接件间距	L80×50×6	100	0	否	402
	W3	混凝土脱空	L80×50×6	250	5	否	385
	W4	混凝土脱空	L80×50×6	250	10	否	385
	W5	连接件间距	L80×50×6	150	0	否	395
第二批	W6	混凝土脱空	L90×56×6	250	15	否	487
	W7	支撑设置	L90×56×6	250	0	是	487
	W8	抗剪连接程度	L90×56×6	100	0	否	511
	W9	侧限影响	L80×50×6	100	0	是	487

钢壳组合结构抗弯构件钢结构加工及浇筑如图 7.7-1 所示,纵肋保持连续,纵肋穿过角钢横肋与横隔板。浇筑混凝土时使用振动器使混凝土密实,模拟实际使用的自密实混凝土。

a) 钢结构隔仓　　　　　　　　　　　　b) 混凝土浇筑

图 7.7-1　抗弯模型

构件 W3、W4 和 W6 考虑实际混凝土浇筑中可能存在的脱空现象,分别按受压翼缘板内侧全部脱空 5mm、10mm、15mm 考虑。为模拟混凝土脱空,如图 7.7-2 所示,在上翼缘内部粘贴 EVA(乙烯-醋酸乙烯共聚物)板材,弹性模量小于 100MPa,可以较好地模拟脱空现象。

277

a) 混凝土浇筑前　　　　　　　　　b) 混凝土浇筑后

图 7.7-2　模型脱空模拟

第一批浇筑混凝土的轴心抗压强度约为 41.2MPa，第二批浇筑混凝土的轴心抗压强度约为 16.6MPa。

2) 模型加载方案

采用四点弯曲试验，模型的支撑尺寸及加载方式见图 7.7-3。

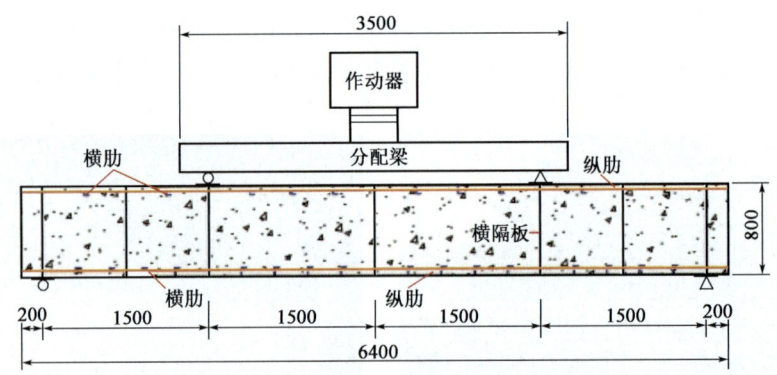

图 7.7-3　抗弯性能试验模型示意（尺寸单位：mm）

3) 主要试验现象

加载过程中，荷载达到 500kN 时开始出现裂缝，此时初始裂缝基本无发展；达到 1500kN 左右时，裂缝发展到 0.2mm；达到 2500kN 左右时，裂缝发展到 0.5mm；达到 4000kN 左右时，裂缝发展到 1.0mm；位移接近 50mm 时，有响声发出，可能存在内部破坏。

部分试件在极限荷载时出现混凝土裂缝开展、上翼缘鼓曲。部分试件破坏形态如图 7.7-4 所示。

由于构件设置了不同的纵向加劲肋间距，不同构件呈现不同的屈曲发展模式。

脱空对构件屈曲的影响不大。相比于 W1 构件，W3、W4、W6 构件沿上翼缘全长分别设置了5mm、10mm、15mm的脱空，4个模型均在位移90mm左右时出现可见屈曲，之后屈曲发展，构件W1、W3、W4达到类似的极限承载力，构件W6极限承载力相对较小，这是因为其脱空对截面削弱较大，同时其采用了较低强度的混凝土。

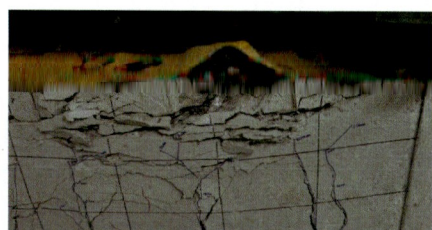

a) W1裂缝开展，上翼缘鼓曲及混凝土压溃

b) W4裂缝开展，上翼缘鼓曲及混凝土压溃

c) W6裂缝开展，上翼缘鼓曲及混凝土压溃

d) W8裂缝开展

e) W8上翼缘鼓曲及混凝土压溃　　　　f) W8下翼缘钢板断裂

图7.7-4　部分试件破坏形态

总结不同构件的加载过程,当位移小于 20mm 时,构件基本处于弹性段,位移超过 20mm 后,钢材出现屈服,随着材料的强化荷载不断增加,位移达到一定程度时开始出现可见的局部鼓曲,但荷载仍然可以增加,直到屈曲处混凝土压溃,结构达到极限承载力,荷载下降。

4)主要结论

(1)受压翼缘纵肋间距的影响

抗弯构件整体延性良好,在试验中发现,构件最后的破坏都是由屈曲引发的受压区局部混凝土压溃导致。不同构件由于加劲肋布置的不同,屈曲发展也不同,导致构件呈现出不同的延性与极限承载力。纵肋间距每增大 100mm,抗弯承载力下降 10% 左右。考虑到加劲肋也参与截面受力,去除掉纵向加劲肋对抗弯的贡献后,纵向加劲肋对屈曲的影响相当于其间距每增大 100mm,抗弯承载力下降 5%,故受压翼缘纵肋间距对极限荷载的影响并不显著。

(2)上翼缘脱空的影响

相比于 W1 构件,W3、W4、W6 构件沿上翼缘全长分别设置了 5mm、10mm 与 15mm 的脱空,根据位移曲线对比:当脱空为 5mm 与 10mm 时,抗弯承载力基本不受影响;当脱空达到 15mm 时,排除混凝土强度影响的因素后,抗弯承载力约有 5% 的下降;当脱空较小时(小于 10mm),截面混凝土高度减少较小,下翼缘仍能全部进入塑性,并与上翼缘、受压混凝土形成抗弯截面,所以抗弯承载力基本不受影响;当脱空较大时,由于对受力截面有一定削弱,所以抗弯承载力也受一定的影响,但仍能形成全塑性截面,只是有效高度有所降低,所以此影响仍然不大。试验中发现 W1、W3、W4、W6 构件的屈曲发展基本相同,这说明脱空对屈曲基本无影响。

(3)下翼缘不设置抗剪连接件的影响

相比于 W2,W8 下翼缘未设置抗剪连接件,其他几何参数完全相同。在排除掉两者混凝土强度不同的影响之后,W8 的抗弯承载力相比于 W2 仍有大约 10% 的降低。试验中观察到,当下翼缘不设置抗剪连接件时,构件屈服后下翼缘钢板更容易出现应力集中,导致局部钢板应力应变更快发展直到发生断裂,结构破坏。下翼缘不设置抗剪连接件时,构件屈服后仍有良好的延性,经历了较长的强化段,同时其极限荷载降幅不大。设计中可以考虑设置部分连接件作为构造措施。

此外,由于试验中所有的屈曲现象都是在位移较大时发生,此时结构早已屈服,因此当不考虑屈曲时,按理想弹塑性设计的构件是偏于安全的,即结构均可以达到塑性极限承载力,并在此前不会发生局部屈曲。

7.7.1.2 有限元分析

1)有限元模型

采用大型通用有限元程序对钢壳沉管隧道抗弯组合构件进行精细有限元分析,对其抗弯承载力、荷载传递机制及内力分布机制进行研究(图 7.7-5)。

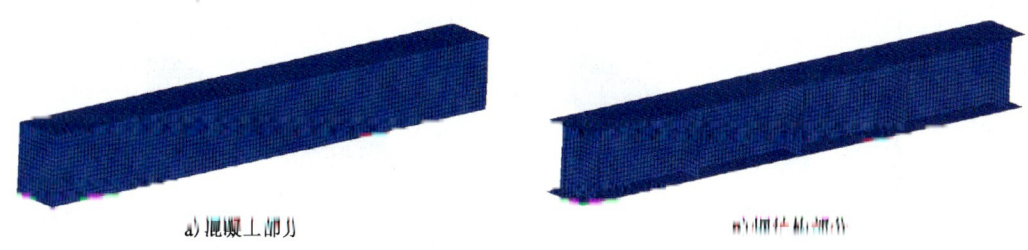

图 7.7-5　有限元模型

2）试验模型有效性校核

以 W2 为例，其荷载-位移曲线如图 7.7-6 所示，最后因混凝土压溃，有限元计算停止，可见有限元计算结果与试验吻合良好，可以利用有限元进行实际结构受力过程的模拟。

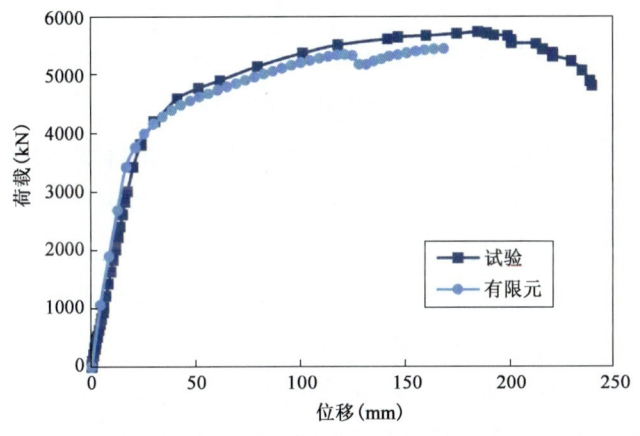

图 7.7-6　抗弯构件 W2 荷载-位移曲线

W2 构件弹塑性分析结果如图 7.7-7 所示，从图中可见抗弯构件中间段的上、下翼缘以及腹板都已经屈服。钢结构部分下翼缘的最大主应力比 von Mises 最大应力大 10% 左右，说明此处的钢材受到了双向受拉的强化效应，其抗拉强度有一定的提高。考虑实际结构中组合构件受到面外的变形约束，这种双向受拉的强化效应将更加明显。从混凝土主应变分布图中可以看出混凝土为受弯破坏模式，跨中区的混凝土已经开裂。

有限元计算反映了构件的双向强化效应，与试验结果吻合度较好。实际结构纯弯段应变的发展是不均匀的，比有限元计算中均匀的结果将强化更多，所以有限元计算结果比试验结果小。

7.7.1.3　主要结论

①当沿构件全长的脱空为 5~10mm 时，构件的抗弯承载力基本不受影响，实际脱空不可能沿全长发生，影响将更小；当沿构件全长的脱空达到 15mm 时，构件的抗弯强度下降约 5%，分析表明这是由于受力截面削弱产生的。

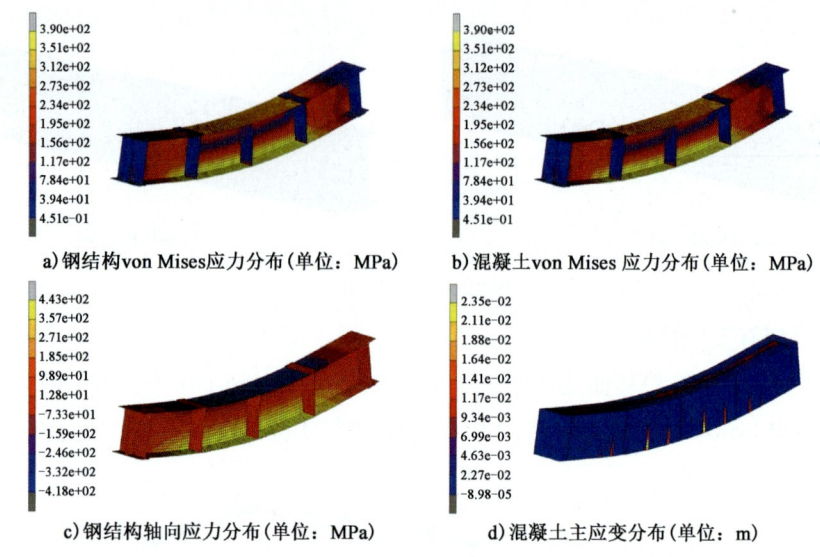

图7.7-7 抗弯构件弹塑性分析结果

②当下翼缘不设置剪力连接件时,抗弯承载力约有10%的降低,构件屈服后仍有良好的延性,经历了较长的屈服后强化段,可以达到全截面屈服时的极限承载力。设计中下翼缘时,可以考虑设置部分连接件作为构造措施。

③试验结果表明,抗弯构件屈曲均发生在大塑性变形后,按全截面塑性方法计算得到的抗弯承载力偏于安全,即屈服前不会发生局部屈曲。

试验结果、有限元分析及理论分析均表明钢壳混凝土组合构件抗弯存在双向强化效应,按全截面塑性方法计算得到的抗弯承载力偏于保守,建议的考虑部分双向强化效应全截面塑性方法与试验结果吻合较为良好,机理明确,且有一定的富余度,可以运用于实际设计。

7.7.2 抗剪性能及设计方法研究

沉管隧道构件节点处的剪力较大,其设计由抗剪性能控制。通过对钢壳沉管隧道结构的试验研究,对钢壳沉管隧道结构在剪力作用下的变形及正常使用性能进行量测,对该结构的整体性能与局部性能有一个全面的认识,从而为该体系的理论分析奠定试验基础。

共完成了16个钢壳组合构件的抗剪模型试验。试验中重点关注剪跨比、混凝土宽度、横隔板布置形式等对钢壳混凝土组合结构抗剪性能的影响,针对沉管隧道结构的具体形式提出更加适合的设计方法。

7.7.2.1 模型试验研究

1)模型设计

模型缩尺比为1:2,具体参数见表7.7-2,高度均为800mm,采用Q345钢。试验极限承载力估算为2000~11000kN。

组合结构抗剪试验主要参数一览表　　　　　表 7.7-2

抗剪试验	序号	变化参数	区格长度（mm）	构件长度（mm）	构件宽度（mm）	横肋尺寸（mm）	混凝土宽度（mm）	横隔板（mm）	
								间距	厚度
第一批	J1	基本试件1	1500	3000	600	L80×50×6	600	1500	10
	J2	基本试件2	1500	3000	400	L80×50×10	400	1500	10
	J3	基本试件3	1500	3000	400	L80×50×10	400	1500	10
	J4	混凝土宽度	1500	3000	400	L80×50×10	200	1500	10
	J5	混凝土宽度	1500	3000	400	L80×50×10	100	1500	10
	J6	纵肋间距	1500	3000	400	L80×50×10	200	1500	10
第二批	J7	纵肋间距	1500	3000	400	L80×50×10	200	1500	10
	J8	横隔板厚度	1500	3000	400	L80×50×10	200	1500	6
	J9	横隔板厚度	1500	3000	400	L80×50×10	200	1500	12
	J10	剪跨比	1800	3600	400	L80×50×10	100	1800	10
	J11	剪跨比	750	1500	400	L80×50×10	200	750	10
	J12	纵隔板间距	1500	3000	400	L80×50×10	200	750	10
	J13	纵隔板间距	1500	3000	400	L80×50×10	200	500	10
	J14	隔板设栓钉	1500	3000	400	L80×50×10	400	1500	10
	J16	纵隔板厚度	1500	3000	400	L80×50×10	200	750	10
	J17	纵隔板厚度	1500	3000	400	L80×50×10	200	500	10

钢壳组合结构抗剪构件钢结构加工、混凝土浇筑与抗弯构件相同，纵肋保持连续，纵肋穿过角钢横肋与横隔板。使用振动器使混凝土密实。抗剪模型钢结构制作及混凝土浇筑见图 7.7-8。

a) 钢结构隔仓　　　　　　　　　　　　b) 混凝土浇筑

图 7.7-8　抗剪模型

第一批浇筑混凝土 J1~J6 的轴心抗压强度约为 36.9MPa，第二批浇筑混凝土 J7~J14、J16~J17 的轴心抗压强度约为 19.3MPa。

2）模型加载方案

采用三点法试验，模型的支撑尺寸及加载方式见图 7.7-9。

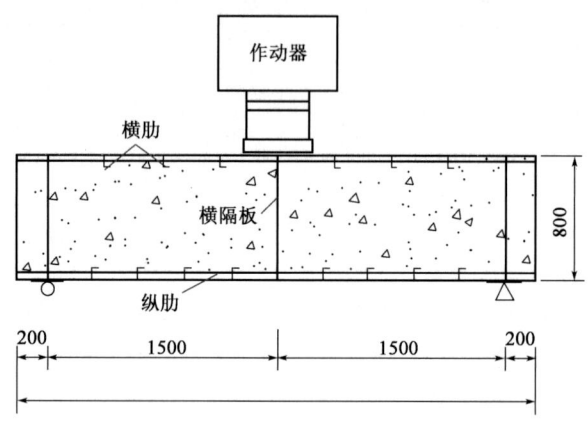

图 7.7-9　模型加载示意图（尺寸单位：mm）

3）主要试验现象

以 J3 为例描述加载过程中的主要现象。作用力达 100~200kN 时，有界面剥离的响声，角钢连接件开始发挥作用；作用力达 300kN 时，N 侧下角有响声，由此处支座的滑动引起；作用力达 100~300kN 时，由于初始收缩裂缝的闭合，结构刚度有微小的增大趋势；作用力达 800kN 左右时，在跨中附近出现初始的斜裂缝并不断发展，此时之前已有初始收缩裂缝的地方也按斜裂缝的模式继续发展，由初始裂缝发展而来的最大斜裂缝宽度达到 0.4mm；作用力达 1400kN 左右时，最大斜裂缝宽度达到 0.7mm；作用力达 2200kN 左右时，斜裂缝开始沿构件高度方向连通，最大斜裂缝宽度达到 1.0mm；作用力达 4000kN 左右时，最大斜裂缝宽度达到 1.4mm，构件内部有响声，可能是由于内部混凝土断裂引起；作用力达 4000~6000kN 时，各处裂缝不断发展；作用力达 7000kN 时，有混凝土压碎声，外侧混凝土剥落。最大裂缝达 50mm 时，结构连接件处裂缝连通，出现滑移，部分混凝土挤出，结构抗剪承载力达到极限后开始下降；最大裂缝宽度达 55mm 时，有巨响，可能是内部混凝土破坏。J3 极限破坏及最终破坏见图 7.7-10。

除 J1、J2 外，所有抗剪构件出现与 J3 类似的裂缝发展模式。与 J3 不同，J1 出现了弯曲裂缝的发展模式（图 7.7-11），J2 出现了弯剪耦合的裂缝发展模式（图 7.7-12），通过试验的应变数据也观察到 J1、J2 的上、下翼缘首先屈服。

与裂缝发展模式相对应，J1 最终出现了上翼缘混凝土正向压溃的受弯破坏模式，J2 出现了较为复杂的弯剪耦合破坏模式。

J3~J8、J11、J14、J16、J17 出现了较为典型的以混凝土斜向压溃为代表的受剪斜压破坏模式；J9、J10、J12、J13 由于混凝土较窄且强度较小，出现了如图 7.7-13 所示的局部压溃的破坏模式，其承载力低于受剪斜压破坏。

a) J3极限破坏　　　　　　　　　　　　　　b) J3最终破坏

图 7.7-10　J3 抗剪破坏

 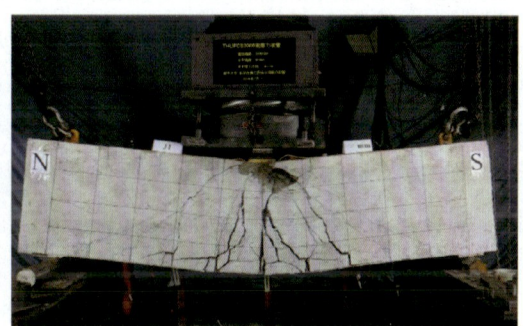

a) J1极限破坏　　　　　　　　　　　　　　b) J1最终破坏

图 7.7-11　J1 抗剪破坏

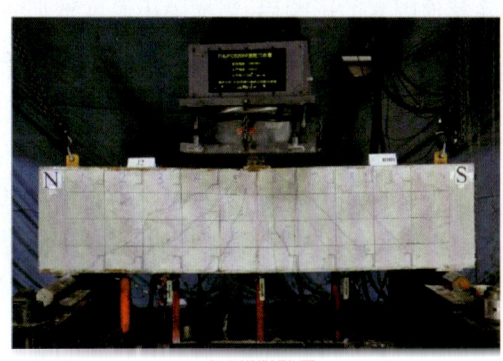 

a) J2极限破坏　　　　　　　　　　　　　　b) J2最终破坏

图 7.7-12　J2 抗剪破坏

4）试验结果分析

（1）混凝土宽度的影响

J3、J6、J5 混凝土宽度分别为 400mm、200mm、100mm，J6 的荷载比 J3 下降 24.3%，J5 的荷载比 J6 荷载下降 25.1%。当混凝土宽度不同时，各个构件的承载力差别较大，说明混凝土对受剪承载力有较大的影响。

a) J12极限破坏　　　　　　　　　　b) J12最终破坏

图 7.7-13　J12 抗剪破坏示意图

此外,J4-J6 由于混凝土宽度较窄,结构横隔板屈服达到剪切承载力后,两侧混凝土被不同程度挤出,导致加载点处的局部承压能力不够,从而位移明显增加,荷载下降。由于 J5 的混凝土宽度最小,只有 100mm,这一现象体现得最为明显,其钢板屈服、混凝土挤出后荷载立即下降。J4、J6 由于混凝土较宽,局部承压能力较好,同时混凝土不易鼓出,所以其达到极限荷载后还有较好的延性。考虑到实际结构中混凝土都是满灌,侧向还会有相互的约束,可以推论实际结构的延性与 J3 类似,此外由于侧向约束钢板屈服与混凝土挤出受到限制,实际承载力将还有一定程度的提高。

(2) 连接件间距的影响

对比 J4、J6,两构件仅角钢配置不同,当角钢加密时,构件承载力有一定上升,J6 的承载力比 J4 提高 8.3%,这是由于密集的横向加劲肋有利于混凝土斜压机制的形成。

(3) 横隔板厚度的影响

对比 J2、J8、J9,构件的横隔板厚度不同,在排除其他因素的影响后,当横隔板厚度增加时,构件抗剪承载力增加,其增加幅度与《组合结构设计规范》(JTG 138—2016) 的工字钢抗剪承载力公式基本一致。

(4) 剪跨比的影响

对比 J4、J10、J11,构件的剪跨比不同,在排除其他因素的影响后,当剪跨比减小时,构件抗剪承载力增加,当剪跨比从 2.25 减小到 1.875 时,抗剪承载力增加幅度不大,当剪跨比从 1.875 减小到 0.68 时,抗剪承载力增加约 10%,这是由于当剪跨比大于 1 时,均形成 45°左右的斜压角,抗剪承载力变化不大,当剪跨比小于 1 时,形成的斜压角将大于 45°,抗剪承载力将增加。

(5) 横隔板间距的影响

对比 J4、J12、J13、J16、J17,设置不同的横隔板间距与横隔板厚度,在排除其他因素的影响后,横隔板间距与厚度对构件的抗剪承载力呈有利影响,但试验中此影响很小,基本可以忽略,这是因为试验中横隔板强度比混凝土强,最后都是混凝土压坏,横隔板无法同时发挥作用。但是另一方面,横隔板的设置会促进混凝土桁架杆模型中拉杆的形成,还会极大地增强结构的延性,建议作为构造措施使用。

7.2.2.2 有限元分析

1）有限元模型

采用大型通用有限元程序对钢壳沉管隧道抗剪组合构件进行精细有限元分析,对其抗剪承载力、荷载传递机制及内力分布机制进行研究(图 7.7-14)。

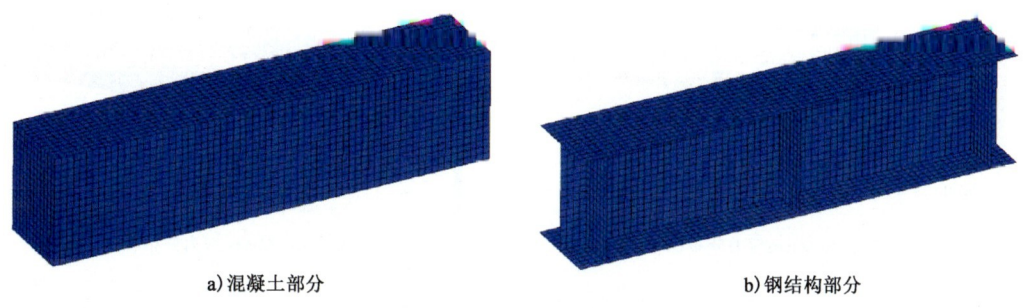

a) 混凝土部分　　　　　　　　　　b) 钢结构部分

图 7.7-14　有限元模型

2）试验模型有效性校核

以抗剪构件 J3 为例,其荷载-位移曲线如图 7.7-15 所示,最后因混凝土压溃,有限元计算停止,有限元计算结果与试验吻合良好,可以利用有限元进行实际结构受力过程的模拟。

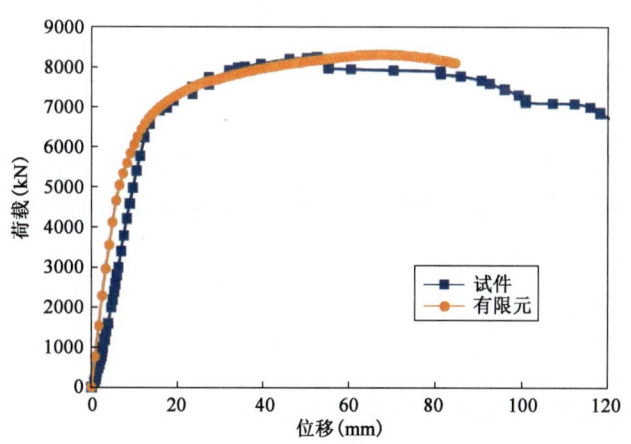

图 7.7-15　抗剪构件 J3 荷载-位移曲线

J3 弹塑性分析结果如图 7.7-16 所示,从图中可见抗剪构件的腹板已经全部屈服,且上、下翼缘的中间部分已经屈服,跟踪其应力历史,可以发现腹板首先屈服。从混凝土主应变分布图中可以看出混凝土为受剪破坏模式,裂缝开展方向为 45°左右的斜裂缝模式,与试验观察一致。

7.7.2.3　主要结论

①绝大部分构件出现剪切破坏的模式,均由腹板屈服及混凝土斜向压溃导致最后破坏,混

凝土均沿 30°~45°方向发展剪切裂缝并形成斜压杆。试验结果表明，钢板屈服和混凝土受剪可以同时发挥作用并达到承载极限，不同抗剪机制的承载力可以叠加。

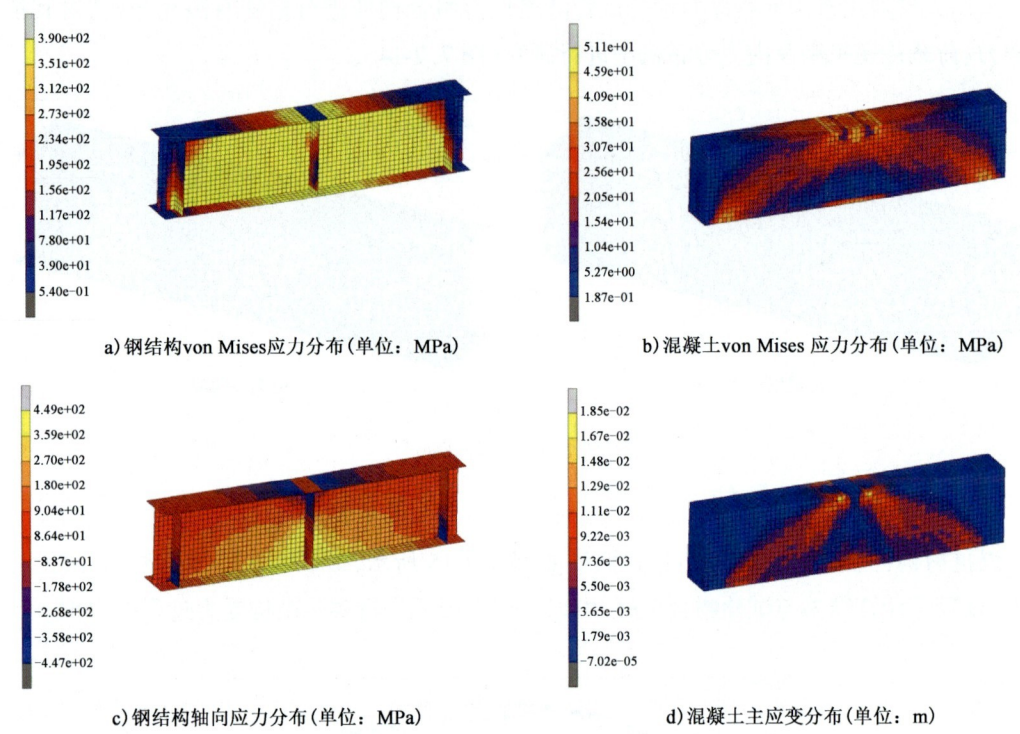

图 7.7-16 抗剪构件弹塑性分析结果

②通过参数控制发现混凝土宽度对抗剪承载力的影响很大，说明混凝土部分承担了很大的剪力，其数值与混凝土斜压破坏剪力相当；横隔板对抗剪承载力的影响很大，说明横隔板纯剪部分的抗剪承载力对总承载力有较大贡献。

③提出了形成组合抗剪桁架机制的构造要求，当构造要求不能得到满足时，抗剪承载力需要按比例进行相应折减。

7.7.3 抗剪连接件受力性能及设计方法研究

根据前期调研与初步研究，型钢连接件受力性能良好且在沉管结构中已有较为广泛的实践应用，施工期型钢对面板起到加劲肋的作用，运营期型钢作为连接件保证钢与混凝土共同工作。由于型钢连接件在施工期和运营期均充分发挥了材料性能，最大限度节约成本、方便施工，所以设计中拟采用型钢连接件。

目前对型钢连接件的受力性能、设计方法等的相关研究还较少。拟针对型钢连接件进行构造试验，研究混凝土与钢板间的相互约束作用、局部构造对连接件性能的影响、连接件承载力计算方法与设计公式。试验设计时，重点考虑了混凝土强度、钢结构尺寸、连接件开孔、整体拉压状态、浇筑缺陷等参数的影响。

7.7.3.1 模型试验

1)模型设计

采用足尺模型。试件共26组,每组制作相同的3个构件并进行测试,共计78个试件。改变的试件参数主要包括:角钢尺寸、连接件形式、脱空尺寸、混凝土强度、是否设置开孔、连接件受拉(受压)状态等。

试验主要采用角钢连接件,角钢规格有7种。另外,测试了T型钢连接件的受力性能。全部连接件的宽度均为300mm,与混凝土板宽度相同。抗剪连接件主要参数见表7.7-3。

抗剪连接件主要参数表 表7.7-3

试件编号	变化参数	角钢型号	母板厚度(mm)	混凝土强度等级	混凝土应力状态	是否设置开孔	脱空尺寸(长×宽×高)(mm×mm×mm)	受力方向
T1	基本试件	L150×90×10	12	C40	压	不设置	—	正
T2	混凝土强度	L150×90×10	12	C60	压	不设置	—	正
T3	拉压状态	L150×90×10	18	C40	拉	不设置	—	正
T4	拉压状态	L150×90×10	18	C60	拉	不设置	—	正
T5	设置开孔	L150×90×10	12	C40	压	设置	—	正
T6	设置开孔	L150×90×10	18	C40	拉	设置	—	正
T7	混凝土脱空	L150×90×10	12	C40	压	不设置	300×50×5	正
T8	混凝土脱空	L150×90×10	12	C40	压	不设置	300×100×10	正
T9	混凝土脱空	L150×90×10	12	C40	压	设置	300×100×10	正
T10	混凝土脱空	L150×90×10	18	C40	拉	设置	300×100×10	正
T11	混凝土脱空	L150×90×10	12	C40	压	不设置	300×200×20	正
T12	受力方向	L150×90×10	12	C40	压	不设置	—	反
T13	翼缘厚度	L150×90×10	18	C40	压	不设置	—	正
T14	板件厚度	L150×90×8	12	C40	压	不设置	—	正
T15	板件厚度	L150×90×12	12	C40	压	不设置	—	正
T16	试件尺寸	L80×50×6	12	C40	压	不设置	—	正
T17	连接件尺寸	L180×110×10	12	C40	压	不设置	—	正
T18	混凝土强度	L180×110×10	12	C60	压	不设置	—	正
T19	混凝土脱空	L180×110×10	12	C40	压	不设置	300×100×10	正
T20	混凝土脱空	L180×110×10	12	C40	压	不设置	300×100×20	正
T21	连接件尺寸	L200×125×10	12	C40	压	设置	—	正
T22	混凝土强度	L200×125×12	12	C60	压	不设置	—	正
T23	混凝土脱空	L200×125×12	12	C40	压	不设置	300×100×10	正
T24	混凝土脱空	L200×125×12	12	C40	压	不设置	300×100×20	正
T25	连接件尺寸	L200×125×10	12	C40	压	不设置	—	正
T26	连接件类型	T150×90×10	12	C40	压	不设置	—	正

混凝土与钢板(型钢)间脱空对连接件性能的影响是试验重点考察的内容。脱空形体为三棱柱,脱空高度为 10mm 和 20mm,脱空长度和高度比为 10,如图 7.7-17 所示。

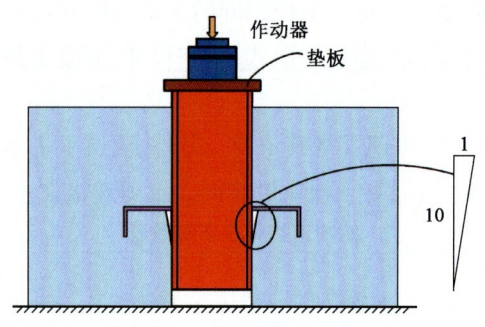

图 7.7-17　试件脱空推出试验示意图

2)破坏模式

连接件破坏后,将混凝土凿除后的钢结构部分如图 7.7-18 所示。试验中连接件最终承载能力均由混凝土控制,角钢包裹在混凝土中并发生一定的挠曲。

图 7.7-18　试验后凿开的钢结构

受压连接件主要发生混凝土压溃破坏、局部压溃破坏以及混凝土劈裂破坏。受拉连接件主要发生混凝土压溃破坏、混凝土劈裂破坏以及混合破坏。混凝土压溃破坏承载力较高,其余破坏形式承载力较低。正向角钢连接件的典型破坏形态见图 7.7-19。

a)混凝土压溃(受压连接件)

b)混凝土劈裂(受压连接件)

c)混凝土劈裂(受拉连接件)

图 7.7-19　正向角钢连接件破坏形态

T 型钢连接件和反向角钢连接件最后均发生根部混凝土压溃破坏,破坏过程类似于正向角钢连接件,但是破坏形态略有差异。如图 7.7-20 所示,T 型钢连接件除了下方开展混凝土裂缝外,上方也会出现向内开展的裂缝,反向角钢连接件则会形成向上竖直开展的劈裂裂缝。

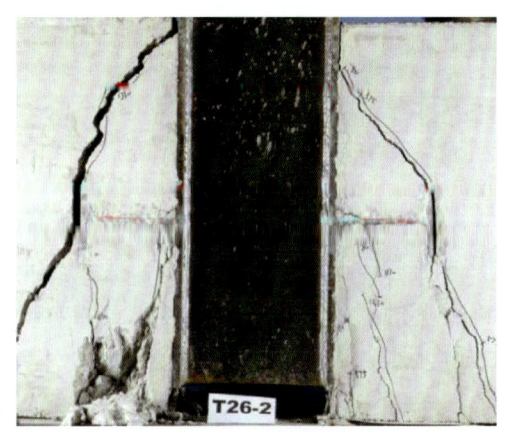
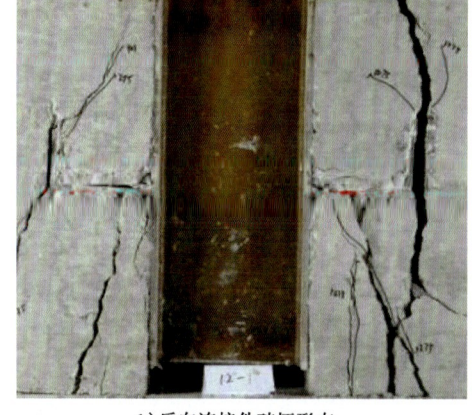

a) T型钢连接件破坏形态　　　　　b) 反向连接件破坏形态

图 7.7-20　其他形式连接件破坏形态

3）主要结论

(1) 连接件拉压状态的影响

如图 7.7-21 所示，拉压状态对连接件承载力的影响并不明显，但受拉时连接件刚度明显低于受压时的连接件，原因是受拉连接件所受的混凝土约束作用弱于受压连接件。

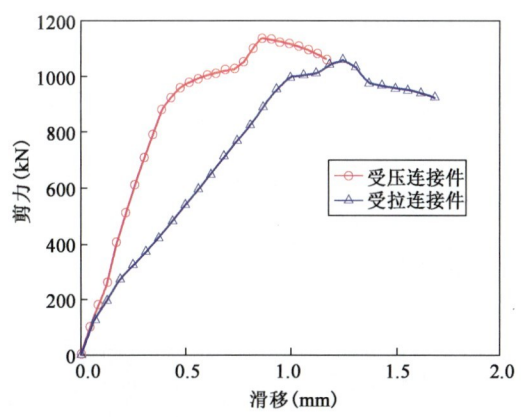

图 7.7-21　拉压连接件(T1、T3)剪力-滑移曲线对比

(2) 混凝土脱空

测试 L150×90×10(简称 L150，下同)、L180×110×10(简称 L180，下同)以及 L200×125×12(简称 L200，下同)三种规格角钢连接件在混凝土脱空情形下的受力性能。采用低弹性模量的 EVA 材料模拟脱空。脱空对连接件的变形会产生一定影响，导致角钢在脱空处产生弯折，原因是角钢在脱空处没有混凝土约束而发生较大变形。

三角形脱空高度为 10mm、20mm 的连接件的平均承载力分别降低 12.0% 和 31.0%（表 7.7-4）。

脱空连接件承载力对比 表7.7-4

规 格	不脱空承载力(kN)	脱空10mm×100mm		脱空20mm×200mm	
		承载力(kN)	降低比例	承载力(kN)	降低比例
L150×90×10	1194	998	16%	763	36%
L180×110×10	1105	978	11%	792	28%
L200×125×12	1014	924	9%	721	29%

脱空高度除了影响连接件的极限承载力,还影响连接件的剪力-滑移曲线。脱空与非脱空连接件剪力-滑移曲线对比如图7.7-22所示,可以看出,脱空对3组连接件的承载力有明显影响,随着脱空增大,承载力和刚度均有所降低,其中L200受脱空影响最小。此外,脱空连接件达到极限载荷后,承载力下降比非脱空连接件平缓。

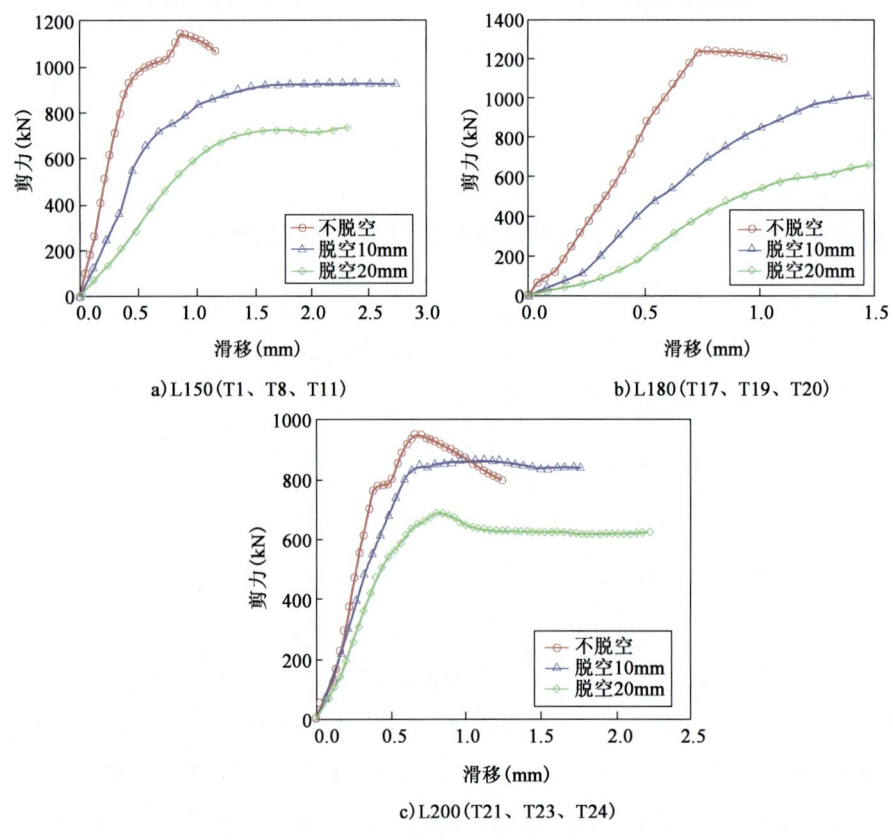

图7.7-22 脱空与非脱空连接件剪力-滑移曲线对比

(3)连接件开孔

角钢底部开孔率为20%时,承载力降低10%,说明开孔处混凝土部分参与受压但抗压强度并未完全发挥,这是由于开孔处混凝土通过周边混凝土的约束也可以实现一定程度的抗压。

(4)连接件高度

本次试验对比了足尺连接件L150、L180和L200和缩尺连接件L80(L80×50×6)的力学性能差异,其承载力均受混凝土压溃控制,破坏形态差异不大,连接件承载力差别也不大,缩尺连接件 L80 的承载力低于足尺连接件,缩尺连接件尺寸降低了一半但承载力仅降低 25%,承载力降低比例远小于尺寸减小比例,主要原因是承载力受角钢根部区域的混凝土压溃控制,小尺寸和大尺寸连接件混凝土压溃区大小接近,因此承载力差别不大。

(5)连接件钢板厚度

对比了 8mm、10mm、12mm 三种厚度的角钢连接件的受力性能,不同厚度的角钢连接件均受混凝土压溃控制,三者破坏形态差别不大。角钢厚度对承载力影响较小。

(6)角钢和 T 型钢

对比了 T 型钢连接件和角钢连接件的力学性能差异。如图 7.7-23 所示,二者破坏过程相似,首先连接件肢尖产生斜裂缝,之后连接件范围内开展竖向和水平裂缝,最后连接件根部混凝土压溃破坏。但二者破坏时的裂缝形态存在一定差别,角钢连接件的裂缝均位于下端,T 型钢连接件的裂缝则部分位于上端且向内开展。除了下侧混凝土参与受压以外,T 型钢连接件上侧混凝土也参与受压。

a) 角钢

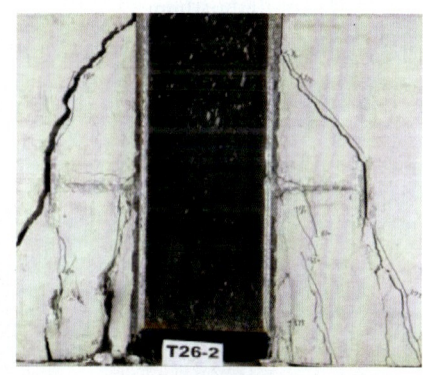
b) T 型钢

图 7.7-23 角钢和 T 型钢破坏形态对比

T 型钢连接件的承载力和刚度均大于角钢连接件,承载力提高 25%,0.5mm 处割线刚度提高 45% 左右。主要原因是翼缘宽度相同时,T 型钢的抗拔能力(锚固性能)强于角钢。提高锚固性能会增强连接件与周围混凝土之间的整体性,较小的翼缘外伸长度改善了连接件受力前方起控制作用混凝土(压-拉)的受力状态,因此提高了 T 型钢连接件的承载能力。

7.7.3.2 有限元分析

前述研究初步表明,T 型钢连接件的承载力强于角钢连接件,主要原因是 T 型钢可增强连接件与周围混凝土之间的整体性,并改善连接件受力前方混凝土的受力状态。本节在已有试验研究的基础上进一步进行有限元分析,对钢壳混凝土沉管隧道适宜连接件形式进行比较研究。

1)抗剪对比

采用平面应变单元模拟角钢、T型钢以及球扁钢的抗剪性能,基于型钢截面积等效的原则,三者形状和尺寸见图7.7-24。

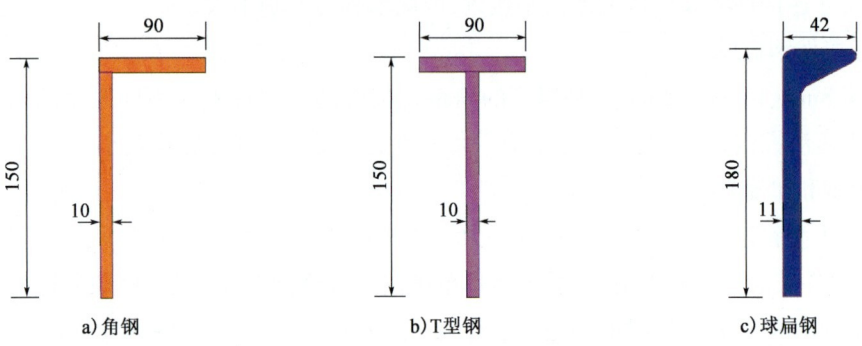

图7.7-24 比选连接件尺寸(尺寸单位:mm)

三种连接件的有限元分析结果见图7.7-25。极限状态下三种连接件混凝土的压应力均集中在型钢根部以上30mm范围内,且根部混凝土已达最大压应力。三种连接件型钢的最大拉压应力均在根部以上25mm左右处出现,极限状态下均进入屈服。三种连接件型钢的剪应力集中在根部10mm范围以内,且剪应力值为拉压应力峰值的一半。

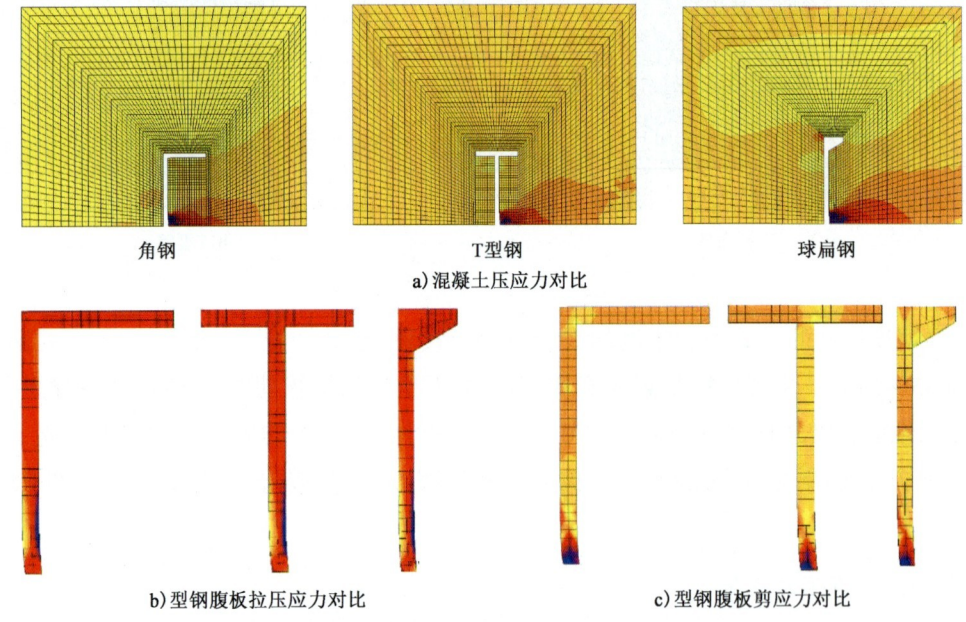

图7.7-25 三种连接件抗剪有限元结果对比(黄→红→蓝表示压应力增大)

三种连接件剪力-滑移曲线对比见图7.7-26,可以看出角钢连接件的刚度和承载力小于球扁钢和T型钢连接件,而球扁钢和T型钢的承载力和刚度相接近。

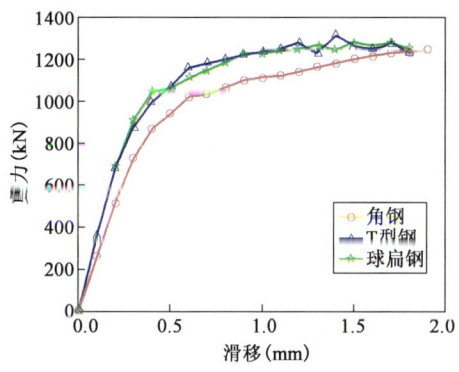

图 7.7-26　三种连接件剪力-滑移曲线对比

2）抗拔对比

三种连接件的有限元分析结果对比见图 7.7-27。可以看出,三者均发生混凝土楔形体破坏,角钢和球扁钢为单侧楔形体,T 型钢则为两侧楔形体破坏,三者均进入屈服,且连接件型钢翼缘和腹板交界处应力最大。

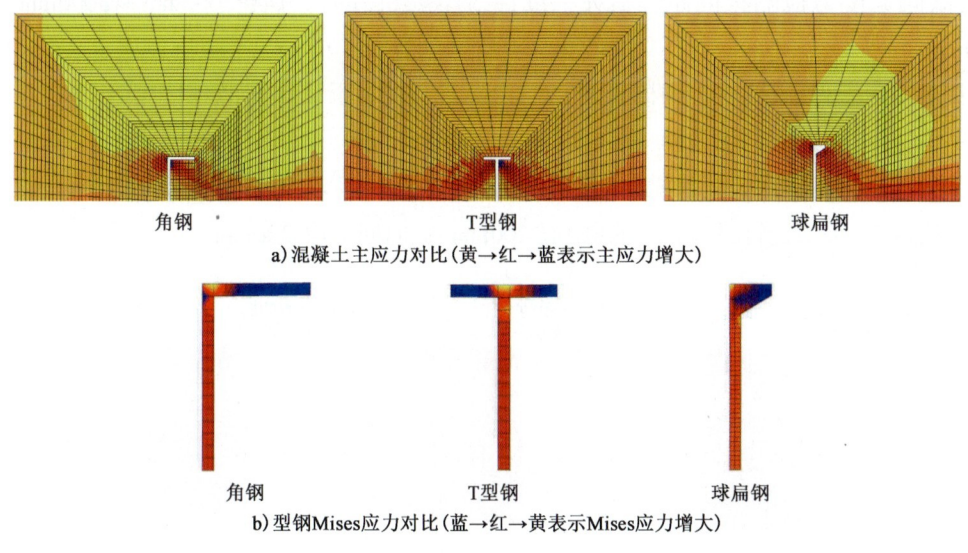

a) 混凝土主应力对比（黄→红→蓝表示主应力增大）

b) 型钢Mises应力对比（蓝→红→黄表示Mises应力增大）

图 7.7-27　三种连接件拉拔有限元分析结果对比

三者拉拔力-滑移曲线对比见图 7.7-28,可以看出 T 型钢连接件的刚度和承载力均大于角钢连接件和球扁钢连接件,主要是由于 T 型钢连接件发生的是两侧楔形体破坏,承载力高于单侧楔形体破坏。虽然发生两侧楔形体破坏,但 T 型钢连接件承载力仅为角钢的 1.3 倍,说明角钢发生单侧楔形体破坏但另一侧混凝土也发挥一定锚固作用。此外,球扁钢的翼缘宽度小于角钢,但球扁钢翼缘埋深大,连接件承载力和刚度均大于角钢连接件,说明混凝土埋深对承载力影响更大。

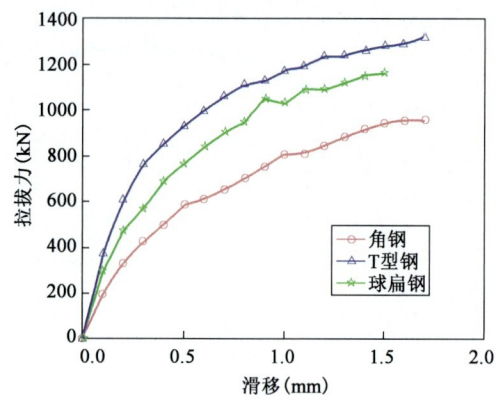

图 7.7-28　三种连接件拉拔力-滑移曲线对比

7.7.3.3　受压翼缘适宜加劲形式

抗弯设计中,由于受压翼缘处于特殊的约束状态(单边混凝土+纵横向加劲肋),故对不同构造的受压翼缘局部稳定性进行了有限元分析,以确定其适宜构造。取横向宽度为纵隔板间距,纵向宽度为横隔板间距。不失一般性,计算板件的尺寸为 3000mm × 3000mm,厚度取 10mm。

针对实际工程,主要对3种构造(图7.7-29)进行了有限元计算,分别为:

①构造一,采用横向加劲肋,横向加劲肋间距取 500mm。

②构造二,采用栓钉,栓钉横向间距取 200mm,纵向间距取 500mm。

③构造三,采用栓钉,栓钉横向间距取 200mm,纵向间距取 300mm。

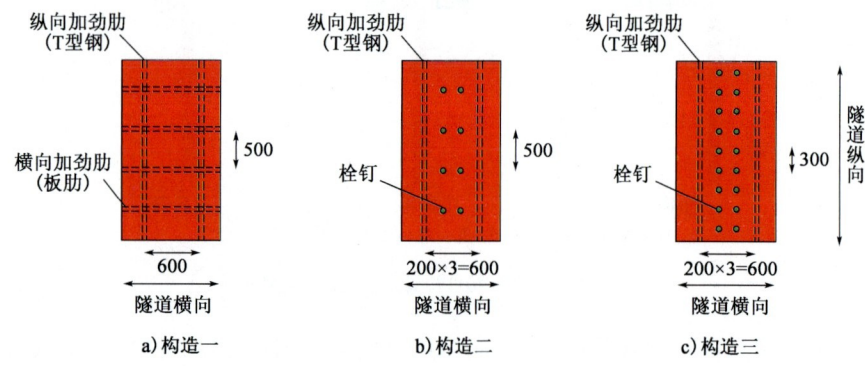

图 7.7-29　三种构造示意(尺寸单位:mm)

对几种常用构造的受压翼缘进行了局部稳定性分析,包括横向板肋与栓钉的不同构造形式,计算结果表明在 1/1000 的初始缺陷下,均不需要进行局部稳定性的折减,实际工程中可以根据需要采用。

对不同构造的连接件进行了分析,结果表明球扁钢由于高度较大,具有较大的抗弯惯性矩,因而施工阶段面外挠度最小;抗剪工况下,角钢连接件刚度和承载力小于球扁钢和 T 型钢连接件,而球扁钢和 T 型钢承载力和刚度相近;抗拔工况下,T 型钢连接件的刚度和承载力均大于角钢连接件和球扁钢连接件。

综上所述,建议工程中采用 T 型钢连接件,其综合性能优于角钢与球扁钢连接件。

参 考 文 献

[1] 中交公路规划设计院有限公司,中交水运规划设计院有限公司,上海市隧道工程轨道交通设计研究院.深圳至中山跨江通道初步设计文件(A合同段)[Z].2017.

[2] 中铁大桥勘测设计院集团有限公司.深圳至中山跨江通道初步设计文件(B合同段)[Z].2017.

[3] 中交公路规划设计院有限公司,中交水运规划设计院有限公司,上海市隧道工程轨道交通设计研究院.深圳至中山跨江通道施工图设计文件(A合同段)[Z].2017.

[4] 中交公路规划设计院有限公司,中交水运规划设计院有限公司,上海市隧道工程轨道交通设计研究院.深圳至中山跨江通道施工图联合设计文件(A合同段)[Z].2020.

[5] 中铁大桥勘测设计院集团有限公司.深圳至中山跨江通道施工图设计文件(B合同段)[Z].2019.

[6] 中交第一航务工程局有限公司.深中通道工程西人工岛海中大圆筒制作与安装(S01合同段)施工组织设计[Z].2016.

[7] 中交第一航务工程局有限公司.深圳至中山跨江通道西人工岛(S02合同段)施工组织设计[Z].2018.

[8] 中铁隧道局集团有限公司.深圳至中山跨江通道东人工岛及主线堰筑段隧道施工(S03标)实施性施工组织设计[Z].2018.

[9] 中铁隧道局集团有限公司.深圳至中山跨江通道东人工岛及主线堰筑段隧道施工(S03标)堰筑段专项施工方案[Z].2019.

[10] 中交第二航务工程局有限公司.深中通道项目S04合同段总体施工组织设计[Z].2018.

[11] 中交第二航务工程局有限公司.深中通道项目S04合同段东锚碇基础地连墙施工技术方案[Z].2019.

[12] 广东省长大公路工程有限公司.深中通道S05合同段总体施工组织设计[Z].2018.

[13] 中交第二公路工程局有限公司.深中通道项目S06合同段实施性施工组织设计[Z].2018.

[14] 中铁大桥局集团有限公司.深中通道项目S07合同段实施性施工组织设计[Z].2018.

[15] 保利长大工程有限公司,广州打捞局.深圳至中山跨江通道沉管项目S08合同段总体施工组织设计(送审稿)[Z].2020.

[16] 中交一航局、四航局、广航局联合体.深中通道S09合同段工程总体施工组织设计[Z].2019.

参 考 文 献

[17] 中铁宝桥集团有限公司.深圳至中山跨江通道项目钢箱梁制造(G04标)施工组织设计[Z].2019.

[18] 同济大学,西南交通大学.深圳至中山跨江通道项目伶仃洋大桥抗风性能研究报告[Z].2018.

[19] 西南交通大学.深圳至中山跨江通道正交异性钢桥面板合理构造、制造工艺及疲劳性能研究结题报告[Z].2020.

[20] 交通运输部天津水运工程科学研究所.水沙环境分析及二、三维潮流泥沙数学模型研究报告[Z].2017.

[21] 中交广州航道局有限公司.现场回淤实测分析报告[Z].2017.

[22] 中交广州航道局有限公司.边坡稳定分析报告[Z].2017.

[23] 交通运输部天津水运工程科学研究所.深圳至中山跨江通道项目西人工岛波浪整体物理模型试验报告[Z].2016.

[24] 交通运输部天津水运工程科学研究所.深圳至中山跨江通道项目东、西人工岛波浪断面物理模型试验报告[Z].2016.

[25] 南京水利科学研究院.潮流泥沙数学模型研究报告[Z].2017.

[26] 中交公路规划设计院有限公司,清华大学,上海市隧道工程轨道交通设计研究院.钢壳沉管隧道结构受力机理及计算方法研究[Z].2020.